Karl Sablik · Das historische Gefühl

Karl Sablik

Das historische Gefühl

Magie historischer Orte

VERLAG
BERGER

Impressum
© Karl Sablik, 2018
Verlag Berger Horn/Wien
www.verlag-berger.at
Umschlag und Layout: Martin Spiegelhofer
Umschlagbild: fotolia.de/Vertigo Signs
Druck: Ferdinand Berger & Söhne GmbH, A-3580 Horn

1. Auflage 2018
ISBN 978-3-85028-858-3

Für Helga

Inhaltsverzeichnis

Vorwort 9

Das historische Gefühl. Magie historischer Orte 13

Fossilienwelt – Keine Menschen auf Erden 23

Der Neandertaler und wir.. 27

Die Venus von Willendorf.. 32

Hallstatt und das Salz 36

Ötzi und das Gletschereis 41

Stonehenge und die Druiden.. 46

Buddha und die Achsenzeit 51

Thermopylen – Leonidas und die Pfeile am Himmel.................. 56

Die Insel Kos und der Arzt Hippokrates 61

Philipp II. von Makedonien – Vater Alexander des Großen 66

Areopag – Paulus und das Christentum....................................... 72

Marienerscheinungen... 78

Gedenken vor dem Grab 83

Das Heilige Römische Reich Deutscher Nation........................... 90

Wartburg – Sängerkrieg, Elisabeth, Luther, Burschenschaften....... 96

Timur Lenk – Eroberer und Menschenschlächter 101

Dürnkrut – Rudolf und Ottokar.. 105

Kolumbus und die Neue Welt.. 111

Reformation – Der Mönch und der König................................... 116

Die Fuggerei und die Nadelburg.. 122

Ganz Stratford ist Shakespeare 128

Pilgrim Fathers – Nachgebaute Geschichte 133

Der Prager Fenstersturz 138

Friede von Münster und Osnabrück.. 143

Freimaurer – London und Rosenau... 148

Joseph Haydn und die Kaiserhymne 153

Weimar – Goethe und Schiller 158

Mozart – Das musikalische Weltgenie 163

Beethoven und die Europahymne 168

Philadelphia – Die Geburt der Vereinigten Staaten.................... 173

Die Conciergerie – Vom Thron aufs Schafott............................. 180

Napoleon – Von Korsika in den Invalidendom 185

Napoleon und sein Bett in Waterloo 192

Franz Schubert – Zum Komponieren geboren 196

Stille Nacht – Heilige Nacht 202

Nanking – Niedergang und Aufstieg Chinas 207

Darwin und das neue Weltbild 212

Gregor Mendel – Die Erbsen und die Vererbungsgesetze 217

Kaspar Hauser – Geheimnis eines Lebens 223

Von Marx bis Lenin 228

Königgrätz – Preußen gegen Österreich 234

Queretaro – Ein tödliches Abenteuer 240

Mayerling – Rudolf und Mary 244

Sigmund Freud und die Berggasse 250

Alexandre Yersin und die Pest 256

Fort Myers – Edison und Ford 261

Peking – Vom Kaiser zu Mao 266

Kaiser Franz Joseph – unterschreibt die Kriegserklärung 273

Compiegne – Kriegsende im Eisenbahnwaggon 277

Egon Schiele – Der Maler und die „ewige" Kunst 282

Moritz Schlick – Mord auf der Philosophenstiege 288

Ellis Island – Die Einwanderungsinsel 294

Mahatma Gandhi – Idol der Gewaltlosigkeit? 299

Pearl Harbour – 7. Dezember 1941 304

Mauthausen und Amsterdam 309

Normandie – D-Day – 6. Juni 1944 316

Von Jalta nach Potsdam 321

Hiroshima und Nagasaki 327

Der Nürnberger Prozess 332

Don't Cry for Me Argentina 337

Die Doppelhelix und das Pub 342

I Have a Dream 346

Brünn – Villa Tugendhat 351

New York – 9/11 356

Mondlandung 362

Kann man aus der Geschichte lernen? 368

Personen- und Ortsregister 377

Vorwort

Wie ordnet man eine Darstellung des „historischen Gefühls" – geographisch über die Welt verteilt und/oder chronologisch nach dem Zeitlauf? Verlag und Autor haben sich für die Chronologie entschieden, da kann praktisch nichts daneben gehen, weil diese eindeutig ist und geringfügige Überschneidungen nicht wirklich stören. Bleibt die Frage nach den Orten, nach den Ländern, nach den Bereichen menschlicher Tätigkeit wie Dichter, Musiker, Maler, Wissenschaftler, Ärzte, Politiker. Es sei eine Entscheidung nach drei Kriterien gewagt: die welthistorische Bedeutung, wie etwa die Schlacht bei Waterloo. Dann die Vielfalt der Gefühlserzeugung wie etwa Freude bei Francis Crick und James Watson bei der Entwicklung der Doppelhelix, oder Leid wie bei der Enthauptung der Frauen von Heinrich VIII. Oder: die Kuriosität eines Lebens wie bei Kaspar Hauser – ohne dieses Wort beleidigend zu meinen.

Zugegebenermaßen ist die Auswahl ein wenig subjektiv und man könnte letztlich tausende Artikel schreiben; vielleicht ist das der Ruf nach einem zweiten Band? Jedenfalls ist die Zusammenstellung letztlich doch „schön verteilt", damit viele bedeutende Persönlichkeiten und dramatische Einzelschicksale erwähnt werden können, viele Länder berücksichtigt sind, und der Reisende seine Pläne schmieden kann, wo und wie er das historische Gefühl erleben will. Für mich gab es viele Plätze, wo die Erinnerung richtiggehend auf mich einstürmte. Es ist zu hoffen, dass die Überlegungen für die Auswahl auf den Leser übergreifen, wo und wie er selbst einen Ort mit magischer historischer Ausstrahlung zu finden hofft. Es soll und kann auch ein Leitgedanke für die eigene subjektive Lebensgeschichte sein, Orte der eigenen Vergangenheit aufzusuchen. Ich bin aus Erfahrung sicher, dass viele Menschen so manche Überraschungen dabei erleben werden, etwa, wie Erinnerung und gegenwärtiges Erleben zusammenspielen – oder auch nicht…

Das Buch kann wegen der chronologischen Darstellung in einem Zug gelesen werden, ist aber auch zum Schmökern geeignet, weil die jeweiligen Artikel in sich abgeschlossen sind. Mit einigem Wohlwollen kann man es so sehen, dass sich ein Kapitel zum anderen fügt und sich daraus eine besondere Art der „Darstellung der Weltgeschichte" ergibt. Eingezwängt zwischen der „menschenlosen Austernbank" und der Mondlandung spielt sich die Geschichte der Menschheit ab. Nicht reines „Ich-Erleben" des Autors sollte geschildert werden, sondern die Fähigkeit zur Verallgemeinerung und allgemeinen Erlebbarkeit dieses historischen Gefühls wird angestrebt, natürlich begleitet von der Vermittlung historischen Wissens.

Der Leser kann jeweils gustieren und sich so „Appetit" auf das historische Gefühl an einem auszuwählenden Ort holen. Der Text der Darstellung besteht, vereinfacht gesprochen aus drei „Elementen": Eine historische Einführung, die zu dem zu beschreibenden Ort „hinführt". Der Ort des Geschehens folgt – und das damit verbundene historische Gefühl. Zuletzt werden die Folgen aufgezeigt, die hier den Ausgangspunkt für weiteres Geschehen genommen haben. Wichtig für die Auswahl war die Frage, ob dieser Ort wirklich identisch mit dem historischen Geschehen ist. Es sollen Vermutungen eher vermieden werden – obwohl auch solche ihren Reiz haben können. Wir kannten die Problematik um die Schlacht im Teutoburger Wald (9 nach Chr.) oder die Ermordung von Philipp II. von Makedonien (336 vor Chr.), beide Fakten sind ja nunmehr durch archäologische Forschungen gesichert!

Auf Literaturangeben wurde meist verzichtet, wo Literatur speziell verwendet wurde, ist sie im Text angegeben. Allgemeines Wissen hat der Autor als Historiker und Reisender selbst, aus seinem Studium und eigener Anschauung. Viele „normale" Daten stammen aus den bekannten Lexika, aus der Literatur oder von „Freund Google". Die Darstellungen im Buch sind populärwissenschaftlich gehalten, sollen jedermann verständlich sein – ohne die berühmten „Tausend Fußnoten"; auch wurde praktisch keine Forschungsarbeit geleistet. Es bleibt nur die Frage, was jeweils beim Leser als Kenntnis vorausgesetzt werden kann und darf – aber das ist (zu) subjektiv!

Jeder Leser, der wirklich den historisch-magischen Ort aufsuchen will und dessen Interesse geweckt ist, kann sich subjektiv vorbereiten – oder sich vor Ort vom Reiseführer informieren lassen. Empfohlen sei jedoch trotzdem eine vielleicht sogar ins Detail gehende historische Information, sie verstärkt das historische Gefühl, wenn man dann an der „berühmten" Stelle steht. Ich habe natürlich aus dem Vollen geschöpft, fast alle Plätze selbst besucht (beim Mond ging es noch nicht). Auch wollte ich selten eine „subjektive" Literaturauswahl bieten. Der geneigte Leser kann und soll „nachlesen" und wird sicher Literatur nach seinem Geschmack finden.

Ähnlich verhält es sich mit den Öffnungszeiten und Ortsangaben. Es ist sicher, dass alle angegebenen Örtlichkeiten zu besuchen und zu besichtigen sind (Mond erst später), aber der Reisende kann leicht im Reiseführer, im Internet oder vor Ort die Möglichkeiten erkunden, ohne sich über vielleicht zwischenzeitlich geänderte Öffnungszeiten ärgern zu müssen.

Zuletzt sei Dank gesagt: Den Menschen, die spontan die Thematik des historischen Gefühls verstanden und empfunden haben und fast „automatisch" – wie ich oft feststellen durfte – und spontan Beispiele angeführt haben, von den kuriosen Fällen („Sollte nicht auch die Stelle des Auftrittes der Beatles in Obertauern, Österreich, ins Buch kommen?") bis zu eigenem subjektivem Erleben bei vielen Menschen („Ich fahre immer noch gerne zu dem Wasserfall in der Liechtensteinklamm, wo ich meine Frau kennengelernt habe"). Herzlich danken möchte ich meiner Frau Helga für die Arbeit an vielen Bildern, meiner Tochter Elisabeth für die technische Beherrschung von Bildern und Text, meiner Tochter Barbara für die „Grammatik".

Namentlich in alphabetischer Reihenfolge zu nennen sind die Damen und Herren, die mich unterstützt haben – mit der Bitte um Verständnis wegen der Vernachlässigung der oft komplizierten Titel: Ursula Artner-Rauch, Robert Bachtrögl, Christian Beck †, Kurt Brazda, Friedrich Buschmann, Csaba de Csiky, Brigitte Dobes, Norbert Eichler, Dagmar Eigner, Walter Feigl, Hans R. Goette, Eva Grundschober, Stefan Harand, Gustav Harmer, Constanze Hell, Karel Jelinek, Brigitte Kappenberg, Clemens Konrad, Christine Kosar, Martin Kriegel, Alexander Maria Lohmann, Marion Meyer, Günter Moser, Max Palla, Debora Reichherzer, Thomas Schuller-Götzburg, Horst Seidler, Waltraud Stangassinger, Peter Theurer, Otmar Weiß. Dank gilt der Raiffeisenbank Stockerau und Frau Daniela Minnich für die Unterstützung meiner Arbeit – mögen die Kunden das historische Gefühl genießen können. Mein besonderer Dank gebührt dem Verlag Berger und speziell Frau Michaela Jungwirth und ihrem Team für die exzellente Betreuung und das tiefe Verständnis für die Thematik.

Spillern, am 30. Juni 2018
Karl Sablik

Das historische Gefühl
Magie historischer Orte

Gefühle gehören zu den Grundphänomenen menschlichen Erlebens, sie lassen sich nach modernsten gehirnphysiologischen Methoden auch leicht nachweisen, gleichsam als Erregungskomplex; ob dies für das historische Gefühl so sein könnte wie bei anderen – man denke an die Versuche der „Religions-Neurologie" – kann ich als Nicht-Fachmann auf diesem Gebiet nicht feststellen, mögen dies die Neurologen machen. Für den Historiker, der sich intensiv und eingehend mit einem historischen Faktum beschäftigt, um nicht zu sagen identifiziert, kann sich an einem geographischen Ort, an dem ein bestimmtes Ereignis stattgefunden hat, ein bestimmtes Gefühl entwickeln: „Hier war es!", „Hier geschah es!"... was auch immer das nun gewesen sein mag, welthistorisch oder ganz individuell. Der Begriff „Ort" bildet schon bei dem griechischen Philosophen Aristoteles (384–322) eine eigene Kategorie, natürlich neben der Kategorie „Zeit" – dies führt zum modernen physikalischen Raum-Zeit-Gefüge. Wichtig war und ist uns jedoch hier das „Wo", wir können uns im Raum bewegen, wandern, reisen und besichtigen, es gibt aber keine „Zeitmaschine", wie sie sich der englische Schriftsteller Herbert George Wells (1866–1946) romanhaft erträumt hat. Man kann es auch anders formulieren: außerhalb der „fließenden" Gegenwart und der – erhofften – Zukunft ist überall und alles „Geschichte". Während also die Zeit ein Kontinuum darstellt – wichtige Ereignisse sind allerdings oft nur „Augenblicke" in der Geschichte, wenn auch „wichtige historische" – ist der Ort gleichsam „ewig" fixierbar. Subjektiver und feierlicher drückte die Beziehung zum Ort der barocke geistliche Dichter Angelus Silesius (1624–1677) in seiner Sinnspruchdichtung „Cherubinischer Wandersmann" aus: „Nicht Du bist in dem Ort, der Ort, der ist in dir – Wirfst Du ihn aus, so steht die Ewigkeit schon hier".

Dieses Gefühl – subjektiv verinnerlicht für einen selbst, oder auch dokumentierbar und publizierbar – kann sich im Sinne einer „Aura" dieser historischen Örtlichkeit zeigen, quasi eines „Hauches der Vergangenheit", den man spürt; man kann es auch Strahlkraft nennen oder die Magie, auch den Zauber eines Ortes. Der österreichische Historiker Alfons Lhotsky

(1903–1968) nannte es die „Glut der Geschichte in der Hand zu haben". Schön wird das in dem deutschen Wort „Schauplatz" ausgedrückt, das ursprünglich aus der Welt des Theaters stammt. An diesem Ort, diesem Platz, ist etwas passiert, das wir heute noch „schauen" können, wenn auch nur in der Fantasie, wir können uns das historische Geschehen vor Augen führen. Kann uns hier die moderne Entwicklung der „dreidimensionalen Brille" weiterhelfen und uns in eine virtuelle Welt führen – die für uns dann eigentlich die Darstellung der Vergangenheit bieten müsste?

Wagen wir einen Schritt weiter: wir können das Geschehen richtig „erlebbar" für uns machen und werden dies durchaus nicht nur als „interesseloses Wohlgefallen" (Immanuel Kant, 1724–1804) empfinden. Da an diesen Orten eben etwas geschehen ist, eine Tat passiert ist, so kann man auch von „Tatort" sprechen, wenn dieses Wort nicht zu sehr vom Hauch der Kriminalität umgeben wäre. Man erinnert sich auch gerne an den Gedanken – aus der Erfahrung oder bloß aus psychologischen Überlegungen heraus – dass Täter gerne an den Ort ihrer Taten zurückkehren…

Vielleicht bereitet dieses Gefühl dem einen oder anderen auch einen Nervenkitzel – positiv oder negativ; man stehe etwa ganz oben an der Stelle der Sprungschanze in Oberstdorf, Deutschland, von wo ein Springer zu einem Schanzenrekord gestartet ist. Oder man denke an das „schaurige" Gefühl an so manchen Hinrichtungsstätten dieser Welt. Man kann auch an sogenannte „Kraftpunkte" an historisch wichtigen Orten denken, wie wir sie bei den Wünschelruten-Gehern in der Radiästhesie kennen; solche Punkte lassen sich vielfach verknüpft mit der keltischen Zeit finden, jedenfalls muss dies von Fall zu Fall geklärt werden, wobei ein Rest von Skepsis überbleiben mag.

Dies alles hat aber nichts mit Mystizismus oder gar Okkultismus zu tun, sondern entsteht in Verbindung des (intensiven) Wissens um ein historisches Geschehen mit dem konkreten Ort, wo es stattgefunden hat. Man kann auch von einer „Stimmung" an einem solchen bestimmten Ort sprechen, diese Stimmung empfinden, wenn man bis hin zu Details des Geschehens seine Vorstellungskraft mobilisiert und sich die „vergangene" Szene vergegenwärtigt. Man kann auch an die Romantik denken, vom Besuch einer alten Burg mit dem Gefühl der Geborgenheit, des Schutzes und der Sicherheit – wenn man die kalten Winter und die Mühsal der Verpflegung ausklammert; jede „Dornröschen-Burg" in einem Disney-Land versucht das einzufangen. Viele träumen vielleicht auch vom gemütlichen Wohnen in einem barocken Schloss. Man kann auch von Atmosphäre an diesen Orten reden, wenn man die Gesamtheit der Empfindungen meint, das historische Gefühl, die Umgebung und ihre Ästhetik, bis hin zum jeweiligen Klima und dem gerade vorherrschenden Wetter.

Neben dem Wort „Ort" findet sich in der deutschen Sprache auch das Wort „Platz", es kann als Überbegriff dienen, hier wollen wir es aber einengen im Sinne der altgriechischen Bedeutung einer „freien öffentlichen Fläche in der Stadt". Im Anschluss an die Erwähnung der zu empfindenden Atmosphäre bieten Plätze Einiges. Angefangen bei der Agora im Athen des 5. vorchristlichen Jahrhunderts und dem etwas jüngeren Forum Romanum in Rom seien einige solcher interessanter Plätze angeführt. Gefühlsbetont für Österreicher ist der Heldenplatz in Wien, nur halb umgeben von der Neuen Hofburg, von deren Balkon am 15. März 1938 Adolf Hitler (1889–1945) den „Anschluss" seiner Heimat an das Deutsche Reich verkündete. 1983 ließ es sich Papst Johannes Paul II. (1920–2005) nicht nehmen, neben dem „Türkenvertreiber" Prinz Eugen (1663–1736) stehend seine Rede zu halten; genau 300 Jahre nach der zweiten Türkenbelagerung Wiens… Der Wenzels-Platz in Prag, seit 1848 nach dem 935 ermordeten Hl. Wenzel so benannt, spielte 1968 im Prager Frühling eine große Rolle, am 16. Jänner 1969 hat sich dort der Student Jan Palach (geb. 1948) aus Protest gegen die militärische Intervention der Sowjetunion verbrannt. Der Rote Platz in Moskau – sprachlich auch als „Schöner" Platz interpretierbar – mit dem Kreml, der Basilius Kathedrale, dem legendären Kaufhaus Gum und dem Lenin Mausoleum – ist eine beeindruckende Einheit – leider auch für militärische Paraden mit Panzern und Raketen.

Aus der neueren Geschichte seien als Beispiele erwähnt: der überdimensional große Tian'anmen Platz in Peking, der Platz des Himmlischen Friedens, mit Blick auf die Verbotene Stadt, dahinter das Mao Mausoleum – doch sei hier auch an das Massaker vom Juni 1989 erinnert. Der Maidan Platz in Kiew, Ukraine, frei übersetzt „Platz der Unabhängigkeit", war 2014 Schauplatz grausamer Schießereien. Der Tahrir Platz, Platz der Befreiung, in Kairo, umgeben von Verwaltungsgebäuden und dem Ägyptischen Nationalmuseum, war 2011 Ort der Ägyptischen Revolution. Alle diese Plätze werden immer wieder im Rahmen von Unruhen erwähnt, und es stimmt nachdenklich, dass sie die Namen von Unabhängigkeit, Befreiung, ja himmlischem Frieden tragen…

Wenn Stimmung den Gemütszustand und das Erleben von uns Menschen färbt, so ist für das historische Gefühl der Wissens-Stand um ein historisches Geschehen umso wichtiger, können doch Stimmungen, wenn sie gar oberflächlich sind, als schwankend empfunden werden, was dann der historischen Wahrheit widersprechen könnte. Man kann auch von

Konzentration auf die historischen Fakten sprechen, manchmal auf wichtiges, fast „intimes" Detailwissen im Sinne des Verständnisses der damaligen Umstände zurückgreifen. Eine Rolle spielt auch das banale oder hanebüchene und doch so wahre Argument, dass man im Nachhinein alles besser weiß. Dies kann als geistiges Überlegenheits-Erleben durchaus mit dem historischen Gefühl korrelieren, sicherlich aber mit dem „Gefühl der Richtigkeit", ja, so war es! Der für die Fakten verantwortliche Historiker ist nun sicherlich kein „rückwärtsgewandter Prophet", sondern der erste Vermittler – neben den Fakten – des Staunens, der Freude oder der Befremdung angesichts des geschichtsträchtigen Platzes. Es kann auch vorkommen, wie man es von manchen „kritischen Historikern" kennt, dass sie aus diesem „Besserwissen" heraus die Geschichte nicht darstellen, sondern moralisch beurteilen, meist verurteilen, um die eigene vorgestellte Moral hochhalten zu können.

Diese „Vergegenwärtigung" birgt das Risiko der psychologisch-menschlichen Fantasie in sich. Wenn man Fantasie nach einer Definition des Wiener Psychologen Hubert Rohracher (1903–1972) von 1960 vorsichtig formuliert als „dasjenige, was die Erinnerungsvorstellungen umgestaltet, zu neuen Kombinationen zusammenfasst und dadurch Vorstellungsverbindungen entstehen lässt, die nie als Wirklichkeit erlebt wurden" – also nicht aus der Erfahrung stammen, sondern neu sind – so ist Vorsicht am Platze. Das, was man an Örtlichkeiten wahrnehmen kann – was also „übriggeblieben" ist – und das, was man um das historische Geschehen herum weiß, sind sichere Fakten; beide zusammen erzeugen das historische Gefühl – in dessen Folge es zu vorgestellten Übertreibungen (weniger oft zu Abschwächungen, je nach Sachlage) kommen kann, wie man aus Erzählungen über aufregende und ungewöhnliche Ereignisse weiß. Selten hat man ja, außer bei eigenen individuellen Erlebnissen, bei denen die Fantasie eine gewaltige Rolle spielen mag, gleichsam als „schöpferische" Fantasie, unmittelbare Kenntnis – eben nur das von Historikern übermittelte Wissen. Dieses mag der Fantasie zwar freien Raum lassen, dem Entstehen des Gefühls schadet dies kaum. Bei den individuellen Gedächtnisleistungen kann durch die Fantasie eine Erinnerungs-Verschiebung entstehen, gleichsam eine Veränderung und „Neubildung": wen aber stört es, wenn die erste Liebesbegegnung mit dem Partner angesichts des ersten Treffpunktes in der Erinnerung in einem rosa Licht erscheint? Anders liegt dies bei einer Zeugenaussage vor Gericht, aber davon wissen Richter und Betroffene ein Lied zu singen – hier können wir diesen Aspekt vernachlässigen, ausgenommen natürlich die historische Wahrheitsfindung an sich. Bei den meisten „Begegnungen" mit der Geschichte bleiben wir also beim historischen Wissen und den Empfindungen „vor Ort".

Hierher gehört auch die Thematik der Zeitzeugen. Aus der Erfahrung als Historiker weiß man, dass sich diese Menschen, die etwas unmittelbar erfahren oder zumindest miterlebt haben, irren können. Den genauen Zeitpunkt und den Ort hat man also zu kontrollieren. Wichtig aber erscheint, dass diese Zeitzeugen eine Atmosphäre des Geschehens wiedergeben können, die sonst nicht „einzufangen" ist. Dazu kommt noch, dass Wissen vermittelt werden kann, das sonst nirgendwo aufzufinden ist, in keiner sonstigen Quelle. Ich erinnere mich gerne an den Mann in Xian, China, der beim Bohren eines Brunnens auf die weltberühmten Terrakottafiguren gestoßen ist. Er durfte in der Ausgrabungsstätte sitzen, seine Geschichte erzählen und Bücher signieren…

Von der Fantasie ausgehend, also von der „Umdeutung" oder „Verdrehung" des historischen Geschehens in der eigenen Vorstellung aus individuellen Gründen, ist es nicht weit zu dem, was heute vielfach als „kontrafaktische Geschichtsschreibung" bezeichnet wird. Ausgehend von den Überlegungen, „was wäre gewesen, wenn…" kann man einerseits die Geschichte eben umdeuten, andererseits Pseudo-Szenarien entwickeln und nach Gutdünken Ideen weiterspinnen, was gewesen wäre, wenn die Persönlichkeiten an diesem oder jenem Ort anders gehandelt hätten, früher oder später gestorben wären, wie etwa: hätte Lenin (1870–1924) länger gelebt, wäre Stalins (1879–1953) Terrorregime nicht möglich gewesen… Dass hier höchst persönliche Wünsche, Wunschdenken, Weltanschauungen, politische und historische Vorstellungen bzw. Ideen eine Rolle spielen, ist klar. Sie beeinflussen sicherlich die „Qualität" des historischen Gefühls – mögen aber doch den individuellen Erlebensbereich erweitern. Man muss aber nicht unbedingt die „tragischen Fehler" der Vergangenheit und der damals Agierenden bedauern, mit dem Hintergedanken, man selbst hätte es besser gemacht, und danach wäre die Menschheit in eine bessere Zukunft gegangen – die nunmehr unsere Gegenwart ist. Dies trägt meist nicht zum Verständnis dessen bei, was tatsächlich geschehen ist, kann aber das Begleitgefühl hervorrufen, ein historisches Ereignis „ist glücklicherweise schon vorbei", etwa im Gebäude des „Nürnberger Prozesses".

Es kann aber auch etwas anderes passieren: der Besuch eines solchen Ortes kann der Wahrheitsfindung und der Klärung eines historischen Geschehens dienen. Man kann vor Ort den historischen Zusammenhang von Ursache und Wirkung erkennen, auch den Unterschied von Ursache und Anlass: so waren die Schüsse von Sarajewo nicht Ursache, sondern Anlass des Ersten Weltkrieges. Man kann weiterhin erleben, dass „kleine Ursachen" große Wirkungen haben können: beim Prager Fenstersturz wurden „bloß" einige Beamte zum Fenster hinausgeworfen, waren nicht einmal schwer verletzt – und doch brach der Dreißigjährige Krieg aus. Es können sich historische Fakten auch vertiefen – oder manchen Besucher von Irrtümern befreien: kann man angesichts des Vernichtungslagers Auschwitz wirklich noch glauben, es hätte den Holocaust nicht gegeben und die ganze Anlage wäre zu „Propagandazwecken" errichtet worden? Manche Besichtigungen von Örtlichkeiten können auch uns im Rahmen des historischen Gefühls die seinerzeitigen Möglichkeiten offenbaren, warum etwas überhaupt geschehen konnte, warum gerade hier.

Man kann auch von einem „Genius loci" sprechen, dem von einem Ort des denkwürdigen Geschehens oder der dort wirkenden beeindruckenden Persönlichkeit ausgehenden „Geist". Man kann auch über den Einfluss eines Ortes auf ein Geschehen nachdenken, etwa bei den historischen Schlachtfeldern und deren Gelände-Bedingungen wie Berge, Wald oder Sumpf, Flüsse, das Meeresufer der Normandie, oder individuell einfach bei der Stelle, wo einem ein Auto-Unfall passiert ist. Ist die Örtlichkeit gleichsam „ausgesucht" worden, oder spielt der Zufall seine Rolle? Es sei erwähnt, dass solche Orte ja die „Drei-Dimensionalität" vermitteln, anders als eben die bloße Vorstellung beim Lesen einer Abhandlung über ein historisches Geschehen oder selbst beim Betrachten eines Bildes. Die „Schwäche" der Wirkung von Bildern sieht man am mangelnden Erfolg der Antiraucherkampagne auf heutigen Zigarettenschachteln.

Bei den Persönlichkeiten mag die Wirksamkeit und Nachhaltigkeit ihres Handelns eine große Rolle spielen, etwa in Martin Luthers (1483–1546) Schreibstube auf der Wartburg hinsichtlich der Bibel-Übersetzung. Man kann an manchen Orten gleichsam die Konzentration der geleisteten Arbeit spüren, das Entwickeln von Ideen wie in Sigmund Freuds (1856–1939) Wohnung in Wien. Vielleicht kann uns auch eine historische Persönlichkeit vor Ort „menschlicher" erscheinen, wie etwa beim Erleben der Wohnung von Mahatma Gandhi (1868–1948) in Delhi, oder „grausamer" wie bei Heinrich VIII. (1491–1547), wenn man vor der Hinrichtungsstätte seiner beiden Ehefrauen im Londoner Tower steht. In diesem Zusammenhang kann das Erleben des Gefühls bis zu einer Art „Reliquienverehrung" werden, wenn die historische Person eine Sache berührt hat, mit ihr gearbeitet hat, oder gar etwas von ihr selbst stammt, vom Mantel des russischen Dichters Anton Tschechow (1860–1904) in

Jalta, den er getragen hat, bis zu den Knochen eines christlichen Heiligen oder dem Zahn Buddhas in Kandy auf Sri Lanka.

Wenn wir uns an die Worte des berühmten deutschen Historikers Leopold von Ranke (1795–1886) halten, wonach Geschichte aufzuschreiben ist, „wie es wirklich gewesen ist", so gilt das auch für den Ort, für das „Wo". Hierher gehören eigentlich alle „Gedenktafeln" dieser Welt, es mögen offenbar in der Summe Millionen sein; sie erfreuen jeweils das Herz des Historikers und sind sicher geeignet, das historische Gefühl hervorzurufen, zumal Gedenktafeln an Geburtshäusern oder Wohnhäusern der bedeutenden Persönlichkeiten angebracht sind, oder an Orten eines wichtigen Geschehens; einige sollen in diesem Buch aufgeführt werden. Da Geschichte natürlich in Raum und Zeit abläuft, sind die „Gedenktage" zu erwähnen, die auch die Erinnerungen an historische Taten (in der Summe leider meist kriegerische) wachrufen und Gefühle aufkommen lassen können; mit dieser Art von Gedenken wird sich das Buch aber nicht beschäftigen. Eine besondere Art der Erinnerung ist das „Nachspielen" historischer Ereignisse, wie wir es von der Schlacht von Austerlitz (östlich von Brünn), des Napoleonischen Krieges von 1805, und der „Wiederholung" der Schlacht im Spätherbst eines jeden Jahres kennen, einschließlich der nachgebildeten Uniformen. Denselben Vorgang gibt es in Waterloo (südlich von Brüssel) vom Jahre 1815. Anschaulich ist auch ein „Nachbauen" historischer Orte, wie etwa das der ersten Ansiedlung der Pilgrim Fathers von 1620 in Plymouth (Massachusetts, in der Nähe von Boston). Bekannt sind auch die „Wiedererrichtungen" von Ausgrabungen besonders aus römischer Zeit wie in Xanten in Deutschland oder Carnuntum in Österreich. Interessant sind auch die modernen elektronischen Rekonstruktionen meist archäologischen Inhalts, sie helfen vielfach der Fantasie positiv nach.

Eigentlich kann jeder Ort auf der Welt beanspruchen, „historisch" zu sein, doch sollte die Frage der Wichtigkeit und der historischen Folgewirkung bei der Beschreibung berücksichtigt werden. Man kann auch fragen, wie Geschichte, Gegenwart („Ich bin „jetzt!", stehe hier an dieser historischen Stätte") und mögliche Zukunft „zusammenspielen", man kann gleichsam die erlebte und empfundene Vergangenheit in Richtung Zukunft extrapolieren. Würde etwa angesichts des Gräberfeldes von Verdun in Frankreich und der Ereignisse des Ersten Weltkrieges der Gedanke an eine friedliche Zukunft der Menschheit entstehen können? Doch, wie war das dann mit der Entwicklung hin zum Zweiten Weltkrieg...? Es erhebt sich bisweilen die alte Frage, ob man aus der Geschichte lernen kann, ob sie sich „fatal" wiederholen muss oder ob die Chance einer positiven Entwicklung gegeben ist.

So wie jeder Ort historisch sein kann, trifft das historische Gefühl auch auf jedes individuelle Leben zu, auf jede Einzelperson – und das milliardenfach auf Erden. Jeder Mensch hat sein Geburtshaus (vielleicht sind auch „Spitalsgeburten" nicht uninteressant zu dokumentieren), christlich gesehen seine Taufkirche, ein Wohnhaus, die Schulen, die Stelle, wo man seinen Partner kennengelernt hat, die ersten Küsse mit ihm getauscht hat (einschließlich des berüchtigten Herzens in der Baumrinde), die Arbeitsstätten, der Ort der Hochzeit, eventuell ein Unfall-Ort beim Autofahren, jedenfalls ein Ort, wo wichtige Entscheidungen gefallen sind oder Ereignisse stattgefunden haben; bei verstorbenen Verwandten und Freunden gehört dann auch die Grablege dazu. Man kann auch die schöne Formulierung verwenden, dass hier „Erinnerungen wach werden". In diesem Zusammenhang denkt man auch an die bekannten Déjà-vu-Erlebnisse, jene (meist falschen) Eindrücke, etwas schon einmal erlebt zu haben, obwohl die Situation nunmehr eine ganz andere ist. Diese Erinnerungstäuschung kann, muss aber nicht mit einer neurologisch-psychiatrischen Erkrankung zusammenhängen, sondern kann bei „geistiger" Ermüdung oder nahe an müßigem Tagträumen erlebt werden.

Über die Einzelperson hinaus kann das historische Gefühl Familien betreffen, dann Gemeinden, Dörfer und Städte, Länder. Ich darf ein Beispiel aus der eigenen Erfahrung berichten: ein Landwirt kam beim Sägen eines Baumes ums Leben, die Söhne haben eigenhändig am Unfall-Ort ein Marterl errichtet, wie eine bestimmte Art von Bildstock in Österreich genannt wird, abgeleitet von dem Leiden Christi und der Märtyrer und in analoger Erinnerung an das Schicksal des Verunfallten.

Eine wichtige Frage ist wohl die, ob diese Örtlichkeiten die echten sind und wie die „echten" im Laufe der Zeit verändert wurden, also welche Ursprünglichkeit erhalten werden konnte (Musterbeispiel etwa der Friedenssaal in Münster, Deutschland, 1648, der „im Original" erhalten blieb). Vieles ist durch Legendenbildung gleichsam verschüttet worden, in mystisches Dunkel gehüllt, bzw. hat historisch nie gestimmt. Gibt es die Stelle der Ermordung Caesars 44 v. Chr. wirklich zu sehen – auch wenn an der vermuteten Stelle noch heute manchmal Blumen hinterlegt werden? Haben Fremdenführer in Israel Recht, wenn sie auf eine Stelle verweisen, wo der Baum für das Kreuz Christi gefällt worden wäre? Haben Abraham oder Moses wirklich gelebt, oder sind sie literarische Kultfiguren? Liegt Abraham in seinem Grab in Hebron – man denke an die Möglichkeiten der Radiokarbon-Methode zur Altersbestimmung …? Im Goldschrein im Kölner Dom liegen sicherlich nicht die Gebeine der Heiligen Drei Könige – christliche Märtyrer des 3. Jahrhunderts haben dort ihre Ruhe gefunden. Vielfach meint man als Historiker, vieles könne nicht stimmen… Die ganze Problematik lässt sich schön anhand von Wolfgang Amadeus Mozart (1756–1791) aufzeigen: sein Geburtshaus in Salzburg und die weitere Wohnung ebendort sind eindeutig nachweisbar; sein Wohnhaus in Wien in der Domgasse ebenso; sein Sterbehaus in der Wiener Rauhensteingasse existiert nicht mehr, eine Gedenktafel erinnert daran; sein Grab auf dem Wiener Zentralfriedhof ist mehr als fraglich, also nur ein Denkmal (?); Scherzbolde haben bei Raschala im nördlichen Niederösterreich einen „Pinkelstein" errichtet, wo Mozart auf der Reise nach Prag eben Pause gemacht haben könnte…; zuletzt fand sich an dem Wiener Palais Harrach eine Gedenktafel mit dem Vermerk „Mozart wohnte in den Jahren 1780 bis 1782 hier nicht"!

Gedenkstätten sind natürlich besonders die Friedhöfe bzw. die Grabgelege von Kaisern, Königen, Päpsten etc., von den altägyptischen Pyramiden angefangen bis zu Westminster, dem Escorial, den Vatikanischen Grüften, der Kapuzinergruft in Wien und der Flussinsel in St. Petersburg. Angesichts der Wichtigkeit solcher Denkweisen erinnere man sich an die Auffindung der Gebeine des englischen Königs Richard III. (1452–1485) unter Straßenasphalt und die neue Grablegung. Schon viele urgeschichtliche Gräber sind hingegen in der Landschaft weithin sichtbar, Tod und Begräbnis haben unsere Vorfahren früh emotional berührt: Ist es Gedenken, etwa auch der Beginn des Ahnen-Kultes? Ein ganz anderes Problem wird dann berührt, wenn man die Asche eines Verstorbenen in alle Winde zerstreut, oder dem Meer übergibt (wie etwa bei dem Terroristen Osama bin Laden, 1957–2011). Will man damit doch verhindern, dass sich das historische Gefühl mit Nostalgie, gar mit politischer Totenverehrung oder unerwünschter „Wiederbetätigung" verbindet. Man denke hier an die schweren Marmorblöcke der Gruftdeckel, um symbolisch die „Wiederkunft" zu verhindern. Ein fast makabres Beispiel bietet hier das Grab von Evita Peron (1919–1952); nach einer skurrilen Irrfahrt ihres Leichnams wurde sie in Buenos Aires unter meterdickem Beton begraben, damit, wie die Fremdenführer erzählen, niemand mehr auf die Idee käme, sie auszugraben…

Probleme gibt es mit den sonst so wertvollen Museen insofern, als dort zwar adäquate historische Gegenstände aufbewahrt und präsentiert werden, jedoch oft die Unmittelbarkeit zum historischen Geschehen und damit zur Entstehung des historischen Gefühls zu wünschen übrig lässt. Eine gute Lösung ist die Kombination von Geburtshaus und Museum wie wir dies etwa von den Komponisten Mozart in Salzburg, von Franz Schubert (1797–1828) in Wien oder von Ludwig van Beethoven (1770–1827) in Bonn kennen.

Zuletzt sei noch auf eine andere Art der „Erzeugung" des historischen Gefühls hingewiesen, auf die Konfrontation mit Gegenständen, die in Bezug zu einer historischen Persönlichkeit oder einem historischen Geschehen stehen – was dann allerdings schon weniger mit der Magie eines Ortes zu tun hat. Man denke hier an die Bergschuhe und Schi von Johannes Paul II., Papst von 1978 bis 2005, in polnischen Museen. Der dem christlichen Leid verbundene Mann hat weltpolitisch agiert und mit den Schuhen offenbar lustvolle Bergwanderungen unternommen. Bekannt ist die Aufbewahrung von Füllfedern, mit denen wichtige Verträge unterschrieben wurden. In Wien etwa gibt es eine Sammlung von Dirigentenstäben berühmter Musiker. Auch Autogrammsammlungen gehören hierher. Auf die Spitze treibt diesen Kult heutzutage offenbar der nordkoreanische Diktator Kim Jong-un (geb. 1983), indem alle Dinge, mit denen er sozusagen öffentlich in Berührung kam, wie etwa Gummistiefel bei der Eröffnung eines landwirtschaftlichen Betriebes, dann museal und in Verehrung aufbewahrt werden. Dass hierher der Reliquienkult jeglicher Religionen und anderer Weltanschauungen gehört, versteht sich von selbst. Das historische Gefühl kann hier zu einer „heiligen" Empfindung mutieren; dies zu beschreiben will ich mangels eigener Erfahrung allerdings anderen überlassen…

Fossilienwelt

Keine Menschen auf Erden

Durch die Wissenschaften der Geologie und der Archäologie ist es möglich, einen Blick auf die Gestalt der Welt – oder eines Teiles davon – zu werfen, lange bevor der Mensch in Erscheinung getreten ist. Man kann etwa im Grand Canyon, Kalifornien, einen durch den Fluss gegrabenen Querschnitt durch die geologischen Formationen sehen, an der untersten Stelle die ältesten Teile, aber aufregender, weil mit der Biologie, d. h. der Tierwelt verbunden, ist der Blick auf das größte fossile Austernriff der Welt in der „Fossilienwelt" im Heurigenort Stetten, nördlich von Korneuburg, Österreich. Für die Geologen mag diese Zeit zur jüngsten Erdgeschichte gehören, für den Besucher ist es das Eintauchen in eine andere Welt, in eine Welt noch ohne Menschen. Glaubt man den Forschern – und man kann nicht wirklich zweifeln – so war vor mehr als 16 Millionen Jahren im heutigen Weinviertel ein angenehmes Klima mit etwa heutigen Durchschnittstemperaturen (17 ° Jahresmittel), in dem auch Menschen halbwegs gemütlich hätten leben können, denkt man an die breiten Sandstrände in dieser Zeit, so kommen sogar genussvolle Gefühle auf. Aber es gab eben noch keine Menschen – dafür aber Alligatoren, Haie, Rochen und Sumpfschildkröten, die nachweisbar sind und sich dort herumtummelten, ganz zu schweigen von den anderen Meerestieren, oft nur mikroskopisch kleinen Algen, Plankton und Muschelkrebsen, besonders aber sei auf die seinerzeit dort lebenden Austern verwiesen.

Wir kennen Austern heute aus der Genusswelt des Essens, man muss aber in einer anderen Dimension denken; sind die heutigen Austern einige Zentimeter lang, sind die im Austernriff etwa zehnmal so groß. Will man sie in der „Fossilienwelt" besichtigen – mit dem schönen Katalog, herausgegeben 2009 von Mathias Harzhauser in der Hand – wird man zuerst durch einen Querschnitt des Meeressandes geführt, wo man mit kundigem Auge die damaligen Kleinstlebewesen erkennen kann. Man muss sich vorstellen, dass diese Gegend im Nordwesten von Korneuburg als Meeresbucht nach einer langgestreckten Flussmündung anzusehen war, mit Zufluss von Süßwasser und nur circa 20 bis 30 Zentimeter tief. Der damalige Umfang betrug circa 20 mal 7 Kilometer. Diese Meeresbucht, teilweise auch als Sumpf oder Schlammfläche zu verstehen, war der ideale Lebensraum für bestimmte Tiere.

Der nächste Besuchspunkt – und Höhepunkt – ist die Austernbank, in einem Gebäude voll überdacht und geschützt untergebracht. Von grellen Blitzen und Donner begleitet, wird man die Jahrmillionen in der Fantasie zurückgeführt, das Gefühl eines Urmeeres wird vermittelt und man wird mit der Urgewalt der Natur konfrontiert, doch man bedenke, dass neben Stürmen, Tornados und Unwetter, wie wir sie aus unseren Tropen kennen, wohl auch ruhige Zeiten quasi friedlichen Wetters vorherrschten; vielleicht kann man in manchen Teilen unserer Tropen auch dieses Gefühl „von damals" nachempfinden. Etwa 15.000 Austern konnten hier leben – und sind heute als versteinerte Riesenaustern zu sehen – man weiß, dass noch mehr davon vorhanden sein könnten, aber man muss der Archäologie auch ihre Grenzen zubilligen.

Zuletzt ein weiterer Höhepunkt der „Fossilienwelt": die größte fossile Perle der Welt. Sie ist nicht die größte Perle der Welt, denn diese wurde 1934 auf den Philippinen gefunden, „Perle Allahs" benannt und ist mehr als 24 cm lang, während die fossile Perle, die aus einer Miesmuschel stammt, etwa einen Durchmesser von 45 mm hat, wegen ihres Alters jedoch als Weltunikat gilt.

Erdgeschichtlich ins frühe Miozän eingereiht, also vor circa 19 Millionen Jahren, entstand damals dieses archäologische Phänomen. Immer wieder fand man auf dem Bereich einer ehemaligen Ziegelei einzelne Austernschalen – ein geologischer Zufall, wie es viele in der Geschichte gibt – bis dann die Wissenschaft in den 80er Jahren des vorigen Jahrhunderts Zugriff bekam. Solide Grabungen fanden dann ab 2005 statt. Man erinnert sich auch anhand der dortigen Ziegelei, dass es solche Betriebsstätten in Niederösterreich im 19. und 20. Jahrhundert in großer Zahl gab – und manche davon Bodenfunde hervorbrachten.

Man kann bei dieser Gelegenheit auch an Charles Darwin (1809–1882) und seine Entwicklungs- und Abstammungslehre denken, an die Evolutionstheorie, wenn man die Muscheln, die Haifischzähne und die Zähne des Alligators und ähnliche Überreste sieht, wie sie vor Millionen Jahren ausgesehen haben. Man kann in seine Gedanken „schlüpfen", sich die Idee der Hochrechnung der Entwicklung vorstellen, lange bevor der Mensch auf Erden erschien – oder was vom Menschen per Zufall aufgefunden wurde und je nach dem Stand der Forschung eingeordnet werden konnte. Wir wissen aus Erfahrung, dass sich das sehr schnell ändern kann. Man darf auch philosophieren: Wäre die Fossilienwelt für den deutschen Existentialphilosophen Martin Heidegger (1889–1976) nicht ein Anreiz

Austernbank in der „Fossilienwelt" Stetten – © Fossilienwelt Stetten

Die älteste Perle der Welt, in der „Fossilienwelt" zu sehen – © Fossilienwelt Stetten

gewesen, den Begriff „Geworfenheit" des Menschen in diese Welt, hier zu überlegen, gilt er doch salopp formuliert als „Daseins-Prophet" in der Philosophie? Er hat solche Gedanken schon 1927 in seiner oft schwer verständlichen Schrift „Sein und Zeit", wie er selbst meint, „einer vorbereitenden Fundamentalanalyse des Daseins", geäußert und damit auch die Frage nach dem Sinn von menschlichem Sein gestellt.

Wie hat sich nun das Urmeer weiterentwickelt, dessen Teil-Reste wir in Form des Austernriffs vor uns haben, besser gefragt, was ist geologisch passiert, damit wir sozusagen in unsere heutige Umwelt gelangen konnten? Die Meeresablagerungen von damals lagen horizontal, erst einige Jahrmillionen später wurden sie durch die Gebirgsbildungskräfte – mit deren Hilfe die Alpen entstanden sind – um 24° gekippt, daher die heutige „Schräglage" der Austernbank. Jahrmillionen hat es gedauert, bis der Lebensraum des Miozäns verschwand, der geologische Zufall wollte es, dass das Riff „überleben" konnte. Die Folge all dieser Geschehnisse war das Verschwinden des Meeres, es zog sich, wenn man so sagen will, zurück. Danach muss sich die heutige Donau, südlich davon gelegen, einen Weg gebahnt haben. Angesichts der Jahrmillionen sprechen wir aber nun von einer „Sekunde", wenn wir daran denken, dass die heute so „streng" regulierte Donau selbst noch zu Beginn des 19. Jahrhunderts ein vielfach aufgegliedertes Gerinne war. Die ersten Regulierungspläne tauchen um 1820 auf, die heutige Fließform erhielt der als geschichtsträchtig bekannte europäische Fluss erst in der zweiten Hälfte des 19. Jahrhunderts.

Und wir Menschen? In der „Fossilienwelt" keine Spur von uns, was den Gedanken, besser die Frage aufwirft, wann wir als Menschen tatsächlich erstmals aufgetreten sind, auch vor dem Hintergrund des Faktums, dass wir sicherlich neben der Austernbank schon gut hätten leben können. Lassen wir die Schöpfungsmythen der Menschheit beiseite, da sie keine „Zeitangaben" zu bieten vermögen – bloß die Abfolge vom Tier zum Menschen – bleiben die archäologischen Befunde. Hier nun relativiert sich im Laufe der Forschung vieles; galt lange Zeit der „Neandertaler", vor circa 42.000 Jahren im heutigen Deutschland lebend, als eine Ikone der Geschichtsforschung, als Star in den Schulbüchern, ist er durch „Lucy" weit übertroffen worden. Diesem Teil-Skelett einer eher kleinen Frau um die 25 Jahre mit schon aufrechtem Gang wird ein Alter von 3,2 Millionen Jahren zugeschrieben. Es wurde 1974 in Äthiopien gefunden und als „Australopithecus afarensis" klassifiziert. Gilt nunmehr Afrika als die Wiege der Menschheit? Doch zurück zur „Fossilienwelt": warum hätte nicht, denkt man, die Welt den Tieren allein überlassen werden können…?

Der Neandertaler und wir

Die Archäologie gehört zu den faszinierendsten Wissenschaften, weil einerseits jederzeit neue Funde getätigt werden können, die eventuell das historische Weltbild umwerfen, und andererseits, weil sie geheimnisvolle Räume für Nichtwissen, besser Nichtwissen-können, übriglässt, die durch schöpferische wissenschaftliche Fantasie ausgefüllt werden können. Es beginnt einfach damit, dass wir immer noch nicht genau wissen, woher wir Menschen tatsächlich kommen. Jahrmillionen nach der „Fossilienwelt" waren die Menschen da. Auch wenn im Sinne Darwins angenommen werden kann, dass wir Menschen uns irgendwie durch Auslese von frühen Tieren bis heute weiterentwickelt haben, bleiben Rätsel.

Die Archäologie Richtung Menschen beinhaltet alle Probleme bzw. historische Fragen wie aufrechter Gang (seit wann?), Sprachentwicklung, Gehirngröße (Verhältnis Körpergewicht zu Gehirn), verlorenes (Affen-) Fell, Problem der Geburt und langjährige Pflege des Kleinkindes, Entdeckung der Wirkung des Feuers, Erfindung das Rades. Wie ist der Klimawandel durch circa zwei Millionen Jahre zu beurteilen und die Anpassung des Menschen an ihn. Hier können allerdings Geologen gute Arbeit leisten, die neue C 14-Methode (Radiokohlenstoffdatierung) schaffte bei biologischem Material tolle Ergebnisse hinsichtlich der Chronologie, d. h. der Altersbestimmung. Diese Methode beruht auf dem Zerfall eines bestimmten Kohlenstoffisotops in einer technisch ablesbaren Zeiteinheit. Dieses Isotop nehmen die Pflanzen in Form von CO_2 für die Photosynthese auf. Tiere und Menschen haben dann solche Pflanzen gegessen und ermöglichen die heutigen Messungen...

Negativ zu sehen ist das Prinzip der Zufallsfunde. Oft gibt es nur einzelne Knochenteile, da eine umfassende und flächendeckende Suche selten möglich ist. Außerdem vergleiche man die frühen Skelettfunde mit heutigen/zukünftigen Denkmöglichkeiten: Welches Skelett hat ein Arnold Schwarzenegger (geb. 1947) im Vergleich etwa zu einem Engelbert Dollfuß (um bei österreichischen Beispielen zu bleiben, Dollfuß war Bundeskanzler, kleinwüchsig und lebte von 1892–1934) – beide findet man innerhalb eines Jahrhunderts, beide im selben geographischen Bereich? Hätte man in Jahrmillionen nur solche Einzelfunde, könnten Wissenschaftler dann denken, es wären verschiedene Menschenstämme gewesen...

Abgesehen von dem berüchtigten „Dunkel der Vergangenheit", kann man heute (2018) den Fund von „Lucy" als den ältesten Nachweis von menschlichem Leben ansehen. Wie wir aus der Geschichte der Archäologie wissen, kann sich das jederzeit ändern. Lucy – nach einem Beatles-Song während der Zeit der wissenschaftlichen Aufarbeitung benannt – wurde 1974 in Äthiopien gefunden (Benennung: Australopithecus afarensis). Die junge Frau von circa 25 Jahren ist 3,2 Millionen Jahre alt. Becken, Zähne und Oberschenkel lassen auf ihre Lebensart schließen, auf aufrechten Gang und die Fähigkeit, auf Bäume zu klettern. Die Knochen sind im Nationalmuseum in Addis Abeba zu sehen.

Da sich in Ostafrika Funde von sehr alten Menschenknochen häuften, ist man geneigt, diesen Bereich Afrikas als die Wiege der Menschheit zu bezeichnen. Kritiker fragen, ob dies trotzdem nur Zufallsfunde sind und diese „Wiege" eine Forschungs- und Interpretationsfrage ist. Wie auch immer, es scheint ein Faktum zu sein, dass von dieser Gegend aus Menschen Richtung Europa und Asien gezogen sind.

Wagen wir den Sprung zum Neandertaler, in eine viel jüngere Zeit; man kann davon ausgehen, dass dieser Menschentyp rund 300.000 Jahre lebte und vor circa 39.000 Jahren „ausgestorben" ist, das heißt aber doch, dass heute noch Gene dieser Menschen unter uns zu finden sind. 1856 haben im Neandertal, östlich von Düsseldorf, im Tal der Düssel in der Feldhofer Grotte, Arbeiter beim Kalkabbau Knochen gefunden. Dieser Sensationsfund wurde weltweit bekannt, der Schädel gilt als „Ikone der Urgeschichtsforschung" und ist in jedem Geschichtsbuch genannt; gelegentlich wird der Begriff „Neandertaler" manchenorts auch umgangssprachlich meist negativ verwendet. Die enge Schlucht, jetzt als liebliches Tal zu sehen, kann besucht und begangen werden und strahlt einen urtümlichen Reiz aus mit seinen Bäumen, Wiesen und dem Fluss. Es gibt nur einen Nachteil: Die originale Höhle ist durch den wirtschaftlichen Kalkabbau im 19. und 20. Jahrhundert verschwunden, die dadurch entstandene Steinwüste ist heute allerdings begrünt, und dem Besucher wird empfohlen, sich auf bereitgestellte Bänke zu legen, den Blick in den Himmel zu richten und sich vorzustellen, dass circa 20 Meter darüber der Neandertaler in einer Höhle gelebt hat. Allerdings wird man durch das nahe gelegene Museum mehr als entschädigt. Die originalen Schädelknochen mit den kräftig ausgebildeten Knochenbögen über den Augen (und weitere Funde) sind im „Rheinischen Landesmuseum Bonn" zu sehen.

Vor circa 39.000 Jahren müssen sich hinsichtlich der Ausrottung der Neandertaler spezielle Ereignisse abgespielt haben. War es das Nachdrän-

Feldhofer Grotte, Fundstelle des „Neandertalers" – © Karl Sablik

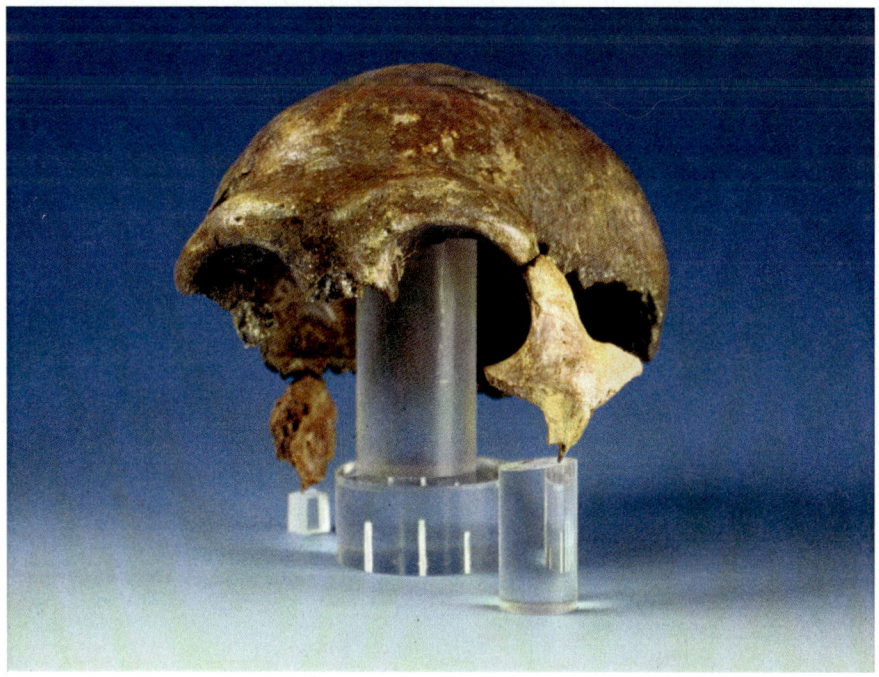

Schädelkalotte des „Neandertalers", gefunden 1856, mit Fundergänzung aus 2000 – © LVR-LandesMuseum Bonn

gen des Homo Sapiens aus dem Osten nach Europa? Hatte dieser große und schlanke Menschentyp mit seiner vielleicht auch besseren Bewaffnung die Neandertaler vertrieben? Den Beschwernissen der Eiszeit hatten sich die Neandertaler recht gut angepasst gehabt, doch drohten neue Krankheiten oder ist die Reproduktions-Rate gesunken, gab es gar Inzucht? Trat eine „Apokalypse" in Form eines fast weltweiten Vulkanausbruches ein, für den Geologen Beweise gefunden haben? Trotz allem muss eine Genvermischung stattgefunden haben, die heute nachweisbar ist. 1997 hat man aus den Knochen Informationen über das Erbgut gewonnen. Prozentsätze der DNA vom Neandertaler und vom Homo Sapiens sind in vielen von uns zu finden. Will man die Gesamtentwicklung des Menschen überblicken, bleibt aber doch die Frage, ob in unserer Entwicklung von den Vorfahren bis zu uns nicht doch eine Genmutation bzw. ein „Quantensprung" stattgefunden hat. Jedenfalls gibt es in der Erforschung unserer Vorfahren neben dem Hauptstrang „Neandertaler-Homo Sapiens" noch viele Funde von Nebensträngen, deren mögliche Eingliederung in unsere Geschichte noch zukünftiger Überlegungen bedarf.

Wenn man Knochen bzw. Zähne untersucht, kann man manche Fragen klären, etwa Erbgut oder die des aufrechten Ganges. Man kann auf manche Nahrungsmittel dieser Zeit schließen, auch die Frage erwägen, ob die Jäger und Sammler nicht sehr gesund und naturverbunden gelebt haben. Besonders Unterkiefer lassen uns auf spezielle Nahrung schließen, aber auch auf die generelle Möglichkeit der Sprache. Daraus kann man folgern, dass sich unsere Ur-Vorfahren nicht nur mit Zeichen und einfachen Lauten verständigt haben, sondern sich einer uns ähnlichen Sprache bedient haben könnten. Dies verführte im 19. Jahrhundert viele Sprachforscher, nach einer gemeinsamen „Ursprache" der Menschheit zu suchen, manche sogar nach dem Ur-Wort für „Gott". In diesem Zusammenhang bleibt leider auch die Frage nach einer Religion der Urzeit unbeantwortet. Man nimmt Animismus an, d. h. die Vorstellung von der Beseelung der gesamten Natur und schließt dies aus Höhlenzeichnungen (Hier gehört auch der „Jagdzauber" dazu.) und späteren figürlichen Darstellungen. Man kann auch davon ausgehen, dass vor circa 60.000 Jahren Menschen begonnen haben, ihre Toten zu begraben und so etwas wie einen Bestattungsritus zu zelebrieren.

Da in der Archäologie viel von Höhlen die Rede ist, ist man verleitet, die damalige Schutzsuche der Urmenschen zu idealisieren. Wie hat sich wohl die Vorstellung von „Wohnung" entwickelt? Wir spüren heute noch das Schutzbedürfnis, wenn wir in einem Gasthaus mit dem Rücken zu einer Wand oder in einer Ecke sitzen möchten! Nun gab es wohl in der Urzeit nicht so viele Höhlen für alle und die meisten Menschen hausten in Erdlöchern, die mit Zweigen und Ästen bedeckt waren, aber davon ist aus verständlichen Gründen wenig bis nichts erhalten. Was man findet, sind eben Knochen und Steine, vom Faustkeil bis zum Steinbeil. Geht unser heutiges Grüßen auf diese Urzeit zurück, wenn wir dem Mitmenschen unsere offene Hand und nicht die Faust samt Faustkeil entgegenstrecken? Manche Menschen haben dies heute vergessen, wenn sie den Handschlag verweigern...

Eine wichtige archäologische Frage bleibt die nach der Entdeckung des Feuers und der damit verbundenen Verbesserung der Nahrung – das Kochen wurde irgendwann erfunden. Offenbar waren Blitz und Waldbrand der Ausgang, dann die künstliche Erzeugung des Feuers mit dem Feuerstein als „Steinzeitfeuerzeug". Die Forschung geht hier circa 800.000 Jahre zurück. Was die Bewahrung des Feuers betrifft, kennen wir dies in religiöser Verbrämung bei den Griechen und Römern, selbst unser „ewiges Licht" in den christlichen Kirchen ist davon abzuleiten. Gerne denkt man an Friedrich Schiller: „Wohltätig ist des Feuers Macht, wenn sie der Mensch bezähmt, bewacht" aus dem „Lied von der Glocke". Leichter ist die Geschichte des Rades zu erforschen gewesen. Es ist eine für manche überraschend junge Erfindung, in Mitteleuropa etwa im vierten Jahrtausend v. Chr.! Im präkolumbianischen Amerika war das Rad noch unbekannt.

Zuletzt darf man sich anhand der archäologischen Forschungsergebnisse spekulativen oder doch philosophischen Fragen hingeben, etwa der des Glücks und der Zufriedenheit der Menschen. Waren die Jäger und Sammler in ihrer Naturverbundenheit gesünder, ja sogar glücklicher als wir? Warum haben sie das freie Leben in der Wildnis verlassen – oder „romantisieren" wir heute? Hat uns die Entwicklung zur bäuerlichen Landwirtschaft mit Sesshaftigkeit und vermehrten Bevölkerungszahlen (etwa laut Bibel „Vermehrt euch wie Sand am Meer") vor circa 7000 Jahren in das Schlamassel unserer heutigen Milliarden-Gesellschaft geführt? War es ein (oftmaliger?) Klimawandel, war es wirklich die Vermehrung der Bevölkerung? War es Lebensmittelknappheit, die zur Besinnung auf Vorratswirtschaft führte? Faktum ist, dass der Übergang zu Sesshaftigkeit sicher nicht einfach war. Man muss auch feststellen, dass der Mensch, wohin er dann geographisch gesehen seit der Urgeschichte kam, er gewisse Tiere, Pflanzen und auch andere Menschen ausgerottet hat.

Die Venus von Willendorf

Das Donautal der Wachau in Niederösterreich gehört sicher zu den schönsten Flusstälern der Welt – neben dem Rhein in Deutschland, dem Douro in Portugal, dem Li-Fluss in China. Deswegen ist die Wachau – natürlich mit den Klöstern, Schlössern, Ruinen, Dörfern und Städten – Weltkulturerbe geworden. Und dazu hat sicherlich auch die „Venus von Willendorf" beigetragen, die als die bedeutendste von Menschenhand gefertigte altsteinzeitliche Plastik weltweit gilt und ein Alter von circa 29.500 Jahren aufweist. Sie schafft es, die Phantasie in vielfacher Hinsicht anzuregen…

Sieht man von der zeitlich und geographisch weit entfernten „Lucy" in Afrika und dem Fund des Neandertalers (Er hat vor circa 42.000 Jahren in Deutschland gelebt.) in Europa ab, so ist noch auf die circa 25 Kilometer von Willendorf entfernt gelegene Fundstelle der „Fanny", 1988 ausgegraben, zu verweisen. Mit der Venus und mit Fanny hat man – vorbehaltlich weiterer zu erwartender Funde – die ältesten von Menschhand gebildeten Produkte vor Augen. Diese zweite sieben Zentimeter kleine Figur ist aus Serpentin in Form einer Tänzerin gefertigt – in Anlehnung an die berühmte österreichische Tanzkünstlerin Fanny Elßler (1810–1884) so genannt, weniger charmant als die „Venus vom Galgenberg" genannt – hat ein Alter von circa 36.000 Jahren.

Verbleiben wir in Willendorf, dem kleinen Ort in der Wachau. Heutige Zeitgenossen, Techniker und Bürgermeister kämpfen mit dem Problem des Hochwassers der Donau. Viele Orte an der Donau wollten so nahe wie möglich am Flussufer liegen und sind daher der Gefahr der Überschwemmung ausgesetzt. Man kennt dieses Problem von Spitz, von Weißenkirchen, ja sogar noch von Krems. Gewaltige und technisch ausgefeilte Hochwasserdämme bzw. Mauern schützen heute diese Orte. Wie war das vor 30.000 Jahren während der letzten Eiszeit? Der Fundort der Venus von Willendorf liegt weit über der Donau, offenbar sicher vor ihren Fluten und ist – wissenschaftlich wertvoll – eindeutig einer archäologischen Schicht zuzuordnen; die Fundstelle ist übrigens frei zugänglich. Waren die Menschen der Steinzeit klüger, vorsichtiger oder bloß ängstlicher als die heutigen Bauherren? Wie tief unten war damals die Donau wirklich, eingegraben in ein Granitplateau, war sie für die Zeitgenossen der Venus

Blick auf das Donautal von der Fundstelle der „Venus von Willendorf" – © Karl Sablik

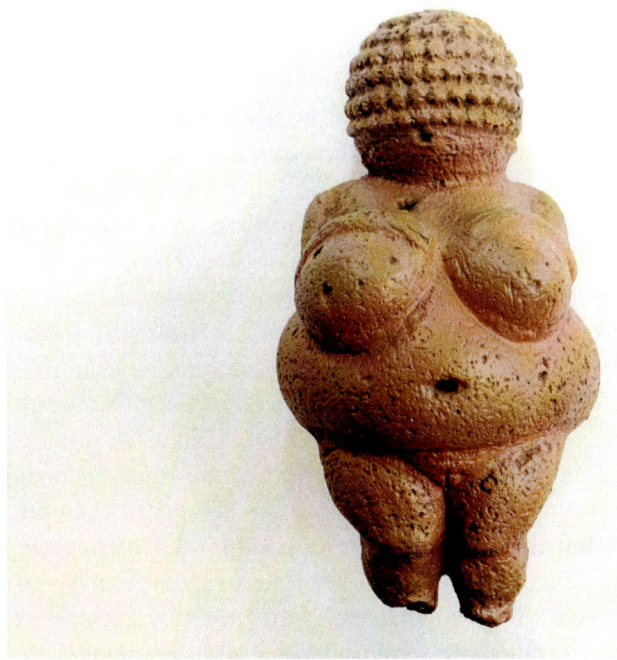

Die „Venus von Willendorf" – © Shutterstock.com

ein magischer Fluss – oder nur der Ort, wo sie Fische zur Nahrung fangen konnten? Sicherlich muss man den jeweiligen oft dramatischen Klimawandel berücksichtigen, wodurch die Landschaft geformt werden konnte. Altsteinzeitliche Flussterrassen haben sich vielfach erst herausgebildet...

Rund um die Auffindung der Venus ranken sich Gerüchte, manche davon wurden zu Legenden, man kann dies alles in dem Buch von Walpurga Antl-Weiser (geb. 1956), herausgegeben 2008, nachlesen. Faktum ist, dass man die Donauuferbahn in der Wachau von Krems nach Grein plante und auch gebaut hat, natürlich weit weg von der Donau, quasi in den Hang hinein. Im Zuge dieses Geschehens wurde die heute zu besichtigende Fundstelle angeschnitten. Da man schon andere kleinere Funde in der Umgebung gemacht hatte, fiel das Interesse der Archäologen sofort auf diesen neuen Querschnitt im Löss. Am 7. August 1908 fand der Arbeiter Johann Veran die Venus und legte sie eher achtlos zu den anderen Funden, während der Grabungsleiter Josef Szombathy (1853–1943) mit seinen Mitarbeitern – so die Legende – im Wirtshaus gesessen wäre, wohl um von dort aus die Ausgrabungen zu koordinieren und Kontakt mit der einheimischen Bevölkerung zu halten, die doch hin und wieder Hinweise auf Funde zu verraten bereit war. Szombathy war Leiter der anthropologisch-prähistorischen Sammlung des Naturhistorischen Museums in Wien und seine Aufgabe war es, die Fundschichten nach Kulturstufen einzuteilen. Trotz mancher Irrungen gelang es erstmals – neben den bekannten Ergebnissen aus den französischen Höhlen – aus den Ablagerungen eine Kulturabfolge herauszulesen. So kam man auch auf das Alter der Venus, die umgebende Erdschicht ist der Indikator. Hierbei erinnert man sich an die Schwierigkeit der Altersbestimmung von prähistorischen Funden: erst die moderne Technik der C 14–Methode (Radiokarbon-Methode) schafft vielfach Klarheit, hauptsächlich bei altem biologischem Material.

Wenn man heute den kurzen Weg zur Fundstelle hinaufgeht – man lasse sich oben durch die große Venusfigur nicht täuschen, das Original ist nur circa 11 cm groß – steht man vor einer Löss-Wand mit Maßangaben und Einteilungshilfen. Alles wirkt etwas nüchtern, doch man hat es hier mit Jahrtausenden zu tun, vor denen man steht, man muss sich die diversen Ablagerungen wegdenken und kann den Blick auf die gegenüber liegenden Berge schweifen lassen: hat es so vor 27.000 Jahren auch ausgesehen, zumal die Donau hier weniger einer Regulierung ausgesetzt war, wie auf ihrem weiteren Verlauf von Krems nach Wien im 19. Jahrhundert, war hier Wald wie heute, wo waren die menschlichen Behausungen?

Im Wiener Naturhistorischen Museum ist der Venus und Fanny ein eigener Bereich gewidmet, intim in einem kleinen Raum, magisch beleuchtet – offenbar muss das Licht die Atmosphäre schaffen, damit man kurz mit der Venus allein sein kann... Was war die Bedeutung der Venus vor circa 30.000 Jahren? War sie ein Zeichen der Religion, waren es Fruchtbarkeits-Vorstellungen, gar Männerfantasien (Weib und Wild jagen) bis hin zur „Pornographie", gab es ein Matriarchat? Wir wissen, dass es mehrere ähnliche Venus-Figuren im europäischen Raum gibt, in Mähren und in der Slowakei, meist also weibliche Figuren, (fast) keine Männerdarstellungen. Doch stellen wir uns vor, in zig-Jahrtausenden würde man nach einer zerstörten Erde einzelne christliche Marienstatuen auffinden – wie würden die Menschen einzig darauf basierend unsere Zeit einschätzen? Doch versuchen wir zurückzudenken! Hat der Schweizer Philosoph und Altertumsforscher Johann Jakob Bachofen (1815–1887), der die Venus noch nicht kennen konnte, Recht, wenn er vom Matriarchat spricht? 1861 hat er das Buch „Das Mutterrecht" mit dem interessanten Untertitel „Eine Untersuchung über die Gynäkokratie der Alten Welt nach ihrer religiösen und rechtlichen Natur" veröffentlicht.

Die kleine Figur der Venus – Reste von Rötelfärbung finden sich noch – zeigt üppige weibliche Formen, man kann sagen, dass die sekundären Geschlechtsmerkmale in ihrer Weichheit dominant sind – im Gegensatz dazu nehme man das harte Steinmaterial, Oolith (Eierstein) aus der Gegend von Brünn stammend. Das Gesicht ist nicht zu sehen, eine Frisur ist irgendwie darüber gewölbt. Die weiblichen Formen sprechen offenbar für eine Fruchtbarkeitsgöttin – also doch Religion und Matriarchat, die Frauen als Göttinnen, wie man es aus der griechisch-römischen Antike kennt – einzig die Maria des Christentums hatte es wegen der patriarchalischen Struktur nie zu einer Göttin gebracht. Psychoanalytiker können ihre Phantasie spielen lassen: die großen Brüste – heute noch eine Vorliebe vieler Männer – sichern die Nahrung für den zu zeugenden Nachwuchs, die deutlich sichtbare Vulva stellt die Eingangspforte zur Lust dar, und treibt man die Psychoanalyse auf die Spitze, so kann man meinen, dass man beim Geschlechtsverkehr das Gesicht des Partners ja ohnehin nicht sehen muss, vielfach sind die Augen dabei sowieso geschlossen... Als Historiker darf man fragen, ob nicht manche Rätsel in der Geschichte der Menschheit eben ungelöst bleiben müssen?

Hallstatt und das Salz

Der Naturforscher und Weltreisende Alexander von Humboldt (1769–1859) bezeichnete Hallstatt (Oberösterreich) als den „schönsten Seeort der Welt". Man mag vielleicht das Düstere der dortigen Bergumwelt nicht mögen, aber für viele besteht gerade darin der Reiz dieser Landschaft. Wenn man durch den Ort spaziert oder in das Hochtal aufsteigt, bewegt man sich auf einem Boden, der sicherlich schon vor circa 7000 Jahren besiedelt war. Zudem erwartet den Besucher das älteste Bergwerk der Welt. Vielleicht hatten die frühen Menschen anfangs nur oberflächlich „gekratzt", bis sie dann bald bis 200 Meter in die Tiefe des Gebirges vorgedrungen sind, um das wertvolle Salz zu finden.

Salz ist das Zauberwort. Wenn man heutzutage die Streufahrzeuge auf unseren eisglatten Straßen sprühen oder streuen sieht, kann man sich nicht vorstellen, dass vor Jahrtausenden und bis ins 18. Jahrhundert Salz mit Gold – „weißes Gold" genannt – gleichgesetzt wurde. Viele Namen erinnern daran: Salz-burg, wobei unser Wort Salz vom Lateinischen „sal" abstammt, vom Keltischen hingegen das Wort „hall", wie wir es in Hall, Hallstatt, Hallein, Reichenhall usw. vorfinden. Was waren die Gründe? Salz gilt heute noch als exzellentes Genuss- und Geschmacksmittel. Vor Jahrtausenden war es zumindest in Mitteleuropa noch eine Seltenheit, Salz gab es nicht überall, das Salz im Meer war doch weit weg. Zuletzt lernte man tierische Produkte „einzusalzen" (nüchterner gesagt zu „dehydrieren") um sie haltbar zu machen, man nennt dies mancherorts auch „einpökeln".

Schon 1734 hatte man im Hochtal ober Hallstatt den Fund eines prähistorischen Bergmannes gemacht, weitere Einzelfunde wurden getätigt, doch erst der Bergmeister Johann Georg Ramsauer (1795–1874) entschloss sich ab 1846 systematisch das prähistorische Gräberfeld zu erforschen. Die Ergebnisse waren sensationell, und in seinem Todesjahr 1874 erfuhr Hallstatt die Ehre als Namensgeberin für eine ganze Kultur zu fungieren. Man spricht von der älteren Eisenzeit, in Zahlen vereinfacht ausgedrückt von 750 bis 550 v. Chr. Es hatte sich schon bald eingebürgert – und in der Archäologie ist die Sitte bis heute erhalten geblieben – die Zeiten der Urgeschichte nach den bedeutendsten Fundorten zu bezeichnen. Etwa die Latenekultur schon 1872 als zeitliche Nachfolgerin der Hallstatt-Zeit

(400 v. bis 50 n. Chr.), nach dem Ort La Tene am Neuenburger See in der Schweiz, oder die Lausitzer Kultur in Mitteldeutschland, was auf einen Vorschlag des Arztes und Begründers der Zellularpathologie Rudolf Virchow (1821–1902), der in der Lausitz medizinisch nach Seuchen geforscht hatte, zurückgeht.

Das Gebiet von Hallstatt bis Hallein mit dem Dürrnberg, Reichenhall usw. hatte eine Monopolstellung für Salz. Dies reichte bis ins 18. Jahrhundert. Die Salzburger Fürsterzbischöfe profitierten von diesem Reichtum etwa ab dem 15. Jahrhundert bis zum Wiener Kongress, wobei besonders auf das prunkvolle Auftreten der Erzbischöfe im Barock hinzuweisen ist. Die Habsburger unterstellten aus finanziellen Gründen mit der Schöpfung des Begriffes „Salzkammergut" eine ganze Landschaft ihrer direkten Verwaltung, Salz wurde kaiserliches Monopol. Viele Salzlieferungen gingen nach Mittel- und Nordeuropa, speziell auch nach Böhmen. Mir ist die Situation von Korneuburg, nordwestlich von Wien, an der Donau gelegen, bekannt. Dort gab es die heiß begehrten, aber auch umstrittenen, vom Kaiser verliehenen Niederlagsrechte. Das bedeutete, dass die Salzlieferanten freiwillig oder auch zwangsweise das Salz zum Verkauf anbieten mussten. Demzufolge gab es Uferanlagen, Salzstadeln zum Speichern, Salzämter zur Verwaltung, und die Stadt lebte vom „Salzverschleiß". Als im 18. und 19. Jahrhundert diese Verfahren obsolet geworden waren, entstand das Spottwort, dass man sich – negativ gemeint – nunmehr „beim Salzamt beschweren könne…". Denken wir zuletzt an heute: Der frühere Vizekanzler der Republik Österreich, Hannes Androsch (geb. 1938), ist als Industrieller in dieser Gegend zu finden, seit 1997 gibt es die privatisierte Salinen Austria AG. Man kann also als Wirtschaftshistoriker mit einiger Berechtigung von Hallstatt als dem „ältesten Unternehmen der Welt" sprechen.

Vom Ort Hallstatt kann man mit einer Standseilbahn, oder etwas mühsam zu Fuß, zum Eingang des Hochtales gelangen, von dort zum Gräberfeld und dem Bergwerk, damit zur Einfahrt in die alten Stollenanlagen. Über die von Hannes Androsch gespendete stegartige Brücke gelangt man zum Rudolfsturm, von dem aus man einen tollen Blick auf den auf einem Landvorsprung gelegenen Ort hat. Der Turm stammt höchstwahrscheinlich aus dem Jahre 1284 und steht in Zusammenhang mit Rudolf von Habsburg, der diesem Herrschergeschlecht die Macht in Österreich eröffnet hatte. Vorher mag dort ein Aussichts- und Verteidigungspunkt gewesen sein. Der mittelalterliche Wehrturm war dann quasi auch „Betriebszentrale", heute ist dort ein Restaurant eingerichtet.

Der Ort Hallstatt vom See aus gesehen – © Karl Sablik

Die älteste Holzstiege der Welt im Salzbergwerk Hallstatt – © Lois Lammerhuber/Edition Lammerhuber

Nimmt man das Gräberfeld, das Bergwerk und das Museum im Ort (Man denke aber auch an das Naturhistorische Museum in Wien.) in Zusammenschau, so gewinnt man einen großartigen Einblick in das Leben der Menschen als Bergleute, aber auch als Bauern mit Viehwirtschaft. All die Mühen werden uns bewusst, auch die Gefahren, von denen des Gebirges bis zu den feindlichen Menschen. Man kann alles gut nachempfinden! Man denke an die Gegenstände des Alltags, wie die Situlen, kübelartige Gefäße, oft mit Bilderfries, das Hallstattschwert mit glockenförmigem Knauf, den Pickel aus Hirschgeweih, den Tragsack aus Fell, die Arbeitswerkzeuge. Im Bergwerk wurden Millionen von Leuchtspänen verwendet, Seile aus Lindenbast, die älteste Stiege Europas wurde angelegt – die älteste Steinstiege der Welt soll in Jericho sein und stammt aus der Zeit des Neolithikums, circa 8000 Jahre v. Chr. In Hallstatt findet man weitere Details aus dem Leben, etwa Schuhe, die der heutigen Kinder-Frauen-Größe entsprechen, oder die „Lieblingsspeise" der Eisenzeitmenschen, das „Ritschert" (laut Sprachwörterbüchern ein speziell österreichischer Ausdruck). Dieses Essen, das vielfach aus Gerste, Hirse, Saubohnen und gelegentlich Fleisch bestand, war nahrhaft aber doch durch die Jahrhunderte etwas eintönig. Gibt es heute vielleicht Interesse am Nachkochen? Die experimentelle Archäologie hat „Nachbildungen" aus alter Zeit schon gemacht, ebenso wie Versuche in der Metallurgie, im Herstellen von Feuer, Äxten und Werkzeugen. Als Medizinhistoriker würde ich aber von einschlägigen historischen medizinischen Operations-Experimenten abraten…

Das Gräberfeld ist umfangreich, die Literatur kann sich allerdings nicht auf eine Zahl einigen, die Höchstzahl der Gräber liegt bei 5000 bis 6000 – man kennt die Problematik des Ausgrabungstempos und des Zufalls. Die Leichen wurden in relativ geringer Tiefe in Ost-West-Richtung begraben, der Kopf war im Westen, das Grab war mit Steinen bedeckt, circa 50 Prozent sind allerdings Brandgräber. Schmuckbeigaben sowie Essen und Trinken samt Gefäßen finden sich. Überdurchschnittlich oft vertreten sind üppig ausgestattete Gräber, was auf den Reichtum einzelner Bewohner hinweist.

Drei Themen zum Nachdenken sollen noch angeschnitten werden: Salz hatte als Handelsgut eine Sonderstellung. Also finden sich im Bereich von Hallstatt, besonders am Gräberfeld, auch Importstücke wie fremde Amphoren, Bernstein und Elfenbein. Man kann diese als Luxusgüter bezeichnen, aber auch als Beweis für eine frühe Globalisierung des Handels – Globalisierung ist heute ja zum negativen wie positiven Schlagwort geworden – doch wie verhält es sich mit der Seidenstraße nach China, oder „nur" mit der Bernsteinstraße von der Donau bei Wien Richtung Norden, waren dies nicht frühe Arten der Globalisierung?

Wenn man Hallstatt besucht, wird man mit der Geschichte der Kelten konfrontiert – man sollte sich damit auseinandersetzen, gibt es doch im nahegelegenen Hallein ein diesbezügliches Museum. Außerdem erinnert dies jeden Mittelschüler an Caesars „De bello gallico"…

Zuletzt ein Kuriosum: 2012 wurde Hallstatt im südlichen, etwas wärmeren Teil Chinas als Ort nachgebaut, samt See und Kirche. Wollte man dorthin auch das „historische Gefühl" von Hallstatt transferieren? In die dortigen Häuser ziehen reiche Chinesen ein. Chinesen und andere Menschen aus dem gesamten asiatischen Raum besuchen aber auch als Touristen das Original, wovon ich mich überzeugen konnte. Hochzeitswillige lassen sich vor dem Brunnen am Hauptplatz – viele warten fast rund um die Uhr darauf – im Hochzeitskleid oder Dirndl fotografieren… Offenbar hat der Reiz dieser Landschaft wirklich die Welt erobert.

Ötzi und das Gletschereis

Jeder Wanderer, besonders aber jeder Bergsteiger kennt die Gefahren des Gletschers. Gletscherspalten können von Schnee bedeckt sein und reichen darunter unsichtbar in gefährliche Tiefen. Man kann ausrutschen, sich anschlagen, erfrieren – von den Wettereskapaden im Gebirge ganz zu schweigen. Die Geschichte des Alpinismus weiß von tausenden solcher Fälle zu berichten, von einfachen Wanderern über viele Soldaten aus dem Ersten Weltkrieg bis hin zu wagemutigen Abenteurern, die zu Tode gekommen sind. Zwei geübte Bergsteiger aus Frankfurt, Erika und Helmut Simon, unternahmen eine Wanderung über Geröll und Gletscher beim Hauslabjoch zwischen dem Ötztal und dem Vintschgau, haben Berggipfel erklommen, machten gelegentlich Umwege – und sahen am 19. September 1991 plötzlich „etwas Braunes aus dem Eis herausragen". Ein Sensationsfund, eine 5300 Jahre alte Mumie, wie sich herausstellen sollte, deren Geschichte um die Welt ging. Ein „lokales" Kuriosum: Es sollte sich nach genauen Landvermessungen herausstellen, dass der Fund in Südtirol, also in Italien, getätigt wurde – es ging um wenige Meter; trotzdem erhielt der „Mann im Eis", wie er auch genannt wird, den vertraulichen Namen „Ötzi", nach dem nach Norden führenden Ötztal in Österreich, jedenfalls aber war Ötzi „Sudtiroler". Die Mumie wurde zur Untersuchung nach Innsbruck gebracht – nach und nach im Laufe von fast einem Vierteljahrhundert von hunderten Wissenschaftlern untersucht, wobei man lächelnd die Frage stellen kann, was war dabei die Hauptwissenschaft (Archäologie, Anatomie, Pathologie), was die Hilfswissenschaft (Röntgenologie, Medizin allgemein)? Journalisten erfanden viele Geschichten dazu, ließen ihrer Fantasie freien Lauf – wie übrigens auch viele solide Wissenschaftler! Der Name „Ötzi" fand Verbreitung, Englischsprechende nannten ihn „Frozen Fritz", da ihnen zufolge offenbar jeder Deutschsprechende wohl „Fritz" heißen müsse. Ötzis offizieller Name als Mumie ist sehr lang... und er selbst ruht nach längeren Verhandlungen und Verträgen zwischen Österreich und Italien gleichsam inmitten seiner Habseligkeiten in einem wunderbaren und sicheren Museum in Bozen bei −6° und 98 % Luftfeuchtigkeit und blickt seiner „neuen Ewigkeit" entgegen.

Wir befinden uns in der Eiszeit, Kupfer wurde gerade eingeführt, und Ötzi besaß ein „modernes" Kupferbeil, das weltweit einzigartig ist. Ötzi lebte Jahrhunderte vor dem berühmten Stonehenge in England und vor den Cheops-Pyramiden in Ägypten. Sein Körper und seine mitgetragenen Besitztümer gewähren uns einen einmaligen Blick in das Alltagsleben – auch wenn Ötzis Leben sicher nicht „alltäglich" gewesen sein dürfte – und das Aussehen der Menschen vor 5000 Jahren, bezogen auf Europa, speziell auf die Alpen. Ötzi ist ein Einzelschicksal, was eine gewisse Verallgemeinerung verhindert, aber unserer Fantasie nur wenig Grenzen setzt. War der Mann im Eis glücklich, war es seine Gesellschaft oder eben nicht? Sind wir heutzutage glücklicher? Man denke an die Bekleidungsbeschaffung in dieser Zeit – wir gehen ins nächste Kaufhaus…! Oder doch glücklicher, wenn man an die Freiheit der Jäger, Sammler und Hirten denkt, oder waren die Menschen gar nicht so ungebunden? Wagen wir einen Blick auf das Einzelschicksal des Menschen Ötzi!

Der Mann Ötzi – das Geschlecht ist eindeutig bestimmt – war ziemlich genau 160 cm groß und wog zu Lebzeiten circa 60 kg. Dies war für damals normal, für heute und unseren Lebensraum eher klein, aber nicht ungewöhnlich. Im Museum in Bozen kann man von einem leicht erhöhten Podest durch ein kleines Fenster die Mumie betrachten – ein toter Mensch, nackt, weil seine Kleidung nebenan aufgegliedert und speziell ausgestellt ist, und doch strahlt die Mumie eine gewisse Würde aus. Etwas befremdend scheint die Stellung der Hand unter dem Kinn zu sein, war es der Gletscherschub durch Jahrtausende, oder die etwas schmerzlindernde Körperstellung nach einem Serienrippenbruch? Die Füße lagern übereinander, für einen Todeskampf gibt es keine Anzeichen. Erschöpft muss Ötzi eingeschlafen und erfroren sein – es sei angenehm durch Erfrieren zu sterben, sagen die Psychologen.

Weiterhin sind Tätowierungen auf der Haut zu sehen, übrigens die ältesten der Welt. Sind sie aus Schönheitsgründen angebracht, wie vielfach heute? Mehr spricht für eine Art medizinischer Therapie, hatte Ötzi doch nachweislich rheumatische Beschwerden und Gelenkserkrankungen. Die Tätowierungen sind schmucklos, strichartig – und man vermutet wie Akupunkturpunkte am Körper verteilt. Dies würde bedeuten, dass es so etwas schon Jahrtausende vor der bekannten chinesischen Akupunktur gegeben hätte. An Kauterisation, also dem Einbrennen in die Haut, denkt man in diesem Fall weniger.

Ötzis Zähne sind etwas abgekaut, man kennt dies von anderen archäologischen Funden und führt es auf den Konsum von Getreide (Mehl) zurück, das mit dem im Malvorgang entstandenen Steinmehl vermengt war. Kann man an „Essen wie Ötzi" denken, wenn man den Magen- und

Ötzi: Der historische Sensationsfund, in seiner Kühlzelle in Bozen – © Südtiroler Archäologie-museum – www.iceman.it

Fundstelle Ötzis am Hauslabjoch mit „Gedenkstein" – © Alexander Maria Lohmann/Ötztal Tourismus

Darminhalt analysiert? Lässt sich dies gar heute noch nachvollziehen, gar nachkochen? Man fand Getreidekörner, vielleicht in Form von Brot, Weizen (Emmer), unbestimmbares Gemüse, aber auch Hirschfleisch und Steinbockfleisch. Jedenfalls war der Fettgehalt der Speisen dominierend, fette Ziegenmilch war sicher dabei. Die Mahlzeiten schienen auf offenem Feuer gekocht worden zu sein. Man versuchte daraus abzuleiten, wann Ötzi gestorben sein könnte und kommt zur Annahme vom späten Frühjahr bis Herbst.

Großartig aufbereitet ist im Bozener Museum die Kleidung und Ausrüstung des Mannes im Eis. Man kann auch davon ausgehen, dass er für damalige Zeit voll ausgestattet war, gleichsam eine Überlebensausrüstung hatte. Kurz zusammengefasst trug er eine Bärenfellmütze, ein Obergewand, eine Hose (Beinkleider), einen Lendenschurz, einen Grasmantel als Regenschutz, aber auch als Liegematte verwendbar. Die Schuhe sind weltweit einzigartig, bestehen aus Sohlen aus Rindsleder mit hochgezogenen Seitenteilen, oben verschnürt und mit Heu als Kälteisolierung ausgestopft – heute könnte man sagen „innengefütterte Schnürschuhe".

Ötzis Ausrüstung bestand – hier ohne Anspruch auf Vollständigkeit angeführt – aus einem Bogenstab aus Eibenholz, dem Kupferbeil, das durchaus zum Fällen von Bäumen geeignet war, einer Rückentrage aus Holz und Fell, einem Köcher aus Rehfell mit Pfeilen und ein Messer oder Dolch mit Scheide, dessen Spitze aus Kiesel- bzw. Feuerstein (Silex) bestand. Zwei zylindrische Birkenrindengefäße können wegen der geschwärzten Innenwand als Glutbehälter gedeutet werden.

Wie weit ist nun Ötzis Leben rekonstruierbar, was etwa war sein „Beruf", wie kam er wirklich zu Tode? Hier gab es ungefähr zehn Jahre nach der Auffindung eine wichtige Entdeckung, die man vorher übersehen hatte. In Ötzis Rücken steckte eine Pfeilspitze, die zu seinem Tod geführt haben könnte, auch gab es Kampfspuren an den Händen. War er auf der Flucht nach einem Schussattentat an Blutverlust zusammengebrochen und dann schnell gestorben bzw. erfroren? Kann, oder soll man an der Fundstelle beim Hauslabjoch nahe der Similaunhütte, wo heute eine Art Denkmal aus aufgehäuften Steinen steht, Mitleid empfinden oder bloß des Fundes gedenken?

Zum Beruf: War Ötzi ein Jäger und Sammler – Pfeil und Bogen deuten auf die Jagd hin, aber auch auf den Kampf gegen Menschen? War er Hirte, der über den Sommer Schafe hütete, weniger Ziegen, die damals in der Minderzahl waren? Wurden dann die Tiere wie noch heute im Herbst ins Tal abgetrieben, etwa in Richtung Vintschgau? Ist Ötzi seinen späteren Fluchtweg schon oft als einen ihm bekannten Pfad gegangen, wie man es von Franz Wallack (1887–1966), dem Planer der Großglockner-straße kennt, von dem man sagt, er habe den Weg so oft begangen, dass man die berühmte Passstraße nur mehr asphaltieren musste! War Ötzi gar Landwirt? Man könnte wegen seiner Ernährung darauf schließen. Hatte Ötzi wegen des wertvollen Besitzes eines Kupferbeils eine Sonder-stellung in seiner Gesellschaft? Oder aber ganz anders gefragt, hatte er seine Ausrüstung selbst gefertigt, gekauft, getauscht, gar gestohlen? War er ein Ausgestoßener, der vor seinen Mitmenschen flüchten musste, weil er etwas „angestellt" hatte, ein Streit um eine Frau, oder ist er gar einem Pogrom – solche gab es in der Urgeschichte – zum Opfer gefallen? Also war er in irgendeiner Form Außenseiter, wegen des Pfeiles im Rücken und wegen des waghalsigen und letztlich tödlichen Fluchtweges? Man sieht – und empfindet es auch – Fragen über Fragen!

Was bleibt für uns heutige Menschen außer dem Gefühl einem 5300 Jahre alten Menschen zu begegnen, an seinem tragischen Schicksal teil-zunehmen und seines Todes in einer zwar prächtigen, aber gefährlichen und tödlichen Gletscherlandschaft zu gedenken? Ist man einem zufäl-ligen Schicksal eines zufällig aufgefundenen toten Menschen begegnet, oder denkt man an seine Gene, die nach vorsichtigen Untersuchungen von DNA-Proben in etwa drei Prozent der heutigen Tiroler Bevölkerung stecken sollen, kann man also im heutigen Tirol einem späten Verwandten Ötzis begegnen…?

Stonehenge und die Druiden

Archäologie und Chronologie sind ein heikles Thema. Die Radium-karbonmethode wird eingesetzt, gegraben wird mit Schaufel und Reinigungspinsel, Vergleiche der Funde finden statt, Testkanäle werden in die Fundstellen gezogen – und die Fantasie greift ein. Sei dies alles nun wissenschaftlich begründet, oder lassen sich viele von uns von Erich von Däniken (geb. 1935) und den Millionenauflagen seiner Bücher: „Erinnern wir uns an die Zukunft?" verführen und hoffen auf die Klärung archäologischer Probleme durch außerirdische Astronauten? Bleiben wir „am Boden", wie es Wolfgang Neubauer (geb. 1963) mit seinen modernen High-Tech-Methoden gerade in Stonehenge vorführt! Archäologen blicken heute in den Boden auch ohne zu graben. Bodenradar, Laserscanner, Messgeräte des Erdmagnetfeldes werden von Kleintraktoren über den Boden gezogen. Ergänzt wird dies durch die Flugzeug-Archäologie. Das Wiener Ludwig Boltzmann Institut für Archäologische Prospektion und Virtuelle Archäologie, dessen Direktor Wolfgang Neubauer ist, arbeitet gemeinsam mit der Universität Birmingham an der Umgebung des Weltkulturerbes Stonehenge. Das Resultat verblüfft: „Stonehenge" – bleiben wir beim Namen – ist vielfach größer, als es sich heute darstellt. Hunderte von Grabhügeln finden sich rundum.

Bei Stonehenge ist das Wort „Stein" klar, schwierig ist der zweite Teil des Namens zu erklären: Man meint, „henge" stamme aus dem Angelsächsischen mit der Bedeutung „torartige Struktur", doch in der heutigen Archäologie wird dieses Suffix einfach seit 1932 für „neolithisches Erdwerk" als eine Art Kunstwort oder Fachsprachen-Wort verwendet. Das eindrucksvolle Bauwerk wurde circa 2500 Jahre v. Chr. begonnen und hatte eine lange Bauzeit von über tausend Jahren. Trotz des Ruinen-Eindrucks ist dieses Bauwerk vollkommen und elegant. Es liegt nicht auf einem Hügel, wie man vermuten könnte, sondern eher in einer leichten Senke in einer schön gewellten Landschaft. Mögen früher dort Kiefern und Birken als Waldbestand gewesen sein, wie Funde bezeugen, ist offenbar angefangen vom Bau bis heute die Gegend offen und lichtdurchflutet (nur Pessimisten denken an das englische Wetter). Vor Jahren konnte man (ich weiß es genau) noch an den Steinsäulen vorbeigehen, sie im übertragenen Sinn des Wortes vorsichtig „begreifen", schlicht gesagt angreifen, unter den Stein-Überlagern stehen. Heute ist in großem Bogen ein Zaun mit Gehweg errichtet – der Tourismus fordert seinen Tribut.

Was war vor dem Bau – und was ist an Stonehenge jetzt so faszinierend, denn Menhire und Steinbauten gibt es auch in anderen Kulturen, etwa in Schottland oder in Carnac in der Bretagne? Ausgrabungen haben ergeben, dass es vorher schon ein Begräbnisfeld gegeben haben muss, gleichsam eine „Arena der Toten", dazu gab es einen Platz für Totenrituale, auch können dort andere Feste gefeiert worden sein. Im vierten Jahrtausend v. Chr. hatte man in der Nähe schon warme Quellen gefunden, für Mensch und Tier offenbar ein Labsal. Dann begann der Bau mit all den Schwierigkeiten des Transportes, des Steinbehauens und der Errichtung an sich. Die zwei verschiedenen Steinsorten des Bauwerks stammen aus circa 30 bzw. 200 Kilometer Entfernung. Man kennt die Problematik von den ägyptischen Pyramiden, die um ungefähr dieselbe Zeit gebaut wurden. Man merkt auch noch die Bearbeitungsspuren, die Genauigkeit war dem Zusammenfügen dienlich, die durch die Arbeit abgenützten Steinhämmer hat man in Depots gefunden. Faszinierend ist neben der Lösung der Transportprobleme eben die Präzision und die Sorgfalt des Zusammenbauens: ein Meisterwerk der Steinzeit also.

Vieles an Stonehenge bleibt ein Rätsel, doch soll das Faszinierendste herausgehoben werden: Die Einbindung der Sonne, der Sonnenbeobachtung, der Lichtstrahlen, der Ost-West-Ausrichtung, des Datums, besonders der Sommer- und Wintersonnenwende. Jedenfalls war es eine Kultstätte, manche nennen Stonehenge auch einen „Tempel des Lichts". Rätselhaft bleibt auch der sogenannte Cursus, eine Art Rennbahn, wie wir sie aus späterer römischer Zeit kennen. War es ein Prozessionsweg, wie man es in Nazca, Peru, bei den dortigen allerdings jüngeren Scharrbildern mit den Tier- und Menschendarstellungen vermutet? Darf man sich in Stonehenge den Vorstellungen von Festen und Prozessionen hingeben, wie wir sie von unserem katholischen Fronleichnam kennen, Menschen in festlichen Kleidern und mit religiösen Zeremonien beschäftigt – oder war alles ganz anders?

Es gibt aber andererseits wunderbare archäologisch gesicherte Ergebnisse als Beispiele für Parallelen in der Geschichte. Die chemische Analyse eines Kupferdolches etwa weist auf die Herkunft aus den Ostalpen hin. Die Metalltechnologie kam also vom Kontinent: Ein Schelm, wer hier an die heutige EU und den Brexit denkt! Man fand im Grab des „Bogenschützen von Amesbury" Kupferdolche. Die Analyse seines Zahnschmelzes ergab, dass der Mann aus Mitteleuropa stammt und

Stonehenge – © Shutterstock.com

Heutige (2017) Druiden-Zeremonien in Stonehenge – ©1000 Words / Shutterstock.com

Kupferschmied gewesen sein könnte. Kann man daraus schließen, dass vielleicht ein Österreicher an Stonehenge mitgebaut hat? Eine weitere Parallele: Ötzi starb mit eine Pfeilspitze im Rücken. Der „Stonehenge Archer", bestattet mit Pfeilspitzen aus Feuerstein, Armschutzplatten und typischen Gegenständen eines Bogenschützen, wurde mit einer abgebrochenen Pfeilspitze im Knochen aufgefunden. Ötzi, der wesentlich ältere, wurde offenbar verfolgt, getötet und nie begraben. Der Archer lebte circa 2300 v.Chr., wurde geopfert oder gar hingerichtet, jedenfalls aber dann ordentlich begraben…

Wagen wir in der Fantasie einen Schritt weiter, den eine Gruppe von Menschen schon gewagt hatte: die heutigen (!) Druiden, besser gesagt, die Gründer des modernen Druidentums. Wer waren damals die geistigen Führer, politischen Menschen, Häuptlinge oder die Priesterschaft, wer waren die historischen Akteure? Vorweg sind wir auch wieder mit dem Begriff „Kelten" konfrontiert und damit, dass historisch in der Geschichtswissenschaft der Name „Kelten" als praktischer Überbegriff gefunden wurde. In den alten Quellen werden nun die Druiden als herausragende Mitglieder der damaligen Gesellschaft bezeichnet. Ist es nun erlaubt, Druiden und Stonehenge zusammen zu bringen? War Stonehenge ein religiöser Bau mit den Druiden als Priestern, oder ist dies eine „Ausrede" der Archäologen? Das Druidentum war zur römischen Zeit offenbar schon im Niedergang begriffen, hielt sich aber in Teilen Englands bis in die frühe Neuzeit. Englische Altertumsforscher im 17. und 18. Jahrhundert stellten nun tatsächlich diese Verbindung der Steinkreise mit den Druiden her. Ein historisches Wagnis – oder gar ein Fehler? Plinius der Ältere (23–79, gestorben beim Ausbruch des Vesuvs) beschreibt eine heilige Zeremonie mit weißgekleideten Druiden, Mistelzweige werden von Eichen geholt, Stiere zeremoniell geopfert. Nimmt man das Wissen der kräuterkundigen Maria Treben (1907–1991), so hilft diese Zauberpflanze Mistel, die schon aus vorchristlicher Zeit bekannt war, nicht nur bei Herzklopfen, sondern bei fast allen Übeln…

Die naturverbundenen Druiden huldigten der Vielgötterei, Berge, Wälder, Bäume, Tiere wurden mit „Geist" versehen und avancierten zu Kulten, in denen der menschlichen Fruchtbarkeit und der Heiligkeit des Bodens gedacht wurde. Die Druiden waren nun die Berufspriester für all diese Vorgänge, bei ihnen kam offenbar Religion und Politik zusammen. Sie befassten sich mit Orakel anhand des Vogelfluges oder der Deutung der Innereien von Tieren. Wichtig ist vielleicht zu vermerken, dass die Stellung der Frau eine hohe war, man denke an die britische Königin

Boadicea, die 60 n.Chr. eine Revolte gegen die Römer anführte, in deren Folge die römische Politik milder und Britannien friedvoll wurde.

In der Nachfolge der Renaissance erwachte in England, Frankreich und auch Deutschland – überall auch im Sinne eines frühen Nationalismus – das Interesse an der Vergangenheit, also auch an den Druiden. Der britische Altertumsforscher John Aubrey (1626–1697) stellte erstmals die Verbindung zwischen Stonehenge und den Druiden her. Spätere Enthusiasten des Druidentums erklärten Stonehenge als die „Hauptstadt" dieser Priesterkaste, man sprach vom „Druidentempel". Romantische Vorstellungen und ein wenig Mystik, zudem eine Art Neuheidentum, auch Unzufriedenheit mit den Freimaurern, veranlassten nun den reichen Londoner Zimmermann Henry Hurle (1739–1795) 1781 den „Alten Orden der Druiden" (Ancient Order of Druids) in London zu gründen. Die Mitglieder trafen sich in der Mitte Londons, im „Old King's Arms" in der Poland Street 23. An dieser Taverne ist heute eine Erinnerungstafel angebracht. Der Orden ist den Freimaurern, die ebenfalls in London gegründet worden waren, allerdings schon 1717, nachempfunden. Er war geheim, nur für Männer gedacht, vorerst elitär und exklusiv begrenzt. Auf seine Fahnen geheftet waren die Ideen der Gerechtigkeit, der Freundschaft und der Wohltätigkeit, gelegentlich auch Welt-Friede und Eintracht. Der Orden verbreitete sich rasch im angloamerikanischen Raum, aber auch auf dem europäischen Kontinent und in Australien. Der Orden existiert heute noch weltweit und führt Zeremonien und Rituale in Stonehenge aus. Er ist seit 1908 in der „International Grand Lodge of Druism" überregional organisiert. Berühmte Mitglieder waren der englische Dichter William Wordsworth (1770–1850) und der zweimalige Ministerpräsident Winston Churchill (1874–1965), die englische Königin Elisabeth II. (geb. 1926) ist „Ehrendruidin". Druiden glauben, Energie aus den spirituellen Kräften zu beziehen, aber auch aus dem „Geist des Ortes", der geheiligten Landschaft. Hat dies mit dem „historischen Gefühl" zu tun, frage ich, der ich kein Druide bin…

Buddha und die Achsenzeit

Der deutsche Arzt und Philosoph Karl Jaspers (1883–1969) hat in seinem Buch von 1949 „Vom Ursprung und Ziel der Geschichte" den Begriff „Achsenzeit" geprägt und meinte damit die Zeit um ungefähr 600 bis 400 v. Chr. In diesen Jahren hätte sich – wenn man es verkürzt so ausdrücken darf – die Weltgeschichte um eine geistige Achse gedreht, von der animistischen naturbezogenen Zeit der menschlichen Entwicklung in der Urgeschichte hin zu der modernen Philosophie und den Religionen, die es heute noch gibt. Das Originalzitat: „In dieser Zeit drängt sich Außerordentliches zusammen. In China lebten Konfuzius und Laotse, entstanden alle Richtungen der chinesischen Philosophie, dachten Mo-Ti, Tschuang-Tse, Lie-Tse und ungezählte andere, – in Indien entstanden die Upanischaden, lebte Buddha, wurden alle philosophischen Möglichkeiten bis zur Skepsis und bis zum Materialismus, bis zur Sophistik und zum Nihilismus, wie in China, entwickelt, – in Iran lehrte Zarathustra das fordernde Weltbild des Kampfes zwischen Gut und Böse, – in Palästina traten die Propheten auf von Elias über Jesaias und Jeremias bis zu Deuterojesaias, – Griechenland sah Homer, die Philosophen – Parmenides, Heraklit, Plato – und die Tragiker, Thukydides und Archimedes. Alles, was durch solche Namen nur angedeutet ist, erwuchs in diesen wenigen Jahrhunderten annähernd gleichzeitig in China, Indien und dem Abendland, ohne dass sie gegenseitig voneinander wussten."

Siddharta Gautama, später Buddha genannt, der „Erleuchtete" (563–483), ist von heute aus gesehen neben Christus und Mohammed einer der bedeutendsten Religionsgründer der Weltgeschichte. Doch man zaudert beim Weiterdenken. Was ist eine Religion – in dieser Formulierung verbirgt sich eine heikle Frage? Die lateinische Ableitung führt nicht wirklich weiter: rücksichtsvolle Beachtung, frommes Bedenken des Daseins, Streben nach Sinnfindung wird im Wörterbuch als Übersetzung angeboten. Doch der heutige Begriff hat vielfach mit Gott zu tun. Ist nun der Buddhismus als atheistische Erlösungsreligion zu den Religionen zu zählen? Heutzutage herrscht Begriffsverwirrung: Man zählt zu den herkömmlichen Religionen die alten mit ihren vielen Göttern, dann die monotheistischen Religionen wie Judentum, Christentum und Islam, aber auch den Kommunismus, den Faschismus, den Nationalsozialismus, ja sogar den Atheismus. Der Begriff

„Religion" wird offenbar überspannt. Sollte man nicht lieber stattdessen „Glaube an…" sagen? Praktisch etwa mit den Worten: „Ich glaube an Jesus Christus, unseren Herrn", oder an „Allah" oder daran, dass sich „alle Proletarier der Welt vereinigen sollten", oder daran, dass es „keinen Gott" gibt. Dann kann man den Buddhismus zu den Religionen zählen, jedenfalls wurde er zu einer der großen Weltreligionen.

Gautama wurde in Lumbini, Nepal, geboren. Der Ort ist heute als „Friedenspark" gestaltet und Weltkulturerbe. Gautama stammte aus einer vornehmen Familie – seine Mutter soll ihn stehend mit den Händen an den Zweigen eines Baumes festhaltend geboren haben. Sie ist allerdings wenige Tage nach seiner Geburt still verstorben. Die Geburtsszene ist als Relief im Geburts-Tempel zu sehen. Gautama schlich sich dann 29-jährig nachts aus dem Palast um durch die Lande zu ziehen, einen Ausweg aus dem Leid zu finden, das er als zentrales Geschehen des menschlichen Lebens erkannt hatte. Das Leid steckt in allen Existenzformen des Lebens und jedes Stillen eines unserer Begehren weckt neues Begehren, ein furchtbarer Kreislauf. Diese Feststellung hat nichts mit uns bedrohenden Göttern zu tun, sondern liegt in unserem Bewusstsein, in unserem Denken, in unserem Verhalten, heute könnte man sagen in unserer Psychologie beschlossen. Welche Lösungen gibt es? Gautama selbst meditierte sechs Jahre lang über diese Frage. Die Erleuchtung überkam ihn und er wurde deswegen fortan Buddha genannt. Diese Meditationen und die Kontemplation, die dann als „überholt" abgebrochen wurden, machten den Geist zur Erleuchtung fähig, anders ausgedrückt, der Weg – der Pfad – war gefunden. Alles fügte sich zu einer neuen Wahrheit seiner Lehre zusammen, zur unumkehrbaren Erlösung vom Leid. Ob historisch belegt oder nicht, man kann annehmen, dass das Erleuchtungserlebnis unter einem Bodhi-Baum stattgefunden hat. Diese Stelle ist durch einen Tempel in Bodh-Gaya („Ort der Erleuchtung" in Nordindien) markiert, zu dem viele Pilger wandern. Der Baum mit seinen herzförmigen Blättern und seitlich abgebogener Spitze wurde gleichsam für „heilig" erklärt. Es ist nicht anzunehmen, dass der Originalbaum noch erhalten ist, er wurde vielfach ersetzt und Abkömmlinge wurden an vielen Stellen im Zuge der Ausbreitung des Buddhismus nachgepflanzt, so etwa in Ceylon.

Fassen wir Buddhas Lehre zusammen und halten uns an den in Sachen Buddhismus vielgereisten deutschen Autor Hans Wolfgang Schumann (geb. 1928), wobei auch schon das Phänomen der Wiedergeburt integriert ist: „Das Dasein in allen Existenzformen ist Leiden, denn alles, was lebt, ist den Leidensphänomenen Schmerz, Vergänglichkeit, Verlust, Trennung

Geburt Buddhas in Lumbini, Nepal –
© commons wikimedia org

Buddhas „Zahntempel" in Kandy, Sri
Lanka – ©Karl Sablik

und Versagung unterworfen. – Alle unerlösten Wesen unterliegen der Wiedergeburt, wodurch das Leiden mit dem Tod nicht endet, sondern sich in der nächsten Existenzform fortsetzt. – Die Wiedergeburt wird gesteuert von dem Naturgesetz des ethischen Konditionalismus, demzufolge die guten Taten (Karma), oder genauer Tatabsichten, Wiedergeburt in besserer, schlechte Taten in schlechterer Daseinsform bedingen. Gute Taten sind heilsam, schlechte unheilsam. – Da es keine den Körper überdauernde Seele gibt, vollzieht sich die Wiedergeburt nicht als Seelenwanderung, sondern über eine Kette von Konditionalitäten. – Die Triebkräfte, die den Kreislauf der Wiedergeburt in Gang halten, sind Gier und Unwissenheit, deren Vernichtung jeder in sich selbst durch Selbstkontrolle bewirken kann. – Die Erlösung liegt in der Beendigung des Wiedergeburtenkreislaufs und im Verlöschen der leibhaften empirischen Persönlichkeit".

Buddhas Lehre wurde erst nach seinem Tod niedergeschrieben, er erwartete sich keine künftigen Auslegungsschwierigkeiten. Beide Faktoren erinnern an die jüdisch-christliche Bibel, auch an den Koran. Ist das niedergeschriebene Wort unantastbar? Wie verhält sich dies im Ablauf der Geschichte? Wir kennen die Problematik in der heutigen Zeit anhand der seinerzeit ideologisch selektierten Bibeltexte, wobei ja heikle Textstellen als „Restbestände" erhalten blieben. Die Moslems ringen mit der Frage der Interpretation des Korans, wagen kaum Kritik am Text zu üben, wie es im Christentum seit dem 18. Jahrhundert üblich ist. Buddha hatte auch das „Rad der Lehre" in Gang gesetzt, ein schönes Symbol, das 1947 als „Rad des Gesetzes" im Sinne der gerechten Herrschaft in die indische Flagge aufgenommen wurde und Mahatma Gandhis (1868–1948) Spinnrad-Symbol (nach der britischen Besatzungszeit erdacht) ersetzte.

Der Friedenspark in Lumbini liegt in einer Ebene, man ahnt das ferne Gebirge nur am Horizont. Man kann die verstreuten Tempel besuchen, besonders den mit der Geburtsdarstellung, Gespräche führen, ruhig diskutieren, aber auch sich geistig zurückziehen, Selbstgespräche, gar Meditationen durchführen. Das Resultat der Selbstreflexion erbringt das Gefühl der Zufriedenheit, sogar des inneren Friedens. Man überlegt, ob der Buddhismus eine friedlichere Religion ist als etwa das Christentum, trotz dessen „Liebe Deinen Nächsten-Regel", oder gar des Islam mit seinen Terrorablegern? Ja, wären da nicht die Vorfälle in Myanmar mit der Frage, wer Opfer und wer Täter ist! Oder steckt doch in allen Religionen ein Potential an Aggression? Trübsinnig auf dem Boden sitzend, bleibt für westlich denkende Menschen die Frage, ob nicht gar Selbstmord die Lösung wäre, oder wenigstens, sich nicht fortzupflanzen, wie man es dem

Philosophen Arthur Schopenhauer (1788–1860) unterstellen kann, der dem Buddhismus denkerisch nahesteht.

Buddha, der Pragmatiker gegen das Leiden, den man nach westlichen Maßstäben wohl einen Philosophen nennen kann, starb offenbar an der Ruhr. Es klingt in unseren Ohren kurios, dass es zu wenig Holz für seine Verbrennung gegeben haben soll. Jedenfalls wurde er verbrannt – eine uralte menschliche Sitte, gegen die die Katholische Kirche erst im Laufe des 20. Jahrhunderts den Widerstand aufgab. Die Reliquienanteile nach Buddhas Verbrennung wurden auf die Stämme Indiens aufgeteilt, die sie in Stupas unterbrachten. Archäologisch konnten nur zwei Reliquienurnen entdeckt werden. Wird der Reliquienkult, den wir aus fast allen Religionen (Auch im Kommunismus, siehe Lenin und Mao!?) kennen, zu weit getrieben? Es sollen z. B. acht (eine heilige und glückbringende Zahl in Asien) Kopfhaare Buddhas in dem prächtigen Stupa in Rangun, Myanmar/Burma, eingemauert sein.

Der Buddhismus wurde auch bald durch eigene kultische Handlungen begleitet, man lernt, dass auch eine „atheistische" Religion offenbar ohne Kult nicht auskommen kann. Ist Kult ein menschliches Bedürfnis? Steht man in Kandy, Ceylon/Sri Lanka, frühmorgens um sechs Uhr auf und geht zum „Zahntempel", so umfängt einen diesmal nicht Ruhe, sondern eher Lärm, auch ein aufregendes Gefühl, was alles passieren wird, stellt sich ein. Trommeln, Musik von Blasinstrumenten, Gedränge im prächtigen Tempel, lange anstellen, voranschieben bis man endlich aus einiger Entfernung das Heiligtum sieht. Strahlend hell beleuchtet – der Zahn Buddhas umhüllt von Gold. Ein kühler Morgen war es, feucht, man muss die Schuhe ausziehen! Es gibt diesbezüglich verschiedene Sitten. Schuhe ausziehen im Buddhismus und im Islam deutet wohl an, dass man die heiligen Stätten nicht „beschmutzen" soll. Doch, was könnte den verstorbenen Buddha oder irgendeinen Gott daran stören? Oder die Juden: Sie tragen eine Kippa, jedenfalls als Mann irgendeine Kopfbedeckung, die Frauen eine Art Schleier oder Perücke, damit eine Distanz zum göttlichen Wesen gegeben ist. Ganz anders die Christen, sie nehmen aus Verehrung oder Ehrfurcht in einer Kirche, wo ja Gott bekanntlich wohnt, den Hut vom Kopf – selbst in Tirol, wo die stolzen Freibauern jedenfalls im Gasthof den Hut aufbehalten. Eigenartig erschien mir die Sittenkombination in Hebron, Israel. Man gelangt an den israelischen Wachposten vorbei zum Grab Abrahams. Abraham ist für die Juden wie die Moslems wichtig, ohne jetzt zu fragen, ob er wirklich dort begraben ist, oder eine religiös-literarische Figur darstellt. Das Gebäude ist sowohl eine Synagoge als auch eine Moschee, also hat man die Schuhe auszuziehen, aber den Hut auf dem Kopf zu behalten…

Thermopylen

Leonidas und die Pfeile am Himmel

Nicht immer muss eine Kampfstätte, gar eine ganze Landschaft, heute noch so aussehen wie vor circa 2500 Jahren. So verhält es sich mit dem Thermopylen-Pass – damals eine Talenge von circa 15 Metern Breite und dem nahen Küstenverlauf, der später durch Anschwemmungen verändert wurde. Am Pass fand 480 die berühmte Schlacht statt, in der der Sparterkönig Leonidas (540–480) gefallen ist. In Unkenntnis der damaligen geografischen Verhältnisse hat man 1955 einfach „vorort" ein gewaltiges Denkmal geschaffen, oben darauf König Leonidas mit einem Speer in der Hand. Die allgemeine Vorgeschichte des Krieges kann man kurz zusammenfassen. Das Perserreich war in Ausdehnung begriffen, reichte im Westen von Ägypten bis zum Schwarzen Meer und grenzte damit an das „kleine" Griechenland, im Osten und Süden bis an den Indus und den Persischen Golf. Die Perser wollten vorerst die Griechen (Athen und Sparta) unterwandern bzw. die führenden Personen an sich binden, eine Art Bündnis eingehen.

Gleichsam an dieser Grenze Persien/Griechenland trafen zwei Welten aufeinander: die Perser, regiert von absoluten Herrschergestalten, und die Griechen als „Erfinder" der Demokratie. Wenn man auch noch nicht von Demokratie im heutigen Sinn sprechen kann, so war es doch die erste Demokratie der Menschheitsgeschichte unter Solon (645–560), gleichzeitig gab es auch die größte Machtentfaltung Athens, fortgeführt dann ins klassische Zeitalter der Griechen unter Perikles (490–429) mit all den Kulturleistungen, die wir heute noch bestaunen.

490 war es zu einer Auseinandersetzung mit den Persern bei Marathon gekommen (Berühmt geworden durch den Bericht über den Sieg in der Schlacht durch den ersten „Marathonläufer".), wobei Dareius I. (550–486) den Krieg eigentlich nur begann, weil er Athen Bündnisbruch vorwarf. Die Schlacht ging für die Perser negativ aus, sein Sohn Xerxes I. (519–466, ermordet) war aber dann erstmals auf die totale Eroberung Griechenlands aus. Das barg in sich eine tödliche Gefahr für Sparta und Athen. In dieser Situation trat in der Person des spartanischen Königs Leonidas ein Held auf, der legendenhaft in die Geschichte eingehen sollte. Wir haben in

unserer Sprache zwei Begriffe von „Sparta". Wir identifizieren Sparta mit Heldentum und meinen andererseits unter „spartanisch leben" eine einfache und genügsame Lebensweise – bei gleichzeitiger harter Erziehung der Jugend. 480 kam es zur Auseinandersetzung zu Land und zu Wasser. Der Kriegsplan wurde von dem Griechen Themistokles (524–459), einem genialen Führer der jungen athenischen Flotte, und den Spartanern unter Leonidas, der dann die Land-Kriegsführung übernahm, ausgearbeitet.

An dieser Stelle muss eine altgriechische Kuriosität erwähnt werden: das Orakel von Delphi. Delphi mit seiner gebirgigen Umgebung gehört sicher zu den schönsten archäologischen Stätten Griechenlands. Mit dem dort als Stein aufbewahrten „Nabel der Welt" war Delphi natürlich als Mittelpunkt des Universums gedacht. Eigenartigerweise hatten selbst die Perser ein Faible für das Orakel. Man denkt in Delphi gerne auch an das „Erkenne dich selbst", das dort als Inschrift vorzufinden ist. Philosophisch-zynisch denkend – ist doch auch der Zynismus, also die „hündische Philosophie", eine griechische Erfindung – muss man aber sagen, dass bei vielen Menschen die Selbsterkenntnis wohl nicht ausreicht ein guter Mensch zu werden. Wo bleiben vielfach die Mitmenschen und der Bezug zu ihnen?

Doch zum Orakel: Da saß die amtierende weissagende Frau, die Pythia, über einer Rauchspalte, aus der Gas ausströmte. Dort gab sie geheimnisvolle Äußerungen, oft nur ein Gemurmel, von sich, das dann von den wartenden Priestern interpretiert wurde, also offenbar ein Zusammenwirken eines eingespielten Systems. Moderne Chemiker führen die Wirkung einer möglichen schwachen Betäubung auf das Gas Äthylen zurück, andere auf den Sauerstoffmangel in der engen Höhle, der das Bewusstsein einengt. Die Rauchspalte sei später durch ein Erdbeben „geschlossen" worden. Das ganze Orakelwesen wurde nach einer wechselvollen Geschichte 391 n. Chr. von Theodosius I. (347–395) im Zuge des Edikts der Einführung des Christentums als nicht zu der neuen Religion passend abgeschafft. Darf man in diesem Zusammenhang daran denken, dass viele Kaiser und Könige der kommenden Jahrtausende an Astrologie glaubten, die Zukunft im Sinne der Horoskope erkunden wollten, Handlungsratschläge erwarteten? Selbst einem Adolf Hitler, vor allem Heinrich Himmler (1900–1945), sagte man solches Begehren nach.

Geschichtswirksam wurde das Orakel jedenfalls im Zusammenhang mit dem Jahr 480 und der Land- und Seeschlacht. Das Orakel verkündete Tod und Vernichtung durch die Perser – und erst bei einer weiteren Anfrage kam die berühmte Antwort, dass die Griechen, insbesondere

Delphi – © Shutterstock.com

Denkmal für Leonidas am Thermopylenpass – © Shutterstock.com

Themistokles, sich hinter hölzernen Mauern verteidigen sollten. Damit waren die Schiffe gemeint, die ja schon als Flotte zur Verfügung standen. Schlimmer traf das Orakel Leonidas: Entweder wird Sparta zerstört, oder der König wird in einer Schlacht fallen. Man kann nun die Fantasie schicksalhaft spielen lassen: Ruft das Orakel ein göttlich inspiriertes Selbstopfer hervor? Dominierte dieser Opfergedanke ab da das Handeln von Leonidas?

Tagelang hielt Leonidas im September 480 die Stellung am Thermopylen-Pass mit insgesamt 7000 Kriegern, davon 300 Spartaner. Die Zahl der feindlichen Perser war dreimal so groß, wenn man der damaligen Zählkunst und Statistik vertrauen kann. Die Perser meinten, dass sie mit ihren Pfeilen die Sonne über dem Kampfgebiet verdunkeln würden, was zur Antwort der Spartaner führte, dass man dann eben im Schatten weiterkämpfen würde. Ein ortskundiger Führer verriet jedoch den Persern eine Umgehung der spartanischen Stellung, sie fielen Leonidas in den Rücken. Der König starb und mit ihm die 300 Spartaner. Doch er hatte die Perser mindestens drei Tage aufgehalten, die nun allerdings ein offenes Feld Richtung Athen hatten. In der Zwischenzeit tobte der Seekrieg. Es begann bei Artemision und setzte sich in der Meerenge von Salamis fort. Themistokles konnte dort mit seiner Flotte die Kriegsentscheidung zur See herbeiführen. Glück und die Strategie eines überraschenden Flankenstoßes der griechischen Schiffe brachten die Perser in Manövrierunfähigkeit, was für die Griechen den Sieg bedeutete. Das hieß aber auch, dass Xerxes den Sieg zu Land nicht ausnützen konnte und sich mit dem Heer und dem Rest seiner Flotte zurückziehen musste. Der bekannte deutsche Althistoriker Hermann Bengtson (1909–1989) wählt als Formulierung über die Folgen dieses Krieges, dass die griechische Lanze (Man sieht sie in der Hand von Leonidas auf dem Denkmal.) über den persischen Pfeil und Bogen triumphierte. Fast eineinhalb Jahrhunderte war kein Feind mehr auf griechischem Boden, bis zu Philipp II. von Mazedonien und der Schlacht von Chaironea im Jahre 338.

Angesichts des Ortes und des Denkmales kreisen die Gedanken um das Schicksal und die Persönlichkeit von König Leonidas, von dessen Leben man eigentlich sehr wenig weiß, mehr über die Thematik seines Todes. Denken wir an Friedrich Schillers (1759–1805) berühmte Zeilen in seinem Gedicht „Der Spaziergang": „Wanderer, kommst du nach Sparta, verkündige dorten, du habest / Uns hier liegen gesehn, wie das Gesetz es befahl." Doch lesen wir weiter: „Ruhet sanft, ihr Geliebten! Von eurem Blute begossen, / Grünet der Ölbaum, es keimt lustig die köstliche Saat."

Welche Saat konnte aufgehen, ist in Wirklichkeit aufgegangen? Leonidas war Vorbild an Tapferkeit, Vorbild an Durchhaltevermögen, Vorbild an Pflichterfüllung. Er stellte die Pflicht über die Bedürfnisse seines eigenen Ichs. War dies göttlich initiiert, durch ein eigenartiges Orakel bedingt? Oder durch Verzweiflung, gar Kampfesmut um Griechenland zu retten? Was ist das Gesetz, das befiehlt, was Pflicht ist? Wir im 21. Jahrhundert haben auch andere Erfahrungen! Was geschieht, wenn das Gesetz in einer Diktatur gebildet wird, wie wir es bei einem Hermann Göring (1893–1946), einem Hitler und dem Nationalsozialismus kennen? Müssen wir uns von Muammar al Gaddafi (1942–2011) in seinem „Grünen Buch" sagen lassen, dass die Demokratie die ärgste Diktatur ist, wenn 51 Prozent 49 unterdrücken? Was heißt dann Pflicht und Gesetz?

Die Insel Kos und der Arzt Hippokrates

Schon der Name Hippokrates allein löst nicht nur bei Ärzten und Historikern, sondern bei vielen Menschen – da wir ja alle Patienten sind oder sein können – positive Assoziationen zu Heilung, Gesundheit und medizinischem Wissen aus. Hippokrates (460–377) ist eine historisch schwer fassbare Persönlichkeit, aber kein Mythos oder gar eine erfundene Person – er hat tatsächlich gelebt. Er war schon seit der griechischen Antike Symbolfigur für die Ärzte, Urbild und auch Vorbild.

Mit dem Namen Hippokrates verbindet man jedenfalls heute noch den Hippokratischen Eid, die Hippokratischen Schriften und – zumindest für Ärzte – die „Facies Hippocratica", das Gesicht eines Sterbenden, ein ungünstiges prognostisches Zeichen des nahenden Todes mit spitzer Nase, hohlen Augen, eingefallenen Schläfen und kalten Ohren…

Hippokrates wurde in eine Zeit hineingeboren, in der natürlich schon ein altgriechisches medizinisches System existierte, wie es Jahrtausende vorher schon das chinesische Medizinsystem gegeben hat, aus dem später im Westen etwa die Akupunktur herausgelöst wurde. Dieses System in Griechenland nannte man Vier-Säfte-Lehre und wirkte in Europa bis ins 19. Jahrhundert, also fast 2500 Jahre. Basierend auf der Lehre von den vier Elementen Feuer, Wasser, Luft und Erde (Die Chinesen hatten Holz als fünftes.) des griechischen Philosophen Empedokles (490–430) entwickelte man im Sinne des Analogiedenkens vier Körpersäfte (Blut, Schleim, gelbe und schwarze Galle – letztere ist offenbar ein geistiges Konstrukt, abgeleitet von gestocktem Blut), die in einem harmonischen Verhältnis im menschlichen Körper funktionieren müssen. War dies nicht der Fall, war der Mensch krank, konnte aber im Rahmen dieses Systems durchaus einer Therapie zugeführt werden (Aderlass, Klistier, Zuführung von Wärme etc.). Es sei auch erwähnt, dass die vier Säfte, in leichten Variationen im menschlichen Körper verteilt, zur Typenlehre beigetragen haben: die Sanguiniker (Blut), die Phlegmatiker (Schleim), die Melancholiker (schwarze Galle) und die Choleriker (gelbe Galle) kennen wir heute noch.

Hippokrates hat nun zu all dem die – wenn man so sagen darf – wissenschaftliche Methode beigetragen: Erfahrung und Beobachtung und nicht magische Interpretation waren das neue Leitbild, also ein rationalempirischer Ansatz. Das Experiment im heutigen Sinn war allerdings noch nicht geboren. Dies alles wurde in den Hippokratischen Schriften niedergelegt. Doch hier ist Vorsicht am Platze, da diese Schriften praktisch Sammlungen über Jahrhunderte zusammenfassen und die hippokratischen Originalteile gleichsam herausgelöst werden müssen. Im seit dem 3. Jahrhundert vor Chr. zusammengetragenen „Corpus Hippocraticum" sind letztlich Texte vom 6. Jahrhundert vor bis zum 2. Jahrhundert nach Chr. vereint. Soweit zum Problem der schriftlichen Darlegung. Doch sei es erlaubt, zwei Themen herauszulösen, die man gerne Hippokrates zuschreibt: die Abhandlung über die „Heilige Krankheit" (Wir kennen diesen Ausdruck heute noch!), die Epilepsie, die er der „Heiligkeit" entkleidete, sie nicht mehr metaphysisch begründete, sondern in ihr ein natürliches Geschehen sah. Dann das Büchlein über das Klima, in dem er – man könnte fast sagen ganz modern – seine wissenschaftliche Methode darlegt und die Bedeutung des Klimas für die menschliche Gesundheit erstmals für uns ausbreitet.

Sitzt man auf der Insel Kos im Gasthaus bei der Platane, im Hintergrund ahnt man das Meer, unter der Hippokrates seine Schüler versammelt und gelehrt hat, und wenn man vielleicht ein Glas griechischen Weines trinkt, kann man sich in jene Zeit zurückversetzen und fast die Stimme des begnadeten Arztes hören. Von hier ausgehend kam es zu medizinischen Schulbildungen, die uns fortan durch die Geschichte der Medizin begleiten. Heute ist die Platane von schweren Eisengerüsten gestützt, hat einen gewaltigen Umfang – wie mag es vor 2500 Jahren gewesen sein, vielleicht war sie ein kleiner Baum mit wenig Schatten? Man darf auch fragen, wie die Ärzte damals gelebt haben mögen. Sicher gab es keine Ordinationen im heutigen Sinn, der Arzt war ein Wanderarzt, der von Ort zu Ort zog, um seine Patienten nach der Vier-Säfte-Lehre zu diagnostizieren und zu therapieren, auch Prognosen der Krankheit wurden gewagt und vorsorgemedizinische Ratschläge gegeben. Selbstverständlich kannte man auch Heilkräuter, die aus dem Element Erde wuchsen, „chthonisch" sagt man, also der Erde unterirdisch angehörig – und auf dieser Erde lebt auch die Schlange, die zum Symbol der Heilkunde wurde. Der damalige Arzt benutzte einen Stab zum Wandern – und nun kam es zur Synthese von Wanderstab und der heilbringenden Schlange zum heute noch bekannten und gültigen Ärztesymbol: der Stab mit der Schlange. Die Apotheker fügten später eine Reibeschale hinzu. Es sei auch erwähnt, dass es noch keine Spitäler in unserem Sinne gab, wohl aber Heiltempel, wo der Heilschlaf praktiziert wurde, vergleichbar mit heutigen Kurorten

Büste von Hippokrates, gefunden in Ostia, Italien –© J. Felbermeyer, Neg. D–DAI–Rom 1 86.1501

Platane auf der Insel Kos – Hippokrates lehrte dort – © Norbert Eichler

oder Sanatorien. Der Heilschlaf mag eine Kombination von religiösen Aspekten und angewandter Medizin gewesen sein. Epidauros als Kurheiligtum des Asklepios (Asklepieion) mit seinen Bädern und Schlafhallen sei hier genannt – versehen mit der kulturellen Infrastruktur in Form von Theater und Stadion.

Man kann sich den hippokratischen Medizinunterricht unter freiem Himmel durchaus realistisch als lebhafte Diskussion vorstellen, mit den Kranken als Lehrobjekten. Die Medizin war auf dem Weg zu einer Wissenschaft, befreit von mythischen Irrungen. Doch wie ging es weiter? Nehmen wir die Beispiele der „sex res non naturales", also die für den Menschen veränderbaren und machbaren Wege zur Gesundheit – gleichsam der Prävention. Ausgehend von hippokratischen Ideen, entwickelten sich aus der griechischen Medizin bis zum Mittelalter diese „sex res...", die auch noch in unserer modernen Zeit Gültigkeit haben. Der Umgang mit Licht, Luft, Wasser, Boden, Klima, also der Umwelt, entspricht heute dem Umweltschutz. Die Kultur des Essens und Trinkens samt Fasten und Diät entspricht unserem Problemkreis der Ernährung. Der ausgewogene Lebensrhythmus, das richtige Maß zwischen Bewegung, Arbeit und Ruhe (work-life-balance!) führt zur heutigen Arbeitsmedizin und weiter zu sozialen Einrichtungen. Genügend Schlaf (Heilschlaf!) und die Beschäftigung damit führt zur modernen „Schlafkultur". Die antike Beschäftigung mit Stoffwechselvorgängen, Ausscheidungen, aber auch mit dem Sexualleben, hat etwa durch Sigmund Freud (1856–1939) einen Entwicklungsschub bekommen und zu den heutigen Lebensstilformen geführt. Zuletzt wird in der Antike schon die Beherrschung der Leidenschaften aufgegriffen, der zivilisierte Umgang mit Mitmenschen und Umwelt, die Regulation des Affekthaushaltes. Dies nähert sich dem heutigen Begriff der Psychohygiene.

„Wie alt ist unsere medizinische Wissenschaft?", kann man unter der Platane philosophieren. 2500 Jahre oder begann sie erst in der Renaissance mit der Neubegründung der Anatomie oder im 18. Jahrhundert mit der Einteilung der Organerkrankungen, der Erfindung der Impfung und der diagnostischen Methode der Perkussion? Oder gar erst vor 150 Jahren, wenn man an die Fortschritte der Pathologischen Anatomie denkt, an die Anästhesie samt Chirurgie, dann die Bakteriologie, die Blutgruppen, Röntgenologie oder Organtransplantation? Der wissenschaftliche Beginn durch Hippokrates wurde sicher im europäischen Mittelalter durch die religiösen Einflüsse verschüttet (Einzig die Einrichtung von Spitälern wird als Verdienst dieser Zeit bleiben.), die Renaissance suchte einen

Befreiungsschlag. Verschiedene Systeme wie etwa der Vitalismus vom 17. bis zum 19. Jahrhundert und die Naturphilosophie, die eine rationale Begründung des Lebensprinzips suchten, um quasi philosophisch den physikalischen Gesetzen eines Isaac Newton (1643–1727) eigene Gesetze gegenüber zu stellen, führten in die Irre. Die Entwicklung der Medizin seit Hippokrates bis heute verlief eben nicht geradlinig!

Arzt oder Nichtarzt – es macht Sinn, gerade unter dem Baum, unter dem Hippokrates gelehrt hat, über den Hippokratischen Eid nachzudenken, das wirkmächtigste Arztgelöbnis der westlichen Welt. Es gibt aber ein Problem: Medizinhistoriker und Sprachforscher sind der Meinung, dass Hippokrates den nach ihm benannten Eid kaum gekannt haben kann, er mag in Ansätzen in seiner Zeit konzipiert worden sein, in der heutigen Form stammt er aus dem ersten Jahrhundert nach Christi Geburt. Wie auch immer, er ist zur Leitlinie der ärztlichen Ethik geworden und viele Universitäten haben sich ihn mit Modifikationen für den akademischen Schwur zum Vorbild genommen. Eigentlich hat kein Arzt je diesen Eid bei Apollo geschworen, dem Gott des Lichts und des Heilens, der uns über die christliche Kultur bis ins heutige Weihnachten führt. Aber man bedenke doch den „heiligen" Augenblick, wenn der zukünftige Arzt diesen Universitätsschwur leistet! Ohne auf Details einzugehen, darf man fragen, was blieb mindestens 2000 Jahre lang von seinem Inhalt, gibt es „ewige" Werte in der Medizin? Jedenfalls ist zu nennen: der Arzt soll zum Nutzen der Leidenden wirken und Schaden abwehren, niemandem ein tödliches Gift geben (also keine Beihilfe zum Selbstmord), keine Hilfe zur Vernichtung der Leibesfrucht reichen, die Schweigepflicht als „heiliges Geheimnis" einhalten, sich jedes sexuellen Vergehens hinsichtlich der Patienten enthalten. Sollte der Arzt den Schwur aber brechen, dann heißt es in Bezug auf seine Person „...soll alles Unheil mich treffen". Mag das Rauschen der Blätter der Platane diese Ideen in die heutige Welt der Medizin als Grundlage zum jeweils neuen Nachdenken hineintragen...

Philipp II. von Makedonien
Vater Alexander des Großen

Ist Philipp II. (382–336) als Person interessanter als Alexander der Große (356–323), der „Welteroberer"? Jedenfalls hat er die Grundlage für die Machtausbreitung Alexanders gelegt, militärisch und finanziell. Militärisch durch die Entwicklung neuer Kampfstrategien (schiefe Schlachtreihe), finanziell durch den Ausbau von Goldbergwerken, aber auch durch die Tributzahlungen aus den eroberten Gebieten. Er gilt als einer der größten Herrscher der Alten Welt. Wäre er nicht ermordet worden, hätte er einen seiner nächsten Kriege gegen die Perser geführt – was dann Alexander tat. Philipp hat aus der „Randprovinz" Mazedonien ein machtvolles Reich aufgebaut. Man kann als Historiker fragen, welcher Art von Persönlichkeit es bedarf, solches zu vollbringen. Hier gehen die Meinungen auseinander, Charisma mischt sich mit Machtmensch, sogar Gewaltmensch. Philipp war ein zäher Kämpfer, ein rücksichtsloser Feldherr, der oft auch selber verwundet wurde. War er aber nicht auch ein politischer Hasardeur, eine Art Spielernatur, ein verschlagener Diplomat? Jedenfalls war er ein „Machtvirtuose", der all seine Energie auf die Ausweitung seines Einflussbereiches, auf Eroberungen verwendete. Neben Intrigieren, gar Betrügen, Werben, gehörte aber auch Geduld zum konsolidierenden Organisieren und Versöhnen in den eroberten Gebieten dazu, wie Jörg Fündling (geb. 1970) in seiner Biographie über Philipp II. schreibt.

Wie sieht eine kurze Chronologie ohne Anspruch auf Vollständigkeit von Philipps Wirken aus? Es sei vorweg bemerkt, dass seine Kriegszüge nicht immer erfolgreich waren, er aber in Summe der siegreiche König blieb, der auch imstande war, Frauen aus den eroberten Gebieten zu ehelichen – neben seiner 358 angetrauten Frau namens Olympias (von Epirus, 375–316), der Mutter Alexanders. Man kann diese Vorgangsweise auch dynastisch bedingte Vielweiberei nennen, wenn dieser Ausdruck kreiert werden darf. 357 nützt der 25-Jährige den Bundesgenossenkrieg zwischen den griechischen Inseln und Athen dazu, die thrakische Stadt Amphipolis, nordöstlich von Chalkidike, einzunehmen, was zu einem dauernd gespannten, teils kriegerischen Verhältnis zu Athen führte. Philipp wird bald darauf als Hauptfeind Athens gesehen. 355 beginnt er einen Krieg gegen die Phoker beim Golf von Korinth, die wieder von Athen und Sparta unterstützt wurden. In der Schlacht bei Methone, im südwestlichen Griechenland, verliert Philipp ein Auge – dies und eine spätere Speerverletzung im Knie wird bei der Identifikation nach der Auffindung seines Sarges (in der Archäologensprache „Larnax" genannt, prosaischer „Kistengrab", die mit einem Sonnensymbol, genannt „Stern von Vergina", verziert ist) 1977 eine große Rolle spielen.

348 erobert Philipp endgültig die drei-fingerige Halbinsel Chalkidike. Die folgenden Jahre ab 345 sind von Kämpfen gegen die Illyrer erfüllt, bei denen Philipp schwer verletzt wurde. Weiterhin gab es Kämpfe gegen die Thraker, die 341 beendet wurden, Philipp ist bis an die Donau vorgestoßen. 338 schlägt er bei Chaironeia, östlich von Delphi, die unter der Führung Athens gesammelten Verbündeten. Alexander war dabei erstmals an einer Schlacht beteiligt. Es kam zu einem Diktatfrieden, der die Hegemonie Mazedoniens festigte. Der danach gebildete „Korinthische Bund" hatte schon eine antipersische Zielsetzung. Erste Kriegsgeplänkel gegen die Perser waren zwar nicht erfolgreich, dies blieb die „Aufgabe" für Alexander den Großen…

Im Sommer des Jahres 336 kam es, wie man modern sagen würde, zum „Show Down". Philipp hatte genug Feinde und Neider. Zu diesen gehörte auch seine Frau Olympias, die ähnlich wie er machtsüchtig war und sich wegen der polygamen (erotisch oder nur dynastisch), manchmal auch homosexuellen Veranlagung ihres Mannes – damals so Sitte – geärgert hatte. Zudem hatte Philipp eine „neue" junge Frau aus makedonischem Adel, Kleopatra (353–336), geheiratet, die bald schwanger wurde. Wegen ihrer Abstammung aus Makedonien wurde die böse Botschaft in die Welt gesetzt, Philipp könne nun – im Gegensatz zum Sohn Alexander – einen „echten" Sohn bekommen. Olympias war eine Anhängerin des Dionysios-Kultes (einschließlich der nächtlichen ekstatischen Feste?) und hantierte mit (ungiftigen) Kult-Schlangen; man unterstellte ihr – ohne Beweise – die Planung des Mordes an Philipp. Sie setzte ihre Hoffnung auf ihren Sohn Alexander, zu dem sie eine leidenschaftliche Beziehung hatte. Philipp hingegen hatte sich sogar einmal im Streit mit dem blanken Schwert auf seinen Sohn gestürzt, kam aber nicht weit, da er zu betrunken war.

Man kann seit der Ausgrabung des Theaters von Aigai (Vergina), 1982, der Hauptstadt Makedoniens bis 410, die man vorher fälschlich in Edirne vermutet hatte, auch diese Ruinen besuchen. Es bedarf nur wenig Fantasie, sich das von Philipp veranstaltete Fest im Theater vorzustellen, das als Versöhnungsfest gedacht war, auch als Symbol der dynastischen

Stärke – und als Ausgangspunkt der Perserkriege. Die Heirat seiner und Olympias Tochter, auch mit Namen Kleopatra (353–336), war vorgesehen, Olympias selbst war abwesend – sie mied das Fest um nicht in irgendeinen Verdacht zu geraten. Delegationen der unterworfenen Völker waren zugegen, auch Philipps neue Frau Kleopatra mit ihrem eben erst geborenen Mädchen. Wettkämpfe und Musikdarbietungen waren zu erwarten, alle Vorbereitungen begannen bei Sonnenaufgang. Philipp betrat das Theater in einem weißen Gewand, ließ sein Gefolge vorausgehen und schritt dann allein, wirksam und eindrucksvoll, ins Zentrum. Diesen Moment hatte sein Leibwächter und Mörder Pausanias (Geburtsdatum unbekannt – 336) ausgenützt um ihm einen Dolch in die Rippen zu stoßen. Philipp war auf der Stelle tot, Pausanias versuchte auf einem Pferd zu fliehen, verfing sich in einer Schlingpflanze und wurde von seinen Verfolgern getötet. Der Fremdenführer im Theater zeigte mit nach unten wippendem Zeigefinger auf die Mordstelle – hier war der Mord Philipps – als ob der gute Mann selbst dabei gewesen wäre: doch das historische Gefühl meldet sich.

Danach ging alles schnell: Antipatros (398–319), der später, nicht wie zu erwarten Olympias, Herrscher in Mazedonien werden sollte, geleitete Alexander ins Theater und rief ihn zum König aus. Alexander war 20 Jahre alt. Ein Mord stellt die Weltgeschichte auf neue Schienen. Was auch folgte, war eine Mordserie sondergleichen, vorerst gedacht als Strafe für die Mörder, erweitert um Familienmitglieder und Verwandte, die etwa Thronansprüche hätten stellen können. Eigentlich traf es alle greifbaren Verdächtigen, die sich nicht rechtzeitig auf Alexanders Seite stellen konnten. Offene Rechnungen wurden beglichen, schnell und rücksichtslos wurde gehandelt. Olympias war inzwischen in Aigai eingetroffen, ließ das Baby Kleopatras töten und diese selbst – Philipps Frau – zum Selbstmord durch Erhängen zwingen. Für Pausanias, den Rachegelüste wegen einer ungesühnten Misshandlung zum Mord getrieben hatten, ließ Olympias einen Totenkult begründen und hat seine Mordwaffe dem Gott Apollo geweiht…

Alexander, der immerhin einen der berühmtesten altgriechischen Philosophen, Aristoteles (384–322), zum Lehrer hatte, ging den Weg in Richtung seiner Weltherrschaft. „333 – bei Issos Keilerei" ist jedem Schüler bekannt, der Sieg Alexanders über den Perserkönig Darius III. (380–330). Weiter ging es über Ostpersien bis ins Indusgebiet. Zurück über Ägypten ins westliche Mittelmeer war ihm nicht mehr vergönnt, er starb nach Tagen des Siechtums an Gift oder nach einem Saufgelage. Er wollte im Ammon-Heiligtum der westägyptischen Oase Siwa begraben

Theater, in dem Philipp II. ermordet wurde – © Foto Hans R. Goette, Berlin

„Goldene Urne" (Larnax) von Philipp II. mit dem „Stern von Vergina" – © Hellenic Ministry of Culture & Sports, The Museum of the Royal Tombs of Aigai

werden, was nicht zustande kam. Ohne auf Details einzugehen, kann gesagt werden, dass sein Grab in den Wirren der Spätantike quasi in Verlust – oder einfach in Vergessenheit – geraten ist; also kein Platz für das historische Gefühl. Der sogenannte Alexander-Sarkophag im Archäologischen Museum in Istanbul hat mit Alexanders Leiche nichts zu tun. Er zeigt allerdings ein interessantes Relief, das als Schlacht Alexanders mit den Persern gedeutet wird. Alexander starb in Babylon, nicht ohne dort noch kundzutun, dass seine Mutter Olympias ihn von Zeus empfangen habe – also wo bleibt dann Philipp II.?

Bekannt geworden sind die Probleme seiner Nachfolge: Man nennt sie Diadochen, die Feldherren Alexanders und deren Nachkommen. Auch das Wort Epigonen kann man seit dieser Zeit verwenden, nur hat es in unserem Sprachgebrauch eher abwertend die Bedeutung von Menschen ohne schöpferische Qualität. Man assoziiert allerdings heute diese Zeit mehr mit dem Wort „Diadochenkämpfe". Es bleibt Zeit zum Nachdenken, ob die Herrschaft mehrerer Personen Bestand hat, etwa auch im Triumvirat, das wir aus der römischen Geschichte kennen, bis hin zur Französischen Revolution. Gehalten haben solche Konstruktionen letztlich nicht. Also bleibt die Frage nach der „Führerfigur", wie wir sie bei Philipp II. und Alexander gesehen haben. Diese Frage begleitet uns durch die Geschichte, bis hin zur Demokratie, wo eigentlich das Volk der Souverän sein soll, man kennt aber auch bedeutende demokratische Führerpersönlichkeiten. Mit den Führern ist auch das Problem der Weltherrschaftsträume verbunden, harmloser als Weltreich-Fantasien bezeichnet. Die Perser hatten Ansätze dazu, bei Alexander war die Tendenz klar. Denken wir weiter an das Weltreich der Römer, an Timur Lenk (auch Tamerlan genannt, 1336–1405), dessen Reich mit Zentrum in Samarkand sich von Istanbul bis Delhi erstreckte. Dann an die Mongolen, die es 1241 bis an die Liegnitz in Polen schafften, an Karl V. (1500–1558), in dessen Reich die Sonne nicht unterging, an die Engländer und ihr Commonwealth of Nations, an Herrschaftsbestrebungen Napoleons (1769–1821) und Adolf Hitlers (1889–1945). Was geschieht heute mit den USA und ihrem Dasein als „Weltpolizist", mit China mit seinen circa 1,3 Milliarden Menschen? Wird China Europas alten aggressiven Weg einschlagen, oder einen raffinierteren kapitalistischen Kolonialismus mit Ankauf von ganzen Landstrichen etwa in Afrika praktizieren?

1977 fand der griechische Archäologe Manolis Andronikos (1919– 1992) in Aigai (Vergina) im heutigen Griechenland das Grab Philipp II. In einer der Grabkammern war in einem Marmorsarkophag ein Behälter

(„Larnax" genannt) mit Knochenresten, verfertigt aus circa neun Kilogramm Gold. Man stellte diesen Sensationsfund gleich mit den Funden Heinrich Schliemanns (1822–1890) – Schatz des Priamos – oder Howard Carters (1873–1939) – Grab des Tutanchamun. Der logische Schluss aus den Knochenfunden (Knie- und Augenverletzung an den verbrannten und gesammelten Knochen feststellbar) ist überzeugend. Philipp II. hinkte nachweislich und hatte eine Kopfverletzung; man fand auch Kleopatra mit Kind im Grab. Zusammenfassend darf man sagen, dass ein Rätsel der Archäologie gelöst wurde. Vergina ist heute Weltkulturerbe, das Theater, die Grabanlage und ein Museum sind zu besichtigen.

Rundum sieht jetzt alles ruhig und freundlich aus! Doch: Aus dem Fund ist ein Politikum geworden und hat die Diskussionen zwischen Griechenland (wo es eine Provinz Mazedonien gibt) und dem Staat Mazedonien angeheizt, bis hin zum Problem der Grenzziehung und der staatlichen Eigenständigkeit Mazedoniens. Aigai/Vergina liegt heute in Griechenland, doch Philipp II. war Mazedonier – und Gegner Athens. Mazedonien hat 1995 den „Stern von Vergina" als Symbol auf die Flagge getan, Griechenland hat dagegen protestiert. Doch am 17. Juni 2018 kam es offenbar zur Verständigung und Einigung zwischen Griechenland und – man bedenke die Begriffswahl – Nord-Mazedonien.

Areopag
Paulus und das Christentum

Die Beurteilung der Magie historischer Orte und des historischen Gefühls ist hinsichtlich Jesus und Paulus außerordentlich schwierig. Selbst katholische Historiker weisen darauf hin, dass als einzige Quelle die Evangelien, vereinfacht ausgesprochen die Bibel, dienen. Dies gilt auch für das Leben von Paulus (5.v. – 67 n. Chr.). Es gibt quellenmäßig keine Querverbindungen zu anderen Aufzeichnungen und Unterlagen, keine historische „Gegenprobe" ist möglich, ja es kann sogar die Relevanz der Bibel bestritten werden. Die Bibel selber ist erst Jahre nach dem Leben Jesu zusammengestellt worden, noch dazu unter selektiven Gesichtspunkten – die apokryphen Schriften seien hier erwähnt. Gedanken, wie sie der deutsche Philosoph Peter Sloterdijk (geb. 1947) in seinem Buch „Nach Gott" formuliert hat, fallen einem ein, Gott „...ruft die Seelen ins Dasein und gewährt ihnen genügend Offenbarung, um sie zum Glauben an ihn anzuleiten." Dies gilt für die Bibel wie auch für den Koran.

Über Jesus wird in den jüdischen Schriften nichts berichtet, der römisch-jüdische Historiker Josephus Flavius (37–100) hat ihn in seinem „Bellum Judaicum" nicht erwähnt. War Jesus nur ein unbedeutender Rebell gegen die Römer, wie es viele gab, der dann hingerichtet wurde? Ist er dann von seiner kleinen Anhängerschar, den Aposteln, als Symbol bis hin zum Sohn Gottes literarisch stilisiert worden? Hat er eigentlich gar nicht „körperlich" gelebt, wie etwa Napoleon (1769–1821) und andere vermutet haben, ist er also zu einer Kultfigur gemacht worden? Man tut sich hier bei Buddha und bei Mohammed historisch etwas leichter, außerdem hat Jesus selbst direkt keine Lehre hinterlassen. Interessierte Sprachwissenschaftler versuchten aus der Bibel herauszukristallisieren, welche Worte tatsächlich von Jesus stammen könnten! Das Christentum im heutigen Sinn ist eine Schöpfung von Paulus – mit Bezug auf Jesus natürlich. Diese einleitenden Bemerkungen sind nicht dazu gedacht, gläubige Menschen zu irritieren, es soll nur auf die eigenartige Quellenlage, die Legendenbildungen und die Art der religiösen Überlagerung historischer Fakten hingewiesen werden.

Im Jahre 326 hat Helena (248–330), die Mutter Konstantin des Großen (272–337), unter dem das Christentum durch das Mailänder Toleranzedikt zur Staatsreligion erhoben wurde, eine Reise ins Heilige Land angetreten. Sie befand sich mittels Grabungsarbeiten auf der Suche nach dem Kreuz Jesu – fand dieses und wie zufällig auch andere Reliquien, die dann in ganz Europa verteilt wurden. Die Stellen, die Helena – nicht zufällig später als Schutzherrin der Schatzsucher gekürt – „entdecken" ließ, dazu noch andere, können heute in Israel besucht werden. Es beginnt aber schon mit der Problematik des Geburtsortes. Jesus stammte aus Nazareth, die Legendenbildung hat Betlehem in den Vordergrund gespielt, musste doch eine Verbindung von Jesus zum Hause König Davids hergestellt werden. In Betlehem ist der berühmte „Geburts-Stern" in einer Art Grotte zu sehen. Man kann auf den Ölberg bei Jerusalem wandern, wo Jesus verraten wurde. Hier kann man nachdenken, ob nicht dem „Verräter" Judas ein höherer Stellenwert in der Geschichte des Christentums zukommen sollte, da es ohne diesen „Verrat" keine Kreuzigung und keinen Tod und keine Auferstehung gegeben hätte. Weiterhin kann in der Geißelungskapelle die Stelle besichtigt werden, an der die römischen Soldaten um Jesu Kleider gewürfelt haben. Man kann die Via Dolorosa entlang gehen, vorbei am möglichen Amtssitz von Pontius Pilatus (gest. 38), und zuletzt zur Grabeskirche. Durch eine plötzlich angesetzte Messlesung vor dem Grab hatten ich und meine Frau die Möglichkeit, circa 20 Minuten ganz allein im Heiligen Grab zu verweilen... Erwähnt sei aber auch, dass von Zeit zu Zeit Leute auftauchen, die vorgeben, das „wirkliche" Grab Jesu gefunden zu haben.

Man kann an all diesen Stellen über den Monotheismus nachdenken, auch darüber, ob nicht religions-philosophisch der Begriff Allahs im Islam als der eine Gott klarer ist als die Dreifaltigkeit des christlichen Gottes. Das Christentum wird als Religion der Liebe bezeichnet, Jesus kümmerte sich nicht so sehr um die Reichen (Erzählung vom Nadelöhr!), sondern um die „Mühseligen und Beladenen", die Sklaven, die menschlichen Außenseiter. Seine Lehre kann mit einigem guten Willen als die Geburt des Gleichheits-Prinzips und des sozialen Denkens gesehen werden. Die Moslems fanden Jahrhunderte später die Begriffe Allerbarmer und Gnadenspender für Allah. War dies alles um Jesus herum ein positives welthistorisches Ereignis, das die Entwicklung in Richtung eines liebevollen Zusammenlebens der Menschheit eingeleitet hat? Wenn man den Historikern Glauben schenken darf, haben die ersten Christen an das unmittelbar bevorstehende Ende der Welt im Sinne der Wiederkehr Christi geglaubt. Es kam nicht – es gibt uns Menschen also heute noch. Und genau das war der Knackpunkt in der weiteren Entwicklung des Christentums: Es ging dann in Richtung Machtausübung, Überheblichkeit, Gier und Aggression. Wenn man an die Päpste des Mittelalters und der frühen Neuzeit denkt, an die kirchlichen Prachtbauten, an Machtausübung, an aggressiven Terror in der Mission (Religion und Mission ist Aggression – auch im Islam) bleibt die Frage, abgeleitet von der Geschichte, ob nicht in (fast) allen Religionen der Keim zur Aggression steckt. Bekannt geworden ist der Satz, wie aus dem Stroh der Krippe das Gold der Kirchen werden konnte. Es sei der Aachener katholische Theologe Georg Baudler (geb. 1936) zitiert: „Es ist ein großes Paradox, aber ein nicht bezweifelbares historisches Faktum: Ausgerechnet die ‚Religion der Liebe‘, die grundgelegt ist in der von Rachegedanken und Gewaltfantasien freien Erzählung von der grausamen Hinrichtung eines unschuldigen Menschen, die Religion, die einen am Schandpfahl zu Tode Geschundenen, einen Gekreuzigten, als Gottessohn preist und als Auferstandenen zur Rechten Gottes setzt – ausgerechnet diese Religion hinterließ die längste und breiteste Blutspur in der Geschichte der Weltreligionen“. Wie wir aus der Geschichte wissen, verfolgte der Islam – allerdings schon von Anfang an – denselben Weg!

Paulus, in Tarsus in der Südtürkei geboren, war ein Griechisch sprechender Jude mit römischem Bürgerrecht, quasi ein Diasporajude. Dies war der Grund, dass Griechisch zur Sprache der Bibel werden sollte und der Weg des römerfreundlichen Paulus ihn bis nach Rom führte. Sein Leben hat der Evangelist Lukas (gest. 84) etwa in den Jahre 60 bis 65 aufgezeichnet. Historiker meinen, dass Paulus um 67 in Rom gestorben sein könnte, es gibt jedoch keinen historischen Anhaltspunkt. Ob er als Märtyrer gestorben ist, bleibe dahingestellt, da einschlägige Erzählungen erst im 2. Jahrhundert aufgetaucht sind. Anfangs war Paulus, weil so erzogen, dem Judentum verhaftet, er ist sogar heftig gegen die ersten Christen aufgetreten. Paulus hatte Jesus nie persönlich gekannt, nichts vom Kreuzestod gewusst, sondern hat alles über Stephanus (5–34) kennengelernt. Dieser war jedoch zu Tode gesteinigt worden, sein Beharren auf der neuen Lehre hatte aber auf Paulus Eindruck gemacht, sein Tod vielleicht auch Mitleid erregt. Paulus war auf dem Weg nach Damaskus um dortige Christen zu verfolgen, zumindest sie aufzuspüren. Dann widerfuhr ihm vor der Stadt ein Bekehrungs-Erlebnis. Licht kam vom Himmel und die Stimme des Herrn ertönte, es wäre Jesus, den er verfolge. Von dem Ereignis erblindet wurde er nach Damaskus geführt, wo er bald geheilt und der Taufe unterzogen wurde. Saulus war zum Paulus geworden, wie man vereinfacht und heute fast sprichwörtlich sagt. Tatsächlich hatte er schon vorher eine Art „Doppelnamen“ (Saulus, der auch Paulus heißt). Moderne Neurologen und Psychiater führen das Ereignis auf eine

Grabeskirche in Jerusalem – © Shutterstock.com

Areopag-Felsen in Athen – © Shutterstock.com

mögliche Epilepsie mit Wahnvorstellungen zurück, andere halten es für ein gelungenes Einschleichen in den Kreis der Christen in Damaskus. In Damaskus, etwas unglücklich agierend, wurde er von den Juden verfolgt, die den „neuen" Christen und abgefallenen Juden Paulus töten wollten, in einem Korb über die Stadtmauer konnte er gerettet werden.

Jedenfalls kann man sagen, dass Paulus ab dann auf dem Weg in die Welt war, um das Christentum zu verbreiten, er wird heute der „Völkerapostel" genannt, er schuf gleichsam die christliche Internationale. Religionshistorisch kann man sagen, dass die damalige Entjudaisierung – letztlich blieben die Juden bis heute irgendwie „untereinander" – auch die Gefahr der Hellenisierung des Christentums in sich barg. Also begab sich Paulus ins geistige Zentrum der damaligen Welt, nach Athen. Bevor man über die Areopag-Szene berichtet, sollte noch die Persönlichkeit von Paulus beleuchtet werden. Er wird als körperlich klein geschildert, krummbeinig, mit kahlem Kopf. Sein Charakter wird als stur gezeichnet, scharf, unversöhnlich, der Aggression nicht abgeneigt, heute würden wir ihn als Fundamentalisten und Fanatiker bezeichnen. Er betrachtete seine Missionsreisen als „Feldzüge" und verstand sich als „Soldat Christi". Solche Denkweisen führten bis zu den Hexenverfolgungen der frühen Neuzeit und in Richtung Radikalität des Christentums als allein glückselig machende Religion. Doch verbleiben wir vorerst auf dem Areopag.

Der Areopag ist ein Felsen in Athen, nicht weit von der Akropolis. Auf dieser rundlichen Felsformation stehend schweift der Geist in das Frühjahr 51 zurück, als Paulus vorher nach heftigen Diskussionen auf der Agora, dem Marktplatz Athens, zum Areopag geleitet wurde um Rechenschaft für seine Lehre abzulegen. Man sieht die Runde vor sich – Paulus und die griechischen Bürger, darunter zahlreiche geübte Rhetoriker und die „Philosophen der Vernunft". Die Diskussionen müssen mit einer gewissen Heftigkeit geführt worden sein – wenn man allein am Areopag steht, herrscht Ruhe! Paulus, der kein Interesse an der griechischen Kultur hatte, sich über die Götzenbilder ärgerte, quasi zornig und sauer war, wollte nur seine Lehre verbreiten. Zwei Welten standen einander gegenüber, die konträrer nicht sein konnten. Vorerst einmal der Monotheismus des Paulus gegen den Polytheismus mit der griechischen Götterwelt. Man kann darüber philosophieren, was für die Zukunft der Menschheit besser war. Man erinnere sich an die Frage, ob die Sesshaft-Werdung der Menschen besser war als die Welt der Jäger und Sammler. Was hat der Monotheismus angerichtet, als der eine Gott auf Kosten der vielen überhöht wurde? Ist der Katholizismus mit dem Trick der Heiligen nicht eigentlich zur Vielgötterei zurückgekehrt:

Barbara für die Bergleute, Apollonia gegen Zahnweh, Maria für jede Art von Hilfe zuständig. Viele Götter würden doch den Reichtum des Lebens repräsentieren! Für Plato (427–347) war Gott schon die „Idee der Ideen". Das hatte natürlich noch nichts mit dem fleischgewordenen Gott des Paulus zu tun – oder doch im Sinne eines geistigen Zusammenhanges?

Besonders symbolträchtig war der Areopag deswegen, weil dort der Altar des Unbekannten Gottes war. Dies war eine pfiffige religiös-philosophische Überlegung mit praktischem Hintergrund gewesen: Es herrschte Pest in Athen, die herkömmlichen Götter halfen nicht, also meinte man, dass man einem unbekannten Gott huldigen müsse – das half! Der Areopag wurde danach auch noch der Platz, wo der Oberste Rat tagte, mehr oder weniger das politische Zentrum Athens – an sich eine Ehre für Paulus, dort sprechen zu können. Jedoch hatte der „Antiphilosoph" Paulus den gelehrten Philosophen nichts entgegenzusetzten als eben seine Lehre. Er stand den Stoikern gegenüber und den Epikureern. Beide Denkrichtungen vertraten eine Art Glückseligkeitslehre, beide traten für tugendhaftes Leben ein, für die Beherrschung der Begierden, aber doch – besonders nach Epikur (341–270) – für ein genussreiches und angenehmes Leben, wenn auch in sittlichem Rahmen. Da die Epikureer die Meinung vertraten, der Tod sei nichts, denn wenn wir leben, ist der Tod nicht da – und wenn der Tod da wäre, leben wir nicht mehr. Also konnten sie mit dem Leben nach dem Tod nichts anfangen, nichts mit dem nahen Ende der Zeit, nichts mit dem Jenseits und schon gar nichts mit der Auferstehung Jesu – dies war zuletzt der springende Punkt. Es waren für Paulus schwere Stunden am Areopag. Obwohl er spekulierte, den „unbekannten" Gott bringen zu können, wurde er verhöhnt und zynisch gefragt: „Was will denn dieser Schwätzer hier?" Wenn Lukas richtig berichtet, wurde aber doch ein (!) Grieche zum Christentum bekehrt...

Es mag zu den großen Rätseln der Weltgeschichte gehören, warum das Christentum ab dieser Zeit des Paulus zu einer der führenden Weltreligionen wurde – allerdings nur (?) mit Hilfe Kaiser Konstantins, der zeitlebens ein brutaler Krieger gewesen war. Im Jahre 313 hatte er im Sinne der Zukunft des Christentums Macht mit Religion verbunden. Ein Jahr vorher konnte er seinen Gegenspieler Maxentius (278–312) an der Milvischen Brücke – die Hauptschlacht wurde weiter nördlich geführt – schlagen. Diese Brücke über den Tiber in Rom ist heute noch zu sehen. Es wird berichtet, dass er diese Schlacht unter dem Zeichen Christi (das Kreuz) gewonnen hätte – für die Religion der Liebe ein etwas eigenartiger Startschuss in Richtung Macht und Gewalt...

Marienerscheinungen

Es gibt viele Wallfahrtsorte auf der Welt, die differenzierten Ursprungs sind, und abgesehen von den Jesus-Gedenkstätten sind die Marien-Wallfahrtsorte sicher die eindrucksvollsten und am öftesten besuchten. Zum religiösen Gefühl bei solchen Besuchen kann jederzeit das historische Gefühl dazu kommen, wobei beide Gefühle sehr wohl auch kritisch reagieren können, sei es, dass es um die historischen Fakten geht oder einfach um religiöses Erleben, das allerdings nicht weiter hinterfragt werden kann. Manche religiöse Menschen haben das starke Gefühl, Maria sehen und fühlen zu wollen – und zu können.

Für den Historiker sind allerdings zwei Punkte auffällig. Erstens erscheint Maria doch meist nur einzelnen Menschen, oft jüngeren, oft auch Menschen weiblichen Geschlechts, um nicht zu sagen Mädchen. Manche haben offenbar ein einfaches religiöses Gemüt, eigenartigerweise finden die Erscheinungen auch meist in „wärmeren" Gegenden statt. Der zweite Punkt ist die Frage, warum die Erscheinungen nur im christlichen Umkreis stattfinden, wobei hier die Protestanten schon ausscheiden. Warum erscheint Maria nicht den Moslems, obwohl sie im Islam eine angesehene Position einnimmt, warum nicht den Buddhisten, den Anhängern des Hinduismus, von den Atheisten ganz zu schweigen? Will man verallgemeinern, bleibt die Frage, warum ein solches Heilsgeschehen für uns Menschen bei einem allmächtig wirkenden Gott sich punktuell wie in Erscheinungen Marias abspielen muss?

Wenn es stimmt, was der Altertumsforscher Johann Jakob Bachofen (1815–1887) 1861 angedacht bzw. erforscht hat, dass es ein Matriarchat gegeben haben soll, so wurde dieses dann wieder von Männern überspielt, das Patriarchat kehrte zurück. Das Mutter-Kind-Schema ist sicher uralt, für die Menschen psychologisch wichtig, die Übersteigerung der Frau zur Göttin etwa bei den Griechen historisch klar. Im Christentum ist nun etwas anderes passiert: Maria wurde nicht die Gemahlin Gottes, sondern Gott hat sie als Mensch geschwängert – unter Beibehaltung der alten Vorstellung der Jungfräulichkeit – um Jesus auf die Welt zu bringen. Also wandelte ihr göttlicher Sohn auf Erden, musste seinen Leidensweg zur Erlösung der Menschheit gehen und kehrte zum Vater zurück. Maria blieb vorerst praktisch „übrig", sie fand keinen Platz neben Gott oder gar als Göttin. Die Geburt Christi durch Maria war von Einfachheit und Armut umgeben, da half offenbar auch nicht, dass die Heiligen Drei Könige wertvolle Geschenke gebracht haben, die doch einigen Reichtum bedeutet haben mussten. Oder ist dies symbolisch gemeint? Die Gebeine der Heiligen Drei Könige sind sicher nicht im Kölner Dom bestattet, wie gerne behauptet wird.

Es soll im Folgenden von Orten mit Marienerscheinungen im engeren Sinn gesprochen werden. Nicht etwa von Mariazell, das als Heiligtum für Österreich und Ungarn wichtig ist. Hier kam der Mönch Magnus 1157 in die Gegend um die Hirten religiös zu betreuen, er trug eine Holzstatue Marias mit sich. Als ein Felssturz seinen Weg versperrte, half Maria den Weg frei zu machen. In Tschenstochau wird die Schwarze Madonna als nationales Symbol für Polen verehrt. Der Legende nach soll der Hl. Lukas dieses Gnadenbild gemalt haben, die Hl. Helena hat es 326 in Jerusalem aufgefunden. Historiker haben vielfach Probleme mit Legenden…

Um die Orte mit Marienerscheinungen einzuordnen, kann man sich leicht der Chronologie bedienen. Doch vorerst führt eigenartigerweise der Weg nach Ephesos, Türkei. Dort steht man vor einem freundlichen, von Bäumen beschatteten Haus, einer offenbar renovierten und wieder hergestellten Ausgrabung: Das Wohnhaus Marias. Hier ist sie nicht „erschienen", hier soll sie gewohnt haben und gestorben sein, nachdem sie mit dem Apostel Johannes nach der Kreuzigung Jesu gleichsam „ausgewandert" ist. Dem widersprechen andere Quellen, wonach sie in hohem Alter in Jerusalem gestorben ist; wann genau, weiß man nicht. Auch gibt es die Legende, dass sie am Berg Athos gewesen wäre, um dort das Evangelium zu verkünden. Aus Respekt vor diesem Geschehen dürfen bis heute keine Frauen den Mönchsstaat betreten.

Was macht man als Historiker angesichts des „per exclusionem"-Grundsatzes? Nun meinen einige Archäologen, dass das Gebäude in Ephesos aus der Zeit des 5. bis 7. Jahrhunderts stammt. Man glaubte auch, einen gläsernen Sarg mit dem Leichnam Marias finden zu müssen – natürlich, möchte man fast sagen – fand man diesen nicht. Alles scheint eigentlich klar, gäbe es da nicht die Episode der deutschen Nonne und Visionärin Anna Katharina Emmerick (1774–1824), die das Haus Marias in Ephesos beschreiben konnte, ohne je dort gewesen zu sein, noch dazu vor den archäologischen Forschungen, die erst um 1891 starteten. Hatte hier der deutsche Dichter Clemens Brentano (1778–1842), der sich der Sache angenommen hatte, bei der Beschreibung sprachlich mitgeholfen?

Moderne Marienkirche in Guadalupe, Mexiko – © Cezary Wojtkowski / Shutterstock.com

Marienheiligtum in Lourdes, Frankreich – © Spirit Stock / Shutterstock.com

Die Angelegenheit wurde 1950 „theologisch überholt" – wenn man so sagen darf. Papst Pius XII. (1876–1958) verkündete das Dogma von der Aufnahme Marias, der Gottesmutter, in den Himmel und zwar mit Leib und Seele. Damit war auch die Frage nach ihrem Grab irrelevant geworden, da dieses sowieso nun leer sein müsste. Als Nichttheologe kann man nun fragen, wie dieses Dogma gemeint ist, symbolhaft oder durchaus materialistisch? Ich erinnere mich, wie Astrophysiker damals zynisch meinten, man könne bei Beibehaltung der bekannten Lichtgeschwindigkeit den Ort im Weltall berechnen, wo Maria sich gerade befinden würde...

Es ist bekannt, dass nach der Entdeckung Amerikas 1492 die europäischen Eroberer grausam wüteten. Natürlich gemeinsam mit Mönchen und Priestern, die den christlichen Glauben bei den neu eroberten Völkern verbreiten wollten. Meist trugen diese beim Abschlachten der Eingeborenen ein Kreuz mit Christus-Korpus vor sich her. Es lag bald auf der Hand, dass die Eingeborenen, die später auch von Maria erfuhren, diese in ihrer Mütterlichkeit lieber hatten als Jesus. So kam es, dass 1531 in Guadalupe, Mexiko, Maria einem Indio namens Joan Diego (1474–1548) erschien. Damit verbunden war das Auftauchen eines Gnadenbildes, dem man einen übernatürlichen Ursprung zuschrieb – das heutige Zentrum der Marienverehrung in Guadalupe. Maria ist heute Schutzpatronin Mexikos, man kann in der Kirche das Gnadenbild von überall sehen. Wissenschaftliche, mikroskopische Untersuchungen haben ergeben, dass sich ganz klein in den Augen des Marienbildes eine Person widerspiegelt – offenbar Joan Diego. Glaubt man den Untersuchern des Bildes, handelt es sich um ein außernatürliches Phänomen. Sehr profan ist mir als Besucher aufgefallen, dass unter dem Gnadenbild ein Laufband für Besucher vorbeiführt, dazu eine Art Schacht, in den man Geld werfen kann: Sowohl Münzen wie Scheine jeglicher Herkunft werden automatisch auf ein Konto gebucht. Wie man es noch in Lourdes, in Fatima oder in Medjugorje sehen wird, hat sich die Marienverehrung mit dem Opferwillen – soll man Kapitalismus sagen (?) – verbunden.

Im Jahre 1858 erschien in Lourdes, Südfrankreich, dem damaligen 14jährigen Mädchen, der späteren Ordensschwester Bernadette Soubirous (1844–1879) Maria als unbefleckte Empfängnis. Die Anlage ist gewaltig ausgebaut worden, hat ein Untergeschoß, wenn man so sagen darf und eine leicht angedeutete Höhle, in der die Marienstatue zu sehen ist. Diese ist heute weltweit zur Standardfigur geworden, mit der blauen Farbe leicht am Rande des Kitsches angesiedelt. Beeindruckend, aber auch bedrückend, ist die Anzahl der Kranken, die von der Hoffnung auf Heilung getragen, kommen. Die Krankenträger mit den Gurten warten gelangweilt und Zigaretten rauchend auf Kundschaft. Man blickt in die Augen der Kranken, glühend vor Fieber oder Sehnsucht nach Heilung, in Erwartung auf ein Wunder. Man bleibt nüchtern: Wunder geschehen selten, gelegentlich muss vielleicht strategisch doch ein Wunder geschehen, damit der Glaube bleibt. Aber selbst die katholische Kirche ist in der Beurteilung vorsichtig, sie will sich nicht durch „Pseudowunder" lächerlich machen, untersucht jeden Fall peinlich genau und selektiert geschickt.

Im Jahre 1917 ist in Fatima, Portugal, drei Hirtenkindern die Jungfrau Maria erschienen. Heute steht man auf einem riesigen Platz vor einer nicht allzu schönen Kirche und ahnt, wie viele Menschen sich auf diesem Platz sammeln können. Denkt man hier seitens der Kirche auch an das Phänomen von Massenversammlungen, an die Massenpsychologie, vielleicht auch an das Zusammengehörigkeitsgefühl der Gläubigen in der Hoffnung auf Hilfe durch die Muttergottes? Private Hilfe nur oder Hilfe in Richtung Weltfrieden? Am Rande des riesigen Platzes ist ein schmales Asphaltband aufgetragen. Hier rutschen gläubige Menschen auf Knien hunderte Meter in Richtung Kirche. Gedanken schießen einem durch den Kopf: Gibt es auch eine religiöse Psychose, wie es Sigmund Freud und andere Psychiater meinen? Muss man die Leiden Christi in welcher Form auch immer reproduzieren, um zumindest sich selbst zu erlösen? Gibt es einen religiösen Egoismus der Menschen?

Zuletzt ein Blick nach Medjugorje, Herzegowina. Hier wird offenbar alles auf die Spitze getrieben, dass sogar der Vatikan Zweifel hat und auf die Bremse steigt. Seit 1981 erscheint dort Maria täglich, bisher schon über 47.000mal. Marienerscheinung wird zum Geschäft unter Ausnützung der Gefühle der Gläubigen, die um Hilfe bitten, sich in ihrer Not an Maria wenden – und das Geld in Form von Spenden geben. Anderes Geld bekommen die Besitzer der neuen aus dem Boden gestampften Hotel-Anlagen. Es nimmt nicht Wunder, wenn dieses Unternehmen, dieses Geschäft mit der Religion, kabaretthaft etwa im ORF 2014 bei einer „Braunschlag"-Episode seinen Niederschlag gefunden hat. Darf man trotzdem auf weitere Marienerscheinungen gespannt sein?

Gedenken vor dem Grab

Jeder stirbt seinen eigenen Tod. Und doch ist für die Nachwelt und für das menschliche Gedenken oft darüber hinaus gesorgt, gleichsam für das historische „Überleben" des Individuums. Es reicht ein Blick auf die Gräber – allerdings: Viele Menschen haben gar keines, andere haben Prachtgräber. Gräber gibt es seit der Steinzeit, berühmt sind die ägyptischen Gräber, Pyramiden und andere. Für jeden Archäologen ist die Auffindung eines Grabes ein Glücksfall, sind doch meist neben den Skeletten Grabbeigaben wie Waffen, Werkzeuge, Schmuck und Essen zu finden – was man halt so im Jenseits braucht! Damit haben wir einen Zentralbegriff unseres menschlichen Denkens hinsichtlich des Todes erwähnt. Je nach Glauben oder Weltanschauung gibt es ein Jenseits oder eben nicht. Danach richten sich die Totenzeremonien, die Begräbnisse und die Ausgestaltung einer Grabanlage. Hierher gehören die Friedhöfe, generell Orte, wo man begraben wird. Sei es auf Bergeshöhen, in riesigen Anlagen in Großstädten, in Kirchen, innen für Geistliche und Auserwählte, außen für andere, oder sei es an der Biegung eines Flusses. Es gibt nicht allzu viele Arten des „Begraben-Werdens": in der Erde, in einem „nassen Grab", Verbrennen, von Geiern aufgefressen werden. Zwischen Erdbestattung und Verbrennen kam es im westlichen Kulturkreis zu religiösen und weltanschaulichen Auseinandersetzungen, zu einem „Kulturkampf".

Sterben ist das restliche Leben in Richtung Tod, mit dem alle menschlichen Aktionen beendet sind. Der Wunsch nach Machtausübung und Einfluss über den Tod hinaus wird durch ein Testament dokumentiert. Was nach dem Tod passiert, bestimme ich. Auch revolutionäres Pathos soll überleben, man balsamierte Lenin, Mao Tsetung und Ho Tschi Minh ein, damit ihr Charisma, ihre Macht weiterwirkt. Man baut mächtige Grabanlagen, damit sich die Nachwelt nur ja an den Verstorbenen erinnert. Hier spielen Zeitgeist, Kunst, Architektur und Geld eine Rolle. Neben den Friedhöfen herkömmlicher Art gibt es für Päpste – wie seinerzeit für die Pharaonen – für Könige, Kaiser, Fürsten, Diktatoren, eigene Grabanlagen bzw. Gedenkstätten. Die wichtigsten seien weiter unten aufgezählt. Man kann aber auch relativ unspektakuläre Einzelgräber auf Friedhöfen besuchen. Hier spielen Gedanken an den Menschen und seine Leistungen eine Rolle, die Erinnerung an ihn, das historische Gefühl.

Bei solchen Gräbern fehlt meist das Gefühl der Trauer, wie wir es am Grab von Verwandten und guten Freunden kennen. Doch müssen Trauer und historisches Gefühl keine Gegensätze sein. Man kann durchaus am Grab von Jean Paul Sartre (gest. 1981), wo auch seine Lebensgefährtin Simone de Beauvoir (gest. 1986) liegt, am Cimetiere Montparnasse in Paris, seine Philosophie reflektieren, ohne wirklich traurig zu sein. Am Grab von Nikita Chruschtschow (+1971) am Nowodewitschi Friedhof in Moskau – seine Büste wirkt etwas eingeengt im Grabstein – kann man ruhig an seine „Schuhszene" vor der UNO denken, besser aber an seinen Befreiungsschlag gegen den toten Stalin; oder vielleicht doch auch an die Kuba-Krise! Man geht auch am pompösen Grab von Boris Jelzin (+2007) vorbei, bedeckt von der gewaltigen aus Beton flach ausgebreiteten russischen Fahne, dann zum Platz, den sich Michail Gorbatschow (geb. 1931) zu Lebzeiten „gesichert" hat.

Als Medizinhistoriker wird man gerne und oft gefragt, woran denn die berühmten Menschen gestorben wären. Das Wann und Wo ist ja meist einfach zu beantworten, beim Wann gibt es gelegentlich die politisch bedingte späte Bekanntgabe des Todes, damit man die Machtverhältnisse noch regeln kann. Gerüchteweise soll dies bei Tito (gest. 1980) im früheren Jugoslawien und bei Franco (gest. 1975) in Spanien der Fall gewesen sein. Das Wo und Wie ist meist klar. Caesar wurde ermordet und dann verbrannt (gest. 44 v. Chr.), der amerikanische Präsident John F. Kennedy in Dallas, Texas, erschossen (1963), der österreichische Autorennfahrer Jochen Rindt verstarb am Rundkurs in Monza (1970), dem österreichischen Dichter Ödön von Horvath fiel 1938 bei einem Spaziergang auf den Champs Elysees in Paris ein Ast eines Baumes auf den Kopf. Andere starben durch das Richtschwert, solche kann man ehrfürchtig im Deutsche Klingenmuseum in Solingen und auch anderswo bewundern. Marie Antoinette (gest. 1793) und Maximilien Robespierre (gest. 1794) starben durch die Guillotine. Vielfach in der Geschichte wird der Tod durch Vergiftung angesprochen. Es gibt tatsächliche Vergiftungen, beliebter und langlebiger aber sind die Gerüchte – von Mozart (gest. 1791) bis zum Kurzzeit-Papst Johannes Paul I. (gest. 1978).

Es können auch berühmte Leute „normal" sterben, wie etwa Lenin (gest. 1924) an einem Schlaganfall. Will man die Geschichte überblicken, so genügt eine einfache Aufzählung, woran die meisten Menschen starben, wobei man natürlich an Überschneidungen denken muss. Die Pest herrschte vom Mittelalter bis in die Neuzeit, endemische Reste gibt es heute noch auf der Insel Madagaskar. Die Pocken beherrschten das

Prachtgrab von Papst Alexander VII. im Vatikan, 1667 – © Luxerendering / Shutterstock.com

Sarkophag Maria Theresias und Franz Stephans in der Kapuzinergruft in Wien, 1780 – © Kapuzinergruft/Karl Sablik

18. Jahrhundert, gelten seit den 80er Jahren des 20. Jahrhunderts als ausgerottet. Cholera und dann Tuberkulose findet man im 19. und beginnenden 20. Jahrhundert. Die Tuberkulose hat den deutschen Schriftsteller Thomas Mann (1875–1955) 1924 zu dem Roman „Zauberberg" angeregt. Beide Krankheiten hatten auch einen hygienischen und sozialen Hintergrund. 1918 schlug die Spanische Grippe zu, der österreichische Maler Egon Schiele wurde ihr Opfer. Heute dominieren Herz-Kreislauferkrankungen und Krebs. Man bedenke, dass auch „Krankheit und Tod" ihre Geschichte haben. Schwierig für den Medizinhistoriker ist der Umgang mit den alten Diagnose- (und Therapie)-Begriffen. Nehmen wir das alte deutsche Wort „Auszehrung" – heute wenig verwendet – das einer Klärung hinsichtlich Schwindsucht, Tuberkulose oder gar Krebs bedarf.

Päpste, Könige, Kaiser, Zaren, Herrscherhäuser allgemein zeigen die Tendenz, Andenken und Prachtentfaltung unter einen Hut zu bringen. Es sei im Folgenden ein kurzer Überblick über solche „Zentren des Todes und des Gedenkens" gegeben. Neben den Pharaonen – was die Chronologie betrifft – muss man wohl in erster Linie an die Vatikanischen Grotten und die heutige Peterskirche (Baubeginn 1506) denken. Darunter liegt ein antikes Gräberfeld, was den Spekulationen und der archäologischen Forschung um die Gräber von Paulus und Petrus – man spricht von den 60er Jahren des ersten Jahrhunderts – breiten Raum gibt. Ehrfurcht vor der Tradition, Staunen über die Pracht mancher Gräber (etwa Alexander VII. im Vatikan) mischt sich beim historischen Gefühl mit dem Faktum päpstlicher Machtausübung seitdem das Christentum Staatsreligion geworden war – bis heute. Normalerweise war ein Mann als Papst (es gab offenbar nur eine rätselhafte Ausnahme namens Johanna) dies bis zu seinem Lebensende. Es gab nur zwei Ausnahmen, zuletzt 2013 den Amtsverzicht von Benedikt XVI. Steht man vor dem Grab des ersten slawischen Papstes, Johannes Paul II. (gest. 2005), so erinnert man sich nicht nur an sein Nachahmen der Leiden Christi, das er zelebriert hat, sondern auch daran, dass in seinem Pontifikat die Ära des Kommunismus zu Ende gegangen ist, es heißt, er habe hier nachgeholfen.

Es sei ein Sprung nach London in die Westminster Abbey gewagt. Sie wurde seit 1245 als englische Gedenkstätte, als Ort für Krönung und Beisetzung der Könige und Königinnen verwendet, mit wenigen Ausnahmen. Was die Westminster Abbey auszeichnet ist das Faktum, dass auch bedeutende Persönlichkeiten hier begraben sind. Berühmte Beispiele sind Isaac Newton (gest. 1727), Georg Friedrich Händel (gest. 1759), Michael Faraday (gest. 1867), der Romanschriftsteller Charles Dickens (gest. 1870), Charles Darwin (gest. 1882), um nur einige zu nennen. Elisabeth I. wurde hier 1603 beigesetzt, während etwa Heinrich VIII. (gest. 1547) in Windsor begraben liegt. Geht man in der Westminster Abbey durch die engen Reihen von Denkmälern, Grabsteinen und Statuen, ist man durch die erdrückende Enge fast irritiert. Es wundert einen nicht, dass das Gerücht aufgetaucht ist, dass nur mehr Urnen untergebracht werden sollen.

Der Escorial, nahe Madrid, errichtet 1563 von König Philipp II. (gest. 1598), ist eine riesige Anlage, ein wuchtiger Renaissance-Bau, der an einen überdimensionalen „Vierkanter" erinnert. Trotzdem ist diese Architektur weltweit zum Vorbild genommen worden, etwa für das Stift Klosterneuburg in Österreich. Es ist (auch) ein Pantheon für die spanischen Könige und Infanten. Kaiser Karl V. (gest. 1558), in dessen Reich die Sonne nicht unterging, wurde später hier beigesetzt, Philipp II. sowieso. Die engen Gänge zwischen den Gräbern vermitteln ebenfalls eine bedrückende Atmosphäre. Die Räume in den Obergeschoßen sind ebenfalls klein, doch muss man sich vorstellen, dass zeitweise von hier große Teile der Welt regiert wurden. Wirtschaftshistoriker betonen, dass gerade hier der Glaube an den Reichtum durch das Gold der Kolonien im Laufe weniger Jahrhunderte eine relative Verarmung Spaniens verursacht hat. Will man es überspitzt formulieren: Gold verdirbt die Produktionskraft, Reichtum verhindert das Denken.

Die Kapuzinergruft im ersten Bezirk in Wien, eingerichtet 1617, also ein Jahr vor dem Dreißigjährigen Krieg, ist zeremoniell bzw. von den Begräbnissitten her sicher eine der eigenartigsten Grabanlagen, die wir kennen. Von Kaiserin Anna (gest. 1618), der Gemahlin Kaiser Matthias (gest. 1619) initiiert, wurden ab da (fast) alle Mitglieder des Hauses Habsburg dort bestattet. In Erinnerung sei gerufen, dass König Rudolf (gest. 1291) – der erste Habsburger – im Dom zu Speyer, Deutschland, begraben liegt. Beeindruckend ist der Doppel-Sarkophag Maria Theresias (gest. 1780) und ihres Gemahls Kaisers Franz Stephan von Lothringen (gest. 1765), faszinierend der Kontrast zum einfachen Sarg ihres Sohnes Joseph II. (gest. 1790). Hier stoßen barocke Prachtentfaltung auf die Nüchternheit und betonte Schlichtheit infolge der Aufklärung. Eine Parallele dazu gibt es bei Friedrich II. (gest. 1786) in Potsdam. Der Preußenkönig starb in seinem Schloss Sanssouci in einem Sessel, der heute noch zu besichtigen ist. Sein Sarg war ebenso einfach wie der von Joseph II., Friedrich wollte „ohne Pomp, ohne Prunk und ohne die geringsten Zeremonien" begraben werden. Wer in der Kapuzinergruft die letzte Ruhe finden sollte, entscheidet die Familie Habsburg. Zu allerletzt wurden Otto Habsburg-Lothringen (gest. 2011), davor seine Mutter Zita (gest. 1989), die letzte Kaiserin Österreichs begraben. Der letzte Kaiser Karl starb 1922 im Exil in Madeira, sein Sarg ist in einem Seitenteil der Kirche Nossa Senhora do Monte in Funchal aufgestellt. Er steht frei mit zugänglichen Griffen, so als ob man ihn gleich in die Kapuzinergruft tragen wollte.

Zu den Begräbnissitten: Die Körper der verstorbenen Habsburger wurden dreigeteilt – wenn dieser Ausdruck nicht pietätlos klingt, zumindest bis in die zweite Hälfte des 19. Jahrhunderts. Das Herz wurde in einem eigenen Gefäß in der Herzkapelle der Augustinerkirche aufbewahrt. Die Eingeweide kamen in den Stephansdom, der restliche Körper eben in die Kapuzinergruft. Bei einem solchen Begräbnis gab es (und gibt es noch) vor der Gruft ein spezielles „Anklopfritual". Das Tor zur Gruft weist in der Tat kein Schloss, keine Schnalle und keinen Griff auf, es ist glatt und abweisend. Auf die Frage des Mönches, wer Einlass begehrt bzw. hier begraben werden will, nennt draußen ein Redner den Namen und alle Titel und Herrschaftsbereiche des Verstorbenen. Diesen kenne er nicht, meint drinnen der Mönch... um es abzukürzen, nach Erwähnung des einfachen Namens wird Einlass gewährt. Ist dies gefordertes göttliches Gleichheitsdenken oder nur eine letzlich erpresste Unterwürfigkeitsgeste?

Wie in Wien die Habsburger hatten die russischen Zaren, wenn auch später, eine Grabanlage in St. Petersburg. Peter der Große (1672–1725) hat nach Erfahrungssammlung und „Lehrjahren" im Westen die nach ihm benannte Stadt 1700 gegründet, in einer unwirtlichen Gegend, wo die Winter auch heute noch schmerzen. Wenden wir uns der Peter-Pauls-Festung im Fluss Newa zu. Ab 1703 aus einem Erdwall mit Holz bestehend, wurde sie bis 1740 durch Stein ersetzt. Die Peter-Paul-Kathedrale wurde von 1713 bis 1732 gebaut, die Grabanlage in einer eigenen Grabkapelle untergebracht. Dort wurden fast alle Zaren samt Familie begraben, auch Peter der Große oder etwa Katharina die Große (gest. 1796). Im Zuge der Russischen Revolution wurde auf Befehl Lenins die Zarenfamilie der Romanows (Nikolaus II., 1868–1918) am 17. Juli 1918 in Jekaterinenburg erschossen. Die Leichen wurden aus dem Erschießungskeller in den nahen Wald gebracht, zerstückelt, verbrannt und die Gesichter mit Schwefelsäure verunstaltet. Makaber denkt man an Kriminalfälle: Wie kann man eine menschliche Leiche verschwinden lassen? Aufgrund von Unterlagen und archäologischen Nachforschungen hat man 1991 neun Leichen gefunden: Skelette der Zarenfamilie und vier Bedienstete. Die international überprüften DNA-Proben waren positiv, die Reste der Zarenfamilie wurden

1998 in St. Petersburg beigesetzt. Der „Fall Anastasia", der angeblich überlebenden Zarentochter, erwies sich als Schwindel, er versandete in der „gelben Presse".

Zuletzt von Russland nach Amerika. Im Zuge des Amerikanischen Bürgerkrieges (Sezessionskrieg) von 1861 bis 1865 wurde 1864 in Washington DC der Arlington National Cemetary angelegt. Es ist dies ein riesiges Gräberfeld mit Reihen von weißen Grabsteinen, der Heldenfriedhof der Vereinigten Staaten. Der Anziehungspunkt, wenn man das so respektlos sagen kann, ist das Grab des legendären Präsidenten John F. Kennedy (1917–1963), der in Dallas einem Attentat zum Opfer gefallen ist. Das Grab ist flach ausgelegt, fast weiß, ein „Ewiges Licht" brennt auf Wunsch seiner Frau Jacqueline. Sie hat diese Idee vom Kriegerdenkmal des Pariser Triumphbogens übernommen. Auch sie liegt seit 1994 in diesem Grab, dazu die Brüder Kennedys, Robert (gest. 1968) und Edward (gest. 2009). Es ist am Grab erlaubt, sich an die Chruschtschow-Kuba-Krise zu erinnern, an die Verhinderung eines Krieges, wie auch an das berüchtigte Privatleben dieses charismatischen Mannes...

Das Heilige Römische Reich Deutscher Nation

Versucht man einen Großteil europäischer Weltgeschichte zu überblicken, so kann man gleichsam einen Bogen vom Reich der alten Römer zum Heiligen Römischen Reich Deutscher Nation, dann zum Deutschen Bund von 1815 bis 1866, dem wenig Erfolg beschieden war, spannen. Vielleicht auch zur Europäischen Union, in der, wie damals nach 800 n. Chr., Deutschland und Frankreich irgendwie wieder zusammengehören? Karl der Große (742–814), der am Weihnachtstag 800 in Rom zum Kaiser gekrönt wurde, hat Aachen zu seiner Residenz gewählt. Er war sicher der mächtigste Herrscher seiner Zeit, doch die Legendenbildung um seine Person und die übertriebene Vielfalt seiner Taten haben auch zu einer Art historischem Zynismus geführt, wonach Karl offenbar jeden Tag woanders eine Schlacht geführt hat oder eine Stadt, zumindest eine Kirche, gegründet hat – das schaffe man heute nicht einmal mit einem Düsenjäger. Ernsthafte Historiker meinen, dass viele Gründungen archäologisch nicht zu fassen sind, weil eben heute Bauten darüber stehen und man nicht nachgraben kann. Bei allen Kriegen sei Karl denn doch nicht dabei gewesen, und das Herumziehen im Reich und im Feindesland war Sitte von Kaisern und Königen. Trotzdem war Aachen das Zentrum.

Es gibt in diesem Zusammenhang allerdings noch eine andere Art der Geschichtsbetrachtung. Der deutsche Historiker Heribert Illig (geb. 1947) gab 1996 das Buch „Das erfundene Mittelalter. Die größte Zeitfälschung der Geschichte" heraus, nach dem glattweg circa 300 Jahre unseres Mittelalters als Fälschung zu betrachten und chronologisch zu streichen sind. Man weiß, dass vom 11. bis zum 13. Jahrhundert viele Fälschungen getätigt wurden. Das berühmteste Beispiel dafür war das „Privilegium Maius", mit dem der Habsburger Rudolf der Stifter (1339–1365), Gründer der Wiener Universität 1365, seinem Geschlecht eine höhere Position im Rahmen der europäischen Mächte verschaffen wollte. Man kann tatsächlich von drei Jahrhunderten der Fälschung sprechen, was zu der berühmten Frage der Historiker nach den Quellen („ad fontes!") und deren Aussagekraft führt: Was ist an der Geschichte jeweils wahr? Wir kennen auch die damaligen Versuche, Stammbäume des Adels zu konstruieren (oder zu fälschen), die alle mindestens auf den biblischen König David zurückführen mussten, wenn nicht bis Adam und Eva. Denkt man an die Schwierigkeiten heutiger privater Stammbäume, so enden die meisten Versuche – außer man ist von altem Adel – meist mit dem Dreißigjährigen Krieg. Frühere Generationen denken auch noch mit Schaudern an die Erstellung eines Ahnenpasses in nationalsozialistischer Zeit in Deutschland und Österreich.

Die Geschichtsfälschung sollte auch beim wunderbaren Aachener Dom nicht haltmachen: Sein Bau sei viel später anzusetzen!? Doch begeben wir uns ins Innere dieses achteckigen Baues, dort finden wir zwei vergoldete Schreine, einen mit den Gebeinen Karls des Großen. Dies kann stimmen, was die Radiumkarbonmethode bezeugt – und ein bei einem Unfall gebrochenes Bein des Kaisers, das sich dort vorfindet. Der zweite Schrein soll ein Kleid Marias und die Windel von Jesus beinhalten. Auf meine zweifelnde Frage, was es wirklich wäre, antwortete der Fremdenführer mit erhobener und heftiger Stimme: „Das, was ich gesagt habe, mein Herr!" – Also gut!

Das wohl Interessanteste im Dom ist der in der Empore stehende Kaiserstuhl. Er ist einfach, aber elegant gestaltet, sechs Stiegen führen hinan, wie seinerzeit zum Thron Salomons, sagt man. Der Thron, auf dem alle Kaiser des Heiligen Römischen Reiches im Sinne der Nachfolge Karls des Großen und der Annahme der Herrschaft „sitzen" sollten – nach 1531 allerdings nicht mehr – besteht aus Steinen aus der Grabeskirche in Jerusalem, die mit Bronzebinden zusammengehalten sind. Sitzt man auf dem Thron – was mir vor 50 Jahren noch erlaubt (?) war – ist der Blick nach Osten gerichtet, von wo das Heil und die Macht kommen. Otto I. (912–973) bestieg ihn zum ersten Mal 936. Im Jahr 962 begannen die Ausformulierungen des „Heiligen Römischen Reiches Deutscher Nation". Vorerst natürlich in lateinischer Sprache wurde dann 1157 zum „Römischen Reich" das „Heilig" hinzugefügt, 1512 kam die „Deutsche Nation" dazu. Dieses Reich sollte von 800 bis 1806 bestehen.

Zur Krönung des römisch-deutschen Kaisers gehörten die im Laufe der Zeit erweiterten Reichskleinodien, d. h. die Krönungsinsignien. Diese befinden sich heute in der Wiener Schatzkammer. Im heutigen Aachener Rathaus, errichtet im Jahre 1330 auf dem verfallenen Palastbau der Karolingerzeit, wobei ein Turm erhalten und aufgestockt wurde, gibt es eine Kopie des Kronschatzes. Dies zum Andenken an die 31 Krönungen in Aachen von 813 bis 1531. Die Kopien befinden sich im Festsaal, der bei der Errichtung schon für die Krönungs-Festmäler vorgesehen war. Nach einem Brand im Jahre 1883 wurde das Rathaus wieder renoviert.

Die kleine Tafel mit dem Hinweis auf die Wiener Schatzkammer neben der Kopie habe ich bei meinem letzten Besuch nicht mehr vorgefunden...

Insgesamt gibt es 25 Insignien und Kleinodien in der Wiener Schatzkammer, die bei Krönungen verwendet wurden. Steht man in Aachen mit ehrfürchtigen Gefühlen vor dem Kaiserthron, denkt man an tausend Jahre Geschichte und den Ablauf, denkt an die unterschiedlichen Kaiser und versucht an die Reihenfolge – und Lebensdaten wie in der Schule – zu denken und an ihre Persönlichkeiten und ihr Wirken für den Ablauf der Geschichte. Man kann dies in Selbstreflexion für sich selbst und sein Gedächtnis einschätzen. In Wien kann man ähnliche Gefühle entwickeln, vielleicht sogar intimer, weil diese Krone vor dem Besucher auf dem jeweiligen Haupt eines Kaisers saß, ganz intim, wenn man weiß, dass die Krone je nach Kopfgröße innen ausgestopft wurde.

Es seien nur die wichtigsten Krönungsinsignien genannt. Man muss dabei bedenken, dass die Datierung – trotz des historischen und materiellen Wertes – nicht immer präzise sein kann. Die Reichskrone stammt aus der zweiten Hälfte des 10. Jahrhunderts – vielleicht aus dem Jahre 962, das Kreuz darüber ist etwa 50 Jahren jünger, der Bügel aus der Zeit des Salierkaisers Konrad II. (990–1039). Das Futteral für die Krone aus der Zeit nach 1350 ist noch vorhanden. Das Reichskreuz stammt aus Lothringen um 1024, der Reichsapfel eventuell aus dem Ende des 12. Jahrhunderts. Es muss nicht extra erwähnt werden, dass Gold, Edelsteine, Perlen, Email verwendet wurden – man kann neben dem historischen Wert auch die ästhetische Pracht bewundern. Das Reichsschwert stammt aus der Zeit um 1200. Das Krönungsevangeliar wurde am Ende des 8. Jahrhunderts am Hofe Karls des Großen in Aachen hergestellt. Aus der Zeit knapp danach stammt die „Stephansbursa", wohl ursprünglich ein Reliquienbehälter. Die zwei mit Christus verbundenen Reliquien sind die „Heilige Lanze" (Langobardisch, 8. Jahrhundert) und ein „Kreuzpartikel". Man denke an Christus als König der Könige! Die Lanze, mit der Christus in die Seite gestochen worden sein soll, galt zudem als siegbringendes Zeichen – und das hat selbst einen Adolf Hitler noch fasziniert.

Die Reichsinsignien befanden sich 1806, also zu Ende des Heiligen Römischen Reiches Deutscher Nation, in Wien, wo sie trotz der Ansprüche von Aachen und Nürnberg auch blieben. Nur 1938, nach der Okkupation Österreichs durch Deutschland, kamen sie auf Befehl Adolf Hitlers nach Nürnberg. Im Weltkrieg in einem Bunker verwahrt, wurden sie 1945 von amerikanischen Soldaten gefunden und 1946 nach Wien zurückgeführt.

„Kaiserstuhl" im Dom zu Aachen – © Takashi Images / Shutterstock.com

Balkon der „Kirche am Hof" in Wien: Ausrufung des Kaisertums Österreich – © Karl Sablik

Die Stadt Frankfurt am Main spielt im Zusammenhang mit dem Reich und den Reichstagen eine bedeutende Rolle. Der sogenannte „Römer", eigentlich eine Reihe von zusammenhängenden Bauwerken mit Treppengiebelfassade, war lange das Zentrum kaiserlicher Krönungen mit anschließenden Feierlichkeiten, besonders im Prunk und Repräsentation liebenden barocken 18. Jahrhundert. Der Baukomplex wurde aus Einzelhäusern gleichsam zusammengekauft, um letztendlich 1562 für die erste Krönung, die von Maximilian II. (1527–1576) zur Verfügung zu stehen. Den Namen leitete man von den römischen Kaufleuten ab, die schon im Mittelalter dort logiert hatten.

Kaiser Karl IV. (1316–1378) hatte mit der „Goldenen Bulle" von 1356 die Königswahl geregelt (Es gab sie aber natürlich schon vorher.), ohne die mächtigen Habsburger speziell zu berücksichtigen. Dies sollte sich ändern! Man denke an die Fälschungen Rudolfs IV.! Aber man kalkuliere auch die Machtveränderungen im Laufe der Geschichte ein. Mit einer Ausnahme – der Wittelsbacher Karl VII. (1697–1745) starb nach drei Jahren Kaiserwürde – waren bis zum letzten Kaiser Franz II. (1768–1835) nur Habsburger gekrönt worden. Der heute eher kahl und nüchterne Saal im „Römer" – er wurde im Zweiten Weltkrieg zerstört und wieder aufgebaut – war Schauplatz der Krönungen, die selbst den jungen, damals 15-jährigen in Frankfurt geborenen Wolfgang von Goethe (1749–1832) beeindruckt haben. In seiner Autobiographie „Dichtung und Wahrheit", verfasst ab 1808, beschrieb er die Krönung Kaiser Joseph II. (1741–1790) am 3. April 1764. Die tatsächliche Wahl durch die Kurfürsten fand in der Wahlkapelle an der Südseite des Domes statt, einem auf frühmittelalterlichem Boden errichteten Prachtbau. Nach der Proklamation in der Halle zog man in den gegenüberliegenden Römer. Goethe, offenbar erstmals in ein Mädchen verliebt, ging mit seinem Vater „Kaiser-Schauen", wie man heute sagen würde. Ihn berührte das altertümliche Aussehen der Reichsinsignien, mehr aber noch die handelnden Personen, Franz Stephan von Lothringen und Joseph II., dieser war damals 23 Jahre alt. Ältere Zeugen hatten Goethe erzählt, dass Maria Theresia (1717–1780) schon bei der Krönung ihres Gemahls 1745 ob der „Verkleidung" und der Zeremonie gelacht habe. Wie Goethe beobachtete, schleppte sich Joseph II. „in den ungeheuren Gewandstücken…wie in einer Verkleidung einher…" und dass „… er sich des Lächelns nicht enthalten konnte".

Das Ende des Heiligen Römischen Reiches Deutscher Nation sollte schnell kommen. Nach der Französischen Revolution von 1789 hat Napoleon bald die Macht übernommen. Er krönte sich am 18. Mai 1804 selbst

(!) zum erblichen Kaiser. Franz als Römischer Kaiser, geschwächt durch die verlorengegangenen Kriege und die europäische Verteilungspolitik Napoleons, zudem von den wie die Ratten das sinkende Schiff verlassenden Kurfürsten enttäuscht, beschloss, ein österreichisches Kaisertum einzurichten. Man konnte dabei auf die Größe des Reiches zurückgreifen, auf den Einfluss in Ost- und Südosteuropa, und auf die verbliebene Stärke der Armee. Diese jedoch war nach der Schlacht bei Austerlitz in Mähren im Dezember 1805 auch nicht mehr so recht gegeben. Das Österreichische Kaisertum wurde am 7. Dezember 1804 ausgerufen, begleitet von zurückhaltenden Festlichkeiten. Die Verkündung fand vom Balkon, also der Altane, der „Kirche zu den Neun Chören der Engel" in Wien „Am Hof" statt. Die Kirche war ab 1386 errichtet worden und steht an einem traditionsreichen Platz in der Wiener Innenstadt. Schon die Römer hatten hier ihr Heerlager, die Babenberger hatten hier im 12./13. Jahrhundert ihre Burg errichtet.

Der politische Druck auf Österreich und den Kaiser war unerträglich geworden, als römisch-deutscher Kaiser Franz II., als österreichischer Kaiser Franz I. hat er am 6. August 1806 die Kaiserwürde niedergelegt. Um es dramatisch auszudrücken, durch die kriegerische Gewalt Napoleons wurde ein tausendjähriger Geschichtsabschnitt beendet. Der Legende nach soll der Kaiser dieses Ende auch vom Balkon der „Kirche am Hof" kundgetan haben. Belege dafür gibt es nicht. Napoleon spielte dem neuen Kaiserreich 1809 noch übler mit als vorher. Erst die Niederlage bei Waterloo war ein Befreiungsschlag für Europa. Der Wiener Kongress tagte, der Deutsche Bund wurde gegründet – keine Nachfolge für das Heilige Römische Reich! Franz I. blieb österreichischer Kaiser, in Frankreich fand die Restauration mit Ludwig XVIII. (1755–1824) statt. Der Gegensatz Preußen-Österreich eskalierte langsam bis zur Katastrophe von 1866. Wie weit soll man vor der „Kirche am Hof" denken – bis 1918?

Wartburg – Sängerkrieg, Elisabeth, Luther, Burschenschaften

Die Wartburg in Thüringen, Deutschland, ist ein wunderbarer Konzentrationspunkt, um das historische Gefühl erleben zu können. Die Burg, 1067 gegründet, ist ein eleganter, langgezogener Bau, man glaubt sie fast versteckt im Wald, und ist doch nur wenige Kilometer von der Stadt Eisenach entfernt. Man hat mit ihr allerdings das Problem des Neubauens, des Umbauens und der Erweiterung – wie bei so vielen Burgen – durch Bauherren und Architekten in der zweiten Hälfte des 19. Jahrhunderts, die den Gedanken des Historismus verbunden waren. Dennoch: der Sängerkrieg, die Heilige Elisabeth, Martin Luther und das Wartburgfest der Burschenschaften sind Grund, das historische Gefühl im Besucher wirken zu lassen.

Der 7. Juli 1207 mag ein magisches Datum sein: Elisabeth wurde in Ungarn geboren, was Klingsor, der Zauberer, auf der Wartburg im Zuge der Beendigung des sogenannten Sängerkrieges ankündigte. Hier mischen sich für den Historiker Fakten mit Legenden. Die später heiliggesprochene Elisabeth wurde tatsächlich an diesem Tag geboren, der Sängerkrieg auf der Wartburg fand, so wie es gerne erzählt wird, sicher nicht statt. Teilnehmer wären unter anderen die Minnesänger Walther von der Vogelweide (1170–1230), Wolfram von Eschenbach (1170–1220) und Heinrich von Ofterdingen – eine offenbar fiktive Figur – gewesen. Es galt, den Landgrafen Hermann I. von Thüringen (1190–1217) zu loben und Minnelieder für die Frauen vorzutragen, der Verlierer sollte hingerichtet werden. Dies wäre Heinrich von Ofterdingen gewesen, der allerdings den Zauberer Klingsor als neuen Schiedsrichter gewinnen konnte. Klingsor, so könnte man heute sagen, applanierte den Streit und verwies auf Elisabeths Geburt in den fernen Landen... Dieses Thema hat Richard Wagner (1813–1883) in der Oper „Tannhäuser und der Sängerkrieg auf Wartburg", uraufgeführt 1845, verarbeitet. Offenbar wurde Tannhäuser, ein österreichischer Minnesänger, der vermutlich von 1205 bis 1270 wirklich gelebt hat, in der Oper mit dem Sängerkrieg kompositorisch in Verbindung gebracht. Um Tannhäuser ranken sich Legenden wie der Aufenthalt am Venusberg (man nehme den Doppelsinn des Wortes – ein Berg in der Nähe von Eisenach heißt so – und der weibliche Schamberg) und Bußgänge und Wunder christlicher Gnade wegen der prophezeiten Verdammnis, wenn man beim Venusberg gewesen ist. Der berühmte Maler Moritz von Schwind (1804–1871) hat als größtes Bild in der Wartburg eben diesen Sängerkrieg dargestellt und die Jahreszahl 1207 angeführt...

Auch wenn man auf der Wartburg die Stimmen der Minnesänger zu hören vermeint, sollte man sich von der Legende verabschieden und sich zum tatsächlichen Geschehen begeben. Dies war um diese Zeit das Leben der Elisabeth von Thüringen (1207–1231). Auch wenn die Elisabethkemenate im 19. Jahrhundert mit Mosaiken neu ausgekleidet wurde, kann man davon ausgehen, dass sie als Gemahlin von Landgraf Ludwig IV. von Thüringen (1200–1227), der die Wartburg umgebaut hat, auch dort gewohnt hat. Sie scheint offenbar eine unreife Persönlichkeit mit masochistischer Tendenz gewesen zu sein, die mit einer Flucht in die Religion ihr Heil gesucht hat. Doch genau damit geriet sie in die Hände von Konrad von Marburg (um 1180–1233), einem der ersten kirchlichen Inquisitoren und Ketzerverfolger grausamster Art, der noch dazu zum Beichtvater von Elisabeth ernannt wurde. Konrad gelang es Elisabeth zur Bekämpfung der Armut zu animieren, natürlich aufgrund katholischer Strömungen, die in diesem Jahrhundert allgemein auftraten. Er predigte Askese und veranlasste Elisabeth später auch zur Gründung eines Spitales in Marburg, wo sie selbst Kranke pflegen musste – noch heute gibt es viele katholische Krankenhäuser, die ihren Namen tragen. Konrad gelang es auch ihren Mann Ludwig zum Kreuzzug zu überreden, auf dem dieser jedoch 1227 zu Tode kam. Konrad wurde nun zum Verwalter der Witwenausstattung, was ihm finanziell freie Hand ließ. Bald zogen Konrad und Elisabeth von der Wartburg nach Marburg – Elisabeth war vorerst in einem ehemaligen Schweinestall untergebracht – wo Konrad seine Schutzbefohlene gleichsam unter Kuratel stellte. Er befahl ihr sich nackt auszuziehen und peitschte sie während der Beichte bis das Blut floss, ließ sie bei Brot und Wasser leben, nahm ihr ihre Kinder weg und installierte ein Überwachungsverhältnis, das man psychoanalytisch als Dominanz (Konrad) und Unterwerfung (Elisabeth), begleitet von Demut und Hörigkeit im pseudoreligiösen Rahmen einer Ersatzsexualität sehen kann. Elisabeth ertrug diese Behandlung nicht allzu lange und starb 1231 mit 24 Jahren. Konrad leitete eine Heiligsprechung ein, die 1235 erfolgreich war, doch er selbst wurde, da er seine Ketzerverfolgung auch auf Adelige auszudehnen gedachte, schon 1233 ermordet.

Im Zusammenhang mit Elisabeth und der Heiligsprechung kann man darüber nachdenken, wie sich in diesem Jahrhundert der Reliquienkult entwickelt und der Handel damit geblüht hat. Man vergesse nicht, dass auch noch heute die Altäre in den Kirchen irgendeine Reliquie enthalten müssen. Erträglich mag noch sein, dass sich ein Stück Stoff ihres Brautkleides im Dom zu Speyer befindet. Als sie aufgebahrt war, entfernten Gläubige Haare, Fingernägel und Stoffteile ihres Gewandes. Von der Schilderung der unappetitlichen „Zerlegung" ihres Körpers zum Zwecke der Besorgung von Reliquien soll hier abgesehen werden. Zu erwähnen ist nur, dass in der Folge ihr toter Körper bzw. die Gebeine nicht mehr aufzufinden waren...

Der Höhepunkt für das historische Gefühl auf der Wartburg ist zweifelsfrei die holzgetäfelte Lutherstube über dem ersten Burghof. Sie ist praktisch im Original vorhanden, nüchtern, sie strahlt aber doch eine wohnliche Atmosphäre aus und ist mit einem Luther-Bild (Junker Jörg mit voller Haarpracht) von Lucas Cranach d. Ä. (1472–1553) geschmückt. Martin Luther (1483–1546) lebte dort eben als „Junker Jörg" vom 4. Mai 1521 bis zum 1. März 1522. Die Vorgeschichte wird im Zusammenhang mit der „Reformation" dargestellt. Hier nur kurz: Luthers feste Überzeugung, dass nur die Bibel und nicht die Kirche die Autorität für den Gläubigen sei, dazu seine Vorstellung von der Gerechtigkeit Gottes, ließen ihn am 31. Oktober 1517 seine 95 Thesen an der Schlosskirche zu Wittenberg anschlagen (Manche Forscher meinen, dass es nur ein Schreiben etwa an den Erzbischof von Magdeburg und andere war.) um gegen den unerträglichen Ablasshandel der katholischen Kirche, speziell des Papstes, zu protestieren. Viele „Evangelische" möchten allerdings den Ausdruck „Protestanten" heute nicht mehr verwenden. Luther verbrannte 1520 in Wittenberg die päpstliche Bulle mit der Banndrohung (Die Stelle ist in Wittenberg zu besichtigen!), was dann aber genau diesen Bann nach sich zog, samt der Reichsacht 1521 in Worms durch Kaiser Karl V. (1500–1558). Da Luther durch dieses „Wormser Edikt" schutzlos war, war Flucht angesagt. Etwas eigenartig ging es zu: der Schutzherr Luthers, Kurfürst Friedrich der Weise (1463–1525), ließ Luther in der Nähe von Eisenach zum Schein „überfallen" und auf die Wartburg bringen. Hier nun begann er sein großes Werk, die Bibelübersetzung ins Deutsche („Lutherbibel"). Auf der Wartburg und in dieser Kammer begann die Tat, die bis heute als der Beginn eines neuen Bibelverständnisses – inhaltlich und sprachlich – bezeichnet werden kann. Nebenbei: Luther beklagt sich in deftigen Worten über seine dortigen Darmbeschwerden, schwankte, ob

Die Wartburg – © tourpics_net / Shutterstock.com

„Lutherstube" auf der Wartburg – © Shutterstock.com

sie eine Strafe Gottes wären, oder der Teufel ihn an der Arbeit hindern wollte. Ob es dabei geholfen hat, mit dem Tintenfass gegen den störenden Teufel zu werfen, mag dahin gestellt sein, jedenfalls kann man die Tinte an der Wand noch sehen – oder zumindest ahnen…

300 Jahre nach Luthers Thesenanschlag und am vierten Jahrestag der Völkerschlacht bei Leipzig haben am 18. Oktober 1817 circa 500 Studenten der Universität Jena das „Wartburgfest" im großen Saal der Burg veranstaltet. Dies war eine Art studentischer Revolution, auch ein wenig mit Deutschtum verbrämt (Man erinnerte an Luther und die deutsche Bibelübersetzung!), vor allem aber eine Demonstration für Freiheit, für Menschenrechte, Demokratie, Pressefreiheit, vor allem aber war sie gegen die Obrigkeit gerichtet und das wurde gefährlich. Das Fest war der Gründungstag der „Allgemeinen Deutschen Burschenschaft" – mit einigem guten Willen kann man es als Gründung von Burschenschaften und Studentenverbindungen allgemein ansehen. Sicherlich gab es schon seit dem Mittelalter sogenannte Bursen, also studentische Genossenschaften, die, wie etwa in Wien, ausgerichtet nach „Nationen" organisiert waren, was aber nicht immer wörtlich zu nehmen war. Doch das Wartburgfest hatte eine andere Dimension eröffnet. In Verbindung mit dem Nationalismus, erfunden im 13. Jahrhundert zwischen Slawen und Deutschen, weitergeführt in der Französischen Revolution, sollten Burschenschaften eigenartige Blüten treiben – bis hin zu den auch heute noch kritisierten „Trinksitten". Eine Begleiterscheinung des Wartburgfestes waren auch Bücherverbrennungen, und: der Burschenschafter Karl Ludwig Sand (1795–1820) erstach 1819 den die Burschenschaften und ihre liberalen Ideen verspottenden Dichter August von Kotzebue (1761–1819) und wurde ein Jahr darauf hingerichtet. Auch Friedrich Ludwig Jahn (1778–1852), genannt der Turnvater, der die deutsche Jugend im Kampf gegen Napoleon stärken wollte, spielte eine Rolle. Die Obrigkeit reagierte heftig, der konservative österreichische Staatskanzler Klemens Wenzel Fürst Metternich (1773–1859) half die „Karlsbader Beschlüsse" 1819 herbeizuführen, die sich hauptsächlich gegen akademische Kreise und Studenten richteten. Und trotzdem: die Grundsätze und Ideen aus dieser Zeit fanden 1849 – nach der Revolution von 1848 – Eingang in die Verfassung der Frankfurter Nationalversammlung in der Paulskirche, 1919 in die Reichsverfassung der Weimarer Republik und noch 1949 in die Grundgesetze Deutschlands. Darüber hinaus: die Grundideen sind immer noch ein Hauptthema in dieser unserer Welt…

Timur Lenk
Eroberer und Menschenschlächter

Absehbar oder zufällig, jedenfalls plötzlich, tauchen in der Geschichte der Menschheit immer wieder Eroberer-Typen, Menschenschlächter und Tyrannen, Diktatoren, vornehm ausgedrückt vielleicht auch Feldherren, auf, die tausende, ja Millionen Tote hinterlassen haben. Absehbar, wenn eine soziale Entwicklung in diese Richtung läuft, wie bei Adolf Hitler (1889–1945), zufällig wie bei Tschingis Khan (1155–1227) in der fernen Mongolei, plötzlich für die Historiker, die an eine geradlinige Entwicklung der Menschheit glauben.

Ich darf eine heikle und zynische These wagen: Je mehr Tote einer in der Geschichte hinterlässt, desto größer sind seine Denkmäler, desto intensiver ist die Erinnerung an ihn. Philipp II. von Mazedonien hat ein vergoldetes Grab bekommen, Tschingis Khan ist in Ulan Bator, Mongolei, breitbeinig auf einem Thronsessel sitzend dargestellt, Francesco Pizarro (1475–1541) hat ein Prachtgrab in Lima, Peru, Napoleon (1769–1821) gar den Invalidendom in Paris. Ist zu befürchten, dass eines Tages auch Adolf Hitler (1889–1945) in Berlin ein Denkmal bekommt, oder Josef Stalin (1878–1953) in Moskau? Oder ist diese Art von „Gedenkserie" mit diesen beiden zu Ende?

Timur Lenk (1336–1405, in Europa Tamerlan genannt) war einer dieser Typen. Man hat ihm ein Mausoleum in Samarkand, Usbekistan, errichtet. Das Land war etwa seit dem 8. Jahrhundert islamisiert. Der Anblick der Kuppel raubt einem den Atem, 30 Kilogramm Blattgold wären zur Restaurierung verwendet worden, wie der Fremdenführer stolz berichtet. Das Mausoleum macht – Ist dies gar Absicht? – einen durchaus freundlichen Eindruck, die Wände sind mit lichten Onyx-Platten verkleidet. Unter vielen Grabsteinen in heller, ja weißer Farbe, findet sich der von Timur in zentraler Lage, dunkel, fast schwarz, aus Nephrit. Abgesehen von Grabsteinen wird Nephrit ja auch als Schmuckstein verwendet. In einer Seitennische des Mausoleums findet sich ein schlanker Baumstamm, oben mit einem Tierschwanz (Pferd?) an einem Ast, was auf das Grab des Heiligen hindeutet, der sein geistiger Mentor war – also eine religiöse Überhöhung für den Menschenschlächter Timur. Timurs Leiche ruht circa vier Meter unter dem Grabstein. Dieser Stein weist eine Bruchstelle auf – was für abergläubische Auslegungen Platz lässt. Wie wir es von ägyptischen Gräbern kennen, bringe auch das Aufbrechen des Sarges Unglück. Genau dies taten aber sowjetische Historiker 1941 aus historisch-wissenschaftlichen Gründen. Sie stellten die Größe Timurs fest, 172 cm, und dass er Verwachsungen an der Schulter hatte, auch war ein Bein kürzer, weswegen er „der Lahme" genannt worden war, was man heute in Usbekistan nicht gerne hört. Im Juni 1941 überfiel Hitler die Sowjetunion, indem er den Hitler-Stalin-Pakt brach – war das die Rache für die Graböffnung?

Timur war von „niederer" Herkunft. In seiner Jugend verbrachte er die Zeit mit Viehdiebstählen, dabei hatte er sich Verletzungen zugezogen. Offenbar hat er eine Atmosphäre der Macht ausgestrahlt, die auf die Zeltnomaden der Gegend gewirkt hat. Er kam durch einen Staatsstreich in Samarkand mit Gewalt an die Regierung. Nach und nach hat er durch Eroberungen der umliegenden Gebiete, die unter der sprichwörtlichen Formulierung „Tod und Vernichtung" liefen, ein Reich aufgebaut, das von Istanbul bis Delhi reichte, also praktisch ganz Mittelasien umfasste. Viele Städte wurden dem Erdboden gleich gemacht. In Erinnerung an Alexander den Großen muss gesagt werden, dass auch Timurs Riesenreich nach seinem Tod wieder zerfiel.

Man kann, wenn man will, positive Seiten sehen. Unter Timur wurde Samarkand ausgebaut, wobei er Künstler zwangsweise aus den eroberten Gebieten rekrutierte, die dann die prachtvollen Bauten Samarkands errichteten und ausschmückten, die Mausoleen, die Moscheen, die Medresen, die Karawansereien, die man heute noch bewundern kann. Man nannte Samarkand den „Mittelpunkt des Weltalls".

Soll man die militärischen Organisationsleistungen bewundern? Man kennt Usbekistan – viele Städte dort liegen an der tatsächlich vorhandenen und mit Legenden umwobenen Seidenstraße. Hört man nicht heute davon, dass diese Straße in irgendeiner Form „revitalisiert" werden soll, anders ausgedrückt, dass dem uralten Handelsweg eine neue moderne technische Zukunft beschieden sein soll? Wenn man Mittelasien kennt, weiß man, dass man es auch mit Wüsten oder steppenartigen Gebieten zu tun hat. Wie war in dieser Gegend das Leben in einem Krieg möglich? Man denke an die notwendigen raschen Märsche wegen der überfallsartig geplanten Eroberungen, an die Verpflegung, den Nachschub, den folgenden Tross mit Frauen und Kindern! Heute würde man von Logistik sprechen – und damals? Man hat errechnet, dass Timur bei seinen Kriegszügen etwa eine Million Menschen im Gefolge hatte. Dazu kamen die

*Grab von Timur Lenk in Samar-
kand, Usbekistan – © Karl Sablik*

Kuppel des Mausoleums von Timur Lenk – © Karl Sablik

Tiere und deren Verpflegung, der allgemeine Transport der Waffen – als Historiker schweift man dann in die Zukunft, wo selbst Brückenteile und zusammensetzbare Pontons, ja Schiffsteile von Soldaten geschleppt wurden. Wenn Städte und Dörfer von Timur zerstört wurden, woher kam die Nahrung für die Soldaten des Heeres?

Doch zurück zur Grausamkeit des Krieges: Das wohl grausamste Szenario hatte sich 1387 in Isfahan abgespielt, wo an die 90.000 Menschen getötet wurden, um auf Befehl Timurs mit den Menschenschädeln Pyramiden zu errichten. Offenbar sind diesbezüglich der menschlichen Fantasie keine Grenzen gesetzt. Vom Eroberungsdrang getrieben konnte Timur nicht ablassen, immer weitere Gebiete für die Eroberung ins Auge zu fassen. China reizte ihn. Schon im für die damalige Zeit hohen Alter von fast 70 Jahren fragte er seine Soldaten, ob sie China erobern wollen. Die johlende Begeisterung dafür erinnert an die Worte von Joseph Goebbels (1897–1945) im Berliner Sportpalast vom 18. Februar (siehe Timurs Todestag!) 1943: „Wollt Ihr den totalen Krieg?". Wieder einmal, diesmal bei Timur Lenk, lebt der Plan der Welteroberung. Doch Timurs Konstitution im Alter spielte nicht mehr mit, auch war der Winter 1404/5 zu kalt für solche Unternehmungen. Timur trank zur inneren Erwärmung den bekannten Schnaps Arrak, der aus dem asiatischen Raum stammt und zu den ältesten bekannten Spirituosen der Welt gehört. Nach einigen Tagen dieser Art der Konsumation und ohne zu essen starb er am 18. Februar 1405.

Usbekistan wurde nach der Gründung der Sowjetunion 1918 in diesen neuen Machtbereich integriert, nachdem es schon im 19. Jahrhundert von Russland gleichsam erobert worden war. Nach dem Zerfall der Sowjetunion erreichte Usbekistan am 1. September 1991 die Unabhängigkeit. Marx- und Engels-Denkmäler wurden entfernt, die Lenin-Denkmäler ebenfalls, aus der Bronze eines davon wurde eine prächtige Weltkugel gegossen und in Taschkent aufgestellt. Denkmäler für Timur Lenk wurden daraufhin vielfach errichtet, grimmig blickend im Gesichtsausdruck, auch auf einem Pferd oder kraftvoll stehend oder selbstbewusst wie auf einem Thron sitzend. Man versucht die Identitätsfindung des Landes zu verstehen, oder aber man tröstet sich mit Friedrich Schillers Worten von dem Charakterbild einer Persönlichkeit, das mit dem Wandel der Geschichte schwankt.

Dürnkrut
Rudolf und Ottokar

In den Geschichtsbüchern benennt man gerne die Zeit um die Mitte des 13. Jahrhunderts als das Interregnum, frei interpretiert als die herrscherlose Zeit. Dies stimmt „juridisch" nicht, da es wohl Könige gab, aber es war tatsächlich eine Zeit des Macht-Vakuums, das dem aus der Schweiz stammenden Grafen Rudolf von Habsburg (1218–1291) in die Hände spielen sollte. 1246 starb der Babenberger-Herzog Friedrich II. (1210–1246), erst später – aber zu Recht – benannt als der „Streitbare", in einer Schlacht gegen die Ungarn am Grenzfluss Leitha, der die Bereiche Ungarns und Österreichs bis ins 20. Jahrhundert trennte. Der Stauferkaiser Friedrich II. (1194–1250) ächtete den Babenberger schon 1231 wegen dessen Willkürherrschaft – und als dieser dann ohne männliche Nachkommen starb, fiel Österreich als Reichslehen zurück. Als dann auch Kaiser Friedrich II. 1250 in Italien starb, schien Österreich zur Beute der umliegenden politischen Mächte zu werden: Der Ungarnkönig Bela IV. (1235–1270)erhob, ebenso wie Bayern Besitzansprüche. Am zielstrebigsten aber handelte der Markgraf von Böhmen, der spätere König Ottokar II. (1230–1278), indem er schon 1251 das Herzogtum Österreich besetzte, ein Jahr später die Schwester des letzten Babenbergers, Margareta, heiratete und bald ein Reich besaß, das sich von Böhmen bis an die Adria ausdehnte. Damit war er – vorerst – der einflussreichste Herrscher in Mitteleuropa.

Dies gefiel nicht allen Zeitgenossen. Die Kärntner stöhnten unter dem herrschaftlichen Druck Die sich nach dem obsolet gewordenen Erbprinzip der Kaiserwürde konstituierenden Kurfürsten, zusammengesetzt aus den einflussreichsten Fürsten des Reiches, konnten sich, Ottokar selbst ausgenommen, keinen König Ottokar – schon gar nicht als Kaiser – vorstellen. Zu den Kurfürsten zählten: die Erzbischöfe von Köln, Mainz und Trier, der Pfalzgraf bei Rhein, der Herzog von Sachsen, der Markgraf von Brandenburg und eben der König von Böhmen. Da schlug also die Stunde des Rudolf von Habsburg. Seine Familie stammte von der Habichtburg im Schweizer Kanton Aargau ab, und es ist ihm schon als Graf, der er war, gelungen, auf politische Weise, manchmal allerdings auch mit einem Mordauftrag, mit Heirat, aber auch mit Diplomatie seinen geographischen

Einflussbereich nicht nur zu erweitern und damit gleichsam Länder „einzusammeln", sondern auch eine Hausmacht zu sichern. Diese konnte er bald der von Ottokar gegenüber stellen, der seinen großen Einflussbereich zu verlieren schien – was seiner Psyche, seinem Geltungsbedürfnis großen Schaden zufügte und letztlich in der furchtbaren Schlacht bei Dürnkrut mit seinem Untergang endete.

Rudolf war es gelungen, die Kurfürsten zu überzeugen, ihn zum König zu wählen – ausgenommen natürlich Ottokar; man zog deshalb Heinrich von Niederbayern bei – um wieder sieben Kurfürsten zu haben. Auch die kirchliche Kurie und Papst Gregor X. stellten sich nach Überwindung verschiedener politischer Schwierigkeiten und der Abgabe eines Versprechens Rudolfs, einen Kreuzzug ins Heilige Land zu unternehmen, wo ja die Gebeine seines Vaters ruhten, auf seine Seite. Die Wahl fand am 1. Oktober 1273 statt – dem offiziellen Ende des Interregnums – die Krönung in Aachen erfolgte schon am 24. Oktober. Gregor X. anerkannte Rudolf am 26. September 1274 als König. Nun ging es, wenn man so sagen darf, Schlag auf Schlag. Rudolf forderte von Ottokar die österreichischen Länder zurück. Ottokar, der Rudolf nie als König anerkannt hatte, weigerte sich im Vertrauen auf seine politische Stärke. Also griff Rudolf im September 1275 zum Mittel der Reichsacht gegen Ottokar, die Lage spitzte sich so zu, dass die Zeitgenossen eine Entscheidung auf dem Schlachtfeld als Gottesurteil ansahen. Doch noch gab es ein Zwischenspiel. Papst Gregor war gestorben, und Rudolf stellte die Kreuzzugspläne zurück, aber auch die Aussicht auf eine Kaiserkrönung. Dafür wandte er sich seinem Hauptgegner Ottokar zu und wollte einen Mehrfrontenkrieg eröffnen. Da fielen Kärnten und Steiermark von Ottokar ab, Wien aber hielt ihm die Treue, was dieser Stadt eine Belagerung durch Rudolf einbrachte. Ottokar hatte sein Heer zwischenzeitlich bis auf die Höhe von Gänserndorf gebracht, konnte aber Wien nicht entsetzen. Um es kurz zu sagen: Ottokar verlor alle österreichischen Besitzungen, musste Rudolf als König anerkennen und wurde mit Böhmen und Mähren als Reichslehen bedacht. Bei diesem Anlass wurde der stolze Böhmenkönig gedemütigt, er, der im prachtvollen Königsornat erschien, erhielt die Lehen von Rudolf, der – heute würde man sagen – im Straßenanzug auftrat.

Nach dieser Demütigung und weiteren wechselseitigen politischen Sticheleien schien ein Krieg unausweichlich, vielerorts sah man aber auch den Machtzuwachs Rudolfs schon mit scheelen Augen an. So kam es denn zur Entscheidungsschlacht bei Dürnkrut und Jedenspeigen am 26. August 1278. Die Orte liegen nördlich von Wien am Rande einer

Denkmal der Schlacht bei Dürnkrut –
© Richard Sevcik / Shutterstock.com

Grabplatte mit dem Portrait
Rudolfs im Dom zu Speyer –
© Domkapitel Speyer

Ebene, leicht hügelig, und nahe des Flusses March, in einer Landschaft, die Frieden ausstrahlt. Man kennt auch in Stillfried (Man muss diesen Namen wörtlich nehmen...) die Kirche, wo Rudolf um den Sieg gebetet hat. Spaziert man nördlich des Ortes Dürnkrut, kommt man an dem 1978 (700 Jahre!) errichteten Denkmal vorbei, welches das Schlachtfeld markiert. Südlich davon findet man den dank seiner historischen Dramatik in die Geschichte eingegangenen Weidenbach (heute Sulzbach und in Begleitdämme gezwängt). Ein harmloses Flüsschen, in dem man das Blut des sterbenden Ottokar ahnen muss, der auf der Flucht eingeholt und von rachsüchtigen österreichischen Adeligen ermordet worden war: Ein Schwert durch die Brust, einen Dolch im Hals, der Rüstung und Kleidung beraubt, nackt im Bache gelegen. Seine Leiche wurde nach Besichtigung durch Rudolf nach Wien gebracht, dort aufgebahrt, besser gesagt zur Schau gestellt. Ein Schatten fiel auf Rudolf und auf diese Art des Sieges...

Doch so einfach war die Schlacht ja nicht verlaufen. Man kann sich die Angriffsreihen der Kämpfer in der Ebene vorstellen, auch den Einsatz der Kumanen, ein aus dem Osten stammender Volksstamm, der von den Mongolen zersprengt wurde und die als ungarische Mitstreiter Rudolfs galten. Sie bedeckten die Reihen Ottokars mit einem Schwarm von Pfeilen, zogen sich dann wieder zurück um den angreifenden Rittern Platz zu machen. Auch Rudolf kam in arge Bedrängnis: Die Böhmen drängten ihn bis zum Weidenbach, beim Überqueren wurde er im Kampf mit einem gegnerischen Ritter vom Pferd geworfen und fiel ins Wasser. Der nun schon sechzigjährige Rudolf konnte sich gerade noch mit dem Schild schützen. Bewusstlos wurde er unter dem Pferd hervorgezogen um bald wieder auf ein frisches Pferd gesetzt zu werden. Doch dann kam die Entscheidung. Rudolf hatte eine Ritterabteilung gleichsam als Reserve in einem Seitental (Man erkennt noch heute verschiedene kleine Taleinschnitte.) versteckt – man denke bei diesem Kampf an die Ritter mit gewaltigen Rüstungen, mit Topfhelmen und Sehschlitzen, „Panzer des Mittelalters" genannt. Diese Ritter spalteten in einem für die Böhmen überraschenden Angriff Ottokars Heer. Eine Fluchtbewegung in Richtung Osten zur March setzte ein, viele Kämpfer wurden dort erschlagen oder ertranken im Fluss. Heute kann man mit Gedanken an dieses Gemetzel durch eben diese wunderbare Aulandschaft spazieren...

Bei der offenen und klaren Kampfweise mittelalterlicher Heere galt den Zeitgenossen dieser Trick Rudolfs – den man heute vielleicht als taktisch klug und umsichtig beurteilen würde, da wir ja in der Zwischenzeit auch andere Kriegstechniken kennen – als unfair, unritterlich und als Zumutung. Vielleicht so, wie im Ersten Weltkrieg der Einsatz von Giftgas? Doch der Sieg war auf seiner Seite und von dieser größten Ritterschlacht des Mittelalters mit circa 10.000 Toten und Gefangenen ging ein neuer Weg in die Geschichte aus, wenn man so will, bis heute.

Rudolf wurde trotz all seiner Versuche nicht Kaiser, wozu auch eine Art päpstlicher Erpressung beigetragen haben mag. Dem als groß und hager, aber uncharismatisch beschriebenen Rudolf billigten aber fast alle Historiker pragmatisches Handeln zu. Der österreichische Dramatiker Franz Grillparzer (1791–1872) hat in seinem Werk „König Ottokars Glück und Ende", 1825 im Wiener Burgtheater uraufgeführt, als Habsburger Untertan und die Zensur im Nacken, eine Polarisierung vornehmen müssen, der zufolge Ottokar selbstherrlich und gewalttätig war, Rudolf hingegen verantwortungsvoll, quasi der Statthalter Gottes auf Erden.

Was waren die Folgen dieser Schlacht in der Geschichte? Ganz eindeutig der Beginn der Habsburgerherrschaft in Österreich mit all den Folgen bis 1918. Doch der „Start" war etwas holprig. Rudolf gelang es natürlich, seine Söhne Albrecht (1255–1308, ermordet von seinem Neffen Johann „Parricida") und Rudolf (1271–1290) mit Österreich und der Steiermark zu belehnen, nicht aber eine direkte Königsnachfolge zu erreichen. Die Kurfürsten wählten nach seinem Tod Adolf von Nassau (1250–1298) zum König, erst danach Albrecht I. Doch dann folgten die Luxemburger mit Heinrich VII. (1275–1313), die mit Karl IV. (1316–1378) einen Höhepunkt ihrer Herrschaft erreichen sollten. Die Habsburger mussten bis 1438 „warten", um mit Albrecht II. (1397–1439) wieder einen deutschen König zu haben… Letztlich geht die Geschichte weiter über Napoleons Beendigung des Heiligen Römischen Reiches Deutscher Nation im Jahre 1806, das Österreichische Kaisertum von 1804 und das Ende der Monarchie von 1918. Welche Ideen zogen sich von Rudolf aus durch die Geschichte – auch wenn er nicht immer der „Erfinder" davon war: die Heiratspolitik der Habsburger etwa, der Begriff des „Mehrers des Reiches", der vom altrömischen Kaiser Augustus (63–14) stammen soll und bis zu Kaiser Franz Josephs Eroberung von Bosnien-Herzegowina gewirkt hat. Man kann auch den Beginn einer Art Nationalismus ansetzen, etwa nationalslawische Vorstellungen gegen deutsches Herrschertum und Kultur. Hat dies bis ins 19. Jahrhundert und zur Weigerung des österreichischen Kaisers, nach der Niederlage von 1866 zu einer Dreier-Monarchie zu kommen (Österreich-Ungarn-Böhmen – vielleicht sogar die Südslawen im Sinne des späteren Jugoslawiens noch dazu) geführt, oder gar in die Zeit des

Ersten Weltkrieges und zur Weigerung vieler Tschechen, im Heer der
Monarchie zu kämpfen?

Rudolf starb am 15. Juli 1291 in Speyer und wurde seinem Wunsch
entsprechend – als Anhänger des Geschlechts der Staufer – neben diesen
im Dom bestattet. Der Dom zu Speyer, 1061 geweiht, war lange Zeit
das größte Gotteshaus des christlichen Abendlandes. Die Gruft und das
Grab wirken kahl, nüchtern, dunkel und kühl, doch die heute noch erhaltene zeitgenössische Grabplatte aus Sandstein, die Rudolf mit Krone und
Zepter zeigt, gilt als erstes realistisches Portrait eines römisch-deutschen
Königs. Davor stehend kann man daran denken, dass der unglückliche
Kronprinz Rudolf (1858–1889, Mord und Selbstmord im Mayerling)
seinen Namen in Erinnerung an den Sieger von Dürnkrut erhielt, in der
Hoffnung auf eine Erneuerung des Habsburgerreiches…

Kolumbus und die Neue Welt

Man weiß nicht wo er geboren wurde, man weiß nicht wann: Christoph Kolumbus (um 1451–1506) – ein Mann voller Rätsel. Historiker meinen um 1451, in oder um Genua, jedenfalls war er Italiener von Geburt. Von der Denkweise her dem Mittelalter verbunden, wurde dann von Historikern das Jahr 1492 zum Ende des Mittelalters erklärt. Die Neuzeit begann, was damals sicher nicht erkannt oder gar registriert wurde, welthistorisch aber seine Bedeutung hat. Es macht Sinn, vor der Kirche San Antonio Abad auf Gran Canaria, wo Kolumbus um Erfolg für die Schiffsreise gebetet hat, sich in Gedanken zu vertiefen, die durch seinen Kopf gegangen sein könnten. Kolumbus segelte am 3. August 1492 von Palos nahe Cadiz mit drei Schiffen – Santa Maria, das größte, Nina und Pinta – vorerst in Richtung Kanarische Inseln. Da im Bordbuch, dessen Original zwar verloren gegangen ist, das „Gebet" aber nicht verzeichnet ist, meinen manche Historiker, die Szene habe nicht stattgefunden, oder sie fand in der Kirche Iglesia de la Asuncion statt. Man darf eine Interpretation wagen: Gebete waren so normal, dass man sie nicht im Bordbuch extra verzeichnen musste. Auf der Insel zweifelt niemand daran. An der eleganten aber kleinen Kirche, schräg gegenüber des Gouverneurs-Gebäudes, ist eine hübsche Tafel angebracht: An diesem heiligen Ort hat Kolumbus gebetet. Jedenfalls bewegt dieser Platz das historische Gefühl.

Kolumbus war ein erfahrener Seefahrer, Sammler von See- und Landkarten, der auch Kenntnis von den Reisen Marco Polos (1254–1324) hatte. Ihm war auch längst klar, dass die Erde eine Kugel ist, wenn auch noch viele Zeitgenossen sich nicht vorstellen konnten, dass die Antipoden mit den Füßen nach oben am Erdball „hängen". Kolumbus, ein Mann von starrem Charakter und eisernem Willen, war überzeugt, auf dem Weg nach Westen in den Osten, nach Asien, nach Indien gelangen zu können. Schon 1483 hatte er das Angebot einer Entdeckungsreise dem portugiesischen König Johann II. (1455–1495) gemacht. Dem war die Sache zu risikoreich, außerdem hatte schon Heinrich der Seefahrer (1394–1460) eine Generation vorher den neuen Weg für Portugal nach Asien gewiesen, entlang der Westküste Afrikas und dann um das Kap herum. 1485 versuchte er es bei Isabella von Kastilien (1451–1504) und Ferdinand von Aragon (1452–1516). Er „drohte" mit Portugal, warf seine Überzeugungskraft in die Waagschale, sprach das „Goldfieber" der königlichen Herrschaften an. Doch man hatte in Spanien noch andere Sorgen: Der Kampf gegen die Moslems bzw. die Araber, es ging um die Gegend von Granada. Sie sollten vertrieben werden. Nach fast acht Jahrhunderten Herrschaft in Spanien endete diese eben 1492, dem Jahr, in dem auch die Zusage der Finanzierung an Kolumbus von Isabella und Ferdinand erfolgte.

Nun zum Gebet: Kolumbus war ein tief gläubiger Mensch, den nicht nur die Gier nach Gold zur Forschungsreise antrieb, sondern der gleichsam als Utopist und Mystiker auch eine religiöse Dimension damit verband. Er hielt sich für einen Erleuchteten, von Gott auserwählt, er war stolz auf seinen Vornamen Christoph, frei übersetzt „Christusträger". Kolumbus wollte das zu erwartende Gold auch für einen neuen Kreuzzug ins Heilige Land verwenden, für die Rückeroberung des Heiligen Grabes. Dies ließ er Isabella und auch den Papst wissen – mit zurückhaltenden Reaktionen von beiden. Spanien hatte nie an einem Kreuzzug teilgenommen, warum jetzt? Kolumbus wollte die Entdeckungsreise, den Weg nach Indien, zum Gold, auch als religiöse Mission verstanden wissen. Auch war er auf der Suche nach dem Paradies, das für die alte Welt verloren gegangen schien. Waren die nackten Inselbewohner das Zeichen für das Paradies, das er suchte?

Man kann das Gebet aber auch profaner sehen! Etwa als Dank dafür, dass er die Mannschaft endlich anheuern konnte, wollten doch nicht alle Matrosen ins Unbekannte segeln. War Kolumbus beim Gebet schon klar, dass er, der die Unsicherheiten und Gefahren einer solchen Reise kannte, seine Matrosen täuschen, um nicht zu sagen betrügen würde? Dem Bordbuch entnimmt man nämlich, dass er immer weniger Seemeilen eingetragen hat, als wirklich zurückgelegt wurden – er hat sich damit eine Art „Vorsprung" erschwindelt. Würde er, wenn man Land entdeckt, die Prämie, wie man heute sagen würde, demjenigen auszahlen, der zuerst Land sah, oder das Geld für sich behalten?

Jeder winzige Punkt am Horizont wurde von der Mannschaft als Land gedeutet. Doch am 12. Oktober 1492 war es so weit, man landete in San Salvador (heute Watling Island, später so nach einem Piraten benannt): „Dort erblickten wir allsogleich nackte Eingeborene, Männer und Frauen, ohne Waffen", steht im Bordbuch, auch, dass die königliche Flagge entfaltet wurde. Gold fand man nicht, man wurde auf andere Inseln verwiesen. Am 28. Oktober landete Kolumbus auf Kuba, das er für China hielt. Vielfach vernimmt man die Kunde, er habe ein Kreuz errichten lassen. So findet man eine Angabe im Bordbuch unter dem 1. Dezember 1492 auf

Kolumbus betet in der Kirche von Gran Canaria – © Karl Sablik

Grab von Kolumbus in Sevilla – © Tupungato / Shutterstock.com

Kuba. Dieses Kreuz ist wohl identisch mit dem bekannten und verehrten „Cruz de la Parra", das in der Kirche „Catedral Nuestra Senora della Asuncion" in der Stadt Baracoa zu besichtigen ist. Es ist dies wohl das bedeutendste (einzige?) Erinnerungsstück an den berühmten Entdecker auf dem amerikanischen Kontinent.

Am 25. Dezember verlor Kolumbus das Schiff Santa Maria auf einer Sandbank. Es gab keine Rettung mehr. Doch mit den anderen beiden Schiffen kehrte er glücklich, wenn auch auf Umwegen über Portugal zurück. Der Triumpf war ihm gewiss. Er hatte Gold an Bord, unbekannte Pflanzen, ausgestopfte Tiere, seltene Früchte – und auch einige Indios in farbige Kleider gehüllt und mit Federschmuck am Kopf. Er wurde von Isabella und Ferdinand an den Hof nach Barcelona eingeladen, er ließ die seinen Geschichten lauschende Königin das Gold in die Hand nehmen. Die Kaufleute ringsum rieben sich die Hände. Kolumbus verwendete dort 1493 auch das erste Mal den Begriff „Neue Welt", der uns heute noch so geläufig ist. Aus lauter Begeisterung genehmigte Isabella weitere Reisen.

Doch das Glück blieb Kolumbus nicht treu, der Erfolg der weiteren Entdeckungsreisen blieb aus, andere Seefahrer kamen auch auf den Geschmack. Darunter war ein Italiener aus Florenz namens Amerigo Vespucci (1451–1512), der schon ab 1499 die Ostküste Südamerikas bereiste. Er war darüber hinaus, wie wir heute sagen würden, ein begabter Propagandist, der mit Briefen den Europäern Mitteilung über die neue Welt machte, was ihm zu großer Berühmtheit verhalf. Kolumbus berichtet, dass er sich einmal mit ihm getroffen hätte, Genaueres wissen wir nicht. Doch sollte der Entdecker Amerikas, der 1506 verarmt und verbittert starb, auch weil er doch nicht Vizekönig der von ihm entdeckten Gebiete geworden war, nicht mehr erfahren, dass der neue Kontinent nach Vespucci „Amerika" benannt wurde. Dies wiederum ging auf den deutschen Kartographen Martin Waldseemüller (1470–1520) zurück, der, von den Veröffentlichungen Vespuccis begeistert, den neuen Kontinent auf seiner ersten Weltkarte 1507 eben als „Amerika" bezeichnete. Zuletzt berührt es eigenartig, dass alle dramatis personae, Kolumbus, Vespucci, Isabella, Ferdinand, Johann II. praktisch innerhalb von wenigen Jahren geboren wurden, also gleichaltrig waren!

Die Folgen dieser Entdeckung aufzuzählen ist müßig. Doch bleiben wir bei den unmittelbaren Folgen: die neuen Früchte, wie Mais und Kartoffeln, haben, wie manche Medizinhistoriker betonen, durch bessere Ernährung mehr Menschenleben gerettet als die Medizin dieser Zeit. Für die Ureinwohner Amerikas wiederum waren die einfachen europäischen

Infektionskrankheiten vielfach tödlich. Andererseits ist es unter Medizinhistorikern fast einstimmige Meinung, dass die Matrosen, Soldaten und Indios, die nach Europa kamen, die Syphilis mitgebracht haben. Diese Geisel quälte die Menschen fortan, bis zum Beginn des 20. (!) Jahrhunderts die Entdeckung des Keimes erfolgte und eine adäquate Therapie gefunden wurde.

Eigenwillig wie Kolumbus war, ist auch sein Grab in Sevilla. Nach seinem abenteuerlichen und ereignisreichen Leben hat auch sein Leichnam eine skurrile Geschichte hinter sich gebracht, die an dieser Stelle nicht ganz geklärt werden kann. Kolumbus starb 1506 in Valladolid, wo er auch begraben wurde. Doch bald begann für seinen Leichnam eine „Reise". Sein Sohn Diego (1479–1526) hat ihn nach Sevilla gebracht, wollte aber in der Dominikanischen Republik eine Kathedrale bauen um eine würdige Begräbnisstätte für seinen Vater zu haben. Diego starb „zu früh", wenn man das so sagen darf, doch seine Witwe setzte das Werk fort, 1542 wurde der Leichnam von Christoph Kolumbus nach Santo Domingo gebracht, wo er über zwei Jahrhunderte blieb. Die Verwirrung begann, als die Insel von den Spaniern an die Franzosen kam. Die Spanier wollten den Leichnam von Kolumbus nicht den Franzosen überlassen und nahmen ihn nach Havanna, Kuba, mit – vielleicht einen falschen? 1877 fand man in Santo Domingo eine andere Bleikiste mit Knochen. Die Gebeine aus Kuba wurden nach Sevilla gebracht und 1902 ein Sarkophag dafür errichtet. Moderne DNA-Analysen mit Vergleichen der Gebeine seiner Brüder erbrachte ein positives Resultat, in Santo Domingo verweigerte man die Analyse – man kann sich Gedanken darüber machen. Lassen wir das Rätsel sein, stehen wir mit Bewunderung, Ehrfurcht – oder auch Schaudern (?) vor dem Grab im Dom von Sevilla. Vier Herolde, Symbole für die Königreiche Aragon, Kastilien, Leon und Navarra und auch Symbole für „Reisen" und das Verkünden von Taten tragen die verbliebenen Gebeine.

Reformation
Der Mönch und der König

Sie mochten einander nicht, sie sind einander nie begegnet: Der Reformations-Mönch Martin Luther (1483–1546) und der englische König Heinrich VIII. (1491–1547). Luther nannte den englischen Herrscher abfällig „König Heinz". Heinrich VIII. war sich, obwohl er sonst nicht so zimperlich war, zu fein für eine böse Antwort, und überließ diese seinem Lordkanzler Thomas Morus (1478–1535). Dieser sehr gebildete Mann, der immerhin 1516 Autor des weltberühmten (wenn auch kaum 130 Seiten umfassenden) Buches „Utopia" war, wühlte in der Fäkalsprache und nannte Luther einen „lausigen kleinen Klosterbruder", der „schmutziger als ein Schwein und dümmer als ein Esel wäre", gar ein „scheißender und beschissener Schuft". Was war geschehen? Begeben wir uns auf Besuch zu den magischen Orten, die für diesen Abschnitt der Geschichte „zuständig" waren.

Martin Luther wurde 1483 in Eisleben, Deutschland, geboren. Sein Geburtshaus sieht einfach, aber solide und gemütlich aus; selbstverständlich ist dort ein Museum eingerichtet. Eisleben war 1546 auch der Ort seines Todes, das Sterbehaus hinter der Kirche auf einem halbrunden Platz, irgendwie in einer Ecke situiert, ist renoviert und zu besichtigen. In der Kirche vermag man von der Kanzel, von der er gepredigt hat, seine Stimme zu hören – jedenfalls in der Fantasie. Luther kam 1508 ins Augustinerkloster nach Wittenberg, wo er die reformatorischen Gedanken empfing. Es ärgerte ihn auch der schlimme Ablasshandel, das Einkassieren von Geld und den darauffolgenden Nachlass der Sünden durch die katholische Kirche. Damit finanzierte diese nicht nur den Bau der Peterskirche in Rom, sondern auch das ausschweifende Leben der Päpste und mancher Bischöfe. Dies alles und die theologische Überzeugung Luthers, dass nur die Bibel für den Glauben wichtig wäre, ließen ihn zum Reformator werden. Heinrich VIII. war zu dieser Zeit noch glühender Verteidiger des Papstes und gleichsam „natürlicher" Feind Luthers.

Am 31. Oktober 1517 kam es, wie wir heute sagen würden, zum Eklat: Luther veröffentlichte seine 95 Thesen gegen den rücksichtslosen, ja hemmungslosen Ablass, gleichzeitig auch seine neuen religiösen Vorstellungen. Viele Historiker glauben nicht an den „Anschlag" der Thesen an die Schlosskirche von Wittenberg und erklären dies zu einer Legende: Er hätte nur Schreiben an Bischöfe versandt. Wie auch immer, die Original-Türe ist 1760 verbrannt. 1858 ließ es sich König Friedrich Wilhelm IV. (1795–1861) nicht nehmen, in Bronze die 95 Thesen an die Türe zu montieren. Davor steht man sinnend, bevor man die Schlosskirche betritt. In der Kirche findet sich Luthers schlichtes Grab, das durchaus feierlich wirkt. Gegenüber ist das Grab von Philipp Melanchthon (1497–1560), Luthers Mitstreiter, Freund und treibende Kraft. Melanchthon wurde „Praeceptor Germaniae", also (religiöser) Lehrer Deutschlands genannt. Das Renaissance-Schloss hinter der Kirche wirkt eher plump...

Jedenfalls erregte der Thesen-Anschlag weltweit Aufsehen. Die katholische Kirche war irritiert, zu Aggressionen, zum Kampf bereit. Der Papst reagierte ärgerlich, Kirchenbann, Exkommunikation, ja Reichsbann drohten Luther, doch dieser war nicht zu erschüttern. Im Oktober 1518 traf er in Augsburg (Luther wohnte im Karmeliterkloster St. Anna – eine Tafel ist dort angebracht.) mit dem gewieften Theologen Kardinal Thomas Cajetan (1469–1534) zusammen. Im Dezember 1520 verbrannte er die päpstliche Bulle etwas außerhalb der Stadt Wittenberg; in dieser hätte er seine Thesen widerrufen sollen – ansonsten drohte ihm Exkommunikation. Diese Stelle in einem Park ist heute mit einem kleinen Denkmal versehen. Im Folgejahr sollte er auf dem Reichstag in Worms seine Thesen widerrufen. Kaiser und Kirche warteten darauf. Luther kam diesem Wunsch nicht nach und soll schlicht gesagt haben: „Hier stehe ich. Ich kann nicht anders. Amen". Historiker fanden diesen Satz in keinem Protokoll. War es also Legende oder gar Propaganda? Dann kam die Geschichte mit der „Entführung" auf die Wartburg.

Danach: Luther und seine Mitstreiter setzten sich durch. Beim Reichstag in Augsburg 1530 kam es zu dem „Augsburger Bekenntnis" (AB), die Regelung unter den Herrschern wurde auf die Formel „cuius regio, eius religio" (frei übersetzt: Wessen Gebiet, sprich Herrscherbereich – dessen Religion) festgelegt. 1532 konnte Luther mit seiner Familie in das aufgelöste Wittenberger Augustinerkloster einziehen. Dies ist einer der köstlichsten Orte für das historische Gefühl. Der Raum verbreitet mittelalterliche Atmosphäre, gemütlich, Holz dominiert, Bänke sind rundum angeordnet. Hier hat Luther mit seiner Familie gelebt – man erinnere sich daran, dass er geheiratet hat, was für katholische Priester bis heute nicht möglich ist. Mit seinen Freunden hat er hier religiöse (und auch andere?) Diskussionen geführt, man glaubt sich niedersetzen zu können um den Gesprächen zu lauschen. Zar Peter der Große (1672–1725) hat bei einem

Besuch dieser Räume während seiner lehrreichen Reisen in den Westen über einem Türbogen seinen Namen in zyrillischer Schrift eingetragen.

Was tat Heinrich VIII.? Wenn man Luther theologisch-moralische Motive zubilligen kann, trifft dies bei Heinrich weniger zu. Bei Luther darf man allerdings auch nicht vergessen, dass er sich gegen die Bauern im Zuge der Bauernkriege um 1525 gewandt hat. Er rechtfertigte seine Haltung mit dem „Jedermann sei untertan der Obrigkeit" (wie seinerzeit Paulus), was einen schalen Beigeschmack in Richtung des „cuius regio…" aufkommen lässt. Auch war Luther heftiger Antisemit, was Wirkung bis in die Zeit des Nationalsozialismus im 20. Jahrhundert zeigte. Heinrich VIII. begann seine Regierungszeit mit 17 Jahren, heiter und selbstbewusst, fast „sportlich", könnte man sagen, immer aber im Kampf mit Frankreich liegend. Sehr wohl war ihm bewusst, dass erst sein geiziger Vater den Thron militärisch erobert hatte, und er auf männlichen Nachwuchs erpicht war um die Tudors an der Regierung zu halten. Im Laufe der Zeit veränderte sich sein Charakter zum Negativen, er wurde aggressiv, ja bösartig. Berüchtigt war sein Verhältnis zu seinen Frauen – innerhalb und außerhalb der Ehe. Es ist bekannt, dass er dreimal geschieden war, bzw. Ehen annulliert wurden, zwei Frauen hat er köpfen lassen, eine hat ihn – immer um ihr Leben zitternd – überlebt.

Kaum hatte Heinrich Kenntnis vom Thesen-Anschlag Luthers, begann er eine Verteidigungsschrift für Kirche und Papst zu konzipieren – offenbar mit Hilfe kenntnisreicher Theologen – nicht ohne Luther 1520 persönlich anzugreifen. Die Schrift – man kann auch sagen, dass Heinrich mit „Schwert und Feder" kämpfte – trug ihm 1521 den Titel „Defensor Fidei" (Verteidiger des Glaubens) ein, verliehen durch Papst Leo X. (1475–1521) knapp vor dessen Tod. Dies war genau die Zeit als Luther mit seinen Problemen in Wittenberg, Worms und auf der Wartburg zu kämpfen hatte. Heinrichs religiöse Probleme vermengten sich nun mit den weltlichen. Er wollte sich von Katharina von Aragon (1485–1536) scheiden lassen. Der Papst lehnte dies ab, und auch der Lordkanzler Thomas Morus wollte sich partout in der Scheidungssache durch Heinrich nicht einspannen lassen. Am 3. November 1534 gelang es Heinrich die „Suprematsakte" im Parlament durchzusetzen, wonach er „Höchstes Oberhaupt der Kirche von England auf Erden" wurde. Morus verweigerte den „Suprematseid". Dies sollte ihm im wahrsten Sinn des Wortes den Kopf kosten. Er wurde am Schafott des Tower Hill in London am 6. Juli 1535 hingerichtet, sein Kopf auf der London Bridge „ausgestellt". Die Hinrichtungsstätte am Tower ist bekannt. Der Gebäudekomplex des Tower macht sowieso einen abweisen-

Wohnraum Luthers im Kloster in Wittenberg – © Karl Sablik

Eigenwillig gestaltetes „Denkmal" an der Hinrichtungsstätte im Tower, London – © Brian Kenney / Shutterstock.com

den und düsteren Eindruck. Thomas Morus galt mit seiner „Utopia" als einer der berühmtesten politisch-staatsphilosophischen Autoren seit Plato (428–348). Dieses Werk, das uns geistig auf eine ferne Insel führt, ist einerseits Kritik an den damaligen englischen Verhältnissen, als auch die Darstellung einer idealen Gesellschaft. 1935 (400 Jahre!) wurde Morus von der Katholischen Kirche heiliggesprochen, der Märtyrer Morus wird als Vorbild für (auch heutige?) Politiker dargestellt.

Nicht ohne inneren Zusammenhang und im Hinblick auf das historische Gefühl sei auf ein anderes englisches Ereignis hingewiesen: Im Jahre 1170 wurde in der Kathedrale von Canterbury der Erzbischof Thomas Becket (1118–1170) von königlichen Rittern auf Wunsch des englischen Königs Heinrich II. (1133–1189) ermordet. Dieser „Mord im Dom" erregte Aufsehen, Becket wurde in der Kathedrale bestattet, die Stelle des Mordes ist bis heute gleichsam geheiligt und zu besichtigen. Aus Canterbury wurde der bekannteste Wallfahrtsort Englands. Es ging um die Trennung von Kirche und Staat, ein Thema, das im Islam heutzutage noch ein Problem ist. Dieses fand in der europäischen Geschichte, angefangen von Streitigkeiten zwischen Päpsten und Kaisern (Stichwort Investiturstreit) und dann in Folge der Aufklärungszeit des 18. Jahrhunderts im Sinne der Trennung die endgültige Lösung. Becket wollte als Kanzler des Königs die Unabhängigkeit der Kirche vom Staat verteidigen, die Kleriker der kirchlichen und nicht der weltlichen Gerichtsbarkeit unterstellen. Die Ereignisse fanden in der Weltliteratur ihren Niederschlag. Gegen sein Lebensende schrieb der englische Dichter Geoffrey Chaucer (1340–1400) die berühmten „Canterbury Tales", Geschichten von Pilgern, die in die Weltliteratur eingegangen sind. Chaucer war der erste Dichter, der in Westminster seine ewige Ruhe gefunden hat. Im 20. Jahrhundert nahmen sich der englischsprachige Dramatiker T.S. Eliot („Mord im Dom", 1935) und der französische Dramatiker Jean Anouilh („Becket oder die Ehre Gottes", 1959) dieses Themas an. Heinrich VIII. hingegen hielt Becket für einen Verräter der königlichen Sache und ließ 1538 den Schrein Beckets in Canterbury zerstören...

Heinrich VIII. hat auch zwei seiner Frauen hinrichten lassen, beide mit der Standardanklage „Ehebruch und Hochverrat": Anne Boleyn (1501–1536) und Katherine Howard (1523–1542). Die Hinrichtungsstätte ist vor der Kapelle St. Peter ad Vincula im Tower zu sehen, wo auch beide bestattet wurden, heute in Form eines eigenwilligen Denkmals auf dem Tower Green. Es bleiben die grausamen Empfindungen, auch wenn man weiß, dass zu Heinrichs Zeit etwa 47.000 Hinrichtungen erfolgten, dass sie zum (auch politischen) Alltag gehörten. Gerade für heutige Menschen, die vom Holocaust Kenntnis haben, ist der Gedanke, „es war halt so" gefährlich. Viele – auch „vornehme" Menschen – pflegen heute noch zu sagen, dass manche unliebsame Zeitgenossen das „Köpfchen schief" halten sollen, wohl für das Beil des Scharfrichters...

Man kann ruhig sagen, dass Heinrich ein letztlich verpfuschtes Leben hatte, im österreichischen Dialekt, ein „patschertes". Fast dauernd führte er Krieg, die Kassen waren leer, er hatte eine Art Reformation initiiert, doch nicht mit dem theologischen Erfolg wie Luther, auch er lag mit den Päpsten in Streit. Die zehn Glaubensartikel von 1536 sind ähnlich denen von Augsburg von 1530. Im Alter haderte er mit Gott, sein einziger Sohn Edward (1537–1553, mit Jane Seymor) war krank, folgte ihm zwar nach, starb aber mit 15 Jahren. Seine „bastarde" Tochter Elisabeth wurde 1558 aber doch Königin. Religiös erreichte er keinen wirklichen Durchbruch, im Volk brodelte es diesbezüglich immer wieder. Die Historikerin Sabine Appel nennt ihn im Buch „König Heinz und Junker Jörg" (2016) nur einen „Reformkatholiken ohne Rom". Die Anglikanische Kirche war nicht so durchschlagskräftig wie die Protestanten auf dem Kontinent – und vorerst auf England beschränkt. Erst mit der Besiedlung des amerikanischen Kontinents und einer gewissen Vorherrschaft Englands dort, verbreitete sich die Anglikanische Kirche. Dies geschah jedoch auf eigenwillige, oft skurrile Weise in Form vieler Sekten mit teilweise eigenartigen religiösen Anschauungen. Man verweise auf das Beispiel des Buches Mormon (aus 600 v. Chr.? oder 1830 nach der Übersetzungsarbeit – die vermeintlich gefundenen Platten mit dem Text gibt es natürlich nicht mehr!) und den heutigen berüchtigten „Bible-Belt" in den Vereinigten Staaten.

Für den Historiker, der die Weltgeschichte überblicken will, bleibt diese Zeit vor circa 500 Jahren ein Rätsel. Vieles ging damals, oft mit Brutalität, durcheinander. Die naheliegende Folge der religiösen und politischen Entwicklung war der furchtbare Dreißigjährige Krieg. Aber es gibt historische Wunder: Die Protestanten gibt es heute immer noch, sie konnten die Katholiken nicht wirklich zurückdrängen, offenbar weil sich diese durch die brutale Art der Rekatholisierung „erholt" haben. Infolgedessen bleibt eine Dreiteilung der Christen seit dieser Zeit: Katholiken, Ostkirche, Protestanten. An eine Vereinigung trotz vielfacher Anläufe ist nicht zu denken. Ist die Überlegung, Luther nach katholischer Art heilig zu sprechen, ein Scherz – oder doch ein ökumenischer Vorschlag? Die Anglikanische Kirche besteht auch noch, Königin Elisabeth II. (geb. 1926) als Nachfolgerin von Heinrich VIII. – warum nicht, klingt doch gut! Die Peterskirche wurde mit dem Ablassgeld gebaut – und steht heute noch...

Die Fuggerei und die Nadelburg

Sozialhistoriker untersuchen gerne die Frage, wie in welcher Gesellschaft mit den Armen oder Untergebenen umgegangen wird. Dies reicht von der Sklavenwirtschaft über die Leibeigenen bis zum Proletariat, einschließlich der chronologischen Überschneidungen, da z. B. die Sklaverei erst 1888 in Brasilien als letztem Land abgeschafft wurde. Es ist die Frage des sozialen Umganges mit den arbeitenden Menschen, auch mit diesen, die in Armut verfallen waren. Von christlicher Seite her gab es seit dem Mittelalter adelige Stiftungen für Arme, von Holland und Belgien kennen wir die „Beginenhöfe", in denen fromme unverheiratete Frauen ohne Gelübde wohnten. Diese Höfe zeigen architektonische Merkmale, wie wir sie bei der Fuggerei in Augsburg wieder finden.

Die Fuggerei gilt als die älteste Sozialsiedlung der Welt und wurde von Jakob Fugger (1459–1525), genannt „der Reiche", im Jahre 1521 errichtet. Fugger war einer der reichsten Männer seiner Zeit – wenn man kaiserliche oder königliche Ländereien nicht berücksichtigt. Augsburg war überhaupt ein Zentrum des Reichtums, wohnte doch praktisch zur selben Zeit wie die Fugger die Patrizierfamilie der Welser, etwa Bartholomäus Welser (1488–1561), in dieser Stadt. Seine Nichte Philippine Welser (1527–1580) heiratete 1557 den österreichischen Erzherzog Friedrich II. Sie lebten auf Schloss Ambras bei Innsbruck, wo heute noch ihr für damals fortschrittliches Badezimmer zu sehen ist.

Sowohl die Fugger als auch die Welser konnten durch ihren Reichtum in die Weltgeschichte eingreifen, indem sie Päpsten und Kaisern Geld borgten, d. h. Darlehen verliehen, 1519 sogar bei der Kaiserwahl Karls V. „mitmischten". Die Fugger verliehen außerdem schon Geld an Kaiser Maximilian I. (1459–1519) und Sigmund von Tirol (1427–1496), genannt „der Münzreiche". Der Reichtum der Fugger stammte vorerst aus dem Handel mit Textilien, dann aus den Kupfer- und Silberbergwerken Tirols und der Slowakei. Jakob Fugger gelang es das europäische Kupfermonopol zu erlangen und beherrschte den Bergbau Mitteleuropas. Ein Musterbeispiel ist die Stadt Schwaz in Tirol, wo seit der Bronzezeit Kupferbergbau, später auch Silberabbau, betrieben wurde. Schwaz, das heute über 13000 Einwohner hat, hatte damals schon circa 20000 (!), davon circa 7000 Bergknappen. Sowohl die Fugger als auch die Welser betrieben ausführliche

Bankgeschäfte. Von Rom über Venedig, Innsbruck, Augsburg und Nürnberg hatten sie ihre kapitalistischen Netze gespannt. Während die Fugger nach einer umwegreichen Geschichte in Form von Stiftungen heute noch existieren, ist das Wirtschaftsreich der Welser 1614 zusammengebrochen. Gelegentlich zeigte man den Reichtum: Es wird berichtet, dass in den offenen Kaminen der Reichen die fast unbezahlbare Zimtrinde verbrannt wurde, wie andere eben Holz verwenden…

Jakob Fugger begründete nun die Fuggerei, über seine Motive sollte man nachdenken! Es wird behauptet, dass er nicht wie andere Angst vor dem Fegefeuer hatte, um dies durch gute Taten zu überdecken. Auch scheint er wegen der Angriffe Martin Luthers noch keine Bedenken gehabt zu haben, beförderte er doch bankmäßig die Gelder aus dem deutschen Ablasshandel gewinnbringend nach Rom. Es bleibt also die Begründung, die auf der Stiftertafel zu lesen ist, es sei „die innige Dankbarkeit für die vom Herrgott empfangenen Güter". Irgendwie erinnert dies schon an Max Webers (1864–1920) „protestantische Ethik", dass derjenige, der wirtschaftlich erfolgreich ist, gleichsam von Gott noch gefördert wird.

Es ist faszinierend, durch die Fuggerei zu schlendern. Die als „Reihenhaussiedlung" angelegten Wohnungen sind auf zwei Etagen verteilt, raffinierte Stiegeneinbauten, die die untere Wohnung allerdings etwas verkleinern, führen in den ersten Stock. Man hat das Gefühl der Geborgenheit, und die Mauerumfassung und Torsperre bei Einbruch der Dunkelheit haben damals sicher niemanden an ein Gefängnis erinnert. Die Straßen sind schön angelegt, gelegentlich sieht man kleine Vorgärten, die alten Brunnen, wo für die Bewohner Wasser zu holen war, gibt es noch, ein kleiner Springbrunnen hebt das Straßenbild. Die Häuser sind – allerdings erst seit dem 19. Jahrhundert – gelb gefärbt, die Fenster weiß, die Türen und Fensterläden grün. Die Rauchfänge und manche verkleidete Feuermauern wirken imposant. Nicht nur den inneren Frieden des Wohnens kann man empfinden, österreichisch ausgedrückt, fühlt man auch ein Maß an Gemütlichkeit.

Wenn auch die Anlage 1521 noch nicht voll ausgestattet war, so gab es doch die Kirche, später eine Schule, da auch Kinder in der Fuggerei geboren wurden, dann ein Spital mit ärztlicher Versorgung. Hervorzuheben ist ein berühmter Betreuer der Kirche, Petrus Canisius (1521–1597), der einige Katechismen schrieb und zu einem der bedeutendsten Theologen seiner Zeit wurde, benannt auch als „der zweite Apostel Deutschlands".

Geht man am Denkmal Jakob Fuggers des Reichen vorbei, denkt man an die Finanzierung der Fuggerei, auch daran, dass für den Stifter von den Bewohnern täglich drei Gebete zu verrichten waren. Der Autor dieser

Zeilen weiß nicht, ob dies heute noch geschieht. Hingegen wird gerne die damalige Finanzierung bis heute hochgerechnet: War für die Wohnung damals etwa ein Wochenlohn eines Handwerkers als Jahresmiete zu bezahlen, führt dies im Rahmen der Stiftung zu einer Berechnung von 0,88 € pro Jahr – heute! Es soll aber auch betont werden, dass die Fuggerei kein Armenhaus im üblichen Sinn war, sondern dass vorübergehend bedürftige Handwerker so lange bleiben konnten, bis sie wieder auf eigenen Füßen standen: Hilfe zur Selbsthilfe. 1521 betrug die Zahl der Einwohner circa 400, aufgeteilt auf 106 Wohnungen.

Die Fuggerei wurde im 30-jährigen Krieg arg beschädigt, wieder aufgebaut, aber im Zweiten Weltkrieg, 1944, zu zwei Drittel zerstört. Ein Jahr vorher hatte man einen Luftschutzbunker eingerichtet, der bei der Bombardierung vielen Menschen das Leben gerettet hat. Jetzt ist dort ein Museum beheimatet. Auch sind Schauwohnungen zu besichtigen, alte wie neue.

Noch einige köstliche Eindrücke im Detail: Man kann von Wohnungen durch ein Fensterchen sehen, welcher Besucher kommt. Durch eine Art Schiebergriff neben der Türe konnte man diese öffnen, bei unerwünschtem Besuch verhielt man sich eben ruhig. Viele Wohnungen sind mit Klingeln versehen, die wunderbar aus Schmiedeeisen gefertigt sind, wobei jeder (!) Griff anders gestaltet ist. Die Begründung: Bei Finsternis sollte man blindlings am Griff die Wohnung erkennen können. Denkt man hier an abendliche Umtrunke – so ist die richtige Handhabung bei der Heimkehr nämlich schwer vorstellbar. Im Zuge des weiteren Spazierganges steht man vor einem Haus (mit Tafel), in dem der Maurer Franz Mozart (1649–1693) von 1681 bis 1693 gewohnt hat – der Urgroßvater von Wolfgang Amadeus (1756–1791). Schmunzelnd liest man die Worte: „…er schenkte mit seinem Urenkel W.A. Mozart der Menschheit den größten Tonschöpfer aus schwäbischem Stamm…"

Machen wir einen großen Sprung: Chronologisch von der Renaissance ins Zeitalter Maria Theresias (1717–1780), geographisch von Augsburg nach Lichtenwörth bei Wiener Neustadt, der alten Residenzstadt und Grabstätte Kaiser Maximilians I. im Süden Wiens. Wir finden dort die Nadelburg. Sie ist die älteste erhaltene Arbeitersiedlung in Europa. Das heißt, dass in dieser Anlage eine Fabrik und die Arbeiterwohnungen kombiniert wurden. Dies ging auf das Jahr 1747 zurück, als Johann Christian Zug, Hammerwerksbesitzer im nahen Piesting, mit der Idee der Errichtung einer Nadelfabrik samt „Drahtzug" an Maria Theresia (1717–1780) herantrat. Die Umsetzung dieser Idee und die folgende Privilegien-Erteilung waren unter staatlicher Führung zunächst nicht kostendeckend,

Straße in der Fuggerei in Augsburg –
© Karl Sablik

Das „Adlertor" der Nadelburg –
© Karl Sablik

jedoch unter dem Fabrikanten Anton Hainisch (1775–1837), der 1815 die Liegenschaft erwarb, wurde die Nadelburger Messing- und Metallwarenfabrik zur größten und erfolgreichsten Anlage dieser Art in der ganzen Monarchie. Die Gründung fiel in die Zeit der frühen Industrialisierung – man erinnere sich daran, dass die Gegend südlich und östlich von Wien für die Industrialisierung sehr günstig war, wegen der Nähe zur Hauptstadt und mehr oder weniger in einer Ebene am Rande der Alpen gelegen. Noch heute heißt dieser Teil Niederösterreichs „Industrieviertel". Die Nadelburg stand auch symbolhaft für die Abkehr von der handwerklichen Produktionsform, hin zur Mechanisierung – auch teilweise schon Automatisierung – des Produktionsvorganges. Industrialisierung bedeutete Schaffung von Arbeitsplätzen, teilweise für (angeworbene) Facharbeiter, Unabhängigkeit von teuren Importen und Finanzen für die Staatskasse, hatte Maria Theresia doch trotz der Pragmatischen Sanktion um diese Zeit noch um ihr – um es monarchistisch auszudrücken – Erbe zu kämpfen.

Industriegründungen dieser Zeit basieren auf Ideen der frühen Aufklärung, man sprach gerne von der „Vermehrung der arbeitenden Hände" – nicht nur der Arbeiter, sondern auch die der Soldaten. Es waren Ideen des Merkantilismus, den man in Österreich – wegen der „Camera", wo der Staatsschatz lag – auch Kameralismus nannte.

Ein weiteres Beispiel neben der Nadelburg sei angeführt. Der heutige Universitätscampus in Wien war als Gebäude 1693 für die Veteranen aus den Türkenkriegen (besonders nach der Belagerung Wiens 1683), aber auch für Arme errichtet worden. Später, 1784, hat Joseph II. (1780–1790) dort das Allgemeine Krankenhaus eingerichtet. 1760 hatte Maria Theresia die Idee, die Arbeitskraft der nicht kranken oder nicht invaliden Insassen auszunützen und Maulbeerbäume zu pflanzen. Es sollte eine Seidenkultur eingeführt werden, vier Jahre später zog man Seidenraupen, nach weiteren vier Jahren konnte man etwa 30 Pfund feine Seide gewinnen…

Nähnadeln hatten im 18. Jahrhundert noch eine andere, größere Bedeutung als heute, auch war die Produktion sehr aufwendig. Aus schmal geschmiedeten Metallstäben wurde durch ein Ziehwerk ein Draht produziert, der dann nach und nach in Richtung Nadel weiterverarbeitet wurde. Ohne auf die weiteren Besitzverhältnisse der Nadelburg (die Namenswahl in Kombination von „Nadel" und „Burg" war typisch und erscheint uns heute noch köstlich) einzugehen, sei erwähnt, dass die Produktpalette erweitert wurde. Neben Nähnadeln wurden auch Fingerhüte erzeugt, Kämme, Töpfe – aus Messing: Bügeleisen, Gewichtssätze, Mörser und exquisite Tabakdosen.

Ähnlich wie bei der Fuggerei waren die circa 30 Wohnhäuser der Nadelburg – allerdings samt Fabrik – von einer Mauer umgeben, man geht durch das beidseitig an Arbeiterhäuser angrenzende „Adlertor" auf das Gelände. In der Fuggerei hingegen gab und gibt es einen festgefügten Torbau. Die Häuser mussten sich zwei Familien teilen, auch die Küche und den Hausgarten. Selbstverständlich gab und gibt es auch eine Kirche, natürlich benannt nach Maria Theresia. Diese wurde vom in Wiener Neustadt geborenen Hofarchitekten Nikolaus Pacassi (1716–1790) errichtet. Die Nadelburg war autark, es gab auch einen Gasthof. Von der Schule bis zum Arzt mit Spital, Torwächter, Schöpfbrunnen – alles das war vorhanden.

Man kann die Nadelburg, die 1930 geschlossen wurde, besichtigen. Eindrucksvoll sind das Tor (Adlertor), die Kirche und besonders das sogenannte „Winkelhaus". Dies ist das Reich des rührigen und leidenschaftlichen Sammlers und Erhalters der Nadelburg, Robert Bachtrögl. Leider sind Fabrik und Gasthaus geschliffen worden, ebenso wie die „Herrschaftsvilla", auch „Schloss Nadelburg" genannt, die einer der berühmtesten Architekten der Wiener Ringstraßenzeit, Theophil von Hansen (1813–1891), 1880 gebaut hatte. Ein sehenswertes Museum ist im zuvor erwähnten Winkelhaus untergebracht.

Noch einmal zu den Sozialhistorikern: Sie stellen oft Überlegungen an, ob solche Unternehmen wie die Fuggerei und die Nadelburg als Heilmittel gegen die Proletarisierung angesehen werden können und einen gemilderten Kapitalismus – sozusagen mit menschlichen Zügen – darstellen. Eine „verhaltene" Antwort mag sein, dass dies im begrenzten geographischen Rahmen Erfolg hatte. Welthistorisch nicht, es bedurfte der Revolutionen, offenbar auch eines Karl Marx, wenn man das so sehen will.

Gegen Ende des 19. Jahrhunderts hat etwa noch der Industrielle Arthur Krupp (1856–1938) in Berndorf, NÖ, im Zusammenhang mit seiner Metallwarenfabrik (Besteck-Erzeugung bis heute) Arbeiterwohnungen, Kirche, Theater errichtet. Besonders erwähnenswert ist die Schule mit ihren elf Klassen, die in verschiedenen Kunstrichtungen der Geschichte eingerichtet sind. Krupp hat in Österreich die erste Schulzahnuntersuchung eingeführt, die später von der Stadt Wien als Vorbild übernommen wurde.

Man kann zuletzt auch fragen, ob ein Weg – zumindest gedanklich – von der Fuggerei über die Nadelburg zu den sozialen Wohnbauten im Wien der Zwischenkriegszeit führt? Sicher hingegen weiß der Autor, dass die Einheit von Wohnen, Fabrik, Gewerbe und Handwerk noch heute die Fantasie anregt. Die Idee eines „Gewerbehofes" ist zeitweise immer noch im Gespräch und gehört auch heute zu den Träumen von Architekten und Bürgermeistern...

Ganz Stratford ist Shakespeare

Überall Shakespeare – wohin man in Statford on Avon, England, auch kommt. Man hat den Eindruck, dass auch alles noch so ist, wie es zu Shakespeares Zeiten war, was den offiziellen „Führer" dazu veranlasst zu schreiben, dass sich der Dichter auch heute noch im Ort auskennen würde... Das Geburtshaus, sein 1597 gekauftes prächtiges Haus mit Namen „New Place", die Häuser seiner Verwandten, vor allem aber das Cottage der Anne Hathaway, die er in jungen Jahren geheiratet hat, und natürlich die Begräbnisstätte.

Es ist eigenartig: der Dichter Shakespeare ragt wie eine Säule aus der englischen Literaturgeschichte heraus und dominiert diese bis zum heutigen Tage. Was war vor Shakespeare? Mein Altenglischlehrer an der Universität in Wien, Hans Ernst Pinsker (1909–1987), pflegte zu sagen, dass man die gesamte altenglische Literatur in wenigen Stunden lesen kann. Danach seien noch zwei Dichter genannt: der Verfasser der „Canterbury Tales", Geoffrey Chaucer (1342–1406) und Thomas Morus (1478–1535). Chaucer, der erstmals die Volkssprache verwendete, orientierte sich an Boccaccios „Decamerone" (um 1348), einer Sammlung von Novellen in einer Rahmenerzählung: Pilger in einer Taverne vor London auf dem Wege zum heiliggesprochenen Thomas Becket (1118–1170) erzählen diese Geschichten. Becket, Erzbischof von Canterbury, kam über Fragen der Gerichtsbarkeit mit König Heinrich II. von England (1133–1189) in Streit und wurde von Anhängern des Königs in der Kathedrale ermordet. Die Stelle des Mordes ist heute noch Anziehungspunkt der Kathedrale von Canterbury und ein besonderer Ort, das historische Gefühl zu verspüren. Von Thomas Morus hingegen stammt das berühmte Werk „Von der besten Verfassung des Staates und von der neuen Insel Utopia"; er hat der Menschheit die Idee geschenkt, wonach die Interessen der Einzelnen der Gemeinschaft unterzuordnen wären – eben die Utopie! Morus, Lordkanzler und überzeugter Anhänger des Papsttums, gelangte in die Verstrickungen der Heiratsproblematik Heinrich VIII. und endete am Schafott des Tower Hill in London...

Dann kam das Jahrhundert, das man das „englische" nennen kann. Elisabeth I. (1533–1603) herrschte als Königin, sie ließ zum „Ärger" des deutschen Dichters Friedrich Schiller die schottische Königin Maria Stu-

Geburtshaus Shakespeares in Stratford mit Schauspielern – © Karl Sablik

Anne Hathaways Cottage – © Shutterstock.com

art hinrichten; 1588 wurde die spanische Armada vor England geschlagen, Francis Drake (1540–1596) umsegelte die Welt – daran erinnert die von Seeleuten bis heute gefürchtete Meerespassage zwischen Südamerika und der Antarktis. Bedeutende Dichter wurden geboren: Christopher Marlowe (1564–1593), Ben Jonson (1572–1637), und natürlich William Shakespeare am 23. April 1564 – wenn man vom bekannten Taufdatum drei Tage abzog, kommt man auf dieses Datum! Shakespeares Vater war Handschuhmacher (Handschuhe trug damals jeder, der etwas auf sich hielt) und brachte es bis zum Bürgermeister von Stratford. Der junge William schien ein aufgeweckter und fescher junger Mann gewesen zu sein, der alsbald zur Heirat schritt; seine Braut Anne Hathaway (1556–1623) war schon schwanger und es kam zu einer „eiligen Hochzeit". Mit Schauspielern hatte Shakespeare schon in seiner frühesten Jugend und in Stratford, wo diese auftraten, zu tun.

Es würde zu weit führen, seine Lebensgeschichte nachzuzeichnen. Nur kurz und vereinfacht: Er zog nach London und ließ Frau und Kinder in Stratford zurück. Er schrieb – je nach Zählart – über 40 Theaterstücke und zahlreiche Gedichte, meist Sonetten. Aufgeführt wurde vieles im 1599 eröffneten Globe Theatre, das dann 1613 abbrannte; das heutige Theater wurde später allerdings nicht an derselben Stelle nachgebaut. Shakespeares Schaffenskraft führte im 19. Jahrhundert zu der Überlegung, ob der Dichter, der ja für einige Lebensjahre auch für „verschollen" gehalten wurde, wirklich der Autor dieses gewaltigen Werkes sein konnte. Als „Konkurrent" wurde gerüchteweise Francis Bacon (1561–1626) herangezogen, der Vorläufer des Empirismus und Mitbegründer des modernen Wissenschaftsverständnisses, der uns den köstlichen Satz „Wissen ist Macht" hinterlassen hat. Bacon soll auch der illegitime Sohn der Königin Elisabeth gewesen sein… Alles nicht wahr! Es ist vielmehr anzunehmen, dass in dieser Zeit ein Schauspieler mehr galt als ein Dichter und – wie auch heute noch? – sein begeistertes Publikum hatte. Der Dichter trat in den Hintergrund. Man kann aber Ben Jonson glauben, der 1623 anlässlich der Erstausgabe einiger Shakespeare-Werke eine Art Vorwort-Gedicht verfasste und von dem Dichter als „Sweet swan of Avon" schrieb. Heute ist die Autorenschaft Shakespeares unter Literaturwissenschaftlern unumstritten.

Ein Besuch des Ortes Stratford gehört zu den köstlichsten Erlebnissen. Wo auch immer man hingeht, „ist" Shakespeare. Das Geburtshaus kann bis hin zu Details archivmäßig nachgewiesen werden, die Einrichtung ist teils Original oder zeitgemäß nachempfunden. Salon, Diele, Werkstatt des Vaters und Schlafkammern sind stilgerecht eingerichtet, das Geburtszimmer ist als intimer Raum gestaltet. Im Garten rundum rezitieren heute Schauspieler aus des Dichters Stücken, man hat das Gefühl, sie haben so viel Spaß daran wie die Besucher: man kann mit ihnen diskutieren, lachen und die eigenen Shakespeare-Kenntnisse einbringen... Im Ort herumzustreifen, führt von einem historischen Erlebnis zum anderen: neben dem Geburtshaus besucht man sein 1597 gekauftes Haus, dazu das daneben gelegene Haus des John Nash, der seine Enkelin geheiratet hatte.

Beeindruckend ist die Grabanlage in der Dreifaltigkeitskirche, nahe dem River Avon gelegen. Shakespeare starb am 23. April 1616, offenbar an Typhus. Sein Grab, bzw. auch die Gräber seiner Frau und der Tochter Susanna und anderer Familienmitglieder befinden sich im Altarraum, hinter einer kleinen Barriere, schlicht aber doch vom Flair des großen Dichters umgeben, dessen eindrucksvolle Büste – mit der Schreibfeder in der Hand – den Altarraum beherrscht. Doch kehren wir nochmals ins deftige Leben zurück: ein längerer Spazierweg führt uns fast außerhalb des Ortes zu dem Cottage seiner Frau Anne Hathaway. Den Besuch sollte man nicht versäumen, man fühlt sich ins 16. Jahrhundert zurückversetzt. Ein Bauernhaus, das ein wenig umgebaut wurde; man betritt es durch den ursprünglichen Eingang und sieht über den Flur in die Küche und die Diele. Faszinierend ist der Garten, der allerdings in der heutigen Form wohl später angelegt wurde, damals müsste man sich einen Bauernhof vorstellen, als William und Anne sich in diesem Haus verliebten, waren Blumen und Bäume am nahen Bach zu finden – der heutige Garten mag unseren Träumen entgegenkommen.

Shakespeares Werke aufzuzählen, ist hier nicht der Ort – sollte man mit Hamlet oder Romeo und Julia beginnen und wo aufhören? Viele von uns kennen Zitate daraus, über die man philosophieren, nachdenken oder auch lachen kann. Die ganze Welt ist Bühne... wer (auch wir selber?) spielt welche Rolle? War es nun wirklich die Nachtigall oder eben die Lerche, die zu hören war? Welcher Politiker in welcher Situation bietet heute ein Königreich für ein Pferd? Wer von uns will den Löwen auch spielen? Sein oder Nichtsein – war das der Beginn der Existenzphilosophie, die uns bis zu Jean Paul Sartres (1905–1980) „Das Sein und das Nichts" führt? Gehe ich aus einem verrauchten Lokal, zitiere ich gerne „let us take a breath of fresh air..." – wo steht denn nun das genau?

Shakespeares Wirkung auf die Geschichte der Dichtkunst und des Theaters ist ungeheuer; er wurde weltbekannt und blieb es bis heute. Shakespeare ist sicher einer der folgewirksamsten Dichter der gesamten

Literaturgeschichte. Hören wir nochmals Ben Jonson in seinem „Vorwort": „He was not of an age, but for all time!". Ein Problem zum Abschluss und zum Nachdenken: Wie übersetzt man generell von einer Sprache in eine andere, wie übersetzt man die wunderbaren, gelegentlich sprachlich gewaltigen Zitate? Nehmen wir ein allgemeines Beispiel: „to kill two birds with one stone" kann man wörtlich übersetzten, oder auf Deutsch mit „zwei Fliegen mit einer Klappe schlagen". Der bekannteste Übersetzer der Werke von Shakespeare in die deutsche Sprache ist wohl der Dichter und Literaturhistoriker August Wilhelm Schlegel (1767–1845). Begeben wir uns in die Feinheiten der Sprache: Wie soll man übersetzen? „To be, or not to be – that is the question", also verbal bleiben wie im Englischen – oder dies mit „Sein oder Nichtsein" als Hauptwörter übersetzen...?

Pilgrim Fathers
Nachgebaute Geschichte

Auch wenn der Begriff „Pilgrim Fathers" erst im 19. Jahrhundert geprägt wurde, bleibt das Faktum, dass diese Gruppe von Auswanderern im November 1620 auf Cape Cod in der Nähe des heutigen Städtchens Provincetown an der Ostküste Amerikas gelandet ist. Es war eine furchtbare, durch Herbststürme gefährdete Überfahrt gewesen. An Bord waren 102 Personen, darunter drei schwangere Frauen und 31 Mann Besatzung. Nicht alle hatten die Reise überlebt, ein Kind aber wurde am Schiff geboren. Die Neuankömmlinge mussten auf ihrem Zweimaster „Mayflower" überwintern und bauten dann auf der anderen Seite der Bucht bei Plymouth (Massachusetts) eine primitive Siedlung, nachdem sie dank der Nahrungslieferung durch die Eingeborenen den Winter überleben konnten. Die Mayflower war von Plymouth in England gestartet – ein Schiff im Ausmaß von circa 28 mal 9 Metern mit 4 Metern Tiefgang, das im April 1621 wieder nach England zurücksegelte.

Was veranlasste Menschen damals, was bewegte sie, ihre Heimat in Mittelengland zu verlassen und quasi ins Ungewisse zu fliehen? Auch wenn dies mit Vertrauen auf Gott und einer Portion Hoffnung versehen geschah. Es war die religiöse und politische Situation bzw. die davon abgeleiteten Streitigkeiten. Die Gruppe der „Pilgrim Fathers" war mit der anglikanischen Religionspolitik, initiiert 1534 von König Heinrich VIII., nicht zufrieden. Die Pilgrims entwickelten sich in Richtung Puritanismus (abgeleitet vom Wort „Reinheit"), also versehen mit der Sehnsucht nach der Reinheit der christlichen Lehre laut Bibel (So etwa stand in diesem heiligen Buch nichts von einer Weihnachtsfeier und vom Kreuzzeichen als Verehrungsgeste, meinten sie). Sie gehörten der damals aufstrebenden calvinistischen Gruppe an und glaubten, dass es einen von göttlicher Ordnung geleiteten Staat geben müsse, und dass wirtschaftlicher Erfolg ein positives Zeichen Gottes wäre; man kann sie auch als religiöse Separatisten bezeichnen. In Zentraleuropa war gerade der Dreißigjährige Krieg ausgebrochen. In England war wenige Jahre zuvor, 1603, Königin Elisabeth I. verstorben, England war auf dem Weg zu einer Weltmacht, sollte Herrscher der Weltmeere werden. Jakob I. (1566–1625) allerdings,

Elisabeths Nachfolger und Sohn Maria Stuarts von Schottland, suchte vergeblich einen religiösen Ausgleich, war prachtliebend und wenig beliebt. Die Pilgrim Fathers jedenfalls wollten weg...

Wenn auch die amerikanische Ostküste von Europäern schon wenige Jahrzehnte vor den Pilgrim Fathers besiedelt wurde, bildeten sie das geschichtsträchtigste Unternehmen. Zwei Fakten reichen bis in die heutige Zeit: Der Mayflower-Vertrag (The Mayflower Compact) und der Thanksgiving Day. Von den 102 Emigranten hatten allerdings nur 41 am 11. November 1620 im Hafen diesen Vertrag für die Kolonisten als Vorbereitung für die Verwaltung unterschrieben. Er ging insofern in die amerikanische Geschichte ein, als die Idee der Selbstverwaltung (wohl aber noch mit Anerkennung des englischen Königs) und die Forderung nach gerechten und gleichen Gesetzen umgesetzt wurden, und im Keim der Aufbau eines Staatswesens angedacht war. Wenn man so will, ist die Unabhängigkeitserklärung der Vereinigten Staaten von Amerika von 1776 eine Weiterentwicklung bzw. Vervollkommnung dieser Ideen, Freiheit und Gleichheit standen als Gedanken Pate.

Der Thangsgiving Day hat sich seit dieser Zeit zu Amerikas wichtigstem Familienfest entwickelt, man trifft sich und feiert. Es ist vom ersten Erntedankfest der Pilgrim Fathers abgeleitet, das diese mit den Indianern gemeinsam 1621 gefeiert haben. Der Winter 1620/21 war grausam, doch mit Hilfe der Indianer (auf die offenbar die Art dieses Festes zurückgeht, wenn man den Historikern glaubt) hat man überlebt, dann die erste Siedlung gebaut und auch selbst Ackerbau betrieben um den Winter 1621/22 überleben zu können. Von der alten Siedlung war bald nichts mehr zu sehen, die Mayflower war zurückgesegelt, dann verschollen und offenbar abgewrackt.

Doch dann wurde im 20. Jahrhundert eine köstliche Idee umgesetzt. Man baute den Ort neu auf, das Schiff wurde rekonstruiert und im Ursprungshafen platziert. Das Unternehmen heißt „Plimoth Plantation". Es ging nicht um Ergänzungsbauten, nicht um Renovierungen, sondern die Siedlung wurde am Originalschauplatz vollständig mit Häusern wie damals, mit Palisaden rundherum, mit Kuhstall, Scheunen und Schuppen – eben wie eine kleine Ortschaft, neu aufgebaut. Aber die Grundidee wurde noch weiter geführt: Da die genauen Namen der Siedler, die am Schiff gewesen waren, überliefert und auch den Häusern zuordenbar waren, übernahmen Studenten der Geschichte und Schauspieler diese Namen „künstlich" und waren (!) nun diese Menschen von damals. Man spaziert als Tourist durch die Siedlung, darf Gespräche führen, wie denn

Nachbau des Bootes „Mayflower" – © Shutterstock.com

Nachbau der Siedlung der Pilgrim Fathers – © Shutterstock.com

die Überfahrt gewesen wäre und wo die Menschen in England gelebt hätten. Ein vorwitziger amerikanischer Tourist fragte die auf einer Bank vor dem Haus, nahe dem Gemüsegarten, wo auch Heilpflanzen gezüchtet wurden, in der Sonne sitzende strickende Dame – die Frau von Stephen Hopkins (!), wie man aus den Quellen weiß – ob sie ihm einen Kugelschreiber leihen könnte, damit er sich ihren Namen aufschreibt. „Ich verstehe Sie nicht, Sir", war die Antwort, er könne einen Federkiel haben, Tinte hätte sie im Haus. „Ja, wo Sie drinnen heimlich fernsehen", feixte der Amerikaner. TV war gemeint, tele-vision... die gewiefte und offenbar sprachlich gebildete Studentin aber meinte, dass sie vom Dach aus weit in die Ferne, in die Berge, auch aufs Meer hinaus sehen könne, also „fern-sehen"... Heiter spaziert man durch den Ort, vorbei an der Stelle, wo die Grabarbeiten für einen Pfeiler eines neuen Hauses gezeigt werden. Der Pfeiler wurde eingegraben, auf dem Rückweg für die nächste Touristengruppe wieder ausgegraben! Hat man Glück, kann man auch eine „Parade" von sehr unterschiedlich gekleideten paramilitärischen Wächtern und Verteidigern der „Plantation" sehen.

Historisch hart ging es am Schiff zu. Ein Mannschaftsmitglied (von „damals" natürlich) entdeckte die mitteleuropäische Reisegruppe und begann über die Wahl des römisch-deutschen Kaisers durch die sieben Kurfürsten zu lästern. Die Engländer hätten so etwas „Komisches" nicht, es gäbe nur die „biologische" Abfolge ihrer Könige. Man versuchte den Geschichtsstudenten aufzuklären, dass Heinrich VII. seinen Thron auf dem Schlachtfeld erobert hätte, nach dem Tod Elisabeths I. Jakob I. als Sohn Maria Stuarts gekommen wäre, wo sähe man die erwähnte „Abfolge". Außerdem: Ob ihn als Seemann, der mit der Mayflower wieder zurücksegeln würde, die Verhältnisse in England nicht stören? Etwa: Guy Fawkes (1570–1606) und die Gunpowder-Plot-Geschichte. Antwort: Er wäre nur ein Mannschaftsmitglied und habe die Pilgrim Fathers herüber nach Amerika gebracht; er wolle zurück, England wäre schon in Ordnung. Die Mitteleuropäer packten ihre Schulbildung aus: „Remember, Remember the Fifth of November, Gunpowder, Treason, and Plot..." hatten wir schon in der Schule lernen müssen. Am 5. November 1605 wollten katholische Engländer den König, seine Familie und alle Parlamentarier samt Parlamentsgebäude in die Luft sprengen. Kein Problem, die Kaiserwahl ärgerte den Matrosen. Unser Totschlag-Argument, dies wäre ja fast eine demokratische Wahl (!), rührte ihn nicht. Da er „im Dienst stehend" nach 1620 nicht weiter denken durfte, haben wir nichts von der Folkloristik der Königlichen Familie im 20. Jahrhundert gesprochen.

Es gibt heute noch diejenigen Menschen in Amerika, die sich historisch im Sinne der Ahnenforschung bis zu ihren Vorfahren unter den Pilgrim Fathers durchgekämpft haben. Ist dies eine Art neuer „Adel" im demokratischen Amerika? Verfolgt man die Geschichte weiter, wurde Amerika (später die Vereinigten Staaten) ein Einwanderungsland. Die Besiedlung des Kontinents mit dem Menschen-Gemisch aus religiösen Fanatikern, Glücksrittern, Arbeitssuchenden, Freiheitsliebenden, Abenteurern, Flüchtlingen vor der vorerst hauptsächlich europäischen Not musste zu Problemen führen. Denkt man an die Sklaven aus Afrika, die dazu kamen, steht man – ohne Rassist oder „Biologist" zu sein – vor Problemen, die es heute noch gibt.

Besondere Gefühle empfindet man auch, wenn man die „Einwanderungsinsel" vor New York besucht: War Einwanderung in der Zwischenkriegszeit noch gewünscht, hat man die Menschen selektiert? Und wie beurteilt man die heutige Politik, 2018, mit dem Blick zurück auf 1620? Wie auch immer: Die Geschichte der Pilgrim Fathers fasziniert, auch wenn alles „nur" nachgebaut ist.

Der Prager Fenstersturz

Es gab schon vor 1618 einmal einen Prager Fenstersturz, doch dieser am 23. Mai 1618 machte Weltgeschichte. Die böhmischen Lande waren für Rebellion bekannt, man verteidigte sich gegen Eindringlinge, gegen die Habsburger, gegen Adolf Hitler, wenn man an das Attentat gegen Reinhard Heydrich (1904–1942) denkt, der als „Stellvertretender Reichsprotektor in Böhmen und Mähren" diktatorisch herrschte. 1415 war Jan Hus (1369–1415), der „Reformator vor der Reformation", wie er vielfach genannt wurde, im Zusammenhang mit dem Konzil von Konstanz ebendort verbrannt worden. Im Volke gärte es. Am 30. Juli 1419 stürmten die Hus-Anhänger das Neustädter Rathaus in Prag, warfen den Bürgermeister, einige Ratsherren und Gemeindeälteste aus dem Fenster. Unten angekommen wurden diese dann mit Hiebwaffen getötet. Das war der Beginn der Hussiten-Kriege. Der damalige König Wenzel (1361–1419), als Sohn von Karl IV. (1316–1378, Gründer der ersten deutschen Universität in Prag) der „schlechteste König" genannt, Alkoholiker und Choleriker, erlitt wegen der Vorfälle des Fenstersturzes einen Schlaganfall, an dem er wenig später starb.

Für den Historiker erhebt sich die Frage, wo man mit der Vorgeschichte des Dreißigjährigen Krieges beginnen soll. Mit dem deutschen Reformator Martin Luther (1483–1546), der gleichsam das Christentum nach dem Abfall der Ostkirche nochmals spaltete, oder besser davor, als die katholische Kirche den unglückseligen Ablass-Verordnungen verfallen war? Jedenfalls kann man grundsätzlich von einem Religionskrieg sprechen und an das Heute und den islamischen Raum mit Sunniten und Schiiten denken. Der Dreißigjährige Krieg war ein europaweiter, man könnte fast schon geneigt sein, das Wort „Weltkrieg" in den Mund zu nehmen. Wenn man heutige geografische Begriffe nimmt, war fast ganz Deutschland betroffen, Tschechien, Österreich, Schweden, Dänemark, Frankreich, Spanien und die Niederlande. Letztere wollten die Unabhängigkeit von Spanien, die Hugenotten in Frankreich hatten Probleme mit dem Staat; fast überall gerieten Adel und Bürgertum aneinander, manchmal kämpften beide gegen den Bauernstand. 1555 war der Augsburger Religionsfriede geschlossen worden und damit die Anerkennung der protestantischen Fürsten und Stände. Doch die Gegenreformation

*Der Prager Fenstersturz als zeit-
genössischer Stich, 1618 – © Mary
Evans / picturedesk.com*

*Die „historischen" Fenster in der
Prager Burg – © lulu and isabelle /
Shutterstock.com*

ruhte nicht, die Probleme zogen sich ins nächste Jahrhundert. 1609
gelang es den Böhmen und Schlesiern allerdings, Kaiser Rudolf II. (1552
– 1612) den „Majestätsbrief" abzutrotzen, der ihnen Glaubensfreiheit
zusicherte.

Die Prager Burg gehört zu den prächtigsten Bauten Europas. Sie ist
wie viele ähnliche Bauten in Wien, Madrid, London oder Paris eine
Akkumulation historischer Zu- und Umbauten. Der Veitsdom im Zentrum der Anlage dominiert die Burg, die ihrerseits das Stadtbild von Prag
prägt. Durch den schönen Wladislaw-Saal, der eine Ausdehnung von 62
mal 13 Metern hat, gelangt man zum Ludwigsflügel der Burg und in
die angrenzenden damaligen Verwaltungsräume. Der Prunksaal mag als
Renaissance-Bau gelten, dominierend allerdings ist das prachtvoll ver-
schlungene spätgotische Gewölbe. Dieser Saal diente und dient bis heute
als Festsaal für staatliche Feiern. In den Amtsräumen angelangt, befinden
sich links die historischen Fenster. Man greift vorsichtig die Fensterbank
an, stellt sich die Beamten in dem jetzt kahlen Raum vor und blickt aus
dem Fenster in die Tiefe: Wie tief mag das bis zum Boden sein? Was
passiert, wenn man da nur einfach hinunterfällt?

Die politisch-religiösen Spannungen nahmen zu, der Majestätsbrief
wurde in Frage gestellt, die Stände (und einige Fürsten) bangten um ihre
Rechte. Die revolutionären (oder rebellischen?) und protestantischen
Kräfte sammelten sich, und aus dieser böhmischen Rebellion drohte –
oder man ahnte es – schon bald ein Krieg zu werden. Doch der Berater von Kaiser Matthias (1557–1619), der zwar der Gegenreformation
anhing, Kardinal Melchior Klesl (1553–1630), suchte trotzdem den Weg
des Ausgleichs. Die Kriegspartei am Wiener Hof aber ließ ihn verhaften.
Irgendwann war das Maß voll, nachdem lange Zeit schon eine „kalte
Katholisierung Böhmens" stattgefunden hatte (Helmut Diwald 1987 in
seinem Buch über Wallenstein) und ein geplanter „Protestantentag" in
Prag abgesagt worden war, waren die Rebellen bereit, auf die Prager Burg
zu ziehen, die Statthalter des Kaisers im Visier. Im Sitzungssaal der Statthalter befanden sich die Beamten Oberstburggraf Adam von Sternberg
(1560–1623), der dem Kaiser Rudolf II. stets die Treue gehalten hatte, der
Großprior des Malteserordens Diepold von Lobkowitz und der Sekretär
Philipp Fabricius (gest. 1628). Der königliche Statthalter Jaroslav von
Martinitz (1582–1649) und der damalige Oberstlandrichter Wilhelm
von Slavata (1572–1652) galten als besondere Gegner der Rebellen. Nach
dem Vortrag der Wünsche der Stände folgte eine scharfe Ablehnung.
Nun sind im Sinne des historischen Gefühls der Fantasie keine Gren-

zen gesetzt. Tumulte, Bedrohungen, Beschimpfungen, Schmähungen erfüllten den Raum. Sternberg und Lobkowitz werden aus dem Raum gedrängt, besser gestoßen, Martinitz wird zum Fenster geschleift und in den Burggraben hinuntergeworfen. Er soll in seiner Todesangst „Jesus Maria" gerufen haben, stand unten wieder auf – war es wirklich Marias Hilfe, staunten einige? Slavata wird ebenfalls vom Fenster gestürzt, hält sich am Fensterkreuz fest, ein Schlag auf seinen Handrücken mit dem Knopf eines Dolches befördert ihn in die Tiefe, er schlägt mit dem Hinterkopf an einem darunterliegenden steinernen Gesims auf, überlebt aber auch. Zuletzt wurde der Sekretär Fabricius dem Schicksal ausgeliefert, aus dem Fenster geworfen zu werden.

Man schätzt die Tiefe bis in den Graben auf ca. 17 Meter (80 Fuß, 28 Ellen liest man). Die drei Personen wurden mehr oder weniger leicht verletzt, überlebt haben alle, wurden auch nicht wie beim Ersten Prager Fenstersturz danach getötet. Die Sache mit dem Überleben hat Generationen beschäftigt. Man sprach von unten im Burggraben liegenden Reisighaufen, später – aus Gründen der Dramatisierung – von Misthaufen. Eine moderne Erklärung ist die Dicke der Mäntel, die die Beamten getragen haben sollen und die den Fall gemildert hätten. Slavata selbst beschreibt sein Unglück und tatsächlich auch den Bezug zum Mantel: Er habe aber auch „noch in dem Fenster das Zeichen des heiligen Kreuzes geschlagen", sein Hut blieb allerdings in der Kanzlei liegen, an diesem war „eine schöne mit goldenen Rosen und Diamanten besetzte Schnur...".

Dies war der Anlass – nicht die Ursache – des Dreißigjährigen Krieges. Kaiser Matthias blieb schonungslos in seiner Machtausübung, er starb jedoch im März 1619. Sein Nachfolger wurde der kriegslüsterne Kaiser Ferdinand II. (1578–1637), der sich in Frankfurt am Main krönen ließ. Salopp könnte man sagen, dass es kam, wie es kommen musste: Die erste Auseinandersetzung fand im November 1619 zwischen den vereinigten bayrischen und österreichischen Truppen statt, die gegen die böhmischen Truppen nahe von Prag, am Weißen Berg, einen Sieg erkämpften. Die böhmischen Stände hatten in Prag zu Ferdinand II. einen Gegenkönig gewählt: Friedrich V. von der Pfalz (1596–1623), der wegen der verlorenen Schlacht und der kurzen Herrscherzeit spöttisch „Winterkönig" (1619/20) genannt wurde. Er musste nach Holland fliehen. 1920 wurde am Weißen Berg ein Denkmal zur Erinnerung errichtet.

Man könnte nun denken, dass damit eine Zeit Ruhe hätte einkehren können. Eine negative Ahnung fühlt man, wenn man lesen kann, dass viele böhmische Führer nach der Niederlage einfach hingerichtet wurden. Die Ständeordnung wurde aufgehoben, evangelische Geistliche verbannt, evangelisch-adeliger Großgrundbesitz konfisziert. Der Krieg sollte weiter gehen, ja sich ausbreiten, neue Kriegsteilnehmer betraten die Bühne – sollte man nicht besser sagen die Schlachtfelder? Es wurde ein die Weltgeschichte verändernder Krieg, der die Historiker bis heute in Bann hält. Man erinnere etwa daran, dass Friedrich Schiller (1759–1805) sich als Historiker dieses Themas angenommen hat – und als Dichter in seiner „Wallenstein-Trilogie", wo er die Frage nach der menschlichen Schicksalsfügung stellt.

Friede von Münster und Osnabrück

Wir empfinden in Münster und Osnabrück den nahenden Frieden, jeweils in den Rathäusern dieser Städte verhandelt und dann auch abgeschlossen. Doch der Weg dahin war weit. Um es primitiv auszudrücken, die Schlacht am Weißen Berg war nicht „genug", es brodelte in ganz Europa. Den Krieg im Detail zu schildern würde den Rahmen sprengen, es ist aber interessant, sich vor Augen zu führen, wer jeweils beteiligt oder betroffen war, welche Sieger oder Verlierer es gab. Wichtiger noch ist die Schilderung des sittlichen und politischen Verfalls und die Folgen.

Im Niedersächsisch-dänischen Krieg, der von 1623 bis 1629 dauerte hatten sich die protestantischen Fürsten des Nordens unter Führung des dänischen Königs Christian IV. (1588–1648) zusammengetan, wurden aber von Johann Graf von Tilly von der Katholische Liga (1559–1632) bei Halberstadt (in Sachsen-Anhalt, Deutschland) geschlagen. Mit Tilly betrat einer der führenden Feldherren dieses Krieges die Weltbühne. Er wurde 1632 bei einer Schlacht in Rain am Lech gegen die Schweden verwundet und starb kurz darauf. 1630 war auch Albrecht von Wallenstein (1583–1634) in Halberstadt gewesen. Man bescheinigt ihm eine schillernde bis zwiespältige, vor allem aber machtsüchtige Persönlichkeit gewesen zu sein. Auch war er schicksalsgläubig und ließ sich schon 1608 vom Astronomen Johannes Kepler (1571–1630) ein Horoskop erstellen. Er stand in habsburgischen Diensten, wurde 1625 Herzog von Friedland und stellte im selben Jahr auf eigene Kosten ein Heer auf. Kann man sich heute vorstellen wie man ein Heer rekrutiert, zusammenstellt, finanziert, die Soldaten anwirbt und motiviert? Nach erfolgreichen Schlachten gegen Christian IV. und Eroberung ganz Norddeutschlands vermittelte er 1629 den Frieden von Lübeck zwischen dem Kaiser und dem dänischen König. Da Wallenstein den deutschen Fürsten und dem Kaiser zu mächtig wurde, setzte man ihn als Feldherrn ab. Als jedoch der Schwedenkönig Gustav Adolf (1594–1632) – wir sprechen nun schon vom Schwedischen Krieg 1630 bis 1635 – auf deutschen Boden einfiel, wurde Wallenstein wieder mit dem Oberkommando betraut. Er wurde zwar von Gustav Adolf bei Lützen in Sachsen geschlagen, doch der schwedische König ist gefallen. Wallensteins Gegner ruhten nicht – er wurde am 25. Februar 1634 in der böhmischen Stadt Eger ermordet. In diesem Haus, wo der Mord stattfand, ist heute ein Wallenstein-Museum eingerichtet.

1635 erfolgte eine Kriegserklärung Frankreichs an Spanien, 1638 auch an den deutschen Kaiser. In Frankreich war schon seit 1624 Kardinal Richelieu (1585–1642) Minister und Berater Königs Ludwig XIII. (1610–1643). Richelieus Hauptkampf galt den Habsburgern und er sah zeitweise in Gustav Adolf einen Bündnispartner. König Ludwig XIV. (1638–1715) setzte mit Kardinal Jules Mazarin (1602–1661) Richelieus Politik fort. Nun war ganz Europa Kriegsschauplatz, es war ein Krieg aller gegen alle, die Bevölkerung befand sich am Rande des Abgrundes. Besonders die Schweden wüteten in Mitteleuropa. Ein neuer General trat in den Vordergrund: Lennart (Leonhard) Torstensson (1603–1651); er tat sich durch intensiven Einsatz der Feldartillerie hervor. Es darf in diesem Zusammenhang ein Seitenblick auf die Gegend um Wien geworfen werden.

Torstensson beabsichtigte, von Mähren kommend, Wien anzugreifen. Es gelang ihm die Stadt Korneuburg vor den Toren Wiens am nördlichen Donauufer zu erobern, über den Donaustrom wagte er sich mit seinem Heer allerdings nicht. Also tobte er sich in der Gegend aus, eroberte die Burg Kreuzenstein, die aus dem 12. Jahrhundert stammte und sprengte sie 1645 in die Luft. Nach mehr als 200 Jahren Daseins als Ruine wurde Kreuzenstein in der späteren zweiten Hälfte des 19. Jahrhunderts vom neuen Besitzer Hans Graf Wilczek (1837–1922) im romantischen Stil als Schauburg neu errichtet. Dazu wurden kunsthistorische Teile wie Türen, Fensterrahmen, Statuen, ja ganze Bauteile wie den „Kaschauer Gang" in ganz Europa gesammelt und architektonisch integriert – dies im Gegensatz zu anderen Burgen in Europa, die um dieselbe Zeit bloß neu aufgebaut wurden. Man sieht heute noch den unteren Teil der alten Burgmauer, durch das Alter gedunkelt – das Resultat der Sprengung aus dem Dreißigjährigen Krieg. In den Wäldern um die Burg sprechen die Menschen heute noch von den „Schwedenhöhlen", in denen sich die Einwohner damals versteckt hatten.

Zu den grausamen Seiten des Krieges gehörten die Soldateska, die verwilderten Sitten und die allgemeinen Grausamkeiten des Krieges. Häuser und Felder wurden abgebrannt, Einwohner und Vieh getötet, ganze Dörfer ausgerottet; es herrschte nackte Gewalt. Die Nahrungsmittel wurden knapp, Hunger bedrohte die Menschen, natürlich auch die Landsknechte. Seuchen breiteten sich aus, Pest und Syphilis dominierten. Das zügellose Kriegsvolk vergewaltigte, machte Beute, Plünderungen und Diebstahl waren an der Tagesordnung. Marodierende Soldaten lebten mit ihren verrohten Sitten, wie die Foltermethode des berüchtigten „Schwedentrunks" zeigte. Dies war vergleichbar mit dem modernen „water boarding", bei

Friedenssaal in Münster – © Presseamt Münster / MünsterView

Rathaus von Osnabrück – © Alizada Studios / Shutterstock.com

dem der Delinquent glaubt ersticken zu müssen. Nur wurde damals statt
Wasser Jauche, Urin und ähnliche Flüssigkeiten zwanghaft über Trichter
und Schläuche in den Mund des Gefolterten gegossen.

Aber auch die Herrschenden wussten um grausame Behandlungsme-
thoden. Als sich 1625 im Zusammenhang mit dem Religionskrieg im
oberösterreichischen Frankenburg ein Bauernaufstand entwickelte, weil
die protestantische Bevölkerung keinen katholischen Pfarrer aufoktroyiert
haben wollte, kam es zu dem legendären „Frankenburger Würfelspiel".
Der Statthalter von Oberösterreich, Adam Graf Herberstorff (1585–
1629), versprach den Aufständischen Gnade, brach sein Wort und ließ am
15. Mai 1625 die gefangengenommenen Führer paarweise um ihr Leben
würfeln: 17 Bauern wurden gehenkt. 1925 (also 300 Jahre später) wurde
das Ereignis gleichsam in Festspiele umfunktioniert – und bis heute alle
zwei Jahre wieder aufgeführt.

Im Jahr 1644 begannen die Friedensverhandlungen, doch dieser Beginn
führte noch nicht zum Ende des Krieges. Ich gehe in meiner Wohnung
oftmals an einem barocken Stich an der Wand vorbei, der Menschen in
einem Gebäude bei Friedensverhandlungen zeigt, davor ist der Kriegs-
gott Mars mit Schwert zu sehen und der einfache Spruch darunter lautet: „Ob man schon vom Frieden spricht, lass ich doch mein Handwerk
nicht". Kann sich der Mensch nicht mit dem friedlichen Zusammenleben
anfreunden? Ist der Mensch zum Krieg und zur Aggression geboren,
ist Kriegführen eine menschliche Eigenschaft, gar ein Bedürfnis? Gibt
es erst ein Ende mit Schrecken, Tod, drohender Vernichtung, muss man
auf die Fleischhauer-Sprache zurückgreifen und vom „Ausbluten" wie bei
den Tieren sprechen? Wir Heutigen kennen solche Fakten vom Ende des
Ersten und des Zweiten Weltkrieges!

Vor Prag fielen 1648 die letzten Schüsse dieses großen Krieges, dort,
wo er vor dreißig Jahren begonnen hatte. Betritt man den Friedenssaal in
Münster, umfängt den Besucher eine angenehme, fast privat anmutende
Atmosphäre. Der Saal ist festlich, mit warmen braunen Holz ausgetäfelt,
man sitzt bequem in der Runde auf Bänken und denkt an die Friedens-
Verhandler. Ihre Zahl war groß, die Gespräche im Raum waren sicher
heftig, aber doch zielführend. Konzentriert wurde also hier über den
Frieden verhandelt, vom 15. Mai bis zum 24. Oktober. Die Unterhändler
des deutschen Kaisers mit Frankreich taten dies in Münster, in Osnabrück
verhandelte das Römische Reich mit Schweden. Der Verhandlungssaal im
Rathaus von Osnabrück, über eine kleine Außentreppe erreichbar, scheint
heute nüchtern, die Wände sind mit den vielen Portraits der Verhandler

geschmückt. Es wurden in beiden Städten komplementäre Friedensverträge ausgehandelt, die dann am 24. Oktober in Münster unterzeichnet, in Osnabrück aber verkündet wurden. Drei Herrscher seien genannt: Kaiser Ferdinand III. (1608–1657), Ludwig XIV. von Frankreich und Christina von Schweden (1626–1689), die Tochter von Gustav Adolf.

Was waren die Folgen dieses Friedens, was heißt überhaupt Friede – wenn man auf der gemütlichen Bank in Münster sitzt? Heißt Friede bloß keinen Krieg, man denke an die berüchtigten Stellvertreter-Kriege der Großmächte der heutigen Zeit? Ist heute nur dort Krieg, wenn in den Medien davon berichtet wird? Versuchen wir historisch-optimistisch zu sein! Der Westfälische Friede, nach der Dimension des Dreißigjährigen Krieges gemessen, hielt etwa bis zu den Kriegen nach der Französischen Revolution, also etwa 150 Jahre. Man hat aber aus den Friedensverhandlungen eine neue Art des Friedensschlusses gelernt, etwa die Geleichberechtigung der Gegner, ob Sieger oder Verlierer. Es war dieser Friedensschluss Vorbild für viele Jahre, bis hin zum Wiener Kongress 1814/15. Man hat in Münster auch Zeit um nachzudenken, welche Art von Frieden nach dem Ersten und nach dem Zweiten Weltkrieg geschlossen wurde!

Freimaurer

London und Rosenau

Wenn man nicht gerade geschichtsversessen ist und alles auf den Beginn der Menschheitsgeschichte zurückführen will, so gibt es für die Gründung der Freimaurerei ein klares Datum, den 24. Juni 1717 in London, am Tag von Johannes dem Täufer, der als Schutzpatron der Freimaurer gilt. Man muss nicht bis zu Salomons Tempel (Wann auch immer dieser historisch einzureihen ist.) in Jerusalem zurückgehen, es reicht das Gasthaus „Goose and Gridiron" („Gans und Bratrost") in London. Dort haben sich vier Logen zur Gründung der Großloge von England vereinigt. Das Gasthaus bestand bis zum Jahre 1897, eine Gedenktafel weist darauf hin, dass „Near this site…" also nebenan dieses Pub bestand.

Die Männervereinigung der Freimaurer wird oftmals von Geheimnissen umgeben, die heutige Situation ist die eines Vereins-Status. Freimaurer agieren nicht im Geheimen, wohl aber „privat" – wie man gerne formuliert. Historisch interessant ist jedenfalls der Übergang von Maurern, Baumeistern und Architekten, freien Männern mit handwerklichem Hintergrund, zu einer Organisation, die mit Mauern und Bauen und mit Steine-Behauen nichts mehr zu tun hat. Vielfach faszinierend ist, wie die Symbolik dieses alten Berufsstandes übergeführt werden konnte in die Symbolik für positives menschliches Zusammenleben, für Humanität und Toleranz, ja der allgemeinen Menschenliebe. Dann kam im Laufe der weiteren Geschichte der veränderte Realitätsbezug der freimaurerisch tätigen Menschen hinsichtlich des Aufbaues einer menschlichen Gesellschaft zum Tragen. Zur neuen Symbolik haben die Bauhütten, die Zünfte des Mittelalters (Die individuellen Steinmetzzeichen findet man heute noch an Kirchen und Kathedralen.) beigetragen. Auch mit der Lebensart der Mobilität, von Dombau zu Dombau zu wandern, mit der Art der Zusammenkünfte in den Zunfträumen (heute Logenraum oder Tempel), haben sie Einfluss genommen. Besonders der Begriff der Arbeit wurde übertragen, wird doch heute noch die Tätigkeit in einer Freimaurerloge als „Arbeit" bezeichnet. Auch die Erkennungszeichen – Wort und Griff, gewisse Klopfrhythmen, die als Schutz der Bauleute vor Eindringlingen und Betrügern dienten, zuletzt der Schurz als schützende Arbeitskleidung – sind übernommen, dann aber anders interpretiert worden. Auch die Gliederung in Lehrlinge, Gesellen und Meister findet sich, überhöht allerdings in der Schottischen Freimaurerei mit den Hochgradsystemen.

Die Freimaurerei ist ein Produkt der Aufklärungszeit, ist der Vernunft verbunden und von Weisheit geprägt. Die Freimaurerei selbst ist keine Religion, eher eine Vereinigung von humanitär denkenden Männern, hat sich von Glaubensangelegenheiten weitgehend distanziert und die Toleranz zu allen Religionen und Weltanschauungen auf ihr Banner geschrieben. Damit geriet sie in Konflikt besonders mit der katholischen Kirche. Schon 1738 hat Papst Clemens XII. (1652–1740) ein Verbot ausgesprochen. Das Verhältnis zwischen Kirche und Freimaurerei ist bis heute getrübt, schwankt zwischen der Exkommunikation von Freimaurern und der Meinung Freimaurer zu sein wäre eine schwere Sünde, bis zu seltenen Anwandlungen von Toleranz. Doch Gerüchte besagen, dass selbst Geistliche – auch höheren Ranges – Freimaurer waren und sind. Hinsichtlich der religiösen Toleranz ist der Freimaurerei ein genialer philosophischer Schachzug gelungen, was den Gottesbegriff betrifft. Gott wird als der „Größte Baumeister aller Welten" bezeichnet, ohne Himmel und Hölle, ohne Propheten, ohne Sohn, ohne Rituale, nüchtern und neutral. Doch kann jeder seine Gottesvorstellung dort unterbringen, ob christlich oder islamisch, einzig Atheisten wie besonders in den französischen Logen werden gewisse Probleme haben.

Wegen des Strebens nach Freiheit, Unabhängigkeit, Gleichheit der Menschen, Toleranz und Humanität hatten die Freimaurer großen Zulauf. Außerdem haben diese Ideen alle Stände durchdrungen und manche sozialen Unterschiede eingeebnet. Die Freimaurer verbreiteten sich über die ganze Welt, ihr Wirken war in Logen organisiert, der Ort einer Loge, die Stadt, wurde „Orient" genannt. Für die Logen wurden für Außenstehende oft eigenartig erscheinende, jedenfalls fantasiereiche Namen gefunden, wie etwa die „Loge zu den Drei Lichtern im Orient Wien". Die Symbolik der „Lichter" bezieht sich auf das Winkelmaß, den Zirkel und das Buch (in Europa meist die Bibel). Die erste Loge in Wien 1742 trug den Namen „Aux trois canon" – „Zu den Drei Regeln".

Es werden gerne von den Freimaurern die berühmten Persönlichkeiten erwähnt, die zu den „Brüdern" zu zählen waren. Im Ursprungsland England praktisch alle regierenden Könige, in Österreich Kaiser Franz Stephan von Lothringen (1708–1765) – sehr zum Missfallen seiner Gemahlin Maria Theresia – in Preußen Friedrich der Große (1712–1786), was ihn nicht

Heutige Großloge in London –
© DJ Cockburn / Shutterstock.com

Logenraum auf Schloss Rosenau,
Niederösterreich – © Österr. FM
Museum Schloss Rosenau

hinderte gegen Österreich Krieg zu führen. Der damals wohl berühmteste Amerikaner, George Washington (1732–1799), und sein ganzes philosophisches, politisches und militärisches Umfeld gehörten dazu. Gerne wird auch die Symbolik in der Stadtgründung von Washington und im Kapitol hervorgehoben – bis zur Symbolik des „alles sehenden Auges" und der Pyramide der Weisheit auf der Dollarnote. Auch einige Präsidenten des 20. Jahrhunderts waren Freimaurer. Berüchtigt schien das freimaurerische Wirken in der Französischen Revolution, wohltuend das Auftreten von Simon Bolivar (1783–1830) in Südamerika und das von Jose Marti (1853–1895) auf Kuba im Sinne des Unabhängigkeitskampfes gegen die Kolonialherren. Die negative Seite ist durch den Verdacht der Verschwörung und der politischen Umsturzgelüste, der Geheimbündelei, generell der gefürchteten Haltung gegen die Herrschenden gekennzeichnet. Dies führte zu Gegnerschaft und Verboten der Freimaurerei – und deren Verfolgung – was bis in die nationalsozialistische Zeit in Deutschland und Österreich und in die kommunistische Herrschaft nach der Oktoberrevolution in der Sowjetunion reichte. Oft und gerne werden auch Wolfgang Amadeus Mozart, Joseph Haydn und Johann Wolfgang von Goethe als Mitglieder genannt.

Nach dem erhabenen Gefühl eines Besuches des feierlichen Logenraums in der Großloge in London in dem Gebäude von 1933 (Er ist allen Besuchern zugänglich.) darf man zurückblenden in den ältesten noch erhaltenen Logenraum der Welt im Schloss Rosenau im niederösterreichischen Waldviertel. Dieses barocke Schloss hat eine eigenartige Geschichte. Der ehemalige um 1590 erbaute Vierkanter wurde von den Grafen Schallenberg erworben. Leopold Christoph von Schallenberg (1712–1800), hoher Staatsbeamter und Freimaurer, ließ 1736 das Schloss nach Plänen des Architekten Joseph Munggenast (1680–1741), der im nahen Zwettl gebaut hatte, umgestalten. Bei dieser Gelegenheit wurde ein Logenraum eingerichtet und von bekannten Malern wie Daniel Gran (1694–1757) und Paul Troger (1698–1762) mit Fresken, die freimaurerische Symbole darstellten, ausgestattet. 1868 erwarb Matthias Schönerer (1807–1881), einer von Österreichs Eisenbahnpionieren (Pferdeeisenbahn Linz-Budweis 1832), das Schloss. Sein Sohn Georg Ritter von Schönerer (1842–1921) entwickelte sich zum radikalen Politiker im Sinne der deutschnationalen Bewegung. Rassismus, Antisemitismus („Ob Jud, ob Christ ist einerlei, in der Rasse liegt die Schweinerei" soll er gesagt haben), Antiklerikalismus (Los von Rom-Bewegung), Antipatriotismus, waren seine politischen Inhalte. Auch richtete er sich gegen Freimaurer – ohne zu wissen, dass er den schönsten und ältesten Logenraum überhaupt bei sich im Schloss beherbergte. Er wurde Vorbild und Ideengeber für Adolf Hitler, ließ sich mit „Führer" anreden und grüßte mit „Heil". Es sei allerdings auch erwähnt, dass er sozialem Denken zugeneigt war. Er unterstützte als Abgeordneter soziale Bestrebungen, wie etwa das Krankenkassenwesen, die Tendenz zur Arbeitszeitverkürzung und zur Sonn- und Feiertagsruhe.

Der alte Logenraum in Rosenau ist beeindruckend. Ob man Freimaurer ist oder nicht, man kann die Atmosphäre genießen. Der Meisterstuhl ist ungewöhnlich für Logen neben dem Eingang in die Loge positioniert, alle anderen Einrichtungen sind so gestaltet, dass jederzeit eine Logenarbeit abgehalten werden kann. Das Schloss Rosenau ist heute zu einer Fremdenverkehrsattraktion geworden, das Österreichische Freimaurermuseum ist dort untergebracht. Wer mit Freimaurern denkt und fühlt, kann gerade in diesem Logenraum darüber sinnieren, wie die Zukunft dieses Männerbundes aussehen sollte oder wird. Sollten im Sinne der Humanität und der Toleranz nicht alle Menschen Freimaurer werden oder bleiben die Mitglieder lieber untereinander, gleitet die Freimaurerei gar zu einem munteren „Männertreff" mit Ritual ab? Was geschieht mit den Frauen als mögliche Mitglieder – abgesehen von den vorhandenen aber nicht geliebten Frauen-Logen? Wird sich die Freimaurerei der Welt öffnen, dem Frieden dienen, wie es etwa der Nobelpreisträger Alfred Hermann Fried (1864–1921) und der Gründer der Pan Europa-Bewegung, Richard Coudenhove-Kalergi (1894–1972), vorgezeigt haben?

Joseph Haydn und die Kaiserhymne

Als der deutsche Automobilrennfahrer Sebastian Vettel (geb. 1987) im damaligen Formel 1-Team von Red Bull gesiegt hatte, wurden zur Freude vieler Österreicher zwei Bundeshymnen hintereinander gespielt (Deutschland und Österreich). Beide waren auf österreichischem Boden entstanden, die eine komponiert von Mozart (wenn es stimmt!), die andere von Joseph Haydn (1732–1809). Haydn gehörte neben Mozart und Beethoven zum Dreigestirn der Wiener musikalischen Klassik. Man sollte allerdings Schubert noch dazuzählen! Haydn war der älteste von ihnen und lebte auch am längsten.

Joseph Haydn wurde in dem kleinen niederösterreichischen Dorf Rohrau nahe der burgenländischen Grenze geboren. Der Ort hatte ländlichen, ja bäuerlichen Charakter. Das Geburtshaus ist heute „fein herausgeputzt" und macht fast einen feierlichen Eindruck. Selbstverständlich, möchte man sagen, ist ein Museum darin untergebracht. Man ist beeindruckt vom Weg Haydns, vom handwerklich-bäuerlich geprägten Geburtshaus (Haydns Vater war Wagnermeister) bis zum Olymp der Musik mit all den Ehren, die man bekommen kann. Auch sein jüngerer Bruder Michael Haydn (1737–1806) wurde ein berühmter Musiker. So wie später Schubert, war auch Haydn Sängerknabe, aber in St. Stephan in Wien. Dort erhielt er umfassenden Musikunterricht. Sein Genie hat ihn dann zum „Erfinder" der Sinfonie auserkoren, wenn man es salopp formulieren darf. Er selbst meinte zu seinem Können: „Die Phantasie spielt mich, als wäre ich ein Klavier". Nach ersten Kompositionen und Bekanntschaft mit verschiedenen adeligen Gönnern wurde er 1761 Zweiter Kapellmeister beim Fürsten Paul II. Anton Esterhazy (1711–1762), und unter dessen Nachfolger Nikolaus Joseph Esterhazy (1714–1790) dank seiner Leistungen Erster Kapellmeister. Letzterer wurde „der Prachtliebende" genannt und hatte das ungarische Schloss Esterhaza ausgebaut. Das Schloss Esterhazy in Eisenstadt war als gotische Burg erbaut worden. 1649 (nach dem Dreißigjährigen Krieg) wurde es von den Esterhazys erworben und nach und nach zum barocken Schloss ausgebaut. Im 18. Jahrhundert wurden nur mehr Umbauten im Inneren vorgenommen; der Prunksaal (heute als „Haydn-Saal" bezeichnet) soll angeblich aus Gründen der Resonanz auf Wunsch von Haydn mit Holzsäulen und einem speziellen Holzboden ausgestattet worden sein.

Beide Gönner Haydns waren Militärs unter Maria Theresia und sehr kunstbeflissen. Aus der „Not" der Abgeschiedenheit auf den diversen Landsitzen machte Haydn eine Tugend und es sei seine bekannte Äußerung zitiert: „Ich war von der Welt abgesondert, niemand in meiner Nähe konnte mich an mir selbst irremachen und quälen, und so musste ich original werden". Er hat so seinen eigenen Komponier-Stil entwickelt und erweiterte die bei Esterhazy vorgefundene Musikergruppe von circa zehn Mann auf das Doppelte. Beim Komponieren und bei Aufführungen hatte er freie Hand. Selbstverständlich hatte er auch Opern darzubieten, besonders aber die fürstliche Familie mit seinen Werken zu unterhalten. Hier über das gewaltige Oeuvre dieses Musikgenies, der Mozart zum Freund und Beethoven zum Schüler hatte, zu referieren, würde zu weit führen. Entscheidend war sein Beitrag zur Entwicklung der Instrumentalmusik (Violine und Klavier), der Streichquartette und der Sinfonien. Während Beethoven als einer der ersten sein Werkverzeichnis mit eigenen Opus-Zahlen versehen hatte, tat dies für Haydn der Holländer Anthony van Hoboken (1887–1983), für Mozart der Kremser Ludwig von Köchel (1800–1877) und für Schubert der Wiener Musikwissenschaftler Otto Erich Deutsch (1883–1967).

Haydn wurde international berühmt. Es sei eine Episode aus England erwähnt, die sich zwischen Haydn und seinem musikalischen Zeitgenossen Ignaz Joseph Pleyel (1757–1831) abgespielt hat. Die für Pferdewetten und sportlich bis zur Fuchsjagd zu begeisternden Engländer und der damalige – heute würden wir sagen – Musikmanager wollten 1791 zwischen Pleyel und Haydn ein spektakuläres musikalisches Duell veranstalten. Doch sie spielten nicht mit, sondern schritten Hand in Hand – beide waren Freimaurer – zu den jeweiligen Konzerten. Haydn sprach mit einem Anflug an Zynismus von einem „blutig harmonischen Krieg". Übrigens: Haydn erhielt am 8. Juli 1791 das Ehrendoktorat der Universität Oxford.

Doch kehren wir zu den Orten seines Lebens und zum historischen Gefühl zurück. 1766 konnte Haydn in Eisenstadt (damals Klostergasse, jetzt Joseph Haydn-Gasse 21) ein Wohnhaus erwerben. Es stammte aus dem 16. Jahrhundert, ist in der leicht gekrümmten Straßenzeile integriert, wurde offenbar 1749 barockisiert und ist von ihm bis 1778 bewohnt worden. Heute ist darin ein Museum eingerichtet, aber in den Räumen des ersten Stockes wird durchaus die einfache aber angenehme Wohnatmosphäre des 18. Jahrhunderts vermittelt. Etwa in der Küche glaubt man dem Familienmenschen Haydn begegnen zu können. Da er für die Esterhazys unterwegs war, im Sommer in Esterhaza – samt seinen Musikern – sei die legen-

Der romantische Innenhof des Wohnhauses von Joseph Haydn in Eisenstadt – © Karl Sablik

Haydn-Saal im Schloss Esterhazy, Eisenstadt – © Roland Wimmer_HQ

denhafte Geschichte, die sich 1772 in den ungarischen Räumlichkeiten abgespielt hat, erzählt. Es geht um die „Abschiedssinfonie". Die Musiker wollten zu ihren Familien nach Hause, also komponierte Haydn eine Sinfonie, die eine geniale Strategie beinhaltete: Nach und nach sollten die Musiker nach ihrem Spielanteil das Kerzenlicht ausblasen, die Noten einpacken und den Saal verlassen… Offenbar verstand der prachtliebende Fürst die Geste und ließ die Musiker ziehen. Wenn man sich für prächtige Aufführungen interessiert, muss man den „Haydn-Saal" im Eisenstädter Schloss besichtigen – ein Ohrenschmaus für das historische Gefühl.

Nach der „freundlichen Entlassung" aus Esterhazy'schen Diensten im Jahre 1790 zog Haydn nach Wien. Er nahm eine Wohnung im ersten Bezirk, Neuer Markt 2. Leider gibt es dieses Haus nicht mehr, bloß eine Tafel erinnert am neuen Bau daran, dass hier 1797 die „Kaiserhymne" für Franz II. (1804 Franz I. als österreichischer Kaiser) komponiert wurde. Sie wurde am 12. Februar vor dem Kaiser uraufgeführt, der sie später zur „Volkshymne" erklärte. Von hier aus begann der „Siegeslauf" – wenn man es profan so ausdrücken darf – einer „Meilenstein-Melodie" (Peter Wehle in seinem Buch über Haydn), bis heute. Nach dem Ende des Heiligen Römischen Reiches Deutscher Nation übernahm Österreich diese geniale Hymne, von 1815 bis 1866 diente sie auch dem Deutschen Bund. Noch interessanter wird die Geschichte im 20. Jahrhundert. Vereinfacht ausgedrückt, mit Umwegen nach dem Ersten Weltkrieg entschied sich Österreich nach 1945 für Mozart, Deutschland blieb bei Haydn. 1922 hatte der deutsche Reichspräsident Friedrich Ebert (1871–1925) die Entscheidung getroffen, dass es nach dem „ Lied der Deutschen", der dritten Strophe, der 1841 auf Helgoland von August Heinrich Hoffmann von Fallersleben (1798–1874) gedichteten Hymne zu gehen habe: „Einigkeit und Recht und Freiheit /für das Deutsche Vaterland". Dazu allerdings mit dem berühmten Beginn der neuen ersten Strophe „Deutschland, Deutschland über alles…". Die Haydn-Melodie blieb also auch nach 1945 in Deutschland – zum Ärger vieler damaliger österreichischer Politiker.

Wenn man so sagen darf, „nach" der Kaiserhymne zog Haydn in die „äußerste Vorstadt" Wiens, heute durchaus im Stadtbereich mit der Adresse Haydngasse 19 gelegen. Um das Haus wohnlicher zu gestalten, wurde ein Stockwerk aufgesetzt. Er empfing als berühmtester Komponist Europas dort seine Gäste, darunter Ludwig van Beethoven. Hier hat er seine Spätwerke, das Oratorium „Die Schöpfung", mit dem gewaltigen und beeindruckenden Anfangsteil, komponiert und 1798 vollendet, 1800 die „Jahreszeiten". In diesem Haus sollte Haydn aber auch sterben. Als die

Truppen Napoleons 1809 Wien besetzten, wurde ihm aus Respekt und Ehrfurcht vor seinem Haus eine französische Ehrenwache zugeteilt (hatte er nicht auch „Pariser Sinfonien" komponiert...?). Joseph Haydn starb am 31. Mai 1809. Seine Wirkung in der Musikgeschichte ist gewaltig.

Sein Tod hatte ein skurriles Nachspiel. Man kann sich diese makabre Geschichte gerne an seinem Mausoleum in der Eisenstädter Bergkirche in Erinnerung rufen. Um diese Zeit wirkte nämlich in Wien der Gehirnforscher und Phrenologe Franz Joseph Gall (1758–1828), Begründer der nach ihm benannten Schädellehre. Wenn man es historisch positiv sehen will, hat er den Begriff „Gehirnzentrum" geprägt. Über diese anatomisch-neurologische Thematik wird heute noch geforscht. Des Materialismus verdächtigt floh er später nach Paris. Seine Vorstellung umfasste die Möglichkeit, an der Schädeloberfläche durch Abtasten geistige, künstlerische, aber auch kriminelle Fähigkeiten eines Menschen erkennen zu können, die darunter liegenden besonderen Zellen würden die Ausbuchtungen am Kopf verursachen. Dies galt besonders für Musiker (seitliche Stirnauswölbungen?). Durch Bestechung des Totengräbers konnte der Wiener Johann Peter acht Tage nach dem Begräbnis – „ergriffen von dem Tiefblick des Herrn Gall..." – Haydns Schädel an sich bringen. 1820 sollte Haydns Leichnam nach Eisenstadt überführt werden, und man entdeckte den Skandal – also wurde ein falscher Schädel beigesetzt. Der richtige Schädel wechselte oftmals den Besitzer, bis er endlich nach vielen Wirren und Vertauschungsversuchen in der Gesellschaft der Musikfreunde aufbewahrt wurde. Doch erhob sich die Frage, ob dies nun wirklich der richtige wäre! In der Zwischenzeit wurden von Wilhelm Konrad Röntgen (1845–1923) im Jahre 1895 in Würzburg die nach ihm benannten Strahlen entdeckt. Der Wiener Anatom Julius Tandler (1869–1936) adaptierte sofort diese neue Methode für die Anatomie und da er gerade mit Gehirn- und Schädelanatomie beschäftigt war, konnte er mit diesem Verfahren den Schädel in Haydns Totenmaske einpassen und ihn damit überhaupt verifizieren. Dies geschah am 31. Mai 1909, dem 100. Todestag Haydns. Immer noch galt Tandlers Interesse auch der Frage, was ihn als Musikerschädel charakterisiert. 1954 endlich konnte der in Eisenstadt geborene Künstler, speziell auch Bildhauer, Gustinus Ambrosi (1893–1975), nach der Neugestaltung des Mausoleums den Schädel an die ihm gebührende Stelle legen!

Weimar
Goethe und Schiller

Weimar ist heute eine Stadt in Thüringen, Deutschland, mit ca. 66.000 Einwohnern. War Wien um die Wende vom 18. zum 19. Jahrhundert die Stadt der musikalischen Klassik (Haydn, Mozart, Beethoven, Schubert), so war Weimar praktisch zeitgleich die Stadt der literarischen Klassik (Goethe, Schiller, Wieland, Herder). Die Stadt strahlt eine einmalige wissenschaftliche, literarische, dichterische und philosophische Atmosphäre aus, die dem historischen Gefühl einen Höhepunkt nach dem anderen beschert. In der Darstellung ist Beschränkung angebracht um der Fülle zu „entgehen"!

Historiker verbinden mit Weimar auch den Begriff „Weimarer Republik", weil im dortigen Nationaltheater 1919 die Verfassungsgebende Versammlung für Deutschland stattgefunden hat. In Österreich spricht man von derselben Zeit als der Ersten Republik. 1933 endete die Weimarer Republik durch Adolf Hitler (1889–1945). Das Nationaltheater war 1780 erneuert worden, 1798 wurde Schillers „Wallenstein" dort uraufgeführt. 1825 brannte es nieder, heute steht davor das bekannte Goethe-Schiller-Denkmal. 1919 war auch das Jahr, als einer der bedeutendsten Architekten Europas, Walter Gropius (1883–1969), die Hochschule für Bildende Kunst übernahm und die „Bauhaus"-Bewegung gründete.

Will man sich auf Johann Wolfgang von Goethe (1749–1832), gerne als der „Dichterfürst" bezeichnet, und Friedrich Schiller (1759–1805) konzentrieren, sollte man aber nicht Christoph Wieland (1733–1813) und schon gar nicht Johann Gottfried Herder (1744–1803) vergessen. Sie alle gehören zur Weimarer Klassik, waren philosophisch interessiert, der Aufklärung verpflichtet, und hauptsächlich schriftstellerisch tätig. Alle vier hervorragenden Geister waren nicht in Weimar geboren worden, lebten und starben aber dort. Christoph Wieland, trotz seiner demokratischen Einstellung Prinzenerzieher (Vielleicht konnte er so Einfluss auf die jungen Adeligen nehmen?), Begründer des deutschen Bildungsromans, hatte das Wielandgut Ossmannstedt etwa zehn Kilometer nordöstlich von Weimar gekauft. Dort gedachte er wie ein „poetischer Landjunker" zu leben. Einfacher ausgedrückt, er wollte im Alter noch ein bäuerliches Leben führen. Das Gut ist heute ein Museum. Herder, Dichter, Philosoph, Theologe, hatte ein Wohnhaus in Weimar (Adresse – natürlich jetzt – Herderplatz 8). Heute hat er auch ein Denkmal vor der Kirche. Mit seinem Hauptwerk ist er berühmt geworden: „Ideen zur Philosophie der Geschichte der Menschheit", 1784 bis 1791, in vier Bänden.

Goethe wurde 1749 in Frankfurt am Main geboren, der Stadt der Kaiserkrönungen – einer davon hat er beigewohnt. Das Haus ist heute eine Gedenkstätte, die alte Adresse ist erhalten: Großer Hirschgraben 23. Als Kind hat er am liebsten im weitläufigen Hausflur gespielt. Seit 1775 war Goethe in Weimar, hatte als adeliges Geschenk das „Haus am Frauenplan" erhalten, das schon 1707 erbaut worden war. Das breite und wohnlich wirkende Gebäude hat einen eleganten Mitteleingang und zwei Seitentore, damit man mit der Kutsche hineinfahren – und beim anderen Tor wieder hinausfahren konnte. Faszinierend ist der Garten mit den bunten Beeten, er strahlt eine heimelige Atmosphäre aus. Die Innenräume sind wohnlich gestaltet, geschickte Fotografen haben prächtige Durchblicke festgehalten. In den Räumen kann man über sein Leben, seine Werke und seine Liebschaften nachdenken. Vielleicht hat man Rüdiger Safranskis (geb. 1945) neue Goethe-Biographie gelesen, Untertitel „Kunstwerk des Lebens" (2013). Auch Goethes Totenbett wird hergezeigt, doch soll er in einem Lehnstuhl sitzend entschlafen sein; die Äußerung der Bitte nach „mehr Licht" sei Legende. Um im Leben zu bleiben: Nicht weit weg von seinem Wohnhaus kann man, wie Goethe vor etwa 300 Jahren, im Gasthaus „Zum Weißen Schwan" einkehren.

Goethe verließ Frankfurt 1765 in Richtung Leipzig, um sich dort drei Jahre dem Studium der Rechtswissenschaften hinzugeben. Nachweislich verbrachte er auch Zeit in Auerbachs Keller (Grimmaische Straße 2–4). In diesem Keller wurde schon seit 1438 Wein ausgeschenkt und Goethe kam dort mit der Faust-Mephisto-Thematik in Berührung. Der Plan für „Faust" reifte. Dies sollte sein Hauptwerk werden und ihn bis an sein Lebensende bewegen. Faust I erschien 1808, Faust II erst 1831. Bei Essen und Trinken lässt sich im Keller nachdenken, was die Welt im Innersten zusammenhält, wie man es mit der Religion hält (Goethe hielt Jesus für einen gütigen Menschen, aber nicht für den Sohn Gottes.), was man alles studieren sollte – und sofort fallen einem die Worte ein: „Hab nun ach! Philosophie, Juristerei und Medizin, und leider auch Theologie durchaus studiert…". Was denkt man als Akademiker, als „gebildeter" Mensch darüber? Bleibt nur mehr die Magie, der man sich ergibt? Soll man auch an die diversen Selbstmorde in Folge der Lektüre von „Werther" denken, an die psychologische, ja pathologische Wirkung des geschriebenen Wortes?

Johann Wolfgang von Goethes Wohnung in Weimar – ©Klassik Stiftung Weimar

Friedrich Schillers Wohnhaus in Weimar – © Shutterstock.com

Goethe ist selbst unter Gebildeten meist nur als Dichter und Dramatiker bekannt, er war aber auch Naturforscher und Politiker. Für den Medizinhistoriker ist es interessant, dass er der (Wieder-)Entdecker des menschlichen Zwischenkieferknochens ist, dies war im März 1784, die Veröffentlichung erfolgte später. Aus der vergleichenden Knochenlehre schloss er, dass der Zwischenknochen der oberen Kinnlade dem Menschen mit den übrigen Tieren gemeinsam ist – ahnt man schon Darwin (?). Goethe führte auch den Begriff „Morphologie" also Gestaltlehre allgemein in die Wissenschaft ein, um damit die Vielfalt der Natur erfassen zu können. War es Interesse an der Anatomie oder an Schiller (gest. 1805), dass er dessen Schädel 1826 etwa ein Jahr lang bei sich hatte, gelegentlich in der Hand hielt und betrachtete? Der deutsche Bildhauer Gustav Eberlein (1874–1926) jedenfalls hat dies „dreidimensional" dargestellt. War es literarische Anregung zum Dichten, zum Philosophieren? Bekannt geworden ist auch Goethes Farbenlehre von 1810. Ein primitiver Vergleich erklärt die Sache einfach: Die Farbe Schwarz ist eine Empfindung und nicht nur Abwesenheit von Licht...

Goethe war ein geselliger Mensch, den Frauen zugetan – und sie ihm – und er war an allem Geschehen interessiert. 1763 war er als Zuhörer beim Klavierspiel des siebenjährigen Mozart (1756–1791) anwesend, 1808 traf er Napoleon (1769–1821), 1812 spielte Beethoven (1770–1827) für ihn. Bekannt ist, dass Goethe Freimaurer war, 1780 wurde er in die Loge „Amalia" in Weimar aufgenommen. Herder und Wieland waren ebenfalls Freimaurer, Schiller nicht, doch sagte man diesem Mitglied des Weimarer „Viergestirns" nach, dem Gedankengut dieser Vereinigung nahezustehen. Gerne werden dem Vernehmen nach heute in Freimaurerkreisen Goethes Worte zitiert: „Die Kunst ist lang! Und kurz ist unser Leben...". Goethe als Politiker war herrschaftsmäßig so in Weimar integriert und aktiv, dass er schon 1782 Herders Neid erregte, der ihm vorwarf, vom Wirklichen Geheimrat, Kammerpräsident, Aufseher des Bauwesens bis zum Wegebau hinunter... alles zu sein, weiters Lesegesellschaften zu leiten und einen adeligen Haushalt zu führen. 1815 wurde Goethe sogar „Staatsminister" des Großherzogtums Weimar! Ein amerikanischer Literaturhistoriker will in Akten ausgegraben haben, dass Goethe in dieser Eigenschaft auch Todesurteile unterzeichnet hat. Man kennt diese Problematik bis hin zu Arnold Schwarzenegger (geb. 1947), der dies als Gouverneur von Kalifornien auch getan hat – mit dem Resultat, dass ein Grazer Fußballstadion nicht mehr seinen Namen tragen darf. Hat nicht Goethe 1827 gesagt: „Amerika, du hast es besser...", doch historischer Zynismus ziemt sich nicht.

1799 ist es Goethe gelungen Friedrich Schiller nach Weimar zu „locken". Schiller erwarb 1802 ein Haus (heute Schillerstraße 12), in dem er bis zu seinem frühen Tode 1805 lebte. Das 1777 erbaute Haus sieht wie ein Mini-Schlösschen aus und dient als Museum. Das Arbeitszimmer Schillers ist original eingerichtet, die Atmosphäre ist geistig anregend, der „Wilhelm Tell" entstand hier. Die Stadt Weimar hat dieses Haus als erste Erinnerungsstätte an einen Dichter in Deutschland eingerichtet. Schiller wurde in Marbach am Neckar geboren, das Geburtshaus (Niklastorstraße 31) ist ebenfalls als Erinnerungsstätte gestaltet. Schiller, der wohl größte Dramatiker deutscher Sprache, war über sein Dichtertum hinaus auch Arzt und Historiker. Er hat eine eindrucksvolle Geschichte des Dreißigjährigen Krieges geschrieben. Er war ein „Vielfachtalent" wie auch Goethe, allerdings waren ihm nur rund 55 Jahre gegönnt, Goethe wurde fast 83! Wenn auch die erste Begegnung der beiden 1788 eher neutral bis misslungen ablief, arbeiteten sie später in geistigem Gleichklang, wenn auch Schiller etwas „revolutionärer" war als Goethe. Die Freundschaft wurde immer stärker, ein „glückliches Ereignis" für beide. 1802 arbeiteten sie zusammen mit anderen an der „Weimarer Dramaturgie", eine Art Theaterreform.

Schiller, der auch die Strömung der deutschen Literatur der Aufklärungszeit, genannt „Sturm und Drang", durchlebte, ist durch sein Stück „Die Räuber", 1782 in Mannheim uraufgeführt, schlagartig berühmt geworden. Er bringt die beiden Hauptfiguren Karl und Franz Mohr auf die Bühne, der eine geliebt und positiv gezeichnet, der andere als Zweitgeborener und missgestaltet, als Egoist – wir alle kennen den Schlusssatz: „Franz heißt die Kanaille". Dieser ist zum Zitat geworden, wenn man jemanden anschwärzen will. Kämpften hier Verstand und Gefühl gegeneinander? Doch es gibt ein wichtigeres Zitat, das für Schillers Haltung spricht. „Geben Sie Gedankenfreiheit…!", heißt es im Drama „Don Carlos" – und das im Jahr 1787, zwei Jahre vor der Französischen Revolution. Aufregend ist auch das Verhalten zum „Gessler-Hut", der im Vorbeigehen zu grüßen war in „Wilhelm Tell": keine devoten Gesten vor einem Symbol der Macht, keine Erzwingung untertänigen Verhaltens. Tell grüßte nicht! Sollten wir das alles nicht eher im Gedächtnis behalten als „Festgemauert in der Erden, steht die Form aus Lehm gebrannt…" das Generationen auswendig lernen mussten?

Goethe und Schiller liegen in der Fürstengruft der Familie Sachsen-Weimar in gleichgestalteten Särgen nebeneinander. Nur: Ist Schillers Sarg wirklich leer (?) – wieder ist nach einer Umbettung seiner Gebeine 1827 vom Friedhof in die Gruft ein Irrtum passiert. Im Jahr 2008 hat ein DNA-Test eine negative historische Entscheidung getroffen.

Mozart
Das musikalische Weltgenie

Trotz all der Reisen, die Wolfgang Amadeus Mozart (1756–1791) unternommen hat, spielte sich der Hauptteil seines Lebens zwischen Salzburg, damals Fürsterzbistum (bis zum Wiener Kongress) und der Kaiserstadt Wien ab. Ihm war nur ein kurzes Leben beschieden, wie später Franz Schubert oder dem Maler Egon Schiele. Man kann zwar sagen, dass im 18. Jahrhundert die Lebenserwartung geringer war als heute und Mozart ohnehin irgendwo in der statistischen Mitte lag. Man denkt aber bei Genies im 21. Jahrhundert anders, und, was hätte Mozart noch schaffen können? Genialität ist immer schon eine philosophische, psychologische, soziologische – vor allem aber biologische Frage gewesen. Bei dem „Wunderkind" Mozart hat vieles zusammengepasst, der Rest soll als Rätsel stehen bleiben. Es beginnt bei seinem Vater Leopold (1719–1787), der selbst Komponist war. Er erkannte das Genie in seinem Sohn sofort und richtete die Erziehung danach aus: Klavierunterricht mit vier Jahren. Der junge Mozart wurde bald in höchsten Kreisen herumgereicht. Es ist ausnahmsweise kein Gerücht, dass er am Schoß von Kaiserin Maria Theresia gesessen ist, vielleicht aber eines, dass er der ein Jahr älteren Marie Antoinette (1755–1793) einen Heiratsantrag gemacht habe. Lassen wir der Fantasie freien Lauf: Marie Antoinette hätte sich durch eine Heirat mit einem Genie den Tod auf der Guillotine erspart, Mozart hätte in adeliger Umgebung noch länger leben und viel komponieren können – alles unrealistisch, alles Unsinn.

Das Geburtshaus in der Salzburger Getreidegasse 9 ist von Touristen überlaufen. Es sieht elegant aus, in kräftigem Gelb und mit der rot-weiß-roten Fahne geschmückt. Man gelangt über viele Stiegen in die Wohnung, ins Geburtszimmer mit der berühmten Haarlocke. 1773 jedoch zog die Familie in ein anderes Haus in Salzburg, heute Makartplatz 8. Dieses wirkt breit und solide. Dort hat man aber im Sinne eines großartigen Museums (Das Haus musste nach Kriegsschäden renoviert werden!) den Charme des 18. Jahrhunderts quasi weggenommen – das Schicksal vieler Renovierungen und gut gemeinter musealer Präsentationen. Bis 1781 wohnte die Familie dort, bis Mozart endgültig nach Wien zog.

In Wien ist die Wohnung in der Domgasse 5 (nahe dem Stephansdom) von besonderem Interesse. Hier haben Mozart und seine Familie von 1784 bis 1787 gewohnt. Man könnte sagen, eine heimelige und bequeme Wohnung in der Beletage, zentral gelegen, man ist angenehm überrascht von dem Zimmer mit einem Deckengemälde – das hat Stil! Es soll zudem das Schlafzimmer gewesen sein…! Die „Hochzeit des Figaro" hat Mozart hier komponiert. Übrigens Kompositionen: In diesem Artikel ist nicht der Platz, das gewaltige Werk dieses musikalischen Universalgenies zu präsentieren. Opern, Sinfonien, Klavierstücke, Violinkonzerte, Serenaden… Interessanter zu wissen ist, wie dieses Genie komponiert hat, nicht so sehr die Technik, sondern die psychologische Frage der Eingebung, des Einfalls, von der Melodie im Kopf bis auf das Papier. Mozart hat schnell komponiert, hat aber auch musikalische Themen im Kopf speichern können, um sie später abzurufen. Für Psychologen und Genieforscher muss dieser Mensch eine Fundgrube sein. Als talentierter, aber nicht genialer Mensch staunt man: „Der kann das eben!" – und überlässt alles andere dem Gefühl der Bewunderung. Eine eigenartige Frage an dieser Stelle: Kann man Genies „züchten" oder sollte man liebe Talente fördern? Warum sind Kinder von Genialen meist nicht so genial? Genies kommen zufällig auf die Welt und pro Jahrhundert einmal, oder? – warten wir also ab!

Trotz des gewaltigen Werkes seien zwei Opern herausgegriffen: „Die Zauberflöte" (1791), weil sie zum Inbegriff der Opern-Superlative geworden ist ohne jetzt andere Komponisten herabsetzten zu wollen und dann „Die Entführung aus dem Serail" (1782), die beliebteste Oper zu seinen Lebzeiten. Die „Zauberflöte" ist als Singspiel eine Kombination aus Märchen, Zauberposse, spezieller Bühnenarchitektur, Genderproblematik, Glöckchen-Spiel, Prüfungen. Mozart verwendete, wenn man so sagen darf, auch verschiedene Opernstile. Bekannt geworden ist die Thematik aufklärerischer, freimaurerischer Ideen, Toleranz und Menschlichkeit: „Tempel der Weisheit", das Lied „In diesen heil'gen Hallen kennt man die Rache nicht". Der Textautor Emanuel Schikaneder (1751–1812) war wie Mozart Freimaurer, die „Zauberflöte" wurde in seinem „Freihaustheater" in Wieden, nahe dem heutigen Naschmarkt, uraufgeführt. Mozart wird von Freimaurern heute gerne als ihr Glanzlicht gesehen.

Die „Entführung aus dem Serail", ebenfalls aufklärerisch und der Toleranz verpflichtet, birgt heute Sprengstoff für die religiösen Anschauungen zwischen Christentum und Islam. Es kommt Alkohol vor, der von einem Moslem getrunken wird (furchtbar, nicht?), die Toleranz-Idee greift im Islam nicht, die Humanität des morgenländischen edlen Menschen kommt

Geburtshaus Mozarts in Salzburg –
© Shutterstock.com

Deckengemälde in Mozarts Wohnung in Wien, Domgasse – © Mozarthaus Vienna/David Peters

nicht an. Die Figur des Bassa Selim bekam in der Oper eine Sprechstimme, er singt nicht – dies heißt aber doch, dass der Humanität eine normale menschliche Stimme verliehen werden sollte! Man hört – oder sind es nur Gerüchte? – dass die Oper dank moslemischer Proteste vielerorts nicht aufgeführt wird oder werden darf, fürchten sich die Operndirektoren gar vor Terror? Droht ein „Kulturkampf" auf dem Rücken von Mozart?

Ein banaler Satz sei angebracht: Ein Genie ist auch nur ein Mensch. Aus verschiedenen Briefen erfahren wir viel über sein Privatleben, sogar sein Intimleben, ein vielleicht anderes, etwas anal ausgerichtetes, aber nicht wirklich abwegig orientiertes Liebesleben. Wer von uns aber würde schon gerne über seine Briefe ans Licht der Öffentlichkeit gezerrt werden? Doch Historiker (und Journalisten) sind unerbittlich. Es erhebt sich wieder einmal die Frage nach der Wertigkeit der Quellen – und ihrer Bewertung. Das Gerücht ging, dass er auch arm gewesen wäre. Musikhistoriker haben es widerlegt, Mozart hat mit manchen Kompositionen eigentlich gut verdient. Wenn er nicht eingesetztes Geld beim Billard-Spiel verloren hätte! Auch seiner Frau sagt man eine offene Hand fürs Geld nach. Sagen wir, er war also nicht wirklich arm.

Bleibt die Problematik um seinen Tod. Es sei vergiftet worden, fast ein Eifersuchtsmord hätte stattgefunden, er hätte ein Armenbegräbnis gehabt, bei schlechtem Wetter ging niemand bei seinem Leichenzug mit. Offenbar alles (außer dem Wetter) konstruierte Gerüchte um eine spezielle Dramatik um seinen Tod zu konstruieren. Dazu passte auch der unheimliche letzte Besucher, der das Requiem einforderte.

Mozart starb in seiner Wohnung in Wien im ersten Bezirk, Rauhensteingasse 8, am 5. Dezember 1791. Er hat in dieser Wohnung tatsächlich an der Zauberflöte gearbeitet und am Requiem. Leider gibt es dieses Haus nicht mehr, es wurde 1848 abgetragen, heute steht dort das Kaufhaus Steffl. Einzig eine Tafel mit goldenen Buchstaben erinnert an Mozarts Tod. Woran starb Mozart? Ich möchte mich auf die Aussagen des berühmten Wiener Arztes Anton Neumayr (1920–2017), Pianist und Medizinhistoriker, den ich persönlich kannte, verlassen. Nach Durchforstung der Krankengeschichte kommt Neumayr zur Diagnose „akutes rheumatisches Fieber" – man sollte es dabei belassen.

Auch die Gerüchte um das Begräbnis lassen sich klären. Abgesehen davon, dass in der Pfarre St. Stephan – ganz nahe der letzten Wohnung Mozarts – ein falsches Datum eingetragen wurde, hat das Begräbnis einfach nach den Vorschriften des aufgeklärten Kaisers Joseph II. (gest. 1790!) stattgefunden. Einsegnung in St. Stephan, einfacher Sarg, Transport zum

Friedhof St. Marx, circa vier Kilometer entfernt, laut Vorschrift erst nach 18 Uhr durchzuführen. Es war nicht Sitte mitzugehen – das schlechte Wetter kam dazu. Einzig einwerfen könnte man, dass man ihm kein „Ehrenbegräbnis" hat zukommen lassen. Man kann heute auch fragen, wie man mit der Beurteilung von Gesetzen und Sitten der Vergangenheit umgeht. Ein makabres Beispiel: Viele Historiker meinen, Enthauptungen zur Zeit Heinrichs VIII. im 16. Jahrhundert waren einfach „Sitte". Was ist wann, wo, wie üblich, reflektiert man vor dem Sterbehaus? Der St. Marxer Friedhof wurde 1874 aufgelassen, ist heute Park, 1859 bekam Mozart dort ein Denkmal, das 1891 (100. Todestag!) auf den Wiener Zentralfriedhof transferiert wurde. Kann man davon ausgehen, dass seine Gebeine noch in St. Marx ruhen? Ein Friedhofsarbeiter soll jedenfalls seinerzeit aus Ehrfurcht am alten Grab einen Weidenstrauch zur Erinnerung gepflanzt haben…

Es ist müßig, über die Nachwirkung Mozarts bis heute zu schreiben. Er wird auf der ganzen Welt als das größte musikalische Genie geliebt und gefeiert – so wird es, ohne Prophet zu sein, bleiben. Aber die Welt hat sich weitergedreht. Mozart hat als Freimaurer für seine „Brüder" Musik geschrieben, Kantaten und ähnliches. Man hat auch gemeint – und Musikhistoriker bestreiten es – das Lied „Brüder reicht die Hand zum Bunde", seit 1947 die Österreichische Bundeshymne, sei von ihm! 1841 wurde in Salzburg das Mozarteum gegründet, das von der damaligen „Musikschule" zur Universität mutiert ist. 1890 hat der Salzburger Konditor Paul Fürst (1856–1941) die „Mozartkugel" kreiert, unter „brutaler" Verwendung von Mozarts Namen. Aber darf man vielleicht philosophieren? So wie die Kugelform die vollkommene Gestalt in unserer dreidimensionalen Welt ist, ist Mozarts Musik die vollkommene menschliche Ausdrucksform. Man lasse sich die Kombination von Pistazien-Marzipan, Nougat und Schokolade gut schmecken!

Beethoven und die Europahymne

Das unruhige Leben Ludwig van Beethovens (1770–1827) brachte es mit sich, dass er an die dreißig verschiedene Wohnungen in Wien gehabt hat, manche Autoren kommen inklusive seiner Feriendomizile auf 80! Will man Einblick in sein Leben gewinnen, genügen wohl neun Plätze – man kann bewusst die (abergläubische) Zahl seiner Sinfonien nehmen. Man tastet sich in Wien von Wohnung zu Wohnung, von Werk zu Werk vor. Natürlich muss man bei seinem Geburtshaus in Bonn, Deutschland, einem schönen, einfachen Haus mit barocker Steinfassade in der Bonngasse 20, beginnen. Dort fasziniert der leere Geburtsraum, nur mit einer Büste Beethovens versehen, die auf eine Säule gestellt ist. Das Museum in diesem Haus besitzt die größte historische Sammlung dieses Musikgenies auf der ganzen Welt. Man sagt, Beethovens Vater wäre Alkoholiker gewesen, er selbst war ja später dem Alkohol auch nicht abgeneigt, seine Mutter war oft krank. Trotzdem erkannte der Vater das Talent und veranlasste Ludwig zu Musikübungen. Es mag sein, dass die Familien von Haydn, Mozart und Schubert musikalisch „intensiver" waren, aber Beethoven hat sich bald eigenständig genial durchsetzen können. 1787 war er erstmals in Wien, ab 1792 dauernd.

Schon in relativ frühen Lebensjahren litt Beethoven an Hörschäden, die dann zur Taubheit führten – in vielen Museen zieren seine Hörrohre die Vitrinen. Er suchte Heilung oder auch nur Linderung in einer Kuranstalt im damaligen Wiener Vorort Heiligenstadt, der dank seiner Heilquellen fast als Kurort galt. In der Wohnung Probusgasse 6, Wien 19, ist heute ein modernes Museum eingerichtet, ein stimmungsvoller Innenhof und ein Garten vermitteln das Flair der Zeit. Hier schrieb er 1802 sein berühmtes „Heiligenstädter Testament". Es ist eigentlich ein Brief an seine Brüder, der nie abgesandt wurde. Dieses Testament (nicht zu verwechseln mit seinem Nachlass-Testament), das heute in Hamburg liegt, beginnt mit den Worten „O ihr Menschen, die ihr mich für feindselig, störrisch oder misanthropisch haltet..." und beinhaltet eine Klage über sein Schicksal, besser eine Anklage gegen dieses. Nicht sehr weit entfernt, in der Döblinger Hauptstraße 92 kann man das sogenannte „Eroika-Haus" besuchen, das Beethoven im Sommer 1803 bewohnt hat.

Diese Sinfonie war ursprünglich Napoleon gewidmet, doch als sich der Franzose selbst zum Kaiser krönte, hat Beethoven 1805 aus Ärger darüber die Widmung aus dem Titelblatt gekratzt. Dies wird allerdings in Heiligenstadt dargestellt...

Beethoven hatte offenbar eine Schwäche für die ländliche Gegend um Wien – die damals ja noch nicht in die Stadt integriert war, bis hin nach Baden bei Wien. Wer die Idylle samt „Heurigem" nachempfinden will, kann zum „Mayer am Pfarrplatz" gehen (Wien 19, Pfarrplatz 2), unweit der Probusgasse. Durch den Gastgarten gelangt man in die Wohnung Beethovens, wo er 1817 an der Neunten Sinfonie gearbeitet hat. Etwas länger, von 1804 bis 1815, mit wenigen Unterbrechungen bewohnte er das Haus Mölker Bastei 8 im ersten Bezirk. Dieses Haus, 1791 errichtet, gehörte dem Gönner Beethovens, Johann Baptist von Pasqualati. Mühsam gelangt man in den vierten Stock (ohne Lift!) um von den dortigen Schauräumen den Ausblick zu genießen. Man muss allerdings die Fantasie spielen lassen: Heute sieht man auf das „Liebenberg-Denkmal" (Verteidigung Wiens gegen die Türken 1683) und auf die Universität Wien. Damals schweifte der Blick über die Stadtmauer (ein Teil ist noch erhalten!) und das Glacis bis zum Kahlenberg. Doch Beethoven wollte auch die Praterauen sehen, sich zu weit aus dem Fenster zu beugen war ihm zu mühsam. So ließ er ein Fenster in die Feuermauer (!) brechen. Der gütige Hausherr verzieh ihm, doch bleibt schon die Frage nach dem „störrisch" im Charakter des Genies. Neben der Arbeit an einigen Sinfonien soll die Schaffung seiner einzigen Oper „Fidelio" in diesem Haus hervorgehoben werden.

Begeben wir uns nach Baden bei Wien. Im Haus Rathausgasse 10 hat Beethoven zur Sommerszeit sehr oft Quartier genommen. Das Haus und die Umgebung vermitteln noch das Flair des frühen 19. Jahrhunderts, dazu ein wenig Biedermeier. Im ersten Stock des Hauses findet man die Räume, wo der Komponist 1823 an der Neunten Sinfonie gearbeitet hat, auch die Originalfarben des Zimmers hat man bei Renovierungen gefunden. Man behauptet nun mit Fug und Recht, dass hier der vierte Satz der Sinfonie mit Schillers „ Ode an die Freude" entstanden war, der dann in Überarbeitung zur Europahymne erwählt worden ist. Als überzeugter Europäer kann man hier tief Luft holen! Schon 1955 wollte der Schöpfer der Paneuropa-Bewegung Richard Coudenhove-Kalergi (1894–1972) diese geniale Musik zur Hymne für Europa erklären. 1972 kam der Auftrag an den Dirigenten Herbert von Karajan (1908–1989), sich dieser Thematik anzunehmen und Vorschläge zu machen. Seit 1985

Geburtszimmer Ludwig van Beethovens in Bonn – © Beethoven-Haus Bonn

„Haus der Europahymne" in Baden bei Wien – © Karl Sablik

ist sie die offizielle Hymne der Europäischen Union und des Europarates. Um Sprach- und Nationalproblemen aus dem Wege zu gehen hat man die Instrumentalversion genommen.

Wie nähert man sich dem Tod eines Genies? Beethoven wohnte die beiden letzten Jahre seines Lebens in der heutigen Schwarzspanierstraße 15. Der eigenartige Name wird von den schwarz gekleideten spanischen Mönchen abgeleitet, die sich in diesem Bereich niedergelassen hatten. Leider wurde das Sterbehaus 1904 abgerissen, das historische Gefühl kann hier nicht „satt" werden. Doch verbindet sich mit diesem Ort (nur eine Gedenktafel ist vorhanden) ein makabres Ereignis. Der Philosoph Otto Weininger (1880–1903) beging 1903 im Sterbezimmer Beethovens Selbstmord. Weininger galt als frühvollendetes Genie, schrieb, orientiert an Sigmund Freud (1856–1939) und Arthur Schopenhauer (1788–1860), mit 23 Jahren ein umfangreiches Werk „Geschlecht und Charakter", in dem er die Frauen zu Objekten der Männer erklärte. Er hasste – selbst Jude – die Juden und gilt als „jüdischer Antisemit". Jedenfalls hatte er einen komplizierten Charakter. Sein Buch allerdings erregte großes Aufsehen und erreichte viele Auflagen…

Beethoven wurde am Währinger Friedhof begraben, 1888 exhumiert und auf dem Wiener Zentralfriedhof zur ewigen Ruhe bestattet. 1827 hielt der österreichische Dichter Franz Grillparzer (1791–1872) die Grabrede, 1888 begleitete der Komponist Anton Bruckner (1824–1896) die Zeremonie. Das war jedoch nicht alles. Die Schädellehre von Franz Joseph Gall (1758–1828) war noch sehr aktuell und außerdem wünschte Beethoven selbst, dass man eine Obduktion vornehmen solle, um die Ursache seiner Taubheits-Erkrankung zu erkunden. Demzufolge entnahm man zwei Teile seines Schädelknochens im Bereich des Scheitels (bei Musikerschädel denkt man auch an Haydn!), die dann eine Odyssee durchmachen sollten. Ich war damals Assistent am Institut für Geschichte der Medizin der Medizinischen Fakultät der Universität Wien als ein „Herr aus Südfrankreich" erschien, eine Blechschachtel, wie für Zigaretten, aus der Tasche des Sakkos zog, auf den Tisch legte, öffnete und bemerkte, dass dies die Knochen Beethovens wären. Helmut Wyklicky (1921–2007), Internist und Medizinhistoriker, tief religiös und voll Respekt vor „Reliquien" empfahl den Gast freundlich weiter an zuständige Institute der Universität, da im Institut für Geschichte der Medizin kein einschlägiges Labor vorhanden war. Danach traten die Knochen offenbar eine Weltreise an und landeten in Kalifornien. Als Historiker darf man zynisch fragen, warum sollen Teile Beethovens nicht auch in Amerika landen…? Sie sollen, so ergab ein Vergleich mit Beethovens Haaren, sogar echt sein!

Will man eine Kombination von Malerei und Musik, eine Verbindung, einen Zusammenschluss, eine Synthese erleben, dann kann man den Beethoven-Fries in Wien in der Secession (Friedrichstraße 12), quasi im Kellerraum, betrachten. Es ist dies die malerische Auseinandersetzung von Gustav Klimt (1862–1918) mit dem Pathos der Neunten Sinfonie. Man kann auch sagen, dass es aufregend ist, wie man überhaupt Musik in Malerei umsetzen kann. Besonders der vierte Satz (Europahymne!) wird glanzvoll und strahlend „transponiert", das Glück der Menschheit kann strahlen: „Diesen Kuss der ganzen Welt". Das Werk wurde 1901 geschaffen.

Philadelphia
Die Geburt der Vereinigten Staaten

Philadelphia ist der Ort der amerikanischen Freiheit. Nirgendwo sonst kann man die Gründung (um nicht zu sagen die Geburt) und das Wachsen der Vereinigten Staaten von Amerika besser dokumentieren als in dieser Stadt. Zentrum des historischen Geschehens ist der jetzt so bezeichnete „Independence National Historical Park", auch wenn heute natürlich Washington Sitz der Regierung ist. Zwei Plätze für das historische Gefühl sind besonders relevant: Die Unabhängigkeitshalle und die Freiheitsglocke. Man kann beide als „heilige" Plätze der amerikanischen Geschichte bezeichnen.

Die Vorgeschichte dessen, was man dann die „Amerikanische Revolution" bezeichnet hat, ist schnell erzählt. Die freiheitsdurstigen Siedler, die aus religiösen, wirtschaftlichen, aber auch anderen weltanschaulichen Gründen (frühe demokratische Überzeugungen) nach Amerika gekommen waren, wollten von Großbritannien unabhängig sein. Boston war um 1770 Zentrum des Befreiungskampfes und in unser aller Gedächtnis ist die „Boston Tea Party" eingegangen. Wegen Zollproblemen wird eine Schiffsladung Tee 1773 ins Meer geworfen, was Strafmaßnahmen des britischen Parlaments nach sich zog. Der Kampf war eröffnet, von 1775 bis 1783 spricht man vom Amerikanischen Unabhängigkeitskrieg. Doch die Zeit war nicht nur kriegerisch, sondern die aufstrebende Nation war mit der Konstituierung beschäftigt und wollte sich eine Verfassung geben. Vier Männer standen im Mittelpunkt des Geschehens: Benjamin Franklin (1706–1790), George Washington (1732–1799), Thomas Jefferson (1743–1826) und der Franzose Marie Joseph Lafayette (1757–1834), letzterer ein Demokrat edelster Sorte. Es war ein Zusammenspiel dieser Männer auf dem Gebiet des Militärs, der Diplomatie, des Rechtswesens und der Wissenschaften. Alle waren sie von demokratischen, freiheitlichen und oft revolutionären Gedanken getragen. Historisch vereinfacht ausgedrückt ging die Amerikanische Revolution der Französischen voran, bildhaft ausgedrückt haben die neuen Prinzipien Amerikas die Bastille „geöffnet". Diese neuen Gedanken wurden erst später als Freiheit, Gleichheit, Brüderlichkeit bezeichnet. Die Amerikaner hatten es nicht wie die

Franzosen mit einem veralteten Königtum zu tun, sondern wollten Unabhängigkeit vom sogenannten Mutterland – jedenfalls dachte man republikanisch und nicht monarchistisch. Eine Bemerkung am Rande: Boshafter Weise wollte man George Washington gelegentlich unterstellen, König werden zu wollen.

Benjamin Franklin, der älteste von ihnen, war ein Selfmademan (um den englischen Ausdruck zu verwenden), Drucker von Beruf, 1731 Gründer der ersten Leihbibliothek. Er war von den Phänomenen der Elektrik begeistert und gilt als Erfinder des Blitzableiters. Es sei bemerkt, dass gleichzeitig um 1750 auch ein tschechischer Prämonstratenser (Prokop Divisch, 1698–1765), sich mit derselben Thematik beschäftigt hat. Franklin war in seinen späteren Lebensjahren politisch und diplomatisch tätig und hat den Entwurf der Unabhängigkeitserklärung Thomas Jeffersons überarbeitet.

George Washington hatte die militärische Führung übernommen, 13 Kolonien kämpften gegen Großbritannien. Frankreich hat sich auf die Seite der Amerikaner geschlagen und damit gegen England gerichtet, Lafayette ist mit Soldaten in Amerika erschienen. Dies erinnert an die alten innereuropäischen Kämpfe, die dann auch auf die Kolonien übertragen wurden. Man muss allerdings bedenken, dass Washington anfangs Probleme mit der Rekrutierung der Soldaten hatte. Aus einem bunten Haufen von kampfbereiten Männern musste er militärische Formationen bilden. An dieser Stelle sei erwähnt, dass Washington und Lafayette und viele Offiziere im Militär Freimaurer waren. Dies sollte sich später auch beim Aufbau der Vereinigten Staaten und bei der Gründung der Stadt Washington bemerkbar machen. Washington, in Amerika geboren, konnte das Landgut Mount Vernon 1754 pachten und 1761 kaufen. Von hier aus verwaltete er seinen landwirtschaftlichen Betrieb – das Wohnhaus sieht kleiner aus als so mancher Südstaaten-Bau. Heute ist Mount Vernon, wo er auch begraben liegt, zu besichtigen. Es wird immer wieder hervorgehoben, dass Washington selbst noch Sklaven gehalten hat, was nicht so ganz zu den damaligen fortschrittlichen Ideen gepasst hat. Dies sollte ein Problem für die nächsten Jahrzehnte amerikanischer Geschichte werden, bis hin zum Bürgerkrieg 1861 bis 1865 – dem einzigen Krieg auf amerikanischem Boden, wenn man vom Kampf gegen die Indianer und von 9/11 im Jahr 2001 absieht, da diese Terror-Attacke in den USA als Krieg eingestuft wurde. Das Schlachtfeld von Gettysburg (1863) ist zu besichtigen. Washington hatte zugesagt, die Sklaven nach dem Tode seiner Frau freizugeben. Ein Sklavenfriedhof ist

Innenansicht der „Hall of Independence" in Philadelphia, USA – © Karl Sablik

Freiheitsglocke – © Karl Sablik

auf Mount Vernon zu sehen. Die Sklaverei als solche ist aber erst 1865 abgeschafft worden.

Betritt man die Unabhängigkeitshalle in Philadelphia, die von einem hübschen Turm überragt wird, findet man sich in einer heimeligen Atmosphäre. Man denkt hier an die Abstimmungen der führenden Männer, an die modernen Gedanken, die in Freiheit diskutiert und entwickelt wurden. Eine neue geistige und politische Welt warf ihr Licht in den wohligen Raum mit dem dominierenden erhöhten Sitz. Der Hauptverfasser der Unabhängigkeitserklärung, Thomas Jefferson, hat als Botschafter in Frankreich viele Steine aus dem Weg zur amerikanischen Freiheit geräumt. Er war auch Gründer der Universität von Virginia. An der Unabhängigkeitserklärung faszinieren die in einem Satz untergebrachten Überlegungen: „Alle Menschen sind als gleich geschaffen; wir haben ein unveräußerliches Recht auf Leben, Freiheit und Streben nach Glück..." (manche übersetzten dies mit „Glückseligkeit"). Man ist sich zwar philosophisch und aus der Erfahrung bewusst, dass die Menschen sehr wohl nicht gleich geschaffen sind, aber die Idee wärmt unsere Seelen und fasziniert. Was das Glück betrifft, kann man an einen Ort tausende Kilometer entfernt denken – an Bhutan. Dort hat es im 18. Jahrhundert (!) ähnliche Überlegungen gegeben, die Regierenden seien für das Glück der Menschen verantwortlich. Man spricht in Bhutan heute nicht vom Bruttoinlandsprodukt, sondern vom Bruttonationalglück, dies seit 1979. Ab 2008 werden Volksbefragungen über das Glück der Menschen abgehalten, was weltweit Aufsehen erregt hat. Ich bin in Bhutan vor den Toren des „Glücksministeriums" gestanden – wäre ich doch hineingegangen...

Als am 4. Juli 1776 (heute ein Nationalfeiertag in den USA) die Unabhängigkeitserklärung beschlossen wurde, läutete die Freiheitsglocke vom Turm des 1741 errichteten Pennsylvania State House, das zum Versammlungsort gewählt worden war. Die Glocke war 1752 in London gegossen worden und hing von 1753 bis 1876 in diesem Turm. Heute ist sie in einem eigenen Raum ausgestellt, hat in der Zwischenzeit einen irreparabel scheinenden Sprung erlitten und wurde – weil „heiliges" Symbol – nicht mehr repariert. Man steht mit Ehrfurcht davor, denkt an die psychologische Wirkung ihres damaligen Klanges und an die Freude der Amerikaner. Der amerikanische Traum war geboren, selbst Goethe verfiel dem Freiheitswillen dieses Landes – oder wollte er gar heimlich auswandern? Auszuwandern entsprach den Gelüsten vieler Europäer. Amerika wuchs und wuchs. Es ist schwer zu sagen, wann die Parole des amerikanischen Traumzieles „vom Tellerwäscher zum Millionär" entstanden ist.

1783 wurde der Unabhängigkeitskrieg mit dem Frieden von Paris beendet. Es war Zeit für die Verfassung. Sie wurde nach Vorbereitungsarbeiten durch einen Verfassungskonvent am 17. September 1787 beschlossen, mehr als zwei Jahre vor Ausbruch der Französischen Revolution. Selbstverständlich hatte die Verfassung europäische Vorbilder, die Trennung von Legislative und Exekutive war klar. Es gab zwei Kammern, den Senat (heute 100 Mitglieder) als Vertretung für jeden Bundesstaat, und das Repräsentantenhaus (heute 435 Mitglieder), je nach der Bevölkerungszahl der Bundesstaaten. Im Kongress waren beide Kammern zusammengefasst. Drei Besonderheiten stachen hervor: Für damals selbstverständlich hatten die Frauen kein Wahlrecht (erst, wie auch in vielen europäischen Ländern, um 1920). Zweitens bekam der Präsident relativ viel Macht, etwa auch als Oberbefehlshaber des Militärs – eine Analogie zu den Königen? Drittens wurde das System der Wahlmänner eingeführt. Dies besagt einerseits, dass die Wahl nicht ganz direkt erfolgt, also nach der Stimmenanzahl, sondern eben durch die Wahlmänner, die allerdings an dieses Mandat gebunden waren. Außerdem galt und gilt die Regel „the winner takes it all", mit anderen Worten, der Sieger in einem Bundesstaat bekommt die Gesamtheit der Wahlmänner-Stimmen. Durch die unterschiedliche Größe der Bundesstaaten ergibt dies fast zwangsmäßig eine Ungleichheit gegenüber der einfachen Auszählung der Stimmen. Man hat dies beim Sieg Donald Trumps (geb. 1946) gegen Hillary Clinton (geb. 1947) im Jahre 2016 gesehen. Es gab einen Überhang von weit über zwei Millionen Stimmen zugunsten Clintons. Mag das Wahlmännersystem mit der damaligen Verbindung im Lande durch schnelle Reiter etwas zu tun gehabt haben – sollte man die heutigen elektronischen Möglichkeiten nicht doch berücksichtigen? Kritik an der Verfassung wurde und wird historisch geübt: Die Sklaverei bestand damals noch weiter, Sklaven hatten kein Wahlrecht, ebenso wenig wie die Frauen und auch nicht die amerikanischen Ureinwohner!

George Washington wurde 1789 zum Präsidenten gewählt und übte dieses Amt bis 1797 aus. Man könnte sagen, zwei Perioden zu je vier Jahren, aber diese Regel wurde endgültig erst 1951 (!) eingeführt, vorher gab es Ausnahmen. Auch die Forderung, dass der Präsident in Amerika geboren sein musste, erfüllten die ersten neun Präsidenten. Danach gab es einzelne Probleme – bis zur Ausstreuung von Gerüchten, Barack Obama (geb. 1961) wäre nicht in Amerika geboren worden. Ein anderes Phänomen trat auf: Durch die konkrete politische Arbeit bildeten sich zwei politische Parteien heraus (sozusagen aus Rede und Widerrede), die im Grunde, abgesehen von Kleinparteien, heute noch bestehen.

Hauptstadt des neuen Amerika war ganz kurz New York, dann verlegte man um 1790 die Regierung nach Philadelphia, im selben Jahr hatte man an die State Hall Zubauten angefügt. Doch alles wurde bald zu klein, 1800 wurde Washington als Hauptstadt bestimmt. Dies war praktisch eine Neugründung, 1790 vom Kongress vorbereitet, sollte diese Hauptstadt im Zentrum von Virginia an den Ufern des Potomac River gebaut werden. 1791 ritt Washington über den Baugrund, teilte die Stadt, wie man vermutet oder ahnt, nach freimaurerischen geometrischen Formen ein und bestimmte den Ort für das Kapitol: Auf einem Hügel sollte es stehen – der wie ein Sockel wirkt, auf dem das Kapitol „wie ein Denkmal" steht. Im selben Jahr wurde der District of Columbia (DC) konstituiert. Der Grundstein für das Kapitol wurde am 18. September 1793 gelegt. Der Bau sollte seine Zeit brauchen, erst 1800 war der Nordflügel fertig, das heutige Aussehen mit der prächtigen Kuppel führt uns in die 60er Jahre des 19. Jahrhunderts. Kommt man vom Kapitol in Washington in die Independence Hall in Philadelphia, fühlt man sich in eine kleinere Dimension versetzt. Das heutige Weiße Haus wurde nahe am Kapitol gebaut. Wer es heute besuchen will, kann sich – natürlich nur – durch die Kellergewölbe zwängen und ahnen, dass wenige Meter darüber Entscheidungen von welthistorischer Bedeutung gefällt werden.

George Washington starb am 14. Dezember 1799. Sein Nachfolger war nicht, wie erwartet, Thomas Jefferson geworden, sondern John Adams (1735–1826). Er blieb es vier Jahre von 1797 bis 1801 und zog am 1. November 1800 ins Weiße Haus ein, das Washington selbst nie gesehen hat. Adams kann durchaus auch zu den Gründungsvätern Amerikas gezählt werden und war unter Washington Vizepräsident. Ihm folgte Jefferson ins Amt, das er von 1801 bis 1809 ausübte. Man vergleiche mit Europa: Alle drei Präsidenten waren gleichsam Zeitgenossen der Französischen Revolution und der Napoleonischen Kriege auf dem alten Kontinent. Im eigenen Land davon fast unberührt, baute man Amerika aus, förderte die Wirtschaft und drang im Sinne der Vertreibung und Vernichtung der Ureinwohner nach Westen vor. Amerika wurde innerhalb eines Jahrhunderts zur Weltmacht.

Politisch lief der Weg darauf hinaus, dass man die irreversible Unabhängigkeit zu behalten gedachte. In der Parole des Präsidenten James Monroe (1758–1831), genannt „Monroe-Doktrin", hieß es 1823 in der prägnanten Form „Amerika den Amerikanern". Kombiniert damit war die Nichteinmischung in europäische Konflikte. Ist die gewünschte Abgeschiedenheit Amerikas des 18. Jahrhunderts der Einmischung in die Weltpolitik gewichen, ist ein Weltherrschafts-Symptom aufgetreten – oder darf man Präsident Donald Trumps (geb. 1946) „America first" wieder als ein Rückzugsgefecht sehen? Ist man geografisch großzügig und rechnet Kanada und Mexiko zu Nordamerika – unter gleichzeitiger Betrachtung Südamerikas als „Hinterhof", so kann man behaupten, dass der Kontinent bis in die Zeit der modernen Raketen tatsächlich als große Festung gesehen werden kann, die einzunehmen praktisch unmöglich war – ähnlich wie die englische Insel im Zweiten Weltkrieg. Aber die Amerikaner haben welthistorisch einen anderen Weg gewählt, der ihnen den Vorwurf eingebracht hat, „Weltbeherrscher" sein zu wollen, wie ein Buchtitel lautet (Armin Wertz, 2015): „Es ist schon seltsam, wie lange sich die Legende von der amerikanischen Isolationspolitik in der offiziellen Geschichtsschreibung halten konnte" liest man dort.

Die Conciergerie
Vom Thron aufs Schafott

Es gibt kein intensiveres Zusammenprallen zwischen „Monarchie" und „Revolution" als die Gedenk-Zelle in der Conciergerie, dem Gefängnis der Französischen Revolution, in der, wenn auch danach, 1815, als Kapelle umgebaut, die Königin Marie Antoinette (1755–1793) 70 Tage verbrachte um von dort auf den Hinrichtungsplatz gekarrt zu werden. Es gibt auch keine höhere Konzentration von Gegensätzen zwischen einer überlebten alten Welt des Gottesgnadentums, der Überheblichkeit des Herrschens, der Reduktion auf die „adelige Biologie" und dem Freiheitsdrang der teils verarmten Bevölkerung aufgestaut zu Hass und Wut, die sich revolutionär Bahn brachen.

Marie Antoinette (1755–1793) wurde als Tochter von Maria Theresia (1717–1780) im Schloss Schönbrunn in Wien geboren, ihr Bruder war der spätere Kaiser Joseph II. (1741–1790). Von Geburt an Erzherzogin, stellte sich für sie nie die Frage von Privilegien, sie hatte sie alle. Allerdings hatte sie, wie der österreichische Schriftsteller Stefan Zweig (1881–1942) schrieb, bloß einen „mittleren Charakter", einzig in ihrer letzten Stunde vor dem Schafott zeigte sie moralische Größe – zu spät für den Ablauf der Geschichte.

Marie Antoinettes Geburtstag, der 2. November 1755, war datumsmäßig praktisch identisch mit dem furchtbaren Erdbeben in Lissabon, was als unheilvolles Zeichen gewertet wurde. Dieses Erdbeben hat Philosophiegeschichte gemacht, da die aufgeklärten Philosophen an der Güte Gottes zweifelten: bei diesem Erdbeben kamen unschuldige Menschen zu Tode, hat Gott das zu verantworten...? Maria Theresia betrachtete die Entwicklung ihrer Tochter mit mütterlicher Sorge, sie erkannte auch ihre Schwächen, was aber nicht dazu führte, auf die alte und legendäre Heiratspolitik der Habsburger zu verzichten. Wir kennen diese von Kaiser Maximilian I. (1493–1519): im Wiener Stephansdom fanden am 22. Juli 1515 zwei Hochzeiten statt, der alternde Kaiser mit der 12jährigen Anna von Ungarn und die „Kinderhochzeit" des späteren Königs Ludwig II. und Maximilians Enkelin Maria. „Berüchtigt" war auch das „Ja-Nein-Heirats-Theater" der jungfräulichen englischen Königin Elisabeth I. (1533–1603).

Man mag heute über solche Ereignisse denken wie man will, historisch gesehen war dies eine gewaltige Erweiterung des habsburgischen Einflusses, und Maria Theresia dachte machtmäßig an nichts anderes als durch die Heirat ihrer Tochter mit dem (späteren) König Ludwig XVI. (1754–1793) von Frankreich eine europäische Vormachtstellung zu erringen, wenigstens aber die Sicherung habsburgischer Macht. Eine heitere Bemerkung: der Legende nach soll das musikalische Genie Mozart (1756–1791) als Kind Marie Antoinette in Schönbrunn einen Heiratsantrag gemacht haben. Wie wäre wohl die musikalische und die politische Weltgeschichte verlaufen, wenn…?

Heiratspolitik, Kinderzeugen (in fast allen Adelsfamilien eine Lieblingsbeschäftigung), zeremoniell fast öffentlich ausgeführte Geburten zur Sicherung des meist männlichen Nachwuchses sollten die Macht sichern. Noch Kaiserin Zita (1892–1989) meinte, auch wenn man ihren Gatten Karl und den Sohn Otto ermorden würde, irgendein Habsburger mit Anspruch auf den Thron würde sich schon finden… Nun hing das Nachwuchsproblem aber konkret jeweils mit der tatsächlichen Zeugungsfähigkeit und den „Rahmenbedingungen" zusammen, am Resultat sollte dann die Weltgeschichte gemessen werden. Hier setzt nun – wenn man so sagen will – die Tragödie ein! Man kann von einer „Teenagerhochzeit" sprechen, Ludwig und Marie Antoinette waren 1770 um die 15 Jahre, die Frage der Liebe stellte sich nur am Rande. Vom Charakter her war sie überheblich, egoistisch, stand gerne im Mittelpunkt und wollte vom Volk geliebt werden. Sicherlich war der Empfang der Österreicherin in Frankreich großartig, das Volk jubelte ihr zu, ihre körperliche Schönheit trug Einiges dazu bei. Ludwig seinerseits war zwar nicht „dumm", aber wohl einfältig und den leiblichen Genüssen verfallen, den Jagdgelüsten ganz besonders; selbst in heiklen politischen Momenten zog er die Jagd vor und verharrte in seiner Entscheidungsunfähigkeit. Dies ist eines der Probleme von Monarchien, plötzlich einen Kaiser oder König zu haben, der den politischen Geschäften weder geistig noch charakterlich gewachsen ist. Man denke an so manchen englischen Herrscher oder in Österreich an Kaiser Ferdinand (1793–1875).

Dazu kam im vorliegenden Fall die menschliche Biologie: eine Phimose sollte Weltgeschichte machen, konzentrierter lässt sich die Problematik der alten Herrscherhäuser nicht mehr darstellen. Joseph II. überredete seinen Schwager zu einer Operation – und tatsächlich wurden in der Folge drei Kinder geboren. Marie Antoinette genoss das Leben in Versailles, dann im Schlösschen Trianon, ganz nahe gelegen. Zu den Menschen in

Marie Antoinettes „Bauernhof" (im Bild die Mühle) beim Schoss Trianon neben Versailles –
© Sebastien DURAND / Shutterstock.com

Gefängnisraum Marie Antoinettes in der Conciergerie, Paris 1793 – © Roger Viollet /
picturedesk.com

Frankreich hatte sie keine Beziehungen mehr, der Hofstaat und die Feste waren ihr Leben. Sie reiste auch nicht wie ihr Bruder Joseph II. im Land herum um „Land und Leute" kennenzulernen, wie man gerne formuliert. Marie Antoinette ging noch einen Schritt weiter: Sie baute sich eine eigene heile Welt mit „Schäferidylle" auf, ein Spielzeug mit lebenden menschlichen Figuren, mit lebenden Tieren, einen Pseudo-Bauernhof, wo man „Bauer" spielen konnte, Kühe melken, eine Mühle betreiben konnte – ein Luxusspielzeug der französischen Königin ohne jeden Bezug zur damaligen Realität. Gerüchteweise soll diese etwas verfallene Anlage nunmehr vom Modehaus Dior renoviert werden...

Wie das Volk, das „unter" solcher Herrschaft lebte, existierte, muss nicht extra erwähnt werden. Leid, Hunger, Ausbeutung sind vielfach geschildert worden, im Juli 1789 wurde der Finanzminister Jacques Necker (1732–1804), erst 1788 von Ludwig XVI. berufen, entlassen, die Finanzen waren zerrüttet. Das Volk machte Marie Antoinette für die Übel verantwortlich, die undurchsichtige „Halsbandaffäre", in die auch Kardinal Louis de Rohan (1734–1803) verwickelt war, erhöhte den Verdacht der Vergeudung von Geld. Der Romanschriftsteller Alexandre Dumas (1802–1870) hat sich der Sache in seinem berühmten Roman von 1848 „Das Halsband der Königin" angenommen. Schmähschriften gegen Marie Antoinette wurden verfasst, die Zeit für die Revolution war reif geworden – in Frankreich! Man kann als Historiker fragen, ob es in Österreich eine solche Revolution zu dieser Zeit hätte geben können? Die Antwort ist eindeutig „Nein". Maria Theresia hatte zwar zu Beginn ihrer Regierung den Österreichischen Erbfolgekrieg mit vielen Toten zu führen, ist aber – um es selektiv zu sagen – mit der Einrichtung der Pflichtschule, der Abschaffung der Folter im Justizwesen, mit der Initiative zur Gründung der Ersten Wiener Medizinischen Schule positiv ins Geschichtsbild gerückt. Noch mehr ihr Sohn, der „aufgeklärte" Kaiser Joseph II., der sich gerne unters Volk „mischte", in Paris Spitäler besuchte, die Suppe für die Patienten dort selbst verkostete, auf der Reise nach Mähren einem Bauern demonstrativ den Pflug aus der Hand nahm, der heute noch im Mährischen Museum in Brünn zu sehen ist. Auf ihn geht die Gründung des Wiener Allgemeinen Krankenhauses 1784 zurück, und der berühmte Freiburger Internist Adolf Kußmaul (1822–1902) schrieb in seinen Jugenderinnerungen: „Was besagen die Pyramiden der Pharaonen, die Kaiserpaläste Roms, oder das Prunkschloss des Sonnenkönigs in Versailles... gegenüber diesen Bauten Josephs II....". Übrigens hat Joseph II. angesichts seiner Wahrnehmungen schon eine Revolution in Frankreich vorausgesagt! Eine Schlussfolgerung in der Geschichte mag nun sein, dass andere Königshäuser, die später grundsätzlich „milder" regierten, überleben konnten. Man denke an Schweden, Dänemark, Norwegen, Holland, Belgien, ja sogar an England, das als konstitutionelle Monarchie gilt und überlebt hat. Heutzutage gelten die führenden adeligen Persönlichkeiten als Traumbilder, Prinzgemahlen und Prinzessinnen figurieren in der „gelben Presse", nunmehr als Ersatzbefriedigung für frustrierte Hausfrauen…

Kaiser Josephs Voraussage der Revolution traf am 14. Juli 1789 mit dem Sturm auf die Bastille ein. Man darf es nun kurz machen: die königliche Familie wurde in das frühere Stadtschloss der französischen Herrscher, die Tuilerien, gebracht; dort gab es am 10. August 1792 den berühmten Sturm auf die Gebäude (diese wurden dann 1871 niedergebrannt). Von dort ging es in die „Temple"-Burg, einer Anlage des 13. Jahrhunderts, die Napoleon später niederreißen ließ. Dies war schon eine Art „Gefängnis", doch es sollte für Marie Antoinette – getrennt von ihren Kindern und des Inzests angeklagt – noch ärger kommen: das Gefängnis der Conciergerie. Die Verwandtschaft in Wien (Kaiser Franz II.), in die ersten Kriege mit Frankreich verwickelt, unternahm nichts zu ihrer Befreiung – die Staatsraison überwog. Ludwig XVI. wurde am 21. Jänner 1793 hingerichtet, die Revolution schwappte zu Gewalt über – ein Phänomen, über das es sich lohnt nachzudenken… Bedenkt man, dass Napoleon quasi die Revolution „beerbt" hat und sich dann 1804 die Kaiserkrone selbst aufsetzte, in monarchistischem Stil die Österreicherin Marie Luise (1791–1847) 1810 heiratete, steht man staunend vor diesem Phänomen in der Geschichte. Und doch war die Revolution eine Vorläuferin der Menschenrechte, der Befreiung der „unteren" Klassen, ein Anfang von Freiheit, Gleichheit, Brüderlichkeit – auch wenn diese Begriffe erst später konkreter gefasst wurden.

Geht man durch das dumpfe, enge Gewölbe der Conciergerie, das einen feuchten Geruch wegen der daneben fließenden Seine verbreitet, kann man sich diese letzten Tage der Marie Antoinette vorstellen. Man fühlt ob der Enge fast hautnah die Bewacher, man kann den Tisch mit den zwei Kerzen sehen, auf dem sie den Abschiedsbrief an Elisabeth, Schwester von Ludwig XVI., schrieb (Die heutige historisierende Darstellung ist allerdings etwas zu „eindrucksvoll" geraten). Marie Antoinette wurde am 16. Oktober 1793 hingerichtet. Ein bedrückender Eindruck bleibt. Doch was war die Vorgeschichte, was folgte… welche Gefühle darf man dort heute empfinden? Zuletzt: im selben Gefängnis landeten auch die „Heroen" der Französischen Revolution: Georges Danton (1759–1794) und Maximilien Robespierre (1758–1794)…

Napoleon

Von Korsika in den Invalidendom

Wenn man vom Hafen von Ajaccio mit seinen heutigen 68.000 Einwohnern die schmale Straße (Rue St. Charles) hochgeht, steht man plötzlich, links der Straße, vor dem relativ einfachen, fast unscheinbaren Geburtshaus Napoleons (Buonaparte, 1769–1821). Das Haus hat eine schmucklose Fassade und drei Stockwerke. Vielleicht denkt man sogar, kann man in solch einem Haus geboren und doch berühmt werden? Mag ja sein, dass die Frage falsch gestellt ist, sind doch manche Genies in noch kleineren Häusern zur Welt gekommen. Wie auch immer, heute ist auch dieses Haus zu einem Museum ausgebaut worden. Aus niederem Adel stammend ist Napoleon jedenfalls in die Weltgeschichte eingegangen. Die Bewertung seiner Persönlichkeit sei jedem Besucher überlassen. Korsika war damals eine politisch unruhige Insel, vom Unabhängigkeitsstreben der Bevölkerung beherrscht. Im Geburtsjahr Napoleons kam sie aus Genuas Besitz an Frankreich.

Zwei Anmerkungen zu Napoleons Person sollen angefügt werden. Gerüchte und spätere feindliche Propaganda behaupten, Napoleon wäre klein von Wuchs gewesen. Man hat eine Körpergröße von 1,68 Meter errechnet, was dem Durchschnitt der damaligen Zeit entspricht. Der Wiener Schöpfer der Individualpsychologie Alfred Adler (1870–1937) hat nun den „Napoleon-Komplex" in seine Psychologie eingebaut, wonach zu klein geratene Menschen diesen Mangel auf anderen Gebieten kompensieren müssen. Zum Aussehen Napoleons: Im Rollett-Museum in Weikersdorf bei Baden (Österreich) gibt es die offenbar einzig echte Lebendmaske Napoleons zu sehen!

Was sein weiteres Leben betrifft, kann man sich immer noch durch die köstliche Biographie des österreichischen Historikers August Fournier (1850–1920) aus dem Jahre 1885 (viele Auflagen folgten) informieren. Man muss nicht unbedingt die umfangreiche und einseitige Autobiographie Napoleons lesen. Begeben wir uns historisch an das Ende von Napoleons Leben. Er starb 1821 in St. Helena und sein Leichnam wurde 1840 nach langen Verhandlungen auf Initiative des „Bürgerkönigs" Louis Philippe (1773–1850), der dann in der Februarrevolution gestürzt wurde, nach Paris überführt. Man mag staunen, an französische nationalistische Gefühle denken, an die Wirkung von Symbolfiguren, an Machtmenschen und ihre Faszination, man mag als Militarist mit dem genialen Feldherrn „mitfühlen" – man denke aber auch an die Millionen toten Soldaten, wenn man sieht, dass diese umstrittene Persönlichkeit eines der schönsten und würdigsten Grabdenkmäler der Welt bekommen hat: Napoleon liegt im Invalidendom in Paris begraben. Im Innersten der Seele ist man beruhigt, dass Adolf Hitlers (gest. 1945) Leichnam verbrannt wurde… Der Invalidendom wurde für Napoleon eigens umgebaut. Die Gesamtanlage stammt aus dem Jahre 1676, errichtet unter dem Sonnenkönig Ludwig XIV. (1638–1715). Es war dies eine Versorgungsstätte für die Kriegsinvaliden, für Veteranen, ein Soldatenheim, vergleichbar mit dem Vorgängerbau des Wiener Allgemeinen Krankenhauses von 1695, wo Veteranen der Türkenkriege untergebracht wurden.

Napoleons gewaltiger Sarkophag aus Porphyr dominiert den Kirchenraum, man blickt von einer Balustrade auf ihn hinunter – und bemerkt, dass man sich dadurch automatisch „verbeugen" muss. Der Leichnam ist in verschiedenen ineinander verschachtelten Särgen verwahrt. Im Invalidendom ist ein Kuriosum der Weltgeschichte zu finden. Napoleon hatte einen einzigen (legitimen?) Sohn, den Herzog von Reichstatt, auch „König von Rom" genannt, Napoleon II. (1811–1832). Dessen Mutter war die Habsburgerin Marie Luise (1791–1847), die Wiege des Kindes ist in der Wiener Schatzkammer zu bewundern. Adolf Hitler hat nach der Niederlage Frankreichs 1940 gleichsam als skurrile „Versöhnungsgeste" den Leichnam von Wien nach Paris überführen lassen – Napoleons Sohn ist nun ebenfalls im Invalidendom bestattet.

Es sei erlaubt die Zeit nach der Französischen Revolution bis zur Krönung Napoleons zum Kaiser am 18. Mai 1804 zu überspringen. Wenn man als Historiker stark vereinfachen darf, hat Napoleon das Erbe der Französischen Revolution angetreten, ist dank seines militärischen Genies zum Herrscher Europas geworden, wurde aber von der Sehnsucht übermannt unbedingt „Kaiser" zu werden, also die alten Machtbegriffe und Symbole aufzugreifen. Er konnte auch auf dem französischen Nationalismus, entstanden in der Revolutionszeit, aufbauen. Napoleon setzte sich in der Kirche Notre Dame in Paris die Kaiserkrone selbst auf, Papst Pius VII. (1742–1823) durfte nur zusehen. Der Kaiser des Heiligen Römischen Reiches Deutscher Nation Franz II. (1768–1835) glaubte reagieren zu müssen: Am 11. August 1804 wurde er zum Kaiser von Österreich gekrönt (Franz I.), die Kaiserwürde des Reiches schwankte schon. Napoleon hatte

Geburtshaus Napoleons in Ajaccio, Korsika – © Shutterstock.com

Napoleons Grabmal im Invalidendom in Paris – © alredosaz / Shutterstock.com

im März desselben Jahres den Code Napoleon herausgeben lassen, das durch die Revolutionsjahre vorbereitete umfangreiche neue Rechtssystem, das in Teilen heute noch in Frankreich gilt und europäisches Vorbild geworden ist.

Das Jahr 1805 war ein kriegerisches. Napoleon war gewillt Europa zur Gänze seinem Willen zu unterwerfen. Zu Land war er erfolgreich, doch erlitt die vereinigte französisch-spanische Flotte am 21. Oktober 1805 bei Trafalgar eine vernichtende Niederlage. Die alte maurisch-spanische Siedlung liegt südöstlich von Cadiz am Eingang zum Mittelmeer. Napoleon hatte beabsichtigt, die britischen Besitzungen in Ostasien anzugreifen, der Engländer Horatio Nelson (1758–1805) hat dies verhindern können. Sein Schiff, die HMS Victory, 1765 gebaut, liegt heute im Hafen von Portsmouth in Südengland und ist zu besichtigen. Man blickt beim Besuch auf den Boden. Ist dieser wirklich rot gestrichen worden, um für die Soldaten und Matrosen das Blut der Verletzten und Toten nicht erkennbar zu machen? Von diesem Dreimaster ist das berühmte Flaggensignal ausgegeben worden: „England expects that every man will do his duty" (Frei übersetzt: England erwartet, dass jedermann seiner Pflicht nachkommt). Gegen Ende der Schlacht wurde Nelson von einer Kugel getroffen und getötet. Die Folgen für Napoleon, vor allem die wirtschaftlichen, waren schlimm. Er sah sich etwa ein Jahr später gezwungen, die sogenannte Kontinentalsperre zu verfügen, eine Wirtschaftsblockade gegen die britische Insel.

Nicht einmal sechs Wochen später fand die „Dreikaiserschlacht" bei Austerlitz (Tschechisch Slavkov) östlich von Brünn statt. Franz II. (I.) und Zar Alexander I. (1777–1825) gegen Napoleon am 2. Dezember 1805. Ein Besuch des Schlachtfeldes mit diversen Gedenkstätten im leicht hügeligen Gelände ist faszinierend: Man stelle sich etwa vor den „Napoleontisch", heute eine plastische Landkarte aus Bronze. Von hier aus hat Napoleon am 2. Dezember um 8.30 Uhr den Befehl zum Angriff gegeben. Der Tisch steht auf einem Grabhügel, einer aufgeschütteten Totenstadt aus der Völkerwanderungszeit. Napoleon siegte, drei Wochen später wurde der Friede von Pressburg geschlossen, das Ende des Heiligen Römischen Reiches eingeleitet und im Jahr darauf, 1806, vollzogen. Napoleons kriegerische Gelüste aber waren noch lange nicht gestillt. Austerlitz hat für uns heute eine Besonderheit des historischen Gefühls parat. Jahr für Jahr wird die Schlacht „wiederholt". Menschen aus fast ganz Europa in nachgemachten Uniformen, bis zum letzten Knopf korrekt, mit adäquaten Waffen versehen, treffen sich meist Ende November um als

Schauspiel diesen Kampf nachzuvollziehen. Aufmärsche am Schlachtfeld finden statt, Hütten brennen, Sanitätsplätze werden eingerichtet, Soldaten kämpfen – auf der Zuschauertribüne mit Spitzenmilitärs Europas fließt Alkohol in Strömen. Napoleon zieht im Triumph vorbei. Ich durfte als Ehrengast zweimal zusehen, glücklicherweise floss nicht wirklich Blut...

Napoleons Kriege gingen weiter. Österreich, die Habsburger und Wien standen vorerst auf seiner militärischen „Speisekarte". 1809 jedoch sollte es einen Knick in seinen Erfolgen geben. Er zog über das legendäre Schlachtfeld im Marchfeld (von 1278, Kampf Rudolf von Habsburg gegen Ottokar, bis 1945, sowjetische Panzer fahren gegen Wien) Richtung Wien, musste aber in der Schlacht bei Aspern am 21./22. Mai die erste echte Niederlage gegen den Heerführer der österreichischen Armee Erzherzog Karl (1771–1847) einstecken. Dies war auch die Zeit, als der Tiroler Nationalheld Andreas Hofer (1767–1810) bei Innsbruck seine Befreiungsschlachten am Berg Isel führte – dort gibt es natürlich auch eine Gedenkstätte zu besichtigen! Nördlich von Wien schlug Napoleon Anfang Juli allerdings zurück: Die Schlacht bei Deutsch Wagram. Im Oktober wurde der für Österreich deprimierende Friede von Schönbrunn geschlossen. In Paris gibt es eine Rue Wagrám, eine Rue Aspern gibt es aber nicht, die Österreicher hätten sich darüber gefreut und Aspérn bei der Aussprache gerne auf der zweiten Silbe betont...

Da Napoleons erste Ehe mit Josephine (Beauharnais, 1763–1814) kinderlos blieb, trennte er sich von ihr um „kaiserlich" bei den Habsburgern einzuheiraten: Er ehelichte 1810 Marie Luise (1791–1847), die ihn herzlich hasste, ihm aber 1811 den erwünschten Sohn gebar. Dies erinnert irgendwie an die Heirat Ludwig XVI. mit Marie Antoinette im Jahre 1770. Napoleon fand einen „neuen" Gegner, wenn man es salopp so formulieren darf: Russland. Doch 1812 verließ ihn sein Kriegsglück (Hat er „fortune", also Glück, soll er viele seiner Offiziere gefragt haben!) vor Moskau, wie circa 130 Jahre später Adolf Hitler. Seine Gegner sahen ihre Stunde gekommen, man wollte ihn endlich in die Zange nehmen. Dies geschah in der „Völkerschlacht" bei Leipzig vom 16. bis 18. Oktober 1813, der bis dahin blutigsten Schlacht der Geschichte. Österreicher, Russen, Preußen und Schweden hatten sich zusammengetan und besiegten Napoleon. Man verliert den statistischen Überblick: Mit den Franzosen zusammen waren vielleicht eine halbe Million Soldaten in den Kampf verwickelt.

Hundert Jahre später, 1913, wurde auf dem geographischen Mittelteil des damaligen Kampfgeschehens ein Denkmal errichtet. Der Bau wirkt mächtig, wäre es nicht respektlos, könnte man sagen eine „Wucht". Mit

91 Metern ist es das größte Denkmal Europas, für Deutschland ein Nationaldenkmal, daneben gibt es zahlreiche kleinere nationale Erinnerungszeichen. Der Hauptbau ist aus Granitporphyr errichtet, außen und innen mit viel Symbolik künstlerisch ausgestaltet – kann man sagen in einer Form des Jugendstils? Der künstliche vorgelagerte „See der Tränen" soll das Leid der Gefallenen symbolisieren, die Krypta ist das Symbol für das Grab der etwa 120.000 toten Soldaten. Das Rund in der Krypta ist mit 324 Reitern ausgestaltet, Totenwächter und steinerne Krieger sind rundum zu sehen. Dominierend, mit Schild und Schwert ausgestattet, befindet sich draußen über dem Eingangstor thronend eine große Statue des Erzengels Michael, dem Schutzpatron der Soldaten.

Napoleon wurde nach Elba verbannt, wobei man nicht von einer Art Gefängnis sprechen kann, eher an einen gemütlichen Aufenthaltsort für die nächsten Jahre – dachte man! Elba mit seinen 224 Quadratkilometern ist natürlich eine kleine Insel, bietet aber viel für das historische Gefühl. Napoleon wurde feierlich empfangen – man fühlte noch seine Macht als Herrscher über Europa. Nun aber sollte er sich ein Mini-Reich auf Elba einrichten können. Und er tat das auch: Er nahm die Verwaltung in die Hand, förderte die Wirtschaft (Weinbau!), kümmerte sich um den Hafen Portoferraio, musste allerdings auch Steuern eintreiben. Er blieb auf Elba vom Mai 1814 bis Februar 1815 und wohnte in der Villa dei Molini als Stadtresidenz, die Villa San Martino war seine Sommerresidenz. Beide Gebäude sind heute zu besichtigen und teilweise mit Originalmöbeln eingerichtet. Also könnte man meinen, dass dies für den Rest seines Lebens reichen sollte. Man kann sich in seine möglichen Gedanken vertiefen, den Verlust seiner Macht, seine Triumpfe, seine Niederlagen, besonders die bei Leipzig. Man kann als Besucher auch an Napoleons Lieblingsplätzen verweilen, auf Bänken sitzen, wo auch er saß und auf das Meer blicken. Vorne in der Bucht ist die kleine felsige Insel zu sehen, auf der seine Lieblingsschwester Pauline Buonaparte (verheiratete Borghese, 1780–1825) zu baden pflegte. Sie hat 1808 einen Skandal hervorgerufen, nachdem sie sich dem berühmten italienischen Bildhauer Antonio Canova (1757–1822) nackt als Modell für dessen Werk „Venus Victrix", also die „siegreiche Venus", zur Verfügung gestellt hatte. Dieses Meisterwerk ist in der Villa Borghese in Rom zu besichtigen. Pauline war ihrem Bruder ins Exil gefolgt, nicht aber dessen Ehefrau Marie Luise. Dies ist in der Sommervilla auf einem Deckengemälde symbolisch festgehalten: Zwei Tauben zerren an einem Band in ihren Schnäbeln, das zu zerreißen droht – oder wird es zusammenschnürt?

In dieser Idylle könnte man gemütlich leben, sich auf die umgebende Welt mit ihrer Schönheit konzentrieren, philosophieren, Pläne schmieden, das Leben genießen – hatte Napoleon nicht seine polnische Freundin Gräfin Maria Walewska (1786–1817) auf die Insel bringen lassen? Doch Napoleons Nachdenken hatte nur einen Inhalt, wieder an die Macht zu gelangen, zurück zu seinem Handwerk, dem Krieg. Er verließ Elba am 26. Februar 1815 in Richtung Paris. Die Zeitungen kommentierten nach und nach seinen Weg: „Der Hund hat Elba verlassen" bis „Der Kaiser ist wieder in Paris". Für Napoleon aber – so wissen wir es eben heute – führte der Weg nach den berühmten 100 Tagen nach Waterloo. Für Napoleon wurde dies nicht nur der Ort einer weiteren Auseinandersetzung, sondern, ob man nun schicksalsgläubig ist oder nicht, es wurde sein „persönliches" Waterloo, ein Synonym für sein Schicksal.

Napoleon und sein Bett in Waterloo

Nach der „Völkerschlacht" bei Leipzig gegen Napoleon im Oktober 1813, an der sich nach Preußen, Russland und Österreich auch England und Schweden anschlossen, wurde im Ersten Pariser Frieden (30. Mai 1814) Frankreich auf die alten Grenzen von 1792 beschränkt, Napoleon nach Elba verbannt. Im Herbst des Jahres 1814, genau am 18. September, begann der Wiener Kongress mit seiner Arbeit der Neuordnung Europas … und nicht nur mit der Arbeit, sondern auch mit Tanz und Vergnügungen, wie man aus zeitgenössischen Bemerkungen weiß. Es war der bis dahin welthistorisch gesehen größte Kongress, der jemals stattgefunden hatte, und Clemens Wenzel Fürst von Metternich (1773–1859) sollte als „Kutscher Europas" die Zügel in die Hand nehmen. Napoleon errichtete einstweilen auf Elba – in einem eher bescheidenen Schlösschen residierend – gleichsam sein „Minireich", aber er plante und dachte weiter. Am 1. März 1815 war er in Paris zurück und sammelte wieder ein Heer um sich, seine Anziehungskraft und die „militärische Ausstrahlung" schienen ungebrochen – seine „100 Tage"-Herrschaft begann. Den kaiserlichen und fürstlichen Teilnehmern des Wiener Kongresses fuhr der Schreck in die Glieder. Doch nun war England eingedenk seiner „Ausgleichspolitik" des 18. Jahrhunderts hinsichtlich der Machtverhältnisse der politischen Kräfte auf dem Kontinent bereit, intensiver in den Kampf gegen Napoleon einzugreifen: Exponent war der Herzog von Wellington (1769–1852). Weiters war inzwischen der Freiheitswille der von Frankreich unterdrückten Völker erwacht, besonders unter der Jugend und in der akademischen Welt.

Napoleon konnte wieder militärische Erfolge erringen, so konnte er bei der belgischen Stadt Ligny den populären preußischen Feldherrn Gebhard Leberecht von Blücher (1742–1819) – „Ran wie Blücher" pflegten seine Soldaten zu sagen – schlagen. Dieser bewährte Kämpfer der Völkerschlacht hatte den Krieg gegen Napoleon im Sinne des genannten Mottos und als „Marschall Vorwärts", wie er auch genannt wurde, in linksrheinisches Gebiet getragen. Die Situation sollte sich bei Waterloo, südlich von Brüssel, zuspitzen. Der deutsche Militärhistoriker Klaus-Jürgen Bremm (geb. 1958) nannte sein Buch von 2015 einfach „Die Schlacht". Hauptgegner Napoleons war Wellington, dessen Armee

Der Bauernhof Ferme du Caillou –
© Karl Sablik

Napoleons letztes Reisebett –
© Karl Sablik

vom überheblichen Franzosen als „Frühstückshappen" in Richtung Sieg
bezeichnet wurde. Napoleon hatte als Hauptquartier ein Bauerngehöft
namens Ferme du Caillou in Beschlag genommen, den Einwohnern die
Tür gewiesen und sich mit seinen Offizieren in diesen eher kleinen Räumen breit gemacht.

Heute betritt man das Gebäude, das an der Chaussee de Bruxelles
liegt, von hinten über den beschaulichen Garten, in dem eine etwas
eigenartige Napoleon-Statue steht. Besonders in den zwei Haupträumen
des Gehöfts kann man sich dem „historischen Gefühl" hingeben. Man
steht vor dem eisernen Klappbett mit dem übertrieben wirkenden Balda-
chin, in dem Napoleon die letzte Nacht vor der Schlacht geschlafen und
offenbar vom Sieg geträumt hat – er sollte am nächsten Tag aus diesem
Haus vertrieben werden und das Bett, das ihn von Schlacht zu Schlacht
begleitet hatte, zurücklassen müssen. Im Nebenraum wurde gespeist, die
Offiziere schwirrten mit Nachrichten, aber auch Gerüchten hin und her.
An der Wand hängt noch heute das Kreuz der Bauernfamilie, das der
nicht sehr religiöse Napoleon gesehen, aber nicht beachtet haben wird.
Nach dem Essen wurden die Tische zusammengestellt um darauf die
Landkarten und die Schlachtpläne auszubreiten – hier spürt man die
„Magie des Ortes" – ist die Schlacht zu gewinnen? Napoleon verließ das
Haus relativ spät am Morgen des 18. Juni 1815 über die Schwelle des
Haupteinganges, bestieg das Pferd und ritt in Richtung seiner Truppen.
Nun sei erwähnt, dass knapp vorher Napoleon seinen Marschall Ema-
nuel Grouchy (1766–1847) beauftragt hatte, den erst am 16. Juni bei
Ligny geschlagenen Blücher Richtung Genappe zu verfolgen bzw. dann
zum Hauptschlachtfeld zurückzukehren. Beides geschah nicht wirklich,
Napoleon belog seine Soldaten mit dem Ruf, Grouchy würde kommen. Er
verlor die Schlacht gegen Wellington – hauptsächlich deswegen, weil Blücher aus seiner Hügel-Deckung spät, aber doch noch rechtzeitig auf das
Schlachtfeld gelangen konnte, was Wellington vorher zu dem Ausspruch
veranlasst haben soll: „Ich wollte, es wäre Nacht, oder die Preußen kämen".
Sie kamen! Dies zwang die Armee Napoleons und den Kaiser selbst zur
überstürzten Flucht. Wenige Tage später trat er als Kaiser der Franzosen
zurück, hielt Grouchy für die Niederlage verantwortlich. Napoleon wurde
nach St. Helena im Südatlantik verbannt, weit genug weg (Ich selbst
bin nie hingelangt…), um eine neuerliche Rückkehr zu verhindern. Die
Insel war weniger „lieblich" als Elba und stand unter englischer Verwaltung. Napoleon war im dortigen „Longwood House" untergebracht und
beschäftigte sich mit seiner Biographie. Napoleon starb auf St. Helena am

5. Mai 1821 an Magenkrebs mit Blutungen, ohne jemals wieder Frankreich gesehen zu haben.

Noch am Schlachtfeld diskutierten Wellington und Blücher, welchen Namen die Schlacht bekommen sollte: Blücher war für La Belle Alliance, einem Gutshof quasi mitten am Schlachtfeld, Wellington war für Waterloo. In den Geschichtsbüchern hat sich Waterloo durchgesetzt. Das Wort „Waterloo" ist in viele Sprachen eingeflossen als ein Synonym für Versagen, für den ultimativen Untergang, auch für ein privates Desaster. Schon vor der Schlacht hatte der Wiener Kongress am 6. Juni die Schlussakte verfasst: der Deutsche Bund unter österreichischem Vorsitz wurde, wenn man so sagen darf, als Nachfolge des von Napoleon 1806 aufgelösten Heiligen Römischen Reiches Deutscher Nation gegründet. Ab 1804 gab es schon den Österreichischen Kaiser als Franz I., Zar Alexander I. regte die „Heilige Allianz" an, ein Bündnis, das zwischen Russland, Preußen und Österreich geschlossen wurde (September 1815). In die Friedensverhandlungen war neben England, Russland, Preußen und Österreich auch Frankreich als fünfte Großmacht eingebunden worden, vertreten durch den Ministerpräsidenten und raffiniert taktierenden Diplomaten Charles Maurice de Talleyrand (1754–1838). Dies kann als staatsmännischer Weitblick gelten, besonders wenn man im letzten Quartier Napoleons vor seiner Niederlage die berühmte Frage reflektiert, ob man aus der Geschichte lernen kann. Etwas mehr als hundert Jahre später nach dem Ersten Weltkrieg wurden die Verlierermächte von den Siegern anders behandelt als Frankreich 1815 – vielleicht hätte man sich Adolf Hitler ersparen können…

In Frankreich kam Ludwig XVIII. (1755–1824), Bruder des von den Revolutionären guillotinierten Ludwig XVI. an die Macht, er fand Anschluss an die Heilige Allianz. Die Abmachungen des Wiener Kongresses einschließlich des Zweiten Pariser Friedens vom 20. November 1815 hielten circa 50 Jahre, es herrschte mehr oder weniger Friede in Europa. Einzig die sozialen Probleme bekam man nicht in den Griff, die Revolutionen von 1830 und besonders 1848 sprechen eine eigene Sprache.

Franz Schubert
Zum Komponieren geboren

Betrachtet man die historischen Plätze der vier bedeutenden Komponisten der Klassik (und ein wenig Romantik), erscheint Franz Schubert
(1797–1828) als der einzige „Wiener". Denn: Mozart wurde in Salzburg,
Beethoven in Bonn, Haydn in Rohrau, NÖ, geboren. Wenn man die heutige Nussdorfer Straße von der Stadt kommend entlanggeht, fällt einem
die Hausnummer 54 auf, nicht, weil das Haus so groß wäre, sondern weil
es durch sein Alter aus der Reihe der anderen heraussticht. Schuberts
Geburtshaus, ein einstöckiger Bau mit Innenhof und Galerie, mit Blick in
den Garten, ist wunderbar restauriert, was aber gleichzeitig bedeutet, dass
das Flair des späten 18. Jahrhunderts verschwunden ist. Dies geschieht
allerdings bei fast allen diesbezüglichen und auch gut gemeinten „Wie-
derherstellungsarbeiten". Man muss hier den Wert der Erhaltung eines
Kulturgutes über den Erlebniswert des historischen Gefühls stellen. Das
Geburtshaus ist jetzt Museum, wo auch Schuberts berühmte Brille zu
sehen ist. Ich darf anmerken, dass ein väterlicher Freund von mir eine
Brille in Besitz hatte – sie fasziniert den Betrachter wirklich.

Wenn man auf Schuberts Spuren wandelt, kann man zwei grundsätzliche
Gedanken überlegen. Was heißt Talent, was Genie – und was bedeuten
Herkunft und historische Umwelt? Schubert ist ein Musterbeispiel dafür.
Wenn man weiß, dass in seinem Geburtshaus gerade einmal ein größerer
Raum zum Wohnen zur Verfügung stand, dass sein Vater Franz Theodor
(1763–1830), der seinen Sohn überleben sollte, mit seiner ersten Frau 14
Kinder zeugte, wovon fünf bald starben, mit seiner zweiten wesentlich
jüngeren Frau weitere fünf, sind die Wohnverhältnisse von damals für
heute unvorstellbar. Dazu kam, dass im selben Haus quasi die Schule
untergebracht war, die der Vater als Schullehrer leitete. Erst später, 1801,
konnte die Familie in ein größeres Haus umziehen. Was die Kindersterb-
lichkeit betrifft, muss man daran denken, dass erst eine Generation später
der Arzt Ignaz Philipp Semmelweis (1818–1865) in Wien als „Retter der
Mütter" und Bekämpfer des Kindbettfiebers auftrat! Die Eltern Schuberts
kamen aus dem schlesisch-mährischen Raum nach Wien, in der Hoffnung
hier besser leben zu können. Während etwa Joseph Haydn (1732–1809) in

der fürstlich-Esterhazy'schen Gnade eingebettet war, muss man Schubert „proletarisches Milieu", anders ausgedrückt Kleinbürgertum, zubilligen. Kleinbürger, aber mit der Hoffnung auf sozialen Aufstieg. Schuberts Vater erkannte sehr wohl die Musikalität seines Sohnes. Hier spielte auch die Lichtentaler Pfarrkirche, in barockem Stil 1718 erbaut, die Taufkirche Schuberts und erste Wirkungsstätte als Sängerknabe, eine große Rolle. Die Kirche ist noch heute zu besichtigen, der Ortsteil Lichtenthal ist 1850 in den neunten Wiener Gemeindebezirk, Alsergrund, integriert worden. 1808 konnte Schubert als Hofsängerknabe im zuständigen Konvikt in Wien untergebracht werden. Bald fiel er auch dort durch seine schöne Stimme und hervorragende Musikalität auf. Es hat sich dann der damals berühmte Musiklehrer und Komponist – durch das Mozart-Intermezzo in ein eigenartiges Licht geratene – Antonio Salieri (1750–1825) seiner als Schüler angenommen und ihn mittels Kompositionsunterricht gefördert. Aus dem Jahre 1810 gibt es den ersten Nachweis von Schuberts Kompositionen – nach anregender Lektüre von Balladen im Konvikt...

Trotz Stimmbruchs durfte Schubert im Konvikt verbeiben, brach dann 1813 aber doch die Schule ab und wollte sich für ein freies Künstlertum entscheiden. Hier sei sein berühmt gewordener Satz zitiert: „Ich bin für nichts als das Komponieren auf die Welt gekommen". Sein Vater war anderer Ansicht und wollte ihn als eine Art Schullehrergehilfe gleichsam im sozialen System unterbringen. Ein Vater-Sohn-Konflikt bahnte sich an und blieb bis zum Tod von Franz Schubert. Der berühmte deutsche Liedinterpret, Dietrich Fischer-Dieskau (1925–2012), schreibt darüber, dass Vater Schubert befürchtete, sein Sohn werde sich in die Gesellschaft von Leuten begeben, deren freiheitliche Lebensweise mit seinen katholischen Grundsätzen unvereinbar sein würde. Sollte also Franz Schubert das Biedermeier zu sprengen helfen – musikalisch gesprochen, von der Klassik zur Romantik, gar in einem Spannungsfeld? Sicher war er ein Mensch, der seinen Weg gehen wollte, aber fast unauffällig, einfach und unprätentiös, still, von Freunden und Förderern umgeben, die sein Genie erkannt hatten.

Wollte Schubert nur ein Bohemien-Leben oder war es höhere Berufung? Früh wagte sich Schubert an Sinfonien heran. Mit etwa 17 Jahren, drei Jahre später, 1817, hatte er schon vier Sinfonien komponiert, nach dem Vorbild von Mozart und Haydn. Nach und nach, in den nächsten circa zehn Jahren, komponierte sich Schubert, wenn man so sagen darf, in die „Weltmusik" hinein. Die Oper sollte nicht sein Lieblingsfeld werden, die Sinfonien eher, auch die Kirchenmusik. Er wurde aber zum großartigen Schöpfer des Kunstliedes! Viele davon werden heute für Volkslieder gehalten. Es begann mit dem „Gretchen am Spinnrade", nach einem Goethe-Gedicht, Schuberts Lieblingsdichter, neben Schiller und seinem späteren Freund Johann Mayerhofer (1787–1836) aus Steyr in Oberösterreich und dem Deutschen Wilhelm Müller (1794–1827, Vorlage für die „Winterreise"), den Schubert allerdings nie persönlich kennengelernt hat. Solch eine Art der Komposition kam neu und überraschend, solch ein Lied mit Klavierbegleitung hatte es in der Musikgeschichte vorher noch nicht gegeben. Allerdings muss an dieser Stelle gesagt werden, dass selbst der „Dichterfürst" Goethe offenbar Schuberts Lied-Kunst nicht verstanden hat. Mit den Liedern und anderen Kompositionen hat – entgegen mancher historischen Interpretationen – Schubert aber dann doch einiges Geld verdient, jedenfalls mehr als der „Lehrergehilfe" in Vaters Diensten.

Es gibt so etwas wie einen Schaffensrausch. Ich darf aus Fischer-Dieskaus Buch den aus Linz stammenden Joseph von Spaun (1788–1865), den seit dem Konvikt eine Lebensfreundschaft mit Schubert verband, zitieren: „Wir fanden Schubert ganz glühend, den Erlkönig aus einem Buch laut lesend. Er ging mehrmals mit dem Buch auf und ab, plötzlich setzte er sich, und in kürzester Zeit stand die herrliche Ballade auf dem Papier". Jedermann kennt die ersten Worte: „Wer reitet so spät durch Nacht und Wind? Es ist der Vater mit seinem Kind... ". Offenbar war bei der Vertonung sein wahres Genie am Werk. Besteht ein Genie aus Leichtigkeit, aus Schnelligkeit der Einfälle, aus Eingebungen, die andere eben nicht haben, „fliegen" einem Genie diese zu? Über die Vertonung der „Winterreise" hatte sich ein anderer Freund Schuberts, Franz von Schober (1796–1882), dahingehend geäußert, dass ihm die Stimmung zu düster wäre und ihm nur „Der Lindenbaum" gefalle. Schubert antwortete selbstbewusst: „Mir gefallen diese Lieder mehr als alle, und sie werden euch auch noch gefallen".

Schober war mit dem Besitzer des niederösterreichischen Schlosses Atzenbrugg, nahe Tulln, verwandt und konnte Schubert dorthin einladen. Diese Ausflüge mit der Pferdekutsche auf das Land prägten das etwas eigenartige Wort „Landpartie", das gelegentlich noch heute verwendet wird. Schubert übernachtete in einem Sommerhäuschen. Das Schloss, seit 1977 im Besitz der Marktgemeinde Atzenbrugg, und ein Museum sind zu besichtigen. Dort veranstaltete Schubert mit seinen Freunden, zu denen auch der Maler Leopold Kupelwieser (1796–1862) zählte, Konzerte und lustige Spiele. Kupelwieser hat ein solches Spiel in einem berühmten Bild festgehalten. Diese Veranstaltungen wurden den adeligen und bürger-

Geburtshaus von Franz Schubert in Wien – © Karl Sablik

Die „Höldrichsmühle" mit Linde und Brunnen – Legende oder Wahrheit? – © Karl Sablik

lichen Salons der Biedermeierzeit als Treffen von Künstlern nachempfunden und „Schubertiaden" genannt – auch heute noch kennen wir diese Art seiner Konzerte. Schubert – am Klavier – trat meist mit dem bekannten Hofopernsänger Johann Michael Vogl (1768–1840) auf.

Schuberts Leben war tragisch kurz. Nachdem er in Wien die Jahre hindurch in etwa zehn verschiedenen Wohnungen, meist bei Freunden gewohnt hatte – und er hatte ja einen großen Freundeskreis – war er 1828 bei seinem älteren Bruder Ferdinand (1794–1859) – noch mit intensivem Komponieren beschäftigt – in einem Biedermeierhaus in der Kettenbrückengasse 6 gelandet. Man sagt, er habe in einem Gasthaus ein schlechtes Fischgericht beiseitegeschoben, sich vor Vergiftung gefürchtet und wäre am 19. November des Jahres dann wohl an Typhus gestorben. Die stimmungsvollen Räume des Sterbehauses sind als Museum zu besichtigen. 1888 wurde seine Leiche vom Währinger Friedhof zum Wiener Zentralfriedhof transferiert.

Schubert schrieb 600 Lieder. (Ein Vergleich: einem Udo Jürgens (1934–2014) und dem Chansonnier Charles Aznavour (geb. 1924) sagt man je 1000 nach…). Man erinnere sich an die volksliedartige „Forelle", an das „Heidenröslein", an den „Brunnen vor dem Tore", an die Lust des Müllers beim Wandern! Die Wirkung seiner Lieder reicht über Gustav Mahler (1860–1911) bis heute. Bei der Zählung der Sinfonien gerät man an die magische Zahl „Neun" (man vergleiche mit Beethoven, Mahler, Bruckner). Unvergänglich jedenfalls sind zwei Sinfonien, die in C-Dur und die „Unvollendete". Wie Musikkenner heute betonen, ist letztere keinesfalls „unvollendet", sondern zählt „fertig" zu den schönsten Sinfonien überhaupt. Man muss sich vor Augen führen, dass die Partitur erst 37 Jahre nach seinem Tod bei einem Freund Schuberts gefunden wurde. Schon früher, 1839, fand der deutsche Komponist der Romantik, Robert Schumann (1810–1856), die Noten für die C-Dur-Sinfonie unter den Papieren bei Schuberts Bruder Ferdinand! Er bewunderte besonders die „himmlischen Längen" in diesem Musikstück.

Im Sinne des historischen Gefühls – und dessen eventueller Täuschung oder Ersatz-Befriedigung – seien zwei Plätze erwähnt, die einerseits mit Schubert zu tun haben, andererseits im Zusammenhang mit ihm eine reine Erfindung sein könnten oder sind. Gemeint ist die Höldrichsmühle in Hinterbrühl, Niederösterreich, nicht allzu weit weg von Wien. Hier mag Schubert im Sinne der Landpartien gewesen sein und auch im Gasthaus gespeist oder übernachtet haben. Ob er am Brunnen vor dem Tore – es gab dort eine Linde, und Schubert habe sich um die Gunst der Tochter des Müllers bemüht! – auch dieses Lied komponiert hat, wird bezweifelt: Man kann aber die Atmosphäre durchaus genießen! Gemeint ist weiterhin das „Dreimäderlhaus" im ersten Wiener Gemeindebezirk, oberhalb der Stadtmauer, dort wo Beethoven zeitweise gleichsam um die Ecke gewohnt hat. Hier hätte Schubert die Liebeswahl zwischen drei Schwestern treffen sollen. Die gleichnamige Operette wurde 1916 aus Schubert-Melodien zusammengestellt und war ein Welterfolg. Aber: Alles – außer den Melodien – erfunden. Trotzdem lohnt sich ein romantischer Spaziergang vorbei an dem lieblichen Bürgerhaus im klassizistischen Stil des späten 18. Jahrhunderts, weiter durch die enge Gasse. Vielleicht gibt es noch das Restaurant „Schubert" in der Nähe...?

Stille Nacht – Heilige Nacht

Das heutige österreichische Bundesland Salzburg hat eine eigene Geschichte, die von der Geschichte anderer Bundesländer abweicht. Das Land stand seit dem Mittelalter unter der Herrschaft der Fürsterzbischöfe, die in enger, nicht immer friedlicher Verbundenheit mit dem Nachbarn Bayern nach und nach ein geschlossenes Herrschaftsgebiet aufbauen konnten. Salzhandel spielte eine große Rolle, man denke an Hallstatt und Hallein, vielfach spielte sich dieser auf der Salzach ab. Durch den sogenannten „Reichsdeputationshauptschluss" von 1803 fand das geistliche Fürstentum sein Ende. Nach den Napoleonischen Kriegen und dem Wiener Kongress 1814/15 kam nach der französischen Verwaltung und einer kurzen bayrischen Herrschaft Salzburg 1816 an Österreich. Die neue Grenze, die Salzach, trennte die Orte Laufen (Bayern) und Oberndorf (Österreich). Bald nahte auch die Zeit des „Biedermeier".

Genau in diesem Jahr, 1816, hat der Hilfspfarrer und Vikar Joseph Mohr (1792–1848) in Mariapfarr ein kleines, aber für christliche Ohren rührendes Gedicht verfasst – animiert durch eine sternklare Nacht. Ein Gedicht mit religiösem Bezug, aber auch mit Bezug zum Frieden, das weltweit bekannt werden sollte. Das Wort Friede kommt zwar im deutschen Text in den sechs Strophen nicht vor, die englische Übersetzung wählt statt der „...himmlischen Ruh" „...Heavenly Peace", in der dritten Strophe dann statt „Heil" „Peace". Man fühlt im deutschen Text trotzdem den Frieden, die Schonung der Welt, die rettende Stunde, die von Jesus zu erwarten ist: „...und als Bruder huldvoll umschloss, Jesus die Völker der Welt". Joseph Mohr wurde später nach Wagrain versetzt, wo er an einer Erkältung nach einem Totenversehgang im Revolutionsjahr 1848 verstarb. Er sollte den Erfolg des Liedes nicht mehr erleben. In Wagrain lebte ein Jahrhundert später der Dichter Karl Heinrich Waggerl (1897–1973), war dort 1942 (!) sogar Bürgermeister und schrieb nach 1945 – wieder herrschte Friede – Weihnachtsgeschichten…

Am 24. Dezember 1818 war in der Kirche St. Nikola in Oberndorf die Orgel ausgefallen. War es Wasserschaden oder hatten wirklich die Mäuse am Blasebalg des Instruments genagt? Jedenfalls hatte der Lehrer und Mesner Franz Xaver Gruber (1787–1863) aus dem Nachbarort Arnsdorf, der als Organist für die Orgel verantwortlich war, wegen der Gestaltung der Christmette seine Probleme. Man muss nicht übertreiben, wenn man sagt, dass dann ein Wunder geschah. Gruber, der Mohrs Gedicht kannte, komponierte noch am selben Tag das Lied, das heute die Welt kennt. Heiligabend erklang es erstmals vor der Krippe, die Kombination von Gitarre und Chor war für damals ungewöhnlich. Mohrs Gitarre – ein Instrument das heute noch im ländlichen Raum gerne gespielt wird – hängt im Stille-Nacht-Museum in Hallein, dem ehemaligen Wohnhaus Franz Grubers.

Die Kirche St. Nikola in Oberndorf stammte ursprünglich aus dem 12. Jahrhundert und war dem Patron der Schiffer geweiht. Sie war stets vom Hochwasser gefährdet, bekam Risse und wurde 1906 abgetragen. Dies mag das historische Gefühl trüben, dass man nicht mehr in den Mauern weilen kann, in denen das berühmteste Weihnachtslied der Welt zum ersten Mal erklang. Man kann sich damit trösten, dass auf dem Schuttkegel der abgerissenen Kirche in den Jahren 1924 bis 1936 eine Stille-Nacht-Gedächtniskapelle errichtet wurde, die man im August 1937 eröffnete. Der reizvolle Oktogon-Bau mit einer aufgesetzten Laterne und einem schön gestalteten Innenraum entschädigt die enttäuschten Erwartungen.

Das Lied „Stille Nacht – Heilige Nacht" trifft die Weihnachtsstimmung, die Sanftheit der Melodie, vor allem aber die nun schon traditionelle Verwendung des Liedes im familiären Kreis, zumindest aber im jeweils internen Rahmen bei entsprechenden Veranstaltungen, lässt angenehme Gefühle wach werden, manchmal auch Rührung aufkommen. Man soll die Bemerkung richtig verstehen, heute ist – profan ausgedrückt – dieses Lied zu recht quasi „heiliggesprochen" worden.

Nicht gleich eroberte „Stille Nacht" die Welt. Der Tiroler Orgelbauer Karl Mauracher (1789–1844) kam zur Reparatur der Orgel nach Oberndorf, lernte das Lied kennen und brachte es mit ins Zillertal. Dieses Tal war schon damals – so wie heute – bekannt für gute Sänger, die vorerst kombiniert mit Handelsgeschäften in ganz Europa auftraten. Das Lied wurde alsbald für ein Tiroler Volkslied gehalten. 1854 kam eine Anfrage der Hofmusikkapelle Berlin an die Erzabtei St. Peter in Salzburg, was es denn mit diesem Lied auf sich habe. Man hatte Michael Haydn (1737–1806), den Bruder des berühmteren Joseph, „in Verdacht". Gruber erfuhr von der Anfrage und legte erstmals schriftlich die genauen Umstände dar – ein wichtiges Dokument. Sowohl der Dichter wie der Komponist blieben „einfache" (Ich mag den Ausdruck eigentlich nicht…) Leute. Gruber, der den Welterfolg noch erleben konnte, wurde als Lehrer nach Hallein versetzt, wo er auch gestorben ist. Sein Grab neben Kirche und Wohnhaus

Stille Nacht-Gedächtniskapelle – © Tourismusverband Oberndorf

Grab von Franz Xaver Gruber in Hallein mit Sängerrunde an jedem 24. Dezember
© Tourismusverband Hallein

zu besuchen ist dann ein besonderes Erlebnis, wenn am 24. Dezember das Lied von einem um das Grab versammelten Chor gesungen wird.

Es gibt andere Lieder, die eine Stimmung treffen, manchmal sogar, wie „Stille Nacht – Heilige Nacht" aus dem „Nichts" kommen oder erst später berühmt wurden. Zwei Beispiele seinen erwähnt. In der Nacht auf den 26. April 1792 komponierte der französische Hauptmann Joseph Rouget de Lisle (1760–1836) auf Auftrag ein Kriegslied für die Rheinarmee – wieder das Phänomen eines einzigen Liedes: die Marseillaise. Der Komponist wurde von Stefan Zweig (1881–1942) das „Genie einer Nacht" genannt. In der Melodie wurden aggressive Stimmungen angesprochen – trotzdem ist sie heute die französische Nationalhymne. Man hat vorerst den aus dem niederösterreichischen Ruppersthal stammenden Komponisten Ignaz Joseph Pleyel (1757–1831) für den Schöpfer gehalten. Pleyel war nämlich damals als Komponist bekannter als selbst Mozart, war in Paris ansässig, wo er eine Klavierfabrik leitete. Heute noch ist ein Konzertsaal in Paris nach ihm benannt. Der russische Komponist Peter Iljitsch Tschaikowsky (1840–1893) verwendete 1878 die Marseillaise in seiner Ouvertüre 1812, um sie anlässlich der Niederlage Napoleons vor Moskau von der russischen Hymne übertönen zu lassen..

Die Sängerin Lale Andersen (1905–1972) hat das Lied „Lili Marleen" 1939 zum bekanntesten Soldatenlied gemacht – für alle Nationen. Es war erst durch die Ausstrahlung des deutschen Soldatensenders in Belgrad 1941 bekannt geworden, dann von den Nationalsozialisten wegen „Wehrkraftzersetzung" verboten. Welche Gefühle mag dieses Lied bei den vom Tode bedrohten Soldaten im Feld gehabt haben, wären sie doch lieber „… vor der Kaserne, vor dem großen Tor" gewesen…

Die Historie des heutigen Weihnachtsfestes ist eigenartig religiös gekennzeichnet. Soll man in der kleinen Gedächtniskapelle wirklich daran denken, dass Weihnachten eigentlich ein heidnisches Fest ist, das christlich erst ab dem 3. Jahrhundert gefeiert wurde. Christus selbst – ob in Nazareth oder in Betlehem geboren sei dahingestellt – hat nie Weihnachten „gefeiert". Religiöse Puristen haben sogar gemeint, dass Weihnachten zu feiern Christus beleidigen heißt. Das römische Lichterfest zur Wintersonnenwende für den Sonnengott Apollo – ab seinem „Geburtstag" nimmt das Licht wieder zu – stand Pate, das jüdische „Chanukka" als Lichterfest zur Tempelweihe ebenfalls. Einen Baum schmückten schon die altrömischen Anhänger des Mithras-Kultes. Den heute so beliebten Christbaum gab es nach Anläufen aus dem 17. Jahrhundert erst um 1774, wie uns Johann Wolfgang von Goethe (1749–1832) wissen lässt. Den

Adventkranz hat ein evangelischer Pastor gar erst 1839 „erfunden". Dennoch, Weihnachten wird weltweit gefeiert.

Vielleicht aber doch anders als 1818. Hat nach 1945 wirklich der Kapitalismus, das Geschäftemachen, zugeschlagen? Aus den Geschenken, die man gerne zu Weihnachten verteilt – und auch gerne bekommt – ist Kommerz geworden. Das Fest ist verweltlicht, manchmal sogar bis zu prächtigen Shows im Fernsehen degradiert, die Vorweihnachtszeit versinkt im Punsch, lustige Festredner raten, das Christuskind nicht im Alkohol zu ertränken. Und wie steht es mit den Liedern? Hier haben angloamerikanische Komponisten mit populär gewordenen „Ohrwürmern" zugeschlagen. Über die modernen Medien verbreitet und in Kaufhäusern werden die Weihnachtslieder pausenlos gespielt, man wird berieselt. Das oft gespielte „Jingle Bells", schon aus den 60er Jahren des 19. Jahrhunderts, das eine winterliche Schlittenfahrt besingt, wird nicht zu den Weihnachtsliedern gezählt, „Weihnachten" kam darin nicht vor. Aus dem Jahre 1939 hingegen stammt „Rudolf, das kleine Rentier" mit der roten Nase. Einem Kindermalbuch mit primitivem Text entnommen, hat es der singende Cowboy Gene Autry (1907–1998) 1949 populär gemacht – es kommt darin immerhin ein „…Foggy Christmas Eve" vor. 1947, zwei Jahre vorher, hat Irving Berlin (1888–1989) das Lied „I'm Dreaming of a White Christmas" komponiert, das Bing Crosby (1903–1977) zum größten Verkaufserfolg aller Zeiten geführt hat. 1970 präsentierte der Puertorikaner Jose Feliciano (geb. 1945) sein „Feliz Navidad", das er samt einfachem Text in fünf Minuten komponiert haben will. Der Latino-Rhythmus und das Händeklatschen stellen sicher einen Kontrapunkt zur „Stillen Nacht" dar. Die Schallplattenfirmen kamen auf den Geschmack! 1984 musste für den Markt schnell ein Weihnachtslied her. Der britische Sänger George Michael (1963–2016) schuf mit seiner 1981 gegründeten Popgruppe Wham! den Ohrwurm „Last Christmas". Es sieht so aus, dass trotz allem Weihnachten ein frohes Fest bleiben wird!

Nanking

Niedergang und Aufstieg Chinas

Fährt man mit dem Schiff den Gelben Fluss, den Yangtse, von Chongquing hinunter bis zur Mündung, fährt man historisch „umgekehrt": Zuerst der Drei-Schluchten-Damm, dann Nanking. Der drittlängste Fluss der Welt ist heute aufgestaut, man hat die Empfindung, er fließt langsam dahin, früher müsste das anders gewesen sein. Liebliche Seitentäler sehen heute wir Buchten aus, die alten Siedlungen sind durch neue Plattenbauten weiter oben an den Hängen ersetzt. Interessante Tempelanlagen sind noch zu sehen. Der Fluss hingegen sieht verschmutzt aus, zwischen „Kulturdreck" in Form von Plastik fahren Boote mit Menschen, die Wertvolles heraus-fischen, wohl Holz zum Heizen – oder gar günstige Zufallsfunde? Die Landschaft fasziniert, man kommt an der Grotte des „Schicksalsrades" vorbei. Was war denn das Schicksal dieses riesigen Landes?

Die Geschichte Chinas ist mit dem Begriff „Abgeschiedenheit" ver-bunden, ob nun Marco Polo (1254–1324) tatsächlich dort gewesen sein mag oder nicht, wie manche Historiker vermuten. Vielfach wusste Europa nichts von China und umgekehrt. China fühlte sich in der Isolation wie das Zentrum der Welt – mit dem jeweiligen Kaiser mittendrin, rundherum die Provinzen und die tributzahlenden Staaten. In Europa kennt man ersteres etwa von Delphi in Griechenland, gab es dort doch den „Nabel der Welt". China hatte eigene Philosophien entwickelt – man erinnere sich an Karl Jaspers (1883–1969) „Achsenzeit" und Konfuzius (551–479) – ein eige-nes medizinisches System, aus dem die Europäer später die Akupunktur herausgelöst haben. Doch ab der Zeit, als die Europäer ihre aggressiven Entdeckungen, samt aggressiv-religiösen Missionen und wirtschaftlicher Kolonisation etwa in Richtung Afrika oder Südamerika unternahmen, änderte sich die Situation auch für China. Im 19. Jahrhundert erlahmte der Widerstand Chinas gegen den Druck des europäischen Kolonialismus, der Niedergang der Eigenständigkeit hatte seinen Tiefpunkt im Vertrag von Nanking vom 29. August 1842, das alte System zerbrach.

Um die Mitte des 19. Jahrhunderts versuchten hauptsächlich Briten, aber auch Amerikaner und Franzosen Gewinne aus dem Handel mit China zu ziehen. Die Japaner spürten die Schwäche Chinas und wollten

das Machtvakuum dieser Region ausfüllen. All dies kulminierte im sogenannten „Opiumkrieg", der von 1839 bis 1842 dauerte. Den chinesischen
Großraum handelsmäßig zu erschließen (Heute noch träumen westliche
Konzerne von dem riesigen Markt.) war hauptsächlich das Ziel der Briten. Besondere Bedeutung hatte der Handel mit Opium, der zwar von der
chinesischen Regierung verboten wurde, die Briten konnten ihn aber in
wenigen Jahren verdreifachen. Der in China eingekaufte Tee wurde mit
dem Geld für das Opium bezahlt. Die Opiumsucht hatte sich in großen
Teilen der chinesischen Bevölkerung verbreitet. Nun entschloss sich die
chinesische Regierung heroisch, die Auslieferung allen Opiums, das auf
den Schiffen und in Lagerhäusern gelagert war zu verlangen. 1839 wurden
20.000 Kisten dieses Rauschgiftes vernichtet. Man möchte fast sagen –
selbstverständlich – kam es zum Krieg zwischen England und China.
Britische Truppen besetzten die Mündung des Yangtse und drangen von
dort ins Innere Chinas vor. Einflussreiche chinesische Hofkreise traten
für Friedensverhandlungen ein. Der ungleiche Vertrag von Nanking sollte
der Anfang für verschiedene weitere Verträge Chinas mit Frankreich,
den USA (Diese verlangten ein eigenes Rechtssystem, eigene Polizei und
Missionsfreiheit.), Russland und Japan werden. Der Nanking-Vertrag
beinhaltete neben Entschädigungszahlungen durch China die Öffnung
der Häfen für den fremdländischen Handel. Hongkong (frei übersetzt
„Duftender Hafen") wurde britische Kronkolonie und blieb dies bis zum
1. Juli 1997. Ich fuhr knapp danach per Schiff vom Norden nach Hongkong und wollte mein restliches chinesisches Geld umsetzten: Es ging
nicht und ich dachte an die Zeitverzögerung historischen Geschehens.

Es lassen sich Gründe für die chinesische Niederlage anführen. Offenbar war man diese Art von Aggression nicht gewohnt – im Gegensatz
zu Europa, wo fast dauernd Krieg geführt worden war. China hatte
keine „wirklichen" Gegner in der Region, mit der Chinesischen Mauer
(Man kann 11 Kilometer auf ihr wandern!) verteidigte man sich gegen
die Nomaden im Norden, man konnte sie mit herkömmlichen Waffen
und einfachen Gewehren abwehren. In China war zwar das Schießpulver
erfunden worden, doch die Weiterentwicklung dieser Technologie ließ zu
wünschen übrig. Man denke an die um die Mitte des 19. Jahrhunderts in
Entwicklung begriffenen Zündnadelgewehre, die die Schlacht bei Königgrätz 1866 zwischen Preußen und Österreich entschieden haben, gegen
Ende des Jahrhunderts auch an die Maschinengewehre. Es gab noch
anderes: Die dampfbetriebenen Kanonenboote der Britischen Ostindien-
Kompanie auf dem Yangtse mit Bombardierung der Ufer lieferten den

Der Vertrag von Nanking vom 29. August 1842 – © Mary Evans / Mary Evans / picture-desk.com

Denkmal am Drei-Schluchten-Staudamm am Yangtse – © Karl Sablik

Historikern den Namen „Kanonenbootpolitik". Auch wenn China als Großreich unangreifbar schien, gelang dem „bösen" Westen doch die Repression in Form des Nanking-Vertrages.

Wenn man am Ufer des Yangtse in Nanking, heute mit etwa 5,5 Millionen Einwohnern auch für chinesische Verhältnisse eine große Stadt, zum Tempel mit dem Museum des Vertrages von 1842 hochgeht (Jinhai Tempel, 1990 installiert), schreitet man an zwei Löwen vorbei, wie man sie an vielen Orten Chinas als Symbole des Einganges positioniert sieht. Ein männlicher Löwe mit einer Pfote auf einem Ball – oder ist es die Weltkugel mit Anspruch auf Macht? Der weibliche Löwe hält die Pfote auf ein Junges, das Symbol des Lebens. Auch wenn es im alten China keine Löwen gegeben hat, ist dieses Symbol des Schutzes und der Macht später adaptiert worden. Man kennt das aus Europa, hier kam der Adler noch dazu, wie in der Österreichischen Monarchie sogar mit zwei Köpfen.

Es dauerte jedoch bis ins späte 20. Jahrhundert, bis China selbstbewusster, mächtiger und unabhängiger wurde. Noch 1937 glaubte Japan über China herfallen zu müssen. Gerade in Nanking erfolgte ein Massaker: Die Japaner, im Vollgefühl der Macht und voller Aggression, töteten etwa 300.000 Einwohner – und leugnen das bis heute. Wie auch immer, man versteht die Aversionen beider Völker gegeneinander – trotz der relativen Nähe ihrer Länder.

Zwischen 1993 und 1997 wurde der Drei-Schluchten-Damm von 18.000 Arbeitern gebaut, der größte der Erde. Man verliert beim Besuch irgendwie den Überblick über die riesige Anlage. Riesig, was heißt das? Ist dies ein Anflug von – historisch heiter ausgedrückt – Größenwahn, gar von Machtstreben, wie wir es weltweit kennen? Von den Pyramiden abgesehen, waren es im europäischen Mittelalter die Kirchtürme (bei Ulm und Köln allerdings erst in der zweiten Hälfte des 19. Jahrhunderts), dann die amerikanischen Wolkenkratzer im 20. Jahrhundert, heute der Burj Khalifa in Dubai mit 828 Metern. Die olympische Regel: höher, weiter, schneller gilt wohl auch bei Kraftwerken: Hoover-Staudamm 1935 in Kalifornien, das österreichische Aushängeschild Kaprun 1955, Nasser-Staudamm in Ägypten 1970 – nun also China.

China hat einen Aufstieg hinter sich gebracht: vom Tiefpunkt von 1842 bis zur heutigen Weltmacht. Wirtschaftlich, technisch, finanziell, militärisch und diplomatisch ist das Land auf der Erfolgsspur. Ohne tieferen Einblick haben zu müssen, kann man erkennen, dass die Größe des Landes eine Rolle spielt (wie bei Amerika und Russland), geografisch und bevölkerungsmäßig. China sammelt amerikanische Dollar, spielt damit am internationalen Finanzmarkt, ohne noch eine Krise hervorzurufen. China überschwemmt den Weltmarkt mit Billigprodukten, weil die Herstellungskosten im Land noch gering sind. Man kauft aber Ländereien in Afrika (Äthiopien), offenbar im Stile des alten europäischen Kolonialismus, aber mit der Hoffnung auf Chancen für die wirtschaftliche Zukunft. China rüstet militärisch auf, hat schon seit 1964 die Atombombe, und möchte vorerst zumindest nur die Region beherrschen (einschließlich Taiwan aus nationalistischen Gründen). Man will aber (noch?) nicht mit Amerika wirklich in Krieg geraten – also ist geschickte Diplomatie angesagt. Noch will man der Welt auch nicht die eigene Ordnung aufzwingen, wie es andere getan haben und tun!

Darwin und das neue Weltbild

Charles Robert Darwin (1809–1882) scheint vom Glück begünstigt gewesen zu sein. Finanziell abgesichert durch seinen Vater, der ein wohlhabender Arzt war, und durch eine Erbschaft, geistig vorbereitet durch seinen Großvater Erasmus Darwin (1731–1802), der ein bedeutender Naturforscher und Vorläufer evolutionistischen Denkens war. Man erinnert sich an Ernst Kretschmer (1888–1964), der 1929 über geniale Menschen geschrieben hat und ganz besonders auf das geistige Umfeld und die Vorfahren genialer Menschen hingewiesen hat. Dies alles traf bei Darwin zu. Er konnte ein freies Leben führen und dem – heutigen – Grundsatz huldigen, dass die Wissenschaft und ihre Lehre frei sind. Darf man seine Sprache verwenden: Er musste sich nicht besonders „anpassen". Steht man vor seinem Grab in der Westminster Abbey mit den nüchternen Lebensdaten, so denkt man auch an sein Leben als Forscher und daran, dass er mit seinen Ideen das moderne Weltbild in der Biologie beeinflusst hat, aber auch in den sozialen Wissenschaften. Hier ist allerdings wegen der späteren „heiklen" Interpretationen Vorsicht geboten. Er wurde trotz seiner nicht unbedingt religionskonformen Ansichten auf „heiligstem" englischen Boden begraben, neben den Königen, neben – um nur zwei geniale Menschen zu nennen – Isaac Newton (1643–1727), Entdecker des Gravitationsgesetzes und Michael Faraday (1791–1867), Physiker, uns in Erinnerung wegen des Faraday'schen Käfigs als Abschirmung gegen äußere elektrische Felder.

Darwin wollte (oder sollte?) ursprünglich Medizin studieren, ertrug jedoch den Stress bei Operationen ohne Narkose nicht – diese wurde erst 1847 durch einen amerikanischen Zahnarzt (!) entdeckt. Auch das Theologiestudium hatte ihm trotz erfolgreichem Abschluss nicht wirklich zugesagt, er interessierte sich mehr für die Natur und ihre Vielfalt. So heuerte er 1831 auf dem HMS Beagle (frei übersetzt „Spürhund") an, das zu Vermessungszwecken Südamerika erkunden sollte. Darwin, der leicht seekrank wurde, hielt die fünf Jahre bis Oktober 1836 tapfer durch. Er unternahm Forschungen in Sachen Geologie (Vulkankunde), Botanik und Tierbeobachtungen. Er traf nach der Durchfahrt durch die Magellan-Straße auf die zu Ecuador gehörenden Galapagos-Inseln, die circa 1000 Kilometer vom Festland entfernt sind. Hier machte er zwei

Erfahrungen, die ihn beeindruckten bzw. zum Nachdenken veranlassten. Erstens, dass die Tiere, auch die Reptilien, keine Angst vor den Menschen hatten, nicht so wie es.in Europa der Fall war. Ich kann dies bestätigen, wanderte ich doch gemütlich zwischen den Tieren der Inseln, näherte mich ihnen bis auf einen Meter ohne angegriffen zu werden, das historische Gefühl spiegelte mir das Bild Darwins vor, besonders auch angesichts der herumfliegenden Vögel... Für „mitteleuropäische" Augen waren die mit Schuppen bedeckten Echsen eigentlich furchterregend, aber man fand sie zutraulich und gar nicht scheu, die Riesenschildkröten waren fast schon „lieb". Auch die Vögel fürchteten sich nicht, schrieb Darwin in seinem Buch „The Voyage of the Beagle". Das führte zum zweiten Punkt: Es interessierten ihn insbesondere die Finken und deren Schnäbel samt der Verschiedenheit, d. h. die abweichenden Schnabelformen, was ihn unter anderem zu dem Begriff der Anpassung geführt hat, zum „survival of the fittest". Die Abgeschiedenheit der Inseln führte zu einer eigenen Entwicklungsgeschichte der Tiere. Ich darf ein eigenartiges Erlebnis einbringen: Der Fremdenführer sprang barfuß über das felsige Terrain der Insel, zu beobachten waren seine hornartigen dicken Fußsohlen. Alle anderen Wanderer waren mit festen Schuhen bekleidet – war das beim Einheimischen nicht eine Art Anpassung? Bei Gefahr und ohne Schuhe hätten wir Europäer vielleicht nicht überlebt... Das erinnert an den kuriosen Satz, wonach die Erfindung der Augengläser die Kurzsichtigen im Wettkampf des Lebens den Normalsichtigen gleichstellt: Diese können den möglichen Geschlechtspartner leichter finden, wenn man dies heiter anmerken darf.

1859 veröffentlichte Darwin seine Forschungen und Überlegungen in dem Buch „Über die Entstehung der Arten durch natürliche Zuchtwahl oder die Erhaltung der begünstigten Rassen im Kampfe ums Dasein". Angemerkt sei, dass der Begriff „Rasse" damals eher neutral verwendet wurde. Hundert Jahre später, 1959, wurde auf der Galapagos-Insel Santa Cruz die „Charles Darwin Research Station" eingerichtet und 1979 wurden die Inseln zum Weltkulturerbe erklärt. Das Buch erregte Aufsehen, auch wenn vorerst die Thematik der Abstammung des Menschen noch ausgeklammert war. Darwin hatte mit Begeisterung die Schrift von Thomas Robert Malthus (1766–1834) von 1798 über das Problem der Vermehrung der Bevölkerung gelesen, mit der die Entwicklung der Nahrungsbeschaffung nicht werde mithalten können (...was dann nicht gestimmt hat), und diese Gedanken in sein Werk integriert. Die „Selektionstheorie", die Anpassung an spezielle Umweltbedingungen in Kombination mit der Idee

Tiere auf der Galapagos-Insel – © Karl Sablik

Denkmal für Charles Darwin im Naturhistorischen Museum, London – © Shutterstock.com

der gemeinsamen Abstammung und Vererbung – man muss allerdings hier in Jahrmillionen denken – löste viele wissenschaftliche Probleme der Zeit. Leider hat Darwin von der fast gleichzeitigen Entdeckung der Vererbungsgesetze durch Gregor Mendel (1822–1884) von 1865 nichts erfahren. Mendel kannte allerdings sehr wohl Darwins Arbeiten. Darwins Forschungen wurden durch die Entdeckung der Mimikry, der Anpassung von Tieren an die Umgebung oder an andere Tiere, bestätigt. Seine Arbeiten führten auch dazu, dass frühere Einteilungssysteme, etwa das der Pflanzen von Karl von Linné (1707–1778), durch das neue, genealogisch begründete System ersetzt wurden.

Erst Jahre später, 1871, rang sich Darwin durch, seine Forschungen und deren Ergebnisse auf den Menschen zu übertragen: „Die Abstammung des Menschen und die geschlechtliche Zuchtwahl". Auch wenn Darwins Buchtitel eigentlich schon alles über den Inhalt aussagt, soll gerade diese Veröffentlichung in ihren Auswirkungen aufgezeigt werden. Schon vorher, 1860, hatte sich der Oxforder Bischof Samuel Wilberforce (1805–1873) mit dem Anhänger (und Verteidiger) Darwins, Thomas Henry Huxley (1825–1895), gleichsam der Erfinder des Agnostizismus, eine Debatte geliefert. Später brach eine Art Kampf der Weltanschauungen mit voller Brutalität aus. Es ging darum, dass kirchliche Kreise, besonders die Fundamentalisten darunter glaubten, dass nun die religiösen Dogmen hinweggespült würden. Hat nicht Gott die Welt der Menschen und der Tiere ohnehin zweckmäßig geplant und wären nicht die von ihm geschaffenen Organismen unveränderlich, hat nicht Gott alles so gewollt, wie es ist? Darwin wandte sich gegen die Schöpfungstheorie und wurde so in die Nähe des Atheismus gerückt. Mit seiner Evolutionstheorie fand er eine natürliche Erklärung für die Entstehung von Körper und Geist des Menschen – missbilligend und diskreditierend sprachen seine Gegner von der Abstammung des Menschen vom Affen. Es sei betont, dass Darwin mit seiner breit angelegten Ideenwelt auch noch der heutigen Forschung Platz bietet. Der damalige Widerstand gegen seine Lehre kam also fast nur aus religiösen Kreisen mit ihren vielfach irrealen Motiven.

Ein negatives Musterbeispiel ist der sogenannte „Affenprozess", der im Jahr 1925 in der kleinen Stadt Dayton in Tennessee abgeführt wurde. Ein Biologielehrer hatte im Schulunterricht die Darwin'sche Lehre vertreten und erhielt prompt eine Anklage, da es in diesem amerikanischen Bundesstaat ein Gesetz gab, das dies untersagte. Eine Phalanx von religiös motivierten Gegnern stand dem Lehrer gegenüber. Er wurde zu 100.- \$ verurteilt, entging aber wegen eines Formfehlers im Prozess dieser Strafe.

Die Thematik und die Virulenz dieser Auseinandersetzung halten bis heute an, von Amerika und den dortigen Evangelikalen bis zu Kardinal Christoph Schönborn (geb. 1945) in Wien. Während die Evangelikalen die Bibel wörtlich auslegen möchten und z. B. laut Bibelberechnung auf ein Alter der Erde von etwas über 5000 Jahre kommen, glaubt der Wiener Kardinal an ein „intelligentes Design", das von Gott geplant ist. Vielleicht hilft allen, die so denken, das Argument, dass Gott sich bei der Schöpfung der Methode bedient hat, die Darwin dann eben erforscht und entdeckt hat...

Ein Problem bleibt für uns heutige Menschen: Der Begriff des Sozialdarwinismus. Es ist einsichtig, dass die Evolution, besonders auch die Selektion historisch gesehen sicher nicht ohne Gewalt abgelaufen ist – ein schicksalsträchtiges Faktum, fast ein philosophisch-politisches Dilemma! Welche ethischen Schlüsse sind heute zu ziehen? Betrachtet man die Selektion als ein Walten der Natur, vielleicht sogar über einen fast unübersehbaren Zeitraum, oder greift man nun bewusst und kurzfristig ein und „hilft" nach eigenen Vorstellungen der Natur nach, wie man es besonders im Nationalsozialismus getan hat. Man plante in Deutschland aber auch anderswo durch spezielle Selektionen, etwa eher harmlosem Abhalten von manchen als geisteskrank eingestuften Menschen von der Zeugung von Kindern, den besseren Menschen zu züchten. Dies wurde sogar als Mittel zur „Aufartung" der Menschheit in den 20er und 30er Jahren des 20. Jahrhunderts angedacht, seltener praktiziert. Solche Gedanken aber führten dann, kombiniert mit einem neuen Rassenbegriff und dessen aggressiver Bewertung, im Sinne des „Dammbruchargumentes" (Es lassen sich solche Ideen nicht mehr aufhalten...) hin zur Ausrottung von Juden, Roma und Andersartigen. Ist das noch ein „Kampf ums Dasein", gar ein Naturgesetz, dem auch wir heutigen Menschen unterliegen, hilft uns der Humanismus darüber hinweg?

Gregor Mendel
Die Erbsen und die Vererbungsgesetze

Wenn man vor dem mit Erbsenpflanzen übersäten „Gemüsegarten" vor dem Gebäude des Altbrünner Augustinerkonvents (Brünn, CZ) steht, scheint es schwer zu sein, sich die gewaltige geistige Leistung vor Augen zu führen, die hier zur Entdeckung der Vererbungsgesetze geführt hat. Es mag einem so wie den Vorgängern der Entdeckung gehen, die auch Züchtungen und Kreuzungen der Gartenerbse vornahmen, aber von den Resultaten eher verwirrt waren, als dass sie gar ein Gesetz herausgefunden hätten. Darf man von einer „göttlichen Eingebung" sprechen – bei einem Priester vielleicht?

Wenn ja, dann ist diese dem in Heinzendorf im österreichischen Schlesien 1822 geborenen Johann Mendel (1822–1884) widerfahren, der im Kloster den Namen Gregor angenommen hatte. Gregor Mendel stammte aus einer Bauernfamilie, sein Vater betrieb Obstbau und pflanzte Gemüse, seine Mutter war die Tochter eines Gärtners. Es wundert einen daher nicht, dass Mendel Naturwissenschaftler werden wollte, doch familiäre Schicksalsschläge wiesen ihm einen anderen Weg: Er wollte der drohenden Armut entfliehen und fand 1843 existentielle Sicherheit im Brünner Augustinerkloster. Diesem Kloster war auch ein botanischer Garten angeschlossen, was für Mendel ein reiches Betätigungsfeld ergab. Man kennt aus vielen Klöstern die Heilkräutergärten, man kennt aber auch aus vielen Teilen Europas die Vorgärten bei normalen Bauernhäusern, wo Blumen, aber auch Gemüse gezüchtet wurden. Vielfach findet man dies heute noch in bäuerlichen Gebieten. Mendel baute nun im Klostergarten ein Bienenhaus und züchtete Blumen, eine dieser Züchtungen war damals schon unter dem Namen „Mendelfuchsie" bekannt geworden und in den Handel gekommen. Ab 1856 begann sich sein forscherisches Interesse den Züchtungen der Pflanzen zuzuwenden, wobei er die Erbsen wählte, weil diese wegen der konstanten Merkmale als deutlich unterscheidbare Pflanzen galten.

Was finden wir in der Wissenschaft von den Pflanzen und von der Vererbungslehre vor Mendel? Auf dem Gebiet der Botanik war schon im 18. Jahrhundert der schwedische Arzt und Biologe Carl von Linné (1707–

1778) führend. Er klassifizierte Mineralien, Pflanzen und Tiere, er führte
die Gattungs- und Artnamen ein und brachte gleichsam die ganze Natur
in ein „natürliches" System. Er brachte auch erstmals Namen von Neuent-
deckern ein, ein Prinzip, das in der gesamten Biologie und auch Medizin
bis heute Nachahmung finden sollte. Chronologisch ausgedrückt, lebte
eine Generation später Jean-Baptiste Lamarck (1744–1828) in Frankreich,
der 1815 seine vier Gesetze der Evolution formulierte. Vereinfacht dargestellt, ging es um die Tendenz einer organischen Komplexität (Pflanzen
und Tiere) zu wachsen, unbegrenzt, könnte man sagen. Lamarck kalku-
lierte auch schon den Einfluss der Umgebung auf die Evolution ein, den
Gebrauch oder Nichtgebrauch von Organen, etwa bei Tieren, auf die Ver-
änderungen des Wachstums, ohne allerdings die Darwin'schen Forschungen vorwegnehmen zu können. Sein viertes Gesetz von der Vererbung
erworbener Eigenschaften brachte geistige Unruhe in die Biologie, aber
auch in die Soziologie, und das bis in die heutige Genforschung.

Charles Darwin (1809–1882) war geringfügig älter als Mendel, gilt
als Schöpfer der Abstammungslehre und Erforscher der Entwicklung
der Evolution – wir sind wieder eine Generation weiter. Es ist bekannt,
dass Mendel die Werke Darwins kannte, es finden sich in der Bibliothek
des Klosters sogar noch Bücher Darwins mit Mendels handschriftlichen
Randbemerkungen. Darwins Veröffentlichungen fielen gerade in die
Zeit der Kreuzungsversuche der Pflanzen von Mendel im Klostergarten.
Darwin selbst hat auch Pflanzen gezüchtet, ohne allerdings auch nur in
die Nähe der Mendel'schen Erkenntnisse zu gelangen. Mendel fühlte
eine gewisse Unvollständigkeit in den Darwin'schen Lehren, andererseits
wollte er die Überzeugung von Lamarck überprüfen, dass Lebewesen
gewisse Eigenschaften in Anpassung an ihre besonderen Lebensverhält-
nisse erwerben, um sie dann den Nachkommen weiterzugeben; auch diese
Überlegungen regten ihn zu seinen Versuchen mit den Pflanzen an.

Mendel war als Naturwissenschaftler Autodidakt, hatte allerdings
im Sinne einer akademischen Karriere bei diversen schweren Prüfungen
Probleme, doch blieb ihm ja immer noch die Gärtnerei im Kloster. Dort
allerdings sollte er seinen wissenschaftlichen Geniestreich vollführen.
Botanisch seit seiner Jugend vorgebildet, verband er nun die Züchtungs-
versuche an seinen Pflanzen mit der statistischen bzw. mathematischen
Methode, mit der er dort weiterforschte, wo andere schon von den Ergebnissen verwirrt aufgegeben hatten. Man kann sagen, dass er dank seiner
Erfahrung bei der Züchtung von Pflanzen raffiniert vorging; er bediente
sich der künstlichen Befruchtung, verhinderte durch Wegnahme der

Gregor Mendels Garten vor dem Augustinerkloster in Brünn – © Karel Jelinek

Denkmal Gregor Mendels in Brünn – © Karel Jelinek

Staubbeutel eine ungewünschte Bestäubung, ebenso wie durch Abdecken der Blüten mit übergezogenen Stoffbeutelchen. Das Ergebnis dieser Kombination aus Botanik, Züchtung und Statistik war epochemachend. Man kann das Resultat vereinfacht, auf die Farben Schwarz und Weiß reduziert, folgendermaßen darstellen: Bei einer Kreuzung der elterlichen Merkmale kann grau herauskommen oder nur schwarz oder nur weiß, oder weiß mit schwarzen Flecken oder schwarz mit weißen Flecken. Solche Ergebnisse lassen sich fast unendlich weiter verfolgen und auch voraussagen!

Im Februar und März 1865 berichtete Mendel über seine Forschungsergebnisse in Sitzungen des „Naturforschender Verein in Brünn". Offenbar verstanden nicht viele Hörer diese wissenschaftliche Neuigkeit. Ein Jahr später, 1866, veröffentlichte Mendel seine 47 Seiten umfassende Arbeit in der Zeitschrift des Vereines. War dies Schicksal, war dies ein Fehler, eine welthistorische Arbeit in einer lokalen Zeitschrift zu veröffentlichen? Kann man in dem heutigen Museum in Brünn angesichts der Mendel'schen Veröffentlichung eine Warnung an Wissenschaftler aussprechen, ihre Arbeiten möglichst weltweit zu publizieren? Denkt man historisch, wäre Mendel schon die älteste medizinische Fachzeitschrift der Welt „Lancet" seit 1823 zur Verfügung gestanden oder „Nature" – diese Zeitschrift wäre gerade noch „rechtzeitig" für Mendel 1869 gegründet worden. Sie ist heutzutage weltweit die am meisten zitierte. Hat die heutige Internet-Technik solche Probleme überholt oder soll man als Historiker aufschreien, dass leider keiner die klugen alten Sachen liest?

34 Jahre sollte Mendels Entdeckung unberücksichtigt bleiben, bis 1900. Eine eigenartige Parallele gibt es: Genau in diesem Jahr entdeckte in Wien Karl Landsteiner (1868–1943) die menschlichen Blutgruppen, deren tatsächliche medizinische Anwendung erst 15 Jahre später in den Schlachten des Ersten Weltkrieges zum Tragen kommen sollte. Doch was geschah in der Zwischenzeit in der Vererbungsforschung? Der deutsche Zoologe August Weismann (1834–1914) prägte 1885 den Begriff „Keimplasma" und meinte, dass dieses die gesamte Erbsubstanz beinhaltet, die in den Chromosomen zu suchen sei, die wiederum von dem deutschen Forscher Friedrich Anton Schneider (1831–1890) im Jahre 1873 definiert worden waren. Der englische Vererbungsforscher Francis Galton (1822–1911) war einer der ersten, der die Vererbungsgesetze auf den Menschen angewandt wissen wollte, indem man z. B. die Qualität der Menschen durch gezielte Auswahl der Eltern verbessern könne. Er prägte 1883 das Wort „Eugenik". Solche Ideen sollten in die „Heiratspolitik" höherer Kreise eindringen (Vorsicht: Nur keinen Geistesschwachen oder Behin-

derten heiraten!) und bis ins 20. Jahrhundert wirken. Aber es waren alles Gedanken fern von Mendel, dessen Gesetze aber sehr wohl den Gärtnern und Tierzüchtern helfen sollten. Man nannte etwa bei Rückzüchtungen im Tierbereich das Resultat dieser Vorgänge umgangssprachlich als „herausgemendelt". Doch Mendel und Menschenzucht in einem Atemzug zu nennen ist blasphemisch. Zurück zum Boden der Forschung: Neben den Erbsen wurde in der zweiten Hälfte des 19. Jahrhunderts die Tau- oder Fruchtfliege (Drosophila) „zum wichtigsten Versuchstier in der Genetik" erkoren. Diese Fliege fand noch ihren „Weg" bis zum Nobelpreis für Medizin 2017 an drei US-Forscher – für die Entdeckung der Steuerung der „inneren Uhr".

Was geschah nun 1900, 34 Jahre nach Mendels Veröffentlichung? Es war eine Besonderheit in der Geschichte der Naturwissenschaften: Drei Forscher entdeckten gleichzeitig und „neu" die Mendel'schen Vererbungsgesetze. Hugo de Vries (1848–1935) forschte in Amsterdam ebenfalls mit Pflanzen und kam, ohne Mendels Arbeit zu kennen, zum selben Resultat. In seiner Erstveröffentlichung nannte er Mendels Namen nicht, holte dies aber später nach. Ein Satz von de Vries lässt aufhorchen, wenn man an Galton und die weitere Entwicklung der Menschheit einschließlich des Nationalsozialismus denkt: „Wird der Mensch durch das Kennen und Beherrschen der Einflüsse, die die natürliche Veranlagung bewirken, je einmal diese Anlage eigenmächtig ändern können? Und wird dies zum Glück der Menschheit beitragen?"

Der zweite „Wiederentdecker" war Carl Correns (1864–1933), der in Tübingen arbeitete und der sofort die Reichweite der Vererbungsgesetze ermessen konnte. Auch ihm war klar, dass Erbfaktoren im Zellkern niedergelegt sein müssen. Der dritte „im Bunde" war der österreichische Botaniker Erich Tschermak-Seysenegg (1871–1962), der unabhängig von den beiden anderen 1900 die Gesetze wiederentdeckte. Er arbeitete in Essling in Niederösterreich und verwendete später sein Wissen als praktischer Pflanzenzüchter, besonders auf dem Gebiet der Getreidezüchtung.

Gregor Mendel forschte nicht mehr weiter – für ihn war ja alles klar! Er wurde 1868 zum Abt seines Klosters St. Thomas gewählt und hatte hinfort mit der Verwaltung und auch Kontrolle anderer Klöster zu tun. Großmütig ertrug er den Streit mit der Regierung, die die Klöster höher besteuern wollte. Sein Name aber wurde im 20. Jahrhundert zum Begriff, man sprach von „Mendelismus", wenn man seine Lehre meinte. Im Kloster wurde ein Museum Mendelianum eingerichtet, 1922 – zu seinem 100. Geburtstag – wurde ihm in „seinem" Kloster auch ein Denkmal errichtet, vor dem man wohl ehrfürchtig stehen kann. Über die Welt gingen aber furchtbare Zeiten der Menschenzüchtungsversuche, der Verachtung des Lebens, der Rassengesetze hinweg, bis sich nach dem Zweiten Weltkrieg die Lage wieder dem Humanismus zuwandte. Doch es gab ein grausames Zwischenspiel: Im Hof des Klosters wurden am 30. Mai 1945 Deutsche aus Brünn zusammengetrieben und auf den tödlichen Weg ins Ausland geschickt. Ein schlichtes Denkmal wurde 1995 errichtet, auf dem der Hoffnung Ausdruck gegeben wird, dass alle Menschen in Europa in Frieden und unter Achtung der Menschenrechte leben sollen.

Was die weitere Entwicklung der Vererbungslehre und der mit ihr verbundenen Wissenschaften betrifft, sollte eine der größten Forschungs-Errungenschaften auf diesem Gebiet erst kommen, nämlich 1953 durch Francis Crick und James Watson die Entwicklung der „Doppelhelix". Mit ihr wurden in der Genforschung – die bald auch zur Gentechnik werden sollte – die Mendel'schen Vererbungsgesetze, um es stark vereinfacht auszudrücken, in chemische Formeln umgesetzt.

Kaspar Hauser
Geheimnis eines Lebens

Kaspar (auch Caspar) Hauser (1812–1833) gilt als das bekannteste Findelkind Europas. Am Pfingstmontag, dem 26. Mai 1828, wurde er in Nürnberg am Unschlittplatz 8 (Dort ist jetzt eine Gedenktafel zu sehen.) aufgegriffen. Folgen wir den Worten des Schriftstellers Jakob Wassermann (1873–1934), dessen Roman über Kaspar Hauser von dem berühmten Historiker Golo Mann (1909–1994) als der schönste Krimi, „der je geschrieben wurde", bezeichnet worden ist: „Es war ein Jüngling von ungefähr siebzehn Jahren. Niemand wusste, woher er kam. Er selber vermochte keine Auskunft darüber zu erteilen, denn er war der Sprache nicht mächtiger als ein zweijähriges Kind; nur wenige Worte konnte er deutlich aussprechen, und diese wiederholte er immer wieder mit lallender Zunge…". Der Knabe wurde auf eine Polizeistation gebracht, wo er mühsam seinen Namen „Caspar Hauser" aufschreiben konnte, sein Geburtsdatum wäre angeblich der 30. April 1812, legte man dort fest. Man fand an ihm eine Impfpustel der Pocken. Die Impfung war damals relativ neu – seit 1796 – und nur aufgeklärte Eltern ließen sie an ihren Kindern vornehmen. Außerdem musste er eine zumindest rudimentäre Zuwendung erfahren haben, wäre er doch sonst nach unseren sozialen Erfahrungen sicher gestorben – aber durch wen war die Zuwendung erfolgt? Kaspar kam dann von der Polizei in den „Luginsland-Turm", dem Gefängnis von Nürnberg, auch „Narrenhäuslein" genannt. Bald ging das Gerücht um, dass er als der Erbprinz von Baden in der Wiege gegen einen sterbenden Säugling ausgetauscht und dann ausgesetzt worden wäre. War er also adeliger Herkunft, gar badischer Thronerbe?

Dies erregte die Gemüter der Menschen, das Gerücht verbreitete sich in ganz Europa. Dazu kam die Neugierde der Nürnberger, diesen Menschen zu sehen. Man wollte das Schaudern der Begegnung spüren, zwar gefahrlos, aber aufregend. Man kennt aus dieser Zeit etwa aus Wien die raue Sitte, Geisteskranke in ihrer gefängnisartigen Umgebung, in Ketten im Stroh liegend, zu begaffen. Der 1784 in Wien errichtete „Narrenturm", der mit seiner runden Form (Bei Narren geht's rund im Kopf, meinte man.), den engen Zellen und schmalen Fenstern, den Eindruck eine Festungsturms vermittelt, ist ein Beispiel dafür. Die Menschen veranstalteten „Sonntagsausflüge" dorthin, um die „Narren", also die psychiatrischen Patienten, wie wir heute sagen würden, zu reizen und zu verspotten...

Der Begriff „Findelkind" hat in der Menschheitsgeschichte viele Beispiele, gleichsam „Vorläufer" von Kaspar Hauser. Man denke an Moses, für den allerdings nur die Bibel als Quelle fungiert und der den bibelinternen kuriosen Berechnungen nach etwa 2700 v. Chr. gelebt haben soll – wenn er nicht eine literarische Figur ist. Der Legende nach soll er in einem Bastkorb im Nil ausgesetzt worden sein, die Tochter des Pharao habe ihn gefunden und einer Amme, die seine Mutter gewesen wäre, übergeben. Die weitere Geschichte von Moses mit den Israeliten darf als bekannt vorausgesetzt werden. In einem Weidenkorb, diesmal am Tiber, wurden Romulus und Remus ausgesetzt. Schlimme königliche Familienangelegenheiten hatten zu dieser Untat geführt, doch beide wurden von einer Wölfin aufgezogen und zumindest Romulus konnte immerhin 753 v. Chr. die Stadt Rom gründen. Der indisch-englische Schriftsteller Rudyard Kipling (1865–1936) hat 1894 seinen weltberühmten Roman „Das Dschungelbuch" geschrieben, in dem die Knabenfigur Mogli von einer Wolfsfamilie aufgezogen wird. Schon im 18. Jahrhundert hatte man das „Findelkind-Thema" in Entwicklungsromanen aufgegriffen. So etwa Jean Jacques Rousseau (1712–1778) in „Emile". Rousseau wollte ja die Menschen zur Natur zurückführen, auch durch eine „naturgemäße" Erziehung, und hat der Welt den Gesellschaftsvertrag geschenkt. Sein eigenes Leben war jedoch kein Vorbild, übergab er doch alle seine Kinder dem Findelhaus...

Um Kaspar Hauser kümmerten sich bald bedeutende Persönlichkeiten, stellte er doch ein psychologisches, rechtliches, historisches, adeliges (?) Rätsel dar – und seine Geschichte war inzwischen weltweit bekannt geworden. Es ging in seinem Fall um „ein Verbrechen am Seelenleben eines Menschen", wie einer der damals bedeutendsten Rechtsgelehrten Deutschlands, Paul Johann Anselm von Feuerbach (1775–1833), meinte. 1828 schrieb dieser ein Buch über Caspar Hauser. Feuerbach war auch der Vater des Philosophen Ludwig Feuerbach (1804–1872), der sich viel mit dem Wesen der Religion beschäftigte und die Idee publizierte, dass nicht Gott die Menschen geschaffen habe, sondern die Menschen die Idee Gottes.

Der Rat der Stadt Nürnberg beauftragte im Juli 1828 den Gymnasialprofessor und späteren Philosophen Georg Friedrich Daumer (1800–1875), Freund des jungen Feuerbach, mit der Erziehung Hausers.

Denkmal für Kaspar Hauser bei der Stelle des Attentates – © Stadt Ansbach

„Doppeldenkmal" für Kaspar Hauser von Friedrich Schelle – © Stadt Ansbach

Er nahm ihn in sein Haus und in die Schule in Ansbach auf. Einen Orts-wechsel gab es bald für Hauser, als es hieß, in der Wohnung Daumers sei 1829 auf Caspar ein Attentat verübt worden, und Daumer dessen Verbleib als zu gefährlich einschätzte. Am neuen Wohn- und Sterbehaus, auch in Ansbach, mit einem neuen Lehrer, ist heute eine Gedenktafel angebracht. Das Attentat – ob stattgefunden oder nicht – puschte die Situation um Kaspar Hauser in neue Höhen der öffentlichen Aufmerksamkeit. Hatte dies wirklich mit seiner adeligen Herkunft zu tun, die vertuscht werden sollte, fragten die Menschen abermals. Zu solchen Interessierten gehörte auch der Engländer Philipp Henry 4th Earl of Stanhope (1781–1855), der vor seinem autoritären Vater nach Deutschland geflohen war und, wie man heute sagen würde, ein Fan Deutschlands geworden war. Stanhope ver-liebte sich in Hausers geschichtliche Vergangenheit mit diesem schönen und rätselhaften Menschenbild, aber auch in den jungen Burschen selbst – in welcher Art auch immer – und wollte ihn mit nach England nehmen.

Was mag in diesen wenigen Jahren von 1828 bis 1833 im Kopf dieses Kaspar Hauser vorgegangen sein? Glaubte er selber an seine adelige Her-kunft, war er ein Schwindler, der sich als interessant darstellen wollte, was wusste er selbst wirklich, wo und wie hat er die ersten 16 Jahre sei-nes Lebens verbracht? Wie hat er die Entwicklung vom aufgefundenen Findelkind zum „Edelmann" verkraftet, wie ihn der Bildhauer Friedrich Schelle (geb. 1949) 1981 in einer Art Doppel-Denkmal („Kind von Europa") dargestellt hat? Hat er mit seinem Lehrer, den Beamten, all den Leuten um ihn herum gehadert, gar gestritten? Hat man ihm zu viele Versprechungen gemacht, hat man ihn erpresst?

Ansbach ist eine schöne Stadt, vermittelt mittelalterliches, zeitweise barockes Flair. Überall glaubt man auf Kaspar Hauser zu treffen, selbst ein Gasthaus hat seinen Namen angenommen. Wenn man von der Alt-stadt über einen kurzen Straßenzug zum Schloss, auch Residenz genannt, geht, muss man dann scharf rechts in den Hofgarten abzweigen, um in eine laubenförmige Allee einbiegen zu können. Das Schloss wirkt mächtig – barock in der heutigen Form mit prächtiger Hauptfassade im frühen 18. Jahrhundert ausgebaut, war es Regierungssitz der Markgrafen zu Brandenburg-Ansbach. In der Laubenallee steht man plötzlich vor einer neugotischen Säule: Es ist die Stelle des Mordes an Kaspar Hauser – oder zumindest des Attentates am 14. Dezember 1833. Hauser konnte sich noch in seine Wohnung zurückschleppen, wo er dann wenige Tage später starb. Sollten Gebüsch und Bäume schon damals so gewesen sein – und man kann davon ausgehen – war dies ob der Dunkelheit, der Schatten, der

Verborgenheit, der „ideale" Mordplatz. War Hauser hierher gelockt worden mit dem Versprechen, den Traum vom Prinzen träumen zu können und zu fliehen? War es Mord oder doch Selbstmord, weil er die Verstrickung in Lügen nicht mehr aushielt und es um ihn still geworden war? Was wir wissen: Es war ein Schneesturm, ein furchtbares Wetter. Hätte es Blut zu sehen gegeben, wäre dieses im Schnee von den vielen Schaulustigen, die bald erschienen, zertrampelt worden. Man denkt an die moderne Gerichtsmedizin, was hätte sie zu tun gehabt? Ein Faktum bleibt: Das Sektionsprotokoll zeigt auf, dass die Seitenwand des Herzens durchstochen war. An der Gedenksäule liest man die etwas skurril konstruierten lateinischen Worte „Hic occultus occulto occisus est" (frei übersetzt: „Hier wurde ein Geheimnisvoller auf geheimnisvolle Weise getötet") – Kaspars Name ist nicht erwähnt. Im Markgrafenmuseum ist sein „blutbeflecktes Unterkleid" zu sehen. Am Grabstein am Stadtfriedhof steht zu lesen, … hier liegt Caspar Hauser, „aenigma sui temporis", also ein Rätsel seiner Zeit! Es sieht so aus, als sollte es ein solches bleiben! Man kann als Historiker fragen, muss man alle Rätsel der Geschichte lösen oder sollte man einige bestehen lassen? Skeptiker und Zyniker könnten darauf antworten, dass es sowieso noch genug Rätsel in der Geschichte gibt…

Und doch: Die DNA-Analysen der heutigen Zeit haben die Möglichkeit eröffnet, auch in die geschichtlichen Fragen einzudringen. Es hat sich eine Haarlocke von Kaspar Hauser erhalten, auch Kleidungsstücke, genug, um eine Aussage zu wagen, wenn man Untersuchungsresultate mit heutigen Nachfahren vergleicht. Dies geschah 1996 und 2002, jedoch nicht alle „Verwandten" wollten Genmaterial zur Verfügung stellen. Das Resultat zeigt also nur die Möglichkeit auf, dass Hauser tatsächlich aus dem Hause Baden stammen könnte, es ist aber nicht ganz sicher, der Streuungsgrad der Möglichkeiten ist zu groß. Versuche mit den modernsten Mitteln zu wiederholen wurden – um es vornehm zurückhaltend auszudrücken – aus Gründen der Pietät der Grabesruhe nicht mehr vorgenommen, sogenanntes „öffentliches Interesse" sollte zurückstehen.

Von Marx bis Lenin

Geht man in Trier von der Porta Nigra quer durch die Stadt in die Brückenstraße 10, einer Straße Richtung des Flusses Mosel, so kann man mit historischer Großzügigkeit sagen, dass man durch zwei Jahrtausende Geschichte gewandert ist. Um 180 n. Chr. soll das älteste römische Stadttor in Deutschland errichtet worden sein. Man geht dann vorbei am Dom von 1270, der ältesten Bischofskirche Deutschlands und bedenkt, dass der Erzbischof von Trier neben denen von Köln und Mainz zu den sieben deutschen Kurfürsten, die für die jeweilige Kaiserwahl verantwortlich waren, gehörte. So nebenbei kann man auch den vis a vis gelegenen Ratskeller mit seinen schönen Gewölben besuchen.

Dann steht man vor dem Geburtshaus von Karl Marx (1818–1883) mit der seit 1727 streng gegliederten Fassade. Karl wurde im oberen Stockwerk geboren. Marx ist jedermann ein Begriff als der Begründer des Wissenschaftlichen Sozialismus und des Dialektischen Materialismus. In Büchern und Diskussionen wird heute, etwa 30 Jahre nach Ende des kommunistischen Einflusses, gerne gefragt, was von Marx geblieben ist, trotziger formuliert: Wo Marx Recht hat (Fritz Reheis). Das gewaltige Museum im Geburtshaus, am 5. Mai 1968 (150. Geburtstag von Karl Marx) von Willy Brandt (1913–1992) eröffnet, gibt Antwort. Der Vater von Marx war ein Advokat, der ein Jahr nach der Geburt seines Sohnes ein anderes Haus beziehen konnte. Also ist man mit dem historischen Gefühl auf das Geburtsjahr zurückgeworfen.

Karl Marx ist auch der Verfasser des „Kapitals" mit dem Untertitel „Kritik der politischen Ökonomie", geschrieben ab 1867, dann in drei Bänden herausgegeben von seinem Förderer, Financier und Kampfgefährten – heute könnte man sagen „Lebensmenschen" – Friedrich Engels (1820–1895). Es geht das Gerücht, dass die meisten Menschen, die „Das Kapital" zitieren, es nicht gelesen haben. Ich selbst besitze die Ausgabe von 1966 aus der damaligen DDR und habe mich „quer durchgekämpft". Was bleibt von Marx? Der Zentralbegriff im „Kapital" ist der „Mehrwert". Dies ist die Differenz zwischen dem Verkaufswert einer Ware und dem Wert, der zur Herstellung notwendig war, also Arbeitskraft und Rohstoff. Diese Differenz streift nun der Kapitalist als Unternehmergewinn ein, man spricht hier auch von Ausbeutung. Diese Idee wird bestehen bleiben, solange es Ausbeutung gibt, oder wenn man von der Ökonomie in die Psychologie überspringen will, solange es Menschen mit gesteigertem Besitztrieb, auch Gier genannt, gepaart mit Aggression gibt. Man bedient sich heute gerne der Begriffe Neokapitalismus, Turbokapitalismus, Tigerkapitalismus. Historisch hängt das damit zusammen, dass die industrielle Revolution einschließlich der Reste des Feudalismus das Proletariat hervorgebracht hat und dass diese Situation von der Gesellschaft sozial nicht bewältigt werden konnte. Genau dies spürte Marx und versuchte das proletarische Potential historisch dahingehend zu deuten, dass die Proletarier die Macht zu übernehmen hätten. Dies drückte er im Revolutionsjahr 1848 im Kommunistischen Manifest, veröffentlicht in London gemeinsam mit Friedrich Engels, mit dem Satz aus: „Proletarier aller Länder, vereinigt euch!". Da der Philosoph Marx auch den Zweck der Philosophie nicht im Interpretieren der Welt, sondern in ihrer Veränderung sah, war gewaltiger geistiger Sprengstoff gegeben. Da er auch erkannte, dass die Kirche nicht zu helfen gewillt war und nicht auf der Seite der Armen stand – wenn man von ein paar „Arbeiterpriestern" absieht – so musste er sich auch gegen die Religion wenden. Er tat dies mit dem berühmten Zitat, Religion sei „Opium des Volkes". Die Zitierweise, „Religion sei Opium für das Volk", lehnt sich an den deutschen Dichter Heinrich Heine (1797–1856) an, den Marx persönlich kannte und stammt nicht von ihm, obwohl sie ideell auf derselben Schiene lag.

Das persönliche Leben von Marx war nicht vom Glück begünstigt: Als Revolutionär vielfach ausgewiesen, meist in finanziellen Schwierigkeiten, führten ihn seine Wege über Paris, Brüssel, nach der Revolution von 1848 kurz nach Köln, dann endgültig nach London – ein zermürbendes Leben. Er trat als Gründer von Zeitungen, Wochenblättern, Jahrbüchern in Erscheinung. 1843 heiratete er Jenny von Westphalen (1814–1881). Seine gesamte Lehre wurde bald als „Marxismus" bezeichnet – der Begriff lebt bis heute. Marx starb 1883 in London. Sein Grab ist überhöht von einer gewaltigen Büste aus dem 20. Jahrhundert und daher schon von weitem zu sehen. Der Friedhof Highgate Cemetary lag damals etwas außerhalb von London, das Grab des Philosophen ursprünglich in einer fernen Ecke, abseits der anderen eher feudalen Anlagen situiert. Steht man davor, ist es nach circa 130 Jahren leicht zu fragen, was aus dem Zündstoff der Ideen des Mannes geworden ist, der da begraben liegt.

Man kann die Antwort komprimieren: Lenin, Russische Revolution, Trotzki, Stalin, Chruschtschow, Gorbatschow – und dann ein Aus (?). Was war zielführend, was ging daneben, gab es eine „Entgleisung"? Eine Frage wird immer wieder gestellt: Warum gab es die Revolution im eher bäuerlich strukturierten Russland und nicht im industrialisierten Westen? Die Antwort scheint einfach: Russland war verhältnismäßig ärmer als der Westen, der jeweilige Zar noch brutaler als die westeuropäischen Herrscher, das revolutionäre Potential von gebildeten jungen Männern gewaltiger. Sie hatten auch die Marx'schen Ideen rezipiert, ja verinnerlicht. Wladimir Iljitsch Uljanow (1870–1924), genannt Lenin, ist hier zu nennen. Aus mittelständischen (könnte man heute sagen) Verhältnissen stammend, hatte er ein tragisches familiäres Schlüsselerlebnis. Sein älterer Bruder Alexander (1866–1887), Mitglied der russischen Revolutionärs-Szene, war in Attentatsvorbereitungen gegen Zar Alexander III. (1845–1894) verwickelt gewesen, wurde gefangengenommen und hingerichtet. Der Vorgänger, Zar Alexander II. (1818–1881), hatte zwar 1861 die Bauernbefreiung durchgesetzt, die damit verbundenen Hoffnungen aber enttäuscht. Es erfolgte die Rückkehr zur Repressionspolitik. Ein Attentat auf ihn führte 1881 zu seinem Tod. Lenin schloss sich nun ganz den Revolutionären an – man denke auch daran, dass er später die gesamte Zarenfamilie exekutieren ließ…

Es ist interessant zu sehen, dass die bedeutendsten russischen Revolutionäre ein Pseudonym, vielleicht auch einen „Kampfnamen" angenommen haben. Lenin nach dem Fluss Lena in Sibirien, einem der längsten Flüsse der Welt, wohin er verbannt worden war. Lew Bronstein (1879–1940) nahm, zynisch gedacht, den Namen Trotzki nach seinem Gefängnisaufseher in Odessa an. Josef Wissarionowitsch Dschugaschwili (1878–1953) hat 1912 den Namen Stalin angenommen, um stählerne Härte zu dokumentieren. Die europäischen Diktatoren (Mussolini, Hitler, Franco) des 20. Jahrhunderts nannten sich „Führer". Adolf Hitler fügte als Grußformel seinem Namen ein „Heil" hinzu, fast stabreimartig, könnte man sagen. Heutige Neonazis verwenden die Geheimformel „88", zweimal nach dem achten Buchstaben des Alphabetes…

Die weitere Biographie Lenins darf als bekannt vorausgesetzt werden: Eisenbahntransport in einem plombierten Waggon von der Schweiz durch Deutschland nach Russland (Übrigens gibt es in Zürich, Spiegelgasse 14, eine Gedenktafel für Lenin.), erfolglose Friedensverhandlungen im Ersten Weltkrieg, Russische Revolution. Manche Reiseführer huldigen heute noch revolutionärem Pathos am Platz vor dem Winterpalast und schwärmen von den durch den riesigen Torbogen stürmenden Revolutionären – vielleicht jetzt unter Wladimir Putin (geb. 1952) etwas gedämpfter, wenn man 2018 an die Feiern „100 Jahre Revolution" denkt. Lenin galt als charismatischer Führer und begabter Redner, auch Gründer der Kommunistischen Partei. Sein früher Tod 1924 hat unter Historikern vielfach die Frage aufgeworfen, ob es Stalin mit seinem Terror gegeben

Geburtshaus von Karl Marx in Trier – © Mikhail Markovskiy / Shutterstock.com

Mausoleum für Lenin in Moskau – © nikitich viktoriya / Shutterstock.com

hätte, wenn Lenin länger gelebt hätte. Die Frage ist nicht zu beantworten, die Geschichte ist keine Experimentalwissenschaft.

Ich erinnere mich an meinen ersten Besuch in Moskau: Man war in einer langen Reihe angestellt, rechts neben einer weißen Linie, die über den Roten Platz führte. Bewacht von bewaffneten Soldaten ging der Weg ins Lenin-Mausoleum, eröffnet 1930, an der Kremlmauer gebaut. Der blockartig zusammengesetzte Bau diente auch bei Militärparaden als Platz für prominente Politiker. Lenin war am 21. Jänner 1924 nach Schlaganfällen an Arteriosklerose gestorben. Die Kälte konservierte vorerst den Körper, Stalin hatte die Einbalsamierung befohlen. Es berührt eigenartig, dass gerade ein Revolutionär, der die alte Welt hinwegfegen wollte, quasi als „Heiliger" einer Idee für die Ewigkeit präsentiert werden sollte: Lenin ist nicht mehr unter den Lebenden, aber einbalsamiert doch? Nur am Rande sollen die technischen und biologischen Schwierigkeiten eines solchen Vorhabens aufgezeigt werden. Ehrfürchtig ging man langsam die engen Stufen hinunter zum Sarg. Die dunkle Atmosphäre war fast unheimlich, doch bald blendete das indirekt beleuchtete Gesicht des Revolutionsführers. Man stand dann dort kurz – Sonnenbrille und Hut waren verboten – in Gedanken an die Geschichte versunken. Eine Besucherin hielt den Stress nicht aus und musste lachen, der Soldat drohte, sie hinauszuwerfen.

Einbalsamierung und Präsentation fanden in kommunistischen Ländern Nachahmung. Ho Tschi Minh (1890–1969), Revolutionär und kommunistischer Politiker in Vietnam, liegt in Hanoi, der zeremonielle Weg zu seinem Leichnam ist ähnlich wie in Moskau. In Peking ist Mao Tse-tung (1893–1976) einbalsamiert in einem Mausoleum. Mir ist es trotz mehrmaligem Aufenthalt nicht gelungen ihn zu sehen. Ich tröste mich mit dem kleinen roten Büchlein „Worte des Vorsitzenden Maotsetung", das ich in den Sechzigerjahren des vorigen Jahrhunderts als Student in Wien um zehn Schilling erworben habe…

Spricht man von russischen Revolutionären so darf man Leo Trotzki nicht vergessen. Er wurde zum Schöpfer der Roten Armee und entwickelte den Gedanken der „Permanenten Revolution". Damit war die Fortsetzung und Erweiterung des Klassenkampfes gemeint, denn was sollte nach vollendeter Revolution passieren – Stillstand oder gar Muße? Trotzki lebte von 1907 bis 1914, beobachtet vom österreichischen Geheimdienst, als Journalist in Wien. Er spielte oft und gerne Schach im Cafe Central in der Wiener Herrengasse 14. Dort traf er auch Josef Stalin, der 1913 von Lenin den Auftrag erhalten hatte den Vielvölkerstaat der Monarchie und seine Probleme zu untersuchen.

Ich weiß nicht, ob Trotzki das historische Gefühl kannte, aber er hätte, was die Revolution von 1848 betrifft, nur vom Cafe Central quer über die

Herrengasse in den Hof des Niederösterreichischen Landhauses (Heute: Palais Niederösterreich) gehen müssen. Dort fand die Revolution gegen das „Regime Metternich" samt Biedermeier und Zensur statt. Der Arzt Adolf Fischhof (1816–1893) setzte sich für Demokratie ein, für Presse- und Versammlungsfreiheit. Seine emotionale Rede beendete er mit den legendären Worten: „Ich habe es gewagt…". Die Revolution wurde damals noch niedergeschlagen, Adel und Kaiser glaubten, das Heft fest in der Hand zu haben, allerdings nur bis zur Niederlage 1866 gegen Preußen bei Königgrätz.

Es gibt eine Anekdote anlässlich des Ausbruches der Russischen Revolution, die offenbar in Österreich nicht ernst genommen wurde. Ob Legende oder Wahrheit, der österreichische Ministerpräsident 1916/17 Heinrich Graf Clam-Martinic (1863–1932) soll anlässlich der russischen Revolution geäußert haben: „Wer soll denn schon Revolution machen? Vielleicht der Herr Bronstein aus dem Cafe Central?" Soll man in den wunderschönen Räumen des Kaffeehauses an diese Worte denken – und daran, wie man sich irren kann? Stalin ließ 1940 Trotzki in Mexiko ermorden!

Bleibt Stalin! In der Nachfolge Lenins riss er alle Macht an sich und es kam zu einem Kippen des Staatsaufbaues der Sowjetunion in Richtung Aggression und Terror. In den Pogromen hauptsächlich des Jahres 1936 kamen Millionen Menschen zu Tode. Stalin wurde zu einem der gefürchtetsten Diktatoren der Weltgeschichte. Er führte den Zweiten Weltkrieg als „Vaterländischen Krieg" zum Sieg der Sowjetunion. Die Umstände knapp vor und nach seinem Tod und die Enthüllungen Nikita Chruschtschows (1894–1971) zerstörten ein positives Bild der UDSSR total und es dauerte allerdings noch eine Generation bis unter Michail Gorbatschow (geb. 1931), Ministerpräsident 1990/91, und seiner Politik mit den Schlagworten „Glasnost" (Offenheit) und „Perestroika" (Umgestaltung) das Ende des kommunistischen Einflusses kam. Es trafen also zwei historische Faktoren aufeinander: Der Verrat an der kommunistischen Marx'schen Idee durch Stalins politischen Terror und der Weg des Kapitalismus, dem es gelungen war, dass die Arbeiter durch Erreichen eines geringen Wohlstandes mehr als ihre Ketten zu verlieren hatten. Je nach Interpretation kann man sagen, dass die Arbeiterschaft Anteil an materiellen Gütern und an Einfluss erkämpft hat, aber auch zynisch, dass die Kapitalisten Brosamen unter die arbeitende Bevölkerung gestreut haben, um deren revolutionäre Kraft zu brechen. Ganz zuletzt: Gerüchteweise sei gesagt, dass als letzte (?) Erinnerungstafel für Stalin (anlässlich seines Aufenthalts 1913), außerhalb Russlands, die in Wien in der Schönbrunner Schloßstraße 30 zu sehen ist…

Königgrätz
Preußen gegen Österreich

Wenn man nicht Militärhistoriker ist, ist man es nicht gewohnt, Schlachtfelder mit besonderen Augen zu sehen – als „Spaziergänger" tut man es eher mit schauderndem Gefühl. Der Boden, über den man geht, kann blutgetränkt gewesen sein – wie man oft in Schilderungen lesen kann – es stimmt vielfach sogar. Hier kämpften die Soldaten, Speere oder Pfeile flogen, später fielen Schüsse, Schwerter und Bajonette wurden in menschliche Leiber gestoßen, Handgranaten oder Bomben zerfetzten die Menschen, Kanonenkugeln ebenso. Man glaubt im wilden Kampfgetöse die Schreie der Verwundeten zu hören, von Menschen, die oft noch tagelang im Dreck liegen blieben. Gefangene wurden gemacht und schon geschlagene Kämpfer verfolgt und getötet. Soll man in Schlachtfeldern heiligen Boden sehen oder an den Wahnsinn menschlichen Handelns denken? Heute sind die meisten Schlachtfelder zum Besichtigen hergerichtet, eher als Wiesen mit Gras bewachsen zu erkennen, als Äcker auch, oder von Wald bedeckt. Gelegentlich kann, wie vor Jahren noch in Dürnkrut, beim Ackern ein rostiges Schwert der Schlacht Rudolf von Habsburg gegen Ottokar von Böhmen 1278 ausgebuddelt werden. Das Gefühl, auf einem Schlachtfeld zu sein, ob aus der Antike oder im Zweiten Weltkrieg in der Normandie ist jedenfalls beklemmend.

Wie groß ist so ein Schlachtfeld? Es soll kein exakter Exkurs gestartet werden, jedenfalls waren die Schlachten der Antike kleiner, auch die Anzahl der Kämpfer. Man glaubt als Historiker feststellen zu können, dass einerseits die Schlachtfelder immer größer wurden und sich – abgesehen von Einzelschlachten – etwa in den beiden Weltkriegen – (fast) auf die ganze Welt ausgebreitet haben. Die berühmte Frage, ob die Kämpfe jeweils grausamer geführt wurden, lässt sich nur bedingt beantworten. Es gibt moderne Antworten, die sich hauptsächlich von der Zahlenstatistik verführen lassen, dass es weniger Kriege gibt (Einwohnerzahl zu Soldaten gerechnet) und diese auch weniger grausam geführt werden. Man kann ins Treffen führen, dass frühere Schlachten oft nur Tage dauerten, nachts Ruhe einkehrte, im Winter oft keine Kämpfe geführt wurden. Dagegen steht heute die ungeheure technische Bewaffnung, Gaskrieg und die

Drohung mit den Atomwaffen. Die zynische Frage lautet: Ist schneller Tod und Ausrottung weniger „grausam" als der frühere Kampf Mann gegen Mann? Es gibt noch ein Phänomen, als Frage formuliert: Ist die Schlacht ein Kunstwerk? Dies wird im 19. Jahrhundert zu einem Thema, menschenverachtend betrachtete man Schlachten wie ein Schachspiel mit dem berühmten „Bauernopfer", der Kunst der Planung, des Angriffes, die Hoffnung auf den Sieg im Kopf. Gibt es sogar eine Ästhetik der Schlacht? War die größte und umfangreichste Einzelschlacht des 19. Jahrhunderts – also 1866 – gar ein preußisches „Kunstwerk"? Angesichts der Kriege des 20. Jahrhunderts sollte man heute die Frage des kriegerischen Kunstwerks lieber vergessen…

Das Schlachtfeld von Königgrätz (Hradec Kralove) in Böhmen von 1866 hatte eine Ausdehnung von circa zehn mal fünf Kilometer, dort kämpften circa 430.000 Soldaten. Die Hauptschlacht fand am 3. Juli 1866 statt. Heute kann man dort über Wiesen und Felder und durch den Wald gehen, durch die kleinen Ortschaften schlendern, in denen gekämpft wurde. Wenn man so will, kann man in der leicht hügeligen Landschaft von einem Denkmal zum anderen wandern, Museen besuchen, etwa in Chlum – und an die Folgen dieser Schlacht denken! Die schöne Stadt Königgrätz diente als Namensgeber für die Schlacht vor ihren Toren, war jedoch von direkten kriegerischen Einflüssen nicht betroffen.

Österreich und Preußen waren bei aller „Brüderlichkeit" im deutschen Sprachraum eigentlich immer schon verfeindet, man glaubte nur an einen äußeren fast zwanghaften Zusammenhalt dieser Mittelmächte. Hatte nicht schon Friedrich (Soll man ihn den „Großen" nennen?) Krieg gegen Maria Theresia geführt? Preußen war bald wirtschaftlich und industriell dem eher landwirtschaftlich ausgerichteten Österreich überlegen. Die Vormacht Österreichs im Deutschen Bund störte Preußen. Dieser Bund (Man kann ihn nicht gut als Vorläufer der EU ansehen.) kam im Zuge des Wiener Kongresses 1815 zustande, er war ein Staatenbund deutscher souveräner Fürsten und Städte, dazu kamen Einflüsse der dänischen Könige, von England und den Niederlanden. Dank der Politik Clemens von Metternichs (1773–1859) in der ersten Hälfte des 19. Jahrhunderts und danach durch die Kaiser Franz Josephs erreichte Österreich eine gewisse Vormachtstellung, die den deutschen Kanzler Otto von Bismarck (1815–1898) und die Preußen ärgerte. Dieser Ärger sollte zum Krieg um die Vormachtstellung führen, man ahnte, dass der preußische Angriff gegen das ihnen als Feindesland wohlbekannte Böhmen zielen würde. Er wurde auch nicht verhindert, als Bismarck am 7. Mai 1866 einem Pistolenattentat – nicht alle mochten nämlich seine Politik – entging.

Österreichs politische „Karten" waren schlecht. Preußen hatte bei einer Einwohnerzahl von nicht ganz 20 Millionen Einwohnern ein Heer von 355.000 Soldaten, Preußen war eben ein Militärstaat und hatte die beste Armee Europas. Österreich brachte es bei circa 34 Millionen Einwohner auf 320.000 Mann. Zwei alte Männer sollten die Armeen führen: Helmuth von Moltke (1800–1891), 66-jährig, ein Generalfeldmarschall, der durch den Sieg von Königgrätz und wenige Jahre später durch den Krieg der Preußen gegen Frankreich zur Lichtgestalt der deutschen Kriegsgeschichte werden sollte. Auf österreichischer Seite wurde der Feldzeugmeister Ludwig von Benedek (1804–1881), 62-jährig, gegen seinen Willen ins Feld geschickt. Er kannte sich im italienischen Kriegsgebiet besser aus, aber Kaiser Franz Joseph bestand auf seiner Berufung und drängte ihn, in Böhmen eingesetzt zu werden. Man muss weiterhin bedenken, dass sich der Kaiser – sicherheitshalber in Wien verbleibend – nach einer tatsächlichen militärischen Fehlentscheidung mit nachfolgender Teil-Niederlage Benedeks weigerte, dessen Rückzugsansuchen und möglichen Friedensschluss anzunehmen, und, da ein Kaiser nur siegen oder verlieren kann, die Schlacht forderte. Sie ging verloren. Benedek wurde danach in Wiener Neustadt vor ein Kriegsgericht gestellt, das Verfahren wurde aber von Kaiser Franz Joseph eingestellt. Benedek wurde zu lebenslangem Schweigen über die Vorfälle um Königgrätz verpflichtet und er verbrannte alle Kriegsunterlagen. All dies wirft ein schlechtes Licht auf den Kaiser – und offenbar entgeht damit uns Nachkommen die Lösung eines historischen Rätsels.

Kein Rätsel war die Wirkung des von den Preußen entwickelten Zündnadelgewehres, auch Hinterladergewehr genannt. Dazu kam die neue „Einheitspatrone", bestehend aus Projektil, Treibsatz und Zündung. Dieses neue Gewehr musste nicht mühsam von vorne geladen werden, was nur im Stehen zu bewerkstelligen war. Durch die alten Gewehre wurden die Österreicher zu preußischen Zielscheiben – der technische Fortschritt hatte gesiegt. Die preußische Schussfrequenz war zudem etwa dreimal so hoch wie die der Österreicher, die oft ins preußische Mündungsfeuer liefen. Dieses Gewehr wurde von dem deutschen Konstrukteur Johann Nikolaus von Dreyse (1787–1867) gebaut. Über Dreyse gibt es in Sömmerda, Thüringen, ein eigenes Museum.

Im Zusammenhang mit dieser Schlacht taucht immer wieder der berühmte Satz auf: „So schnell schießen die Preußen nicht". Man sagt,

Ludwig von Benedek, Lithographie
von Josef Kriehuber – © akg-images /
picturedesk.com

Denkmal für die gefallenen Österreicher in Chlum bei Königgrätz
– © Michael Heitmann / dpa /
picturedesk.com

dass dieser Satz auf den Soldatenkönig Friedrich Wilhelm I. (1688–1740) zurückgehe, wonach Deserteure nicht gleich erschossen wurden – man könne sie ja wieder als Soldaten gebrauchen. Der Kanzler Bismarck hat den Satz diplomatisch-strategisch verwendet: Preußen gibt der Diplomatie den Vorrang – und greift nicht gleich kriegerisch an. Königgrätz war demnach für Österreich doppelt fatal, die Preußen griffen an. Der den Soldaten als Trost kommunizierte Satz von den nicht so schnell schießenden Preußen (in Österreich fast bis heute ein Sprichwort), war für viele tödlich. Preußische Truppen drangen auch südlich bis ins niederösterreichische Wolkersdorf vor. Am Einkehrgasthof „Zum goldenen Strauß" im nahe gelegenen Eibesbrunn, findet sich eine Tafel „In diesem Hause wurde am 22. Juli 1866 die Waffenruhe zwischen Österreich und Preussen beschlossen". Wurde hier in einem kleinen Ort große Geschichte vorbereitet? Man verhandelte im südmährischen Nikolsburg (Mikulov), dies führte letztlich zum Frieden von Prag vom 23. August 1866.

Die Folgen dieser Schlacht waren für beide Länder, gesehen etwa bis zum Ersten Weltkrieg – als Historiker ist man ja immer gescheiter – fatal. Österreich hatte schon 1859 nach der Schlacht bei Solferino (Gründung des Roten Kreuzes durch Henri Dunant, 1828–1910) die Lombardei an den damals im Entstehen begriffenen Staat Italien (Königreich 1861) abgetreten, 1866 folgte Venetien – trotz der österreichischen Siege bei Custozza (24. Juni, Erzherzog Albrecht) und Lissa (20. Juli, Wilhelm von Tegetthoff). Bismarck „vergriff" sich zwar nicht an österreichischen Erblanden, setzte aber den Schlusspunkt hinter den Deutschen Bund. Ab da war Preußen dominierend, gestaltete Deutschland ohne Österreich, war nun der „stärkere Bruder", begab sich auf den Weg zum Kaiserreich, d. h. Preußen entwickelte sich nun richtig zu „Deutschland" (Bayern sollte Freistaat bleiben – bis heute). Preußen wurde aber auch kriegslüstern, griff Frankreich im Krieg 1870/71 an und errichtete nach dem Sieg im Schloss Versailles bei Paris das Deutsche Kaiserreich. Sowohl in Österreich als auch in Preußen und andernorts begann das Zeitalter der Massenheere und der Manöver – man kennt dies aus der österreichischen Literatur. Man trudelte – salopp formuliert – in den Ersten Weltkrieg.

Auch innerhalb von Österreich hat Kaiser Franz Joseph an Macht und Einfluss verloren, die Zeit des Neoabsolutismus ging zu Ende. Die Folge war der Österreichisch-Ungarische Ausgleich von 1867, die Doppelmonarchie war geboren. Ungarn wurde die eigene Verwaltung zugesprochen, gemeinsame Ministerien bestanden nur für die Außenpolitik, für die Finanzen und das Heer. Daher stammen die berühmten Kürzel: k.u.k. für das Gemeinsame, k.ung. nur für Ungarn und k.k. nur für Österreich. Der Kaiser ließ sich die Möglichkeit entgehen, Böhmen und Mähren zu einer „Dreifach-Monarchie" zu integrieren, was sich in der Folgezeit hinsichtlich des Weltkrieges als fatal erwies. Gegen Jahresende 1866 wurde noch die „Dezemberverfassung" sanktioniert, die Einführung der konstitutionellen Regierungsform in der österreichischen Reichshälfte. Außenpolitisch etwa half Frankreich Österreich nicht mehr, sondern ließ Kaiser Maximilian von Mexico (1832–1867), den Bruder von Franz Joseph, gleichsam in eine Falle rennen. Er wurde 1867 in Queretaro erschossen. Bismarck ließ dem österreichischen Kaiser, wohl als Trost und Ausgleich für Königgrätz, hinsichtlich Bosnien-Herzegowina freie Hand. Der Berliner Kongress stellte 1875 dieses Land unter österreichische Verwaltung. 1908 folgte die formelle Annexion dieses Landes. Im Zusammenhang damit kam es zur vielfach gelobten Anerkennung des Islam als Religion, wohl der ersten dieser Art in Europa.

Zwei Kuriosa zuletzt! Kaiser Ferdinand (boshaft „der Gütige" genannt, 1793–1875) musste 1848 zwangsweise zugunsten seines Neffen Franz Joseph auf den Thron verzichten. Offenbar seiner Stimmungslage von 1866 entsprechend, sollen ihm der Überlieferung nach die Worte: „Das hätt' ich auch noch zusammengebracht." entschlüpft sein. Als die Preußen schon Richtung Wien unterwegs waren, fürchtete man sich in der Hauptstadt vor Plünderungen. Wien war bedroht, in der Hofburg wurden schon Schätze zum Abtransport verpackt. Kaiserin Elisabeth (1837–1898) floh nach Budapest, aber die Verhandlungslinie von Eibesbrunn über Nikolsburg nach Prag hielt. Die siegreichen Preußen aber veranstalteten in Gänserndorf eine festliche Parade. Als Musiker traten die Brüder Piefke auf, besonders der bekannte preußische Militärmusiker Johann Gottfried Piefke (1817–1884) stand im Vordergrund – er dirigierte das Musikkorps der Preußen, vielleicht sogar seinen neuen „Königgrätz-Marsch". Es war ein Spektakel, dem die schaulustigen, um nicht zu sagen genusssüchtigen Wiener nicht widerstehen konnten. Sie fuhren mit der Nordbahn nach Gänserndorf um sich den Siegestaumel der Gegner anzuschauen. Der Ruf der Wiener, laut und akklamierend: „Die Piefkes kommen…!" wurde zum zärtlich-bösartigen Ausdruck für die Preußen, bis heute und bis zur Fernsehserie der „Piefke-Saga" vor wenigen Jahrzehnten. Uns nennen nun die Deutschen nördlich der „Weißwurstgrenze", also nördlich von Bayern, einfach „Ösis" – das hat man davon!

Queretaro
Ein tödliches Abenteuer

Das Schloss Miramare sieht nicht nur wegen der Lage am Meer hübsch aus, man kann sogar von einem Traum sprechen, es ist auch gemütlich eingerichtet. Der Zeit entsprechend zwar neugotisch, mit einem großen Garten, besser gesagt Park umgeben. Der im Schloss Schönbrunn geborene Maximilian (1832–1867), der jüngere Bruder von Kaiser Franz Joseph (1830–1916), wurde 1854 Chef der Österreichischen Kriegsmarine – der nahe Hafen Triest war das Zentrum dafür. 1857 wurde er Generalgouverneur der Lombardei, nach der Schlacht von Solferino 1859 ging dieser Posten verloren. Schon 1855 war von ihm der Beschluss zum Bau von Miramare getroffen worden, ein Jahr später war Baubeginn. 1860 konnte er mit Gattin Charlotte von Belgien (1840–1927), wenn auch vorerst nur ins Gartenhaus, einziehen.

Geht man heute durch das Schloss Miramare, kann man das angenehme Leben nachvollziehen. Manche Originalmöbel sind noch da, Einrichtungsgegenstände bis ins Detail drapiert. Über die das Schloss umlaufende Terrassen und den kleinen Hafen begibt man sich in den Park, der der felsigen Landschaft angeglichen ist – kurz, eine Idylle. Plötzlich aber steht man im Schloss in einem Raum an der Stelle, an der eine mexikanische Delegation von Notabeln mit Maximilian die Gespräche zur Ernennung zum Kaiser von Mexiko eingeleitet hat. Dies war am 3. Oktober 1863 im Schlafzimmer von Charlotte, aus dem man das Bett zum Zweck des Empfanges entfernt hatte. Die Vorgeschichte muss man „zweigeteilt" sehen. In Mexiko versuchte Carlo Benito Juarez (1806–1872) die französischen, spanischen und englischen Einmischungen in sein Land abzuwehren. Juarez war indianischer Abkunft, liberal bis demokratisch gesinnt, vertrat die Trennung von Kirche und Staat und zog die Kirchengüter ein. Im Jänner 1861 wurde er Staatspräsident und regierte mit diktatorischen Vollmachten.

Anders in Europa: Adelige und kirchliche Kreise wünschten für Mexiko eine Rückkehr zum alten (auch kolonialen?) System. Besonders der französische Kaiser Napoleon III. (1808–1873) war daran interessiert und gedachte mit Kaiser Franz Joseph als „Mitwisser" Maximilian als sei-

Schloss Miramare, Wohnsitz Maximilians – © Shutterstock.com

Erschießung Maximilians von Mexiko, Gemälde von Edouard Manet – © Shutterstock.com

nen Vollzieher in dieses Abenteuer zu schicken. Die mexikanischen Monarchisten hatten sich zu vorbereitenden Gesprächen in Paris getroffen, kirchliche Kreise in Rom sahen eine Chance, die Güter wieder zurückzubekommen. Maximilians Gattin Charlotte sah ihren Traum Kaiserin zu werden in Erfüllung gehen. Trotz der Warnungen, trotz geäußerter negativer Vorahnungen und trotz der Bemerkung selbst aus adeligen Kreisen, dass die Mexikaner eine Abneigung gegen Adelige hätten, nahm Maximilian an, auch Juarez hatte ihn noch indirekt gewarnt! Das Unglück nahm seinen Lauf. Am 10. April 1864 kam es auf Schloss Miramare zur konkreten Thronannahme. Mit der „Schraubenfregatte" Novara, die 1860 von Stapel gelassen und durch die Weltumsegelung und die siegreiche Schlacht bei Lissa am 20. Juli 1866 gegen die Italiener berühmt geworden war, fuhr Maximilian gemeinsam mit Admiral Wilhelm von Tegetthoff (1827–1871) nach Mexiko. Napoleon III., der wegen der Weigerung von Juarez, Schulden zurückzuzahlen, Truppen nach Mexiko gebracht hatte, zog, kaum dass Maximilian in Mexico war, seine Truppen wieder ab, letztlich auch auf Druck der Vereinigten Staaten, die die früheren Kolonialstaaten aus ihrem Bereich weg haben wollten. Man spürt hier die Politik dieser aufsteigenden Weltmacht.

Als Historiker nach rund 150 Jahren kann man einfach feststellen: Es kam wie es kommen musste. Eine Art von Bürgerkrieg zwischen Maximilian und Juarez wurde durch die Niederlage des Kaisers bei Queretaro, nordwestlich von Mexiko City gelegen – letztlich durch Verrat! – für Juarez entschieden. Man kann vom Sieg der mexikanischen Unabhängigkeitsbewegung sprechen – aber auch von einem unnötigen und tragisch endenden Abenteuer Maximilians. Der Kaiser wurde gefangen genommen und verurteilt um hingerichtet zu werden. Kaiserin Charlotte versuchte in Europa Hilfe zu holen – bei den Habsburgern und beim Papst, aber erfolglos. Kaiser Franz Josef war nicht von brüderlicher Liebe erfüllt, man kann sogar sagen, Maximilian war ihm egal. Man muss sich in Erinnerung rufen, dass Franz Joseph beim Abschiedsessen für Maximilian in Wien von diesem verlangte, auf das Nachfolgerecht als österreichischer Kaiser zu verzichten! Außerdem hatte er anderes zu tun: Nach der verlorenen Schlacht bei Königgrätz 1866 kam es im März 1867 zu den Ausgleichsverhandlungen mit Ungarn. War also die Hinrichtung seines Bruders im fernen Mexiko drei Monate später ein Problem?

Mit Genuss kann man das detailreiche Buch über „Maximilian und Juarez" in zwei Bänden des österreichischen Historikers Konrad Ratz (geb. 1931) von 1998 zur Hand nehmen. Praktisch jeder Schritt der Hinrichtung des Kaisers ist nachzulesen. Kaiser Maximilian wurde am 19. Juni 1867 in Queretaro auf einem Hügel vor der Stadt erschossen, er starb um 6 Uhr 40. Mit ihm gemeinsam starben die Generäle Miguel Miramon (1832–1867) und der indianisch-stämmige Thomas Mejia (1820–1867). Beide hatten an der Seite Maximilians gekämpft, Miramon war zwei Jahre lang vor Juarez Präsident von Mexiko gewesen. Der französische Maler und Vorläufer des Impressionismus, Edouard Manet (1832–1883), hat die Szene der Erschießung im Bild festgehalten. Legenden ranken sich um die Hinrichtung: Maximilian habe Goldmünzen an die schießenden Soldaten verteilt, damit sie ihm nicht ins Gesicht schießen sollten – seine Mutter sollte ihn noch erkennen können. Das weltweit bekannt Lied „La Paloma Blanca", offenbar ein Lieblingslied Kaiser Maximilians, wurde bei der Hinrichtung nicht gespielt. Das Lied hat der spanische Komponist Sebastian de Yradier (1809–1865) geschrieben, es wurde in Mexiko 1863 uraufgeführt. Mein Onkel, ein Major noch aus der Zeit Kaiser Franz Josephs, war der festen Überzeugung – und im Heer der Monarchie war das klar! – dass dieses Lied vor den Schüssen auf die drei Delinquenten gespielt worden wäre. Es ärgerte ihn besonders, dass das Lied dem Schwarm meiner Tante, dem bekannten deutschen Liedinterpreten Hans Albers (1891–1960), zuzuschreiben wäre... Tatsache ist es offenbar, dass das Lied bei der Ausschiffung des Leichnams in Miramare gespielt worden ist. Admiral Tegetthoff hatte die traurige Pflicht gehabt, den Leichnam Maximilians zurückzuholen. Maximilian wurde in der Kaisergruft in Wien bestattet.

Man kann die weitere Geschichte fast schlagwortartig darstellen. Kaiserin Charlotte erlitt nach der Erschießung einen Nervenzusammenbruch und erholte sich nie wieder richtig. Schloss Miramare wurde gleich ab 1867 Sommerresidenz der Habsburger. Kaiser Franz Joseph ließ sich mit dem Gedenken an seinen Bruder Zeit. Erst 1901 wurde in Mexiko an der Hinrichtungsstelle eine Kapelle errichtet, neugotisch wie Miramare. Sie ist eher klein, nicht aufregend gestaltet, im Inneren sieht man drei symbolische Steinsockel für die drei Toten. Soll man in dieser kleinen Kapelle eher an Maximilian oder an Franz Joseph denken – oder an die Mexikaner, die 1967 (100 Jahre danach!) eine riesige Statue hinter der Kapelle für Benito Juarez errichtet haben? Juarez war jedenfalls bis zu seinem Tod 1872 Präsident und gilt als hervorragender Reformer Mexikos. Ganz zuletzt: Mexiko hat als einzige Nation auf der Welt die Annexion Österreichs durch Adolf Hitler 1938 nicht anerkannt und dagegen protestiert. 1956 hat die Gemeinde Wien einen großen Platz nahe der Donau zum „Mexikoplatz" ernannt...

Mayerling
Rudolf und Mary

Für jeden Historiker, Literaten und Filmregisseur ist die Thematik „Kronprinz Rudolf und Mary" sicherlich Anregung und Fundgrube für ein Drama, je nachdem, wie und was man darstellen will. Für den Konsumenten solcher Stories war und ist es ein Nervenkitzel oder auch eine Frage der genussreichen moralischen Entrüstung. Alle Versatzstücke für ein Drehbuch sind vorhanden: Mord und/oder Selbstmord von Kronprinz und jugendlicher Geliebter mit „Restgeheimnis"; Vater-Sohn-Konflikt, noch dazu zwischen Kaiser und Kronprinz, der nicht mehr auf die Nachfolge als Kaiser hoffen konnte; eine vom Sohn geliebte Mutter, die sich eher zurückzieht; eine Ehe und außereheliche Beziehungen, die Liebe zu einer Dame der Demimonde, dann zu einer ganz jungen Frau; ein einsames Jagdschloss im schönen Wienerwald; ein „Leibfiaker" als Verbindung zu den einfachen Leuten; ein frivoles Leben, von dem manche träumen – aber auch mit Morphium wegen der Schmerzen, Alkohol, Frauen; internationale politische Verquickungen; Geheimdienste und Interventionen fremder Mächte mit Mordgerüchten; Eifersucht auf seinen preußische Kollegen, der Kaiser werden sollte; Vertuschungsversuche nach dem Drama, Vernichtung von Beweisen und Akten; Lügen am laufenden Band…

Kronprinz Rudolf (1858–1889) wurde am 21. August 1858 im Schloss Laxenburg südlich von Wien geboren. Man gab dem Kind den Namen Rudolf – in Erinnerung an Rudolf von Habsburg, der vor etwa 600 Jahren regierte, dem Begründer der Dynastie, und als Symbol der erwünschten Fortführung bzw. Erneuerung der Herrschaft. Rudolfs Erziehung war streng, von harter Arbeit geprägt. Natürlich hatte er die besten Lehrer, es sei bloß der Nationalökonom Carl Menger (1840–1921), der Begründer der „Grenznutzentheorie", genannt (Österreich 2018: 25 Schüler und ein Lehrer – bei Rudolf fast umgekehrt). Man kann sich über seine Person anhand von zwei Autoren orientieren, wenn es um Rudolfs Leben und den „Mythos von Mayerling" geht. Ich kannte beide Autoren, den Architekten und die Historikerin. 1968 hat Fritz Judtmann (1899–1968) wenige Wochen vor seinem Tod versucht, Mayerling ohne Mythos darzustellen, er zeichnete Pläne des Schlosses und von der Hofburg – wer wann und wo gegangen ist (etwa Mary zum Kronprinzen!). Brigitte Hamann (1940–

2016), eine begnadete Historikerin, schrieb genau zehn Jahre später 1978 die heute noch gültige Rudolf-Biographie mit dem Untertitel „Kronprinz und Rebell" (nicht Revolutionär!).

Kronprinz Rudolf hatte Angst vor seinem Vater und Kaiser und dessen strenger und konservativer Lebensart. Seine geliebte Mutter, Kaiserin Elisabeth (1837–1898), war ein wenig neurotisch und in der Ehe mit dem Kaiser frustriert. Sie hatte kaum Kontakt zu ihrem Sohn. In dieser Atmosphäre hatte Rudolf ein schweres Leben. Er erfüllte seine Pflichten beim Militär, in der Verwaltung, bei Dienstreisen. Andererseits gab er sich seiner wilden Lebensgier hin, die ihm letztlich im Verhältnis mit Frauen zweifelhaften Rufes die Syphilis eingetragen hat. Diese Krankheit führte in weiterer Folge zu Depressionen und Verstimmungen, im äußeren Habitus zu verschiedener Haartracht und Bartgestaltung, was seine Zeitgenossen und die Familie mit Verwunderung und Sorge wahrnahmen. „Böse" Oppositionskreise meinten, dass man das Reich nicht einem alten Mann und seinem syphilitischen Sohn überlassen könne.

Rudolf begann früh eigenständig zu denken. Durch seine Lehrer wissenschaftlich und politisch „aufgeklärt" und durch eigene Erfahrungen bestärkt, wandte er sich negativ gegen den Adel, dessen gelegentliche Unfähigkeit er erkannte. Er fand den Weg zu demokratischen Ideen und zum Liberalismus. Damit verbunden war trotz seiner Gläubigkeit eine Gegnerschaft zum Klerikalismus. Dies sollte sich dann bei seinem Begräbnis auswirken, da die Kirche Probleme mit dem Begräbnis eines Selbstmörders hatte (Mörder stand nicht zur Debatte). Rudolf hatte viele Freunde unter den Juden der Großstadt, von Journalisten bis Bankiers. Er wandte sich öffentlich gegen den Antisemitismus, er war sogar am Rande in den Prozess gegen den Deutschnationalen Georg von Schönerer (1842–1921) – Anklage wegen Antisemitismus – involviert. Auch galt er als Freund der Slawen, was, hätte er überlebt und wäre Kaiser geworden, sicher eine bessere Politik der Monarchie erwirkt hätte. Rudolf entwickelte Ideen für ein friedliches und liberales Europa, heute könnte man dies im Sinne von „Vereinigten Staaten von Europa" verstehen. Allerdings hatte er eine Aversion gegen seinen preußischen fast gleichaltrigen „Kollegen", Prinz Wilhelm (1859–1941), der im „Dreikaiserjahr" 1888 deutscher Kaiser wurde. Rudolf wurde auch der Mitgliedschaft zur Freimaurerei „verdächtigt". Diese war zwar in ausländischen adeligen Kreisen kein Problem, in Österreich jedoch verboten, nicht aber in Ungarn. Also ist das Gerücht aufgetaucht, Rudolf und die ungarischen Freimaurer, etwa der ungarische Ministerpräsident Graf Julius Andrassy (1823–1890), könnten seinen Vater stürzen und die ungarische Krone an

*Jagdschloss Mayerling mit Teesalon
(links) – © Karl Sablik*

*Grab von Mary Vetsera in
Heiligenkreuz – © Karl Sablik*

sich reißen. Dies wäre wohl einer der größten Skandale der Monarchie geworden.

Doch begeben wir uns in friedlichere Gefilde der Wissenschaft und des Sozialen. Anlässlich seiner Geburt gründete sein Vater Kaiser Franz Joseph die sogenannte „Rudolfstiftung", ein Spital mit damals 860 Betten, das heute noch in Wien existiert. Rudolf, der sich gerne mit Wissenschaftlern umgab, hatte Kontakt mit dem Zoologen Alfred Brehm (1829–1884) – man erinnere sich an „Brehms Tierleben" – und war selbst begeisterter Ornithologe. Vor allem aber hatte er Kontakt mit dem berühmten Chirurgen Theodor Billroth (1829–1984), der 1881 die erste erfolgreiche Magenoperation der Welt durchgeführt hat. Mit ihm gemeinsam gründete Rudolf, der dann das Protektorat übernahm, den sogenannten „Rudolfinerverein", auf dessen Grundlage das heutige Rudolfinerhaus, Wiens führendes Privatspital mit 156 Betten, existiert. Dies war 1879 und zwei Jahre später, 1881, wurde in Österreich der erste Kurs für Krankenpflegerinnen eröffnet. Rudolf und Billroth wollten von der kirchlichen Krankenpflege unabhängig sein. 1883 hatte Rudolf die Idee, das später so benannte „Kronprinzenwerk" zu initiieren, eine Art Landeskunde der ganzen Monarchie in 24 Bänden, ein wunderbares Gewaltwerk in deutscher und ungarischer Sprache.

Am 30. Jänner 1889 kam es zur Tragödie von Mayerling. Rudolf, der immer depressiver geworden war, hatte zu Weihnachten 1888 innerhalb der Familie eine Art Zusammenbruch. Kaiser und Kaiserin kümmerte dies wenig. Rudolf hatte schon vor Jahren in Mizzi Caspar (1864–1907) – man soll keine Berufsangabe für die Dame erwarten! – eine Art Ruhepol gefunden. Dies ging so weit, dass er ihr seine ersten gemeinsamen Selbstmordgedanken anvertraute, die sie nicht ernst nahm. Rudolf ahnte, dass man ihn wegen seines Lebenswandels moralisch unmöglich machen wollte. Er hatte in dieser Zeit auch die Baronin Mary Vetsera (1871–1889) kennengelernt – oder hat man sie ihm „zugeführt"? – eine hübsche siebzehnjährige Frau mit erotischer Ausstrahlung, die in den Kronprinzen abgöttisch verliebt war. Rudolf konnte sie überreden mit ihm gemeinsam Selbstmord zu begehen.

Rudolf hatte das Jagdschloss Mayerling etwa drei Jahre vor seinem Tod erworben, ließ es umbauen, einen frei stehenden Teesalon einrichten und die Innenräume zeitgemäß mit alten (Ich kenne persönlich ein Dankschreiben Rudolfs an einen „Einrichter".) und neuen Möbeln gestalten. Man könnte – will man anzüglich sein – von einem „Liebesnest" sprechen, doch es wurde zum Ort des Todes. Am Abend des Selbstmordes waren nur zwei adelige Gäste anwesend, nur einer übernachtete im Schloss, dazu Rudolfs Kammerdiener Johann Loschek (1845–1932). Dieser hat dann erst fast vier Jahrzehnte nach dem Geschehen seine Erinnerungen dargelegt. Der andere Vertraute Rudolfs, der private Leibfiaker – der stets seine erotischen Ausflüge begleitet hat – Josef Bratfisch (1847–1892), schwieg darüber zeitlebens beharrlich. Er hatte Mary nach Mayerling geführt bis zum Südtor, wo sie von Loschek empfangen und ungesehen in das Appartement des Kronprinzen gebracht wurde. Dieses Tor gibt es noch unverändert im jetzigen Klostergarten, allerdings ist es nicht zugänglich. Andere Tore wurden im Laufe der späteren Umbauten abgetragen. Rudolfs Appartement war durch ein Stiegenhaus gleichsam zweigeteilt, so dass Marys Aufenthalt von den Gästen nicht wahrgenommen wurde. Bratfisch war schon lange Rudolfs Verbindung zu den einfachen Leuten, der Kronprinz ließ sich gelegentlich von dessen Frau verköstigen (!). Bratfisch war auch Heurigensänger und „Kunstpfeifer" und unterhielt Rudolf und seine jeweilige Partnerin – auch noch am Vorabend des Todes von Rudolf und Mary in Mayerling. Rudolfs Frau, Stephanie (1864–1945), die er 1882 geehelicht hatte, goutierte diese Art von Vergnügen nicht.

Rudolf hatte Abschiedsbriefe verfasst und verteilen lassen, nicht aber an den Kaiser, was diesen sehr gekränkt haben soll. Mary und er waren – abgesehen vom Diener Loschek – allein im Schloss, der Gast wohnte weiter weg vom Kronprinzen-Appartement. Aus Angst vor Polizeiagenten waren die Fenster verdunkelt, die Türen zum Schlafgemach verschlossen. Die Intimität dieses Augenblicks bleibt auch dem Historiker verborgen: Tatsachen als Geheimnis, wenn man es überspitzt formulieren will. Man kann es auf einen Satz reduzieren: „Der Kronprinz erschoss im Einvernehmen mit Mary Vetsera diese und dann sich". Loschek will noch von langen Gesprächen gehört haben – ging es auch um die Schwangerschaft der jungen Frau? – hat aber nichts verstehen können. Hat er dann zwei Schüsse gehört oder doch nicht? Jedenfalls klopfte er erst morgens an die Türe des Kronprinzen, zuerst mit der Hand, dann schlug er mit einem Holzscheit dagegen, doch es rührte sich nichts. Er holte den Gast, Graf Josef Hoyos (1839–1899), der sich entschloss die Türe aufzubrechen. Loschek fand keine „Spur von Leben" in den beiden Körpern, der Kronprinz lag über den Bettrand hinaus, vor sich eine große Blutlache – offenbar auf einem Teppich, den es (noch?) zu sehen gibt.

Die Meldung von der Katastrophe erreichte bald Wien, der Kaiser nahm nach nur kurzer seelischer Erregung seine täglichen Geschäfte wieder auf. Rudolf wurde wenige Tage später in der Kaisergruft zu Grabe getragen. Allerdings wurde der Selbstmord bei Hof als Schande und Schmach empfunden, eine Welle von Gerüchten verbreitete sich: von der eher harmlosen aber falschen Bemerkung seitens des Hofes, es wäre ein Herzschlag gewesen oder ein Schlaganfall, eine zweite Leiche gäbe es nicht, bis zum Mordverdacht, der öffentlich geäußert wurde. Ein eifersüchtiger Förster wäre es gewesen, die Freimaurer natürlich, bis hin zur Verdächtigung, der Preuße Otto von Bismarck (1815–1898) habe ihm einen Mörder nach Mayerling geschickt. Der Verband am Kopf des Kronprinzen, bei der Aufbahrung zu sehen, hätte eigentlich Klarheit schaffen können. Parallel dazu startete vom Hof her eine Lügenmaschinerie, eine Welle von Vertuschungen ging los. Akten verschwanden, sind vielleicht sogar vernichtet worden, selbst Rezepte in der Hofapotheke, die auf die Erkrankung des Kronprinzen schließen ließen, wurden herausgerissen. Ärzte und sonstige Beteiligte wurden zum Stillschweigen verpflichtet. Was soll man als Historiker in so einer Forschungs-Situation machen? Kurios ist die Bemerkung von Graf Heinrich Taaffe (1872–1928), Sohn des früheren österreichischen Ministerpräsidenten, wonach die Rudolf-Akten längst im Archiv des Vatikans wären…

Rudolf hatte unmittelbar nach seinem Tod keinen guten „Nachruf" im weitesten Sinn des Wortes, weder politisch noch journalistisch. Kaiser Franz Joseph ließ Schloss Mayerling noch im selben Jahr 1889 – man beachte die Eile! – in ein Kloster umbauen. Es wurde dem Orden der Karmelitinnen übergeben. Die Sterbestelle von Rudolf und Mary sollte nicht mehr zu erkennen sein. Wo Schlafzimmer und Bett waren, ist heute der Hochaltar, das Bett wurde im Hofmobiliendepot in Wien verwahrt. Doch hat man 2014 ein Museum moderner Gestaltung eingerichtet und als Schauplatz der „Tragödie von Mayerling" tituliert. Die ausgestellte Waffe ist aber nicht das Original…! Trotz allem eine Fremdenverkehrsattraktion.

Was geschah mit Mary Vetsera? Wie zu erwarten: Heimlich wurde ihr Leichnam von den Eltern abgeholt und in einem Grab in Heiligenkreuz, NÖ, bestattet. Sie sollte keine Ruhe finden, wenn man es so ausdrücken darf. Der Sarg wurde 1945 von den Sowjets gewaltsam geöffnet, nach Umbettungen in einen Zinnsarg wurde der ursprüngliche Kupfersarg samt morschen Resten des alten Holzsarges wieder gefunden und ist in der Ausstellung zu sehen. Es kommt aber noch eigenartiger: Der Möbelhändler Helmut Flatzelsteiner (geb. 1940) hat den Sarg mit dem Leichnam entwendet, er wollte den Schädel samt Loch wohl genau sehen – der Einschuss war vorhanden. Die Stiftsleitung in Heiligenkreuz hatte ihm keine Erlaubnis zur Exhumierung gegeben, also folgte der Raub mit anschließender wissenschaftlicher Untersuchung unter dem Vorwand es sei eine alte Tante von ihm! Darf ich als Historiker die makabre Frage stellen, ob Österreich von Haydn und Beethoven bis zum Milliardär Friedrich Karl Flick (1927–2006) eine Tradition in Sachen Grabraub hat? Um dann darauf im Besucherzentrum einen Weißwein mit Namen „Grüne Vetsera" zu trinken…

Sigmund Freud und die Berggasse

Geht man von der Währinger Straße im 9. Wiener Gemeindebezirk (Alsergrund) die Berggasse hinunter, gelangt man auf der linken Seite zur Nummer 19. Etwas forsch formuliert, ist dies neben der Downing Street 10 eine der bekanntesten Adressen dieser Welt. Der 9. Bezirk gilt als Wiens Ärztebezirk, nicht zuletzt, weil dort schon seit 1784 das Allgemeine Krankenhaus besteht, eine der bekanntesten medizinischen Einrichtungen der Welt, Heimstätte besonders der Zweiten Wiener Medizinischen Schule, die die gesamte Medizin reformiert hat. Es war etwa auch Wirkungsstätte des „Retters der Mütter", Ignaz Philipp Semmelweis (1818–1865) und des Chirurgen Theodor Billroth (1829–1894), der 1881 die erste erfolgreiche Magenoperation durchführte.

Für gebirgsgewohnte Menschen mag die Berggasse eine sanfte Steigung haben, aber diese reichte aus, dass 1899 das erste Elektroautomobil der Welt auf dieser „Teststrecke" ausprobiert wurde. Heute ist diese Antriebstechnik auf dem Weg in den Alltag, 1900 wurde dieses Gefährt bei der Pariser Weltausstellung noch als Sensation bewundert. Ferdinand Porsche (1875–1951), Konstrukteur des späteren „Volkswagens", und der Wagenbauer Ludwig Lohner (1858–1925), dessen Vater 1868 in der nahen Porzellangasse ein Wagenbauunternehmen gegründet hatte, bauten ab 1898 das „Lohner-Porsche-Elektromobil" mit zwei Radnabenmotoren. Dieses fuhr dann am 28. Juni 1898 „geisterhaft" ruhig die Berggasse hinan.

Um dieselbe Zeit arbeitete in der Berggasse 19 Sigmund Freud (1856–1939), der seit 1886 eine Privatpraxis hatte und 1891 seine Ordination (und Wohnung) in die Berggasse verlegt hatte, an dem Buch „Die Traumdeutung". Er hat sein Werk auf 1900 vordatiert, um zukunftsweisend ins neue Jahrhundert blicken zu können. Dieses Gründerzeithaus mit der markanten Fassade hatte einen berühmten Vorbewohner: Victor Adler (1852–1918), den Einiger der Österreichischen Sozialdemokratie am Hainfelder Parteitag 1888/89, auch „Arzt der Armen" genannt. Adler setzte sich im Ersten Weltkrieg für die Gründung der österreichischen Republik ein, doch sollte er den Tag der Ausrufung, 12. November 1918, nicht mehr erleben, starb er doch in der Nacht davor – sein Schicksal erinnert an Moses, der das Gelobte Land auch nicht mehr sehen sollte. Adlers Büste findet sich am Republik-Denkmal neben dem Wiener Parlament.

Sigmund Freud wurde 1856 in Freiberg in Mähren (Pribor) geboren. Sein Geburtshaus ist erhalten, renoviert und zu einem Museum umgestaltet. Freud, wie auch der jüngere Julius Tandler (1869–1936), geboren in Iglau in Mähren, der ein berühmter Anatomieprofessor und Sozialreformer in Wien werden sollte, kamen als Knaben nach Wien, von der Hoffnung ihrer Eltern getragen, dass ihnen in der Reichs-Haupt- und Residenzstadt Wien das Glück beschieden sein werde. Es sollte so sein – allerdings samt der Tragik des Antisemitismus im hohen Alter dieser weltberühmten Männer. Beide studierten Medizin in Wien, Tandler wurde Professor für Anatomie, Freud kam nie zu solchen professoralen Ehren, hatte er doch durch die Begründung der Psychoanalyse gleichsam die materiellen Grundlagen der Medizin, wie er sie gelernt hatte, verlassen. Es muss allerdings gesagt werden, dass Freud selbst tief in physiologisch-medizinischem Wissen verwurzelt war und nie die Hoffnung aufgegeben hatte, dass seine Psychoanalyse im Gehirn und Nervensystem eine Grundlage finden könnte. Der Wiener Psychiater Paul Schilder (1886–1940) hat denselben Gedanken mit seinem Körper-Seele-Konzept, der „Somatopsyche", eben auch für das Unbewusste gemeint und konzipiert.

Der Weg zur Psychoanalyse führte über die (medizinische) Hypnose, die Freud in Frankreich kennengelernt hatte. Mit seinem Freund und Kollegen Josef Breuer (1842–1925) veröffentlichte er 1885 die „Studien über Hysterie", die schon als die erste Abhandlung der klassischen Psychoanalyse gelten kann. Der Begriff der Katharsis, also der (seelischen) Reinigung, gleichsam durch die Hypnose wird eingeführt. Doch bald trennte sich Breuer von Freud, weil dieser in seiner weiteren Denkarbeit die sexuelle Bedingtheit aller Neurosen in den Vordergrund zu stellen begann. Damit war Freud auf ein Thema gestoßen, das bis heute großes Aufsehen erregt, die Sexualität und ihre Auswirkung auf das menschliche Zusammenleben. Es erhebt sich hier die berühmte Frage, warum die Psychoanalyse gerade hier in Wien und gerade zu dieser Zeit entwickelt werden konnte. War es die Verdrängung der sexuellen Wünsche, einschließlich der „Perversionen", war es der Druck der – katholischen – Religion, war es der frühe Kampf der Frauen um die Gleichberechtigung, war es die „Männergesellschaft"? Es war die Atmosphäre des „Fin de sciecle", das man in der Berggasse architektonisch heute noch zu spüren vermag, es waren seine neurotischen Patienten mit ihren Problemen, über die man bei Freud nachlesen kann!

Um Freuds Lehre darzustellen ist hier nicht der Platz. Sehr wohl aber kann man an die „Schlagworte" erinnern. Man denke an das Unbewusste,

Wohnhaus mit der Ordination Sigmund Freuds in der Berggasse 19, Wien – © Karl Sablik

Stiegenaufgang zur Ordination Sigmund Freuds – © Karl Sablik

das uns zu steuern vermag, man denke daran, dass der Traum von ihm als Königsweg zum Unbewussten gesehen wurde. Es gibt im Wienerwald beim damaligen Hotel „Villa Bellevue" eine Gedenk-Stele samt Bronzetafel mit der Bemerkung, dass sich hier Freud das Geheimnis des Traumes enthüllt habe – mit einem wunderbaren Blick über Wien. Manche Psychologen haben wissenschaftlich ein Problem mit dem Unbewussten: Woher weiß man vom Unbewussten – es muss der Inhalt ja irgendwie ins Bewusstsein gelangen, sonst könnten wir überhaupt nichts davon wissen? Ist der Mensch also gesteuert, ohne dass er etwas dazutun kann, sind wir seelisch dem „unheimlichen Unbewussten" ausgeliefert, müssen wir mit ganz anderen Ängsten kämpfen, als wir bei Bewusstsein glauben? Hat dies der amerikanische Schriftsteller Irving Stone (1903–1989), mit dem ich historisch-quellenmäßig zusammengearbeitet habe, in der deutschen Übersetzung es richtig ausgedrückt: „Der Seele dunkle Pfade" – das englische Original (The Passions of the Mind) stellt dies nicht so dar...

Dass Freud der Sexualität die ihr zustehende Dimension im menschlichen Leben (zurück-?)gegeben hat, ist allgemein anerkannt. In diesem Zusammenhang sieht man auch den von ihm entdeckten „Ödipuskomplex" im Werk „Totem und Tabu". Ausgehend von der angenommenen Ermordung des Urvaters, sind Hass und Liebe zum jeweils geschlechtlich entgegengesetzten Elternteil zu finden. Im Extremfall tötet der Sohn den Vater um die Mutter zu heiraten – eben Ödipus. Denkt man an die heutigen Morde an Elternteilen und an die damit verbundenen Familientragödien, so macht dieser Grundgedanke schon Sinn. Ebenso einleuchtend klingt die Konstruktion des Ich, Es und Überichs. Man spürt dies in unserer Kultur, vor allem aber in der „Vermischung" der Kulturen: Was will das Ich, getrieben vom Es der Triebe und Gefühle, begrenzt, ja beschnitten vom Überich der Gesetze, Sitten, der moralischen und religiösen Zwänge? Übrigens betrachtet Freud die Religion als eine Art Neurose, hält die Kunst für eine Ersatzbefriedigung und kritisiert die Kultur seiner Zeit.

Betritt man das Haus Berggasse 19, ist man ins 19. Jahrhundert versetzt. Man kann sich lebhaft vorstellen, wie Freuds Patienten beiderlei Geschlechts mit vor Angst schweißnassen Händen, geplagt von furchtbaren Träumen, die Stiegen in den ersten Stock erklommen haben, vielleicht das verzierte, ja verschnörkelte Stiegengeländer betrachtend dann vor der Türe standen: „Prof. Dr. Freud 3–4". Wohnung und Ordination sind heute ein Museum, das Original der berühmten Couch befindet sich allerdings in London. Mit einiger Fantasie und manchen Krankengeschichten aus den Werken Freuds im Hinterkopf, lässt sich die berühmte

Situation – der Arzt sitzt gleichsam hinter dem Patienten und lässt diesen frei assoziieren – durchaus nachvollziehen. Man spürt auch förmlich die hier geleistete Denkarbeit, manche mögen sogar die kratzende Feder bei der Verfassung von Manuskripten zu hören glauben. Mir widerfuhr ein eigenartiges Erlebnis, gemahnend an die menschliche Sexualität. Ich traf den damaligen Präsidenten der Sigmund Freud-Gesellschaft, Harald Leupold-Löwenthal (1926–2007), in Freuds Ordination. Ein geschäftiger Handwerker eilt mit einer 100er-Packung jener länglichen Griffe vorbei, die zu der Kette einer weit oben montierten Wasserspülung in Freuds WC gehörte. Die Originalgriffe in handlicher Form waren aus Porzellan, die in der Schachtel aus Plastik. Die Erklärung: Die Porzellangriffe seien – meist von Frauen – als Souvenir entwendet worden, Plastikgriffe seien billiger zu ersetzen…

Es sei ein kleiner Exkurs erlaubt. Sigmund Freud hatte viel im Allgemeinen Krankenhaus zu tun, dieses ist von der Berggasse etwa eine Viertelstunde zu Fuß entfernt. Besonders in der zweiten Hälfte des 19. Jahrhunderts war es ein tolles Zentrum der medizinischen Entwicklung, war es Treffpunkt großartiger Wissenschaftler in einer Atmosphäre, die man heute noch spüren kann, auch wenn nach dem gewaltigen Neubau des AKH mit zwei Turmkomplexen, nicht allzu weit entfernt vom Altbau, dieser als Unicampus umgebaut und für „philosophische" Fächer verwendet wird. Freud traf dort seine Freunde, 1884 etwa den Ophthalmologen Karl Koller (1857–1944) oder den Pionier des Elektroenzephalogramms (EEG) Ernst Fleischl von Marxow (1846–1891). Es ging um Kokain (ein Extrakt der amerikanischen Koka-Pflanze), das damals für die Medizin von Interesse wurde. Freud erzählte im Hof des Krankenhauses von der anästhesierenden Wirkung dieses Stoffes, Koller eilte sofort in sein Labor um eine Kokain-Lösung ins Auge eines Frosches zu träufeln – der Frosch reagierte auf Nadelstiche ins Auge nicht – die Lokalanästhesie des Auges war erfunden! Tragisch war der Fall Fleischl, er hatte sich mit Leichengift infiziert, die Wunde war nicht zu heilen, schmerzte fürchterlich, und Freud gab ihm den Rat, Kokain zur Schmerzstillung zu nehmen, ohne zu ahnen, dass dies auch zur Sucht führen könnte. Das Gerücht entstand, dass Freud dies nicht hätte tun sollen – also war er bei der akademischen Kollegenschaft angeschwärzt und sollte nie mehr in das medizinische Fakultätskollegium gelangen können…

Wenn man in Freuds Ordination ist, muss man auch daran denken, dass er gerne eine „Schule" der Psychoanalyse gegründet hätte. Es sollte nicht an Schülern mangeln, aber vielleicht lag es an der Eifersucht, dem

Stolz des Begründers der Psychoanalyse, seiner Überheblichkeit gar, dass es nicht dazu kam – auch wenn man sagen muss, dass sich die Psychoanalyse im Laufe des 20. Jahrhunderts fast über die ganze Welt verbreitet hat – allerdings je nach kultureller „Empfänglichkeit" – besonders aber in die Vereinigten Staaten. Nehmen wir zwei Beispiele: Carl Gustav Jung (1875–1961) und Alfred Adler (1870–1937). Jung gilt als Schöpfer der Lehre von den Archetypen, der Vorstellung, dass in unserem Seelenleben noch die von der menschlichen Vorzeit her bestehenden Mythen und Religionen im Unterbewusstsein unsere heutigen Verhaltensweisen beeinflussen. Adler ist Schöpfer der Individualpsychologie. Er hat nicht wie Freud seelische Störungen auf verdrängte Sexualität zurückgeführt, sondern auf den Minderwertigkeitskomplex und den übersteigerten Geltungstrieb – und hatte damit das soziale Denken seiner Zeit stark beeinflusst. Freud war mit beiden zerstritten und scheute nicht davor zurück, den Tod Adlers in Aberdeen, Schottland, damit zu kommentieren, dass dies für einen Buben aus der Wiener Vorstadt schon was Besonderes wäre... Freuds Schicksal im Alter war nicht erfreulich, 1938 übernahmen die Nationalsozialisten in Österreich die Macht. Freud gelang es nach England zu emigrieren, nicht ohne den neuen Machthabern den (verbürgten?) zynischen Satz zu hinterlassen: „Ich kann die Gestapo jedermann auf das Beste empfehlen". Freud starb in England und ist dort auch begraben. Zwischen Votivkirche und Universität wurde 1985 ein Gedenkstein errichtet: „Die Stimme des Intellekts ist leise", steht zu lesen. Wir fragen mit Blick auf die Zukunft: Ist sie zu leise? Doch lesen wir in Freuds Gesammelten Werken weiter: „…, aber sie ruht nicht, ehe sie sich Gehör verschafft hat. Am Ende, nach unzähligen oft wiederholten Abweisungen, findet sie es doch. Dies ist einer der wenigen Punkte, in denen man für die Zukunft der Menschheit optimistisch sein darf".

Alexandre Yersin und die Pest

Wirtschaftshistoriker haben eine eigenwillige Idee entwickelt, wonach durch die Pest – im Gegensatz zum Krieg – die überlebende Bevölkerung reicher geworden wäre und die Menschen dadurch mehr Zeit für Kunst und Wissenschaft gehabt hätten: Also die Geburt der Renaissance. Während im Krieg Menschen getötet, die Ernte der Felder und die Häuser samt Inhalt niedergebrannt wurden, traf die Pest „nur" einzelne Menschen, die Überlebenden konnten also erben…

Die Pest gehört zu den legendären Übeln der Menschheit und ist zum Urbild einer Seuche geworden. Noch heute kennen wir Sprachbilder wie „jemandem die Pest an den Hals zu wünschen", wenn man ihm Übles will, oder es „stinke etwas wie die Pest", was an die verwesenden Leichen mit den Pestbeulen erinnert. Während die sogenannte „Pest des Thukydides" (460–400) im alten Griechenland bei den Forschern umstritten ist – es könnte eine andere Krankheit gewesen sein – ist die Pest seit dem Hochmittelalter ein klares und furchtbares Faktum. Wenn auch die Schätzungen um die Gesamtzahl der Todesopfer schwankt – manche Angaben reichen bis 25 Millionen in Europa – und auch in vielen lokalen historischen Darstellungen von einem Drittel bis zur Hälfte der Einwohner, die dahingerafft wurden, gesprochen wird, die Pest hat sich in das Gedächtnis der Menschheit eingegraben.

Die Pest was das Negativereignis des 14. Jahrhunderts. Literaturkenner erinnern sich an die berühmte Schilderung der Pest von Florenz von 1348 aus dem „Decamerone" des italienischen Dichters Giovanni Boccaccio (1313–1375). Angesichts der Hilflosigkeit von Behörden und Ärzten gaben sich viele Menschen dem (letzten?) Genuss des Essens und Trinkens hin oder sie flohen aus der Stadt. Die Flucht fand viele Nachahmer – unter Reichen, unter Kaisern und Königen, und oft hatte gerade dies die weitere Ausbreitung der Pest zur Folge. Man hatte damals schon die Ratten und die Flöhe in Verdacht, was zu Ende des 19. Jahrhunderts (!) auch bestätigt werden sollte. Man suchte nach Gegenmitteln bzw. nach Prävention und erfand schon in den 70er Jahren des 14. Jahrhunderts im Umkreis von Venedig die Quarantäne. Anhand der oft in der Bibel erscheinenden Zahl 40 (zuletzt Aufenthalt Jesu in der Wüste) sollten die der Pest verdächtigten Kranken vom Land ferngehalten werden. Andere Mittel, sich gegen diese Seuche zu wehren, waren die vielfältigen Pestverordnungen, die als Warnung vor Ansteckung verstandene Kennzeichnung der Häuser von Pestkranken oder die Pestgruben mit Kalk zur Desinfektion. Die Ärzte waren vielfach machtlos, das kuriose Bild des „Schnabeldoktors" weist nur darauf hin, dass sich der Arzt durch Einbringung von Duftstoffen in den „Schnabel" vor dem Mund vor dem Gestank der Pest schützen wollte.

Es ist ein historisches Faktum, dass die Menschen vom Mittelalter an bis ins Europa des 18. Jahrhunderts den Kampf gegen die Pest nie aufgegeben haben und dass staatliche Mittel (Wenn man den alten Begriff „Staat" verwenden will.) durchaus schon eingesetzt wurden. Ein hervorragendes Beispiel dieser „staatlichen Prävention" war die österreichische „Militär- und Sanitätsgrenze", die als die größte sanitäre Organisation der Zeit bezeichnet werden kann. Der berechtigte Verdacht bestand, dass die Pest von Osten, besonders der Türkei, nach Mitteleuropa vordrang. Wir befinden uns damit allerdings schon im 16. bis 18. Jahrhundert. Die auch „Pestgrenze" genannte Einrichtung war ein Konglomerat von Militär, Soldaten, Bauern und Siedlern mit Wächteraufgaben im Sinne des Grenzschutzes. Die Grenze umfasste einen Bogen von Siebenbürgen in die Karpaten mit einer Länge von circa 1900 Kilometern. Die Praxis dieser Grenze bedeutete natürlich ein Anhalten von Mensch und Tier, ein Ausforschen von Kranken, und die Soldaten hatten eine Art „licence to kill" gegen Zuwiderhandelnde. Doch, die Methode hatte Erfolg. Zwar gab es noch die tragische Pestepidemie von 1679 in Wien mit dem legendären Sackpfeifer „Lieber Augustin" (1643–1685), der betrunken in einer Pestgrube, einem der vielen Massengräber, zu liegen kam und nicht erkrankte: Das offenbar von ihm selbst komponierte, dem Überlebenswillen – samt Untergangsstimmung – gewidmete Volkslied wird heute noch gerne gesungen. Das „Griechenbeisl" am Fleischmarkt 11 im ersten Wiener Bezirk bewahrt die Erinnerung an ihn. Aus dem Jahr 1679 gibt es eine Darstellung des Wiener Pestspitales in der Spittelau (Daher der Name der Gegend, der sich bis heute erhalten hat!), das natürlich nicht mehr existiert, auf der die Übel und erschütternden Szenen dieser Seuche dramatisch dargestellt werden. Doch die letzte Pest in Mitteleuropa war um 1714, danach ist sie fast „rätselhaft" nicht wieder aufgetaucht. Vielenorts wurden Pestsäulen als Dank für das Erlöschen errichtet, die bekannteste wohl am Graben in Wien. Kaiser Karl VI. (1711–1740) ließ nach der Epidemie von 1714 im Sinne eines religiösen Dankrituals die Wiener Karlskirche errichten.

Man darf geistig einen Sprung in die zweite Hälfte des 19. Jahrhunderts tun, die Pest gab es in anderen Teilen der Welt noch immer, besonders in

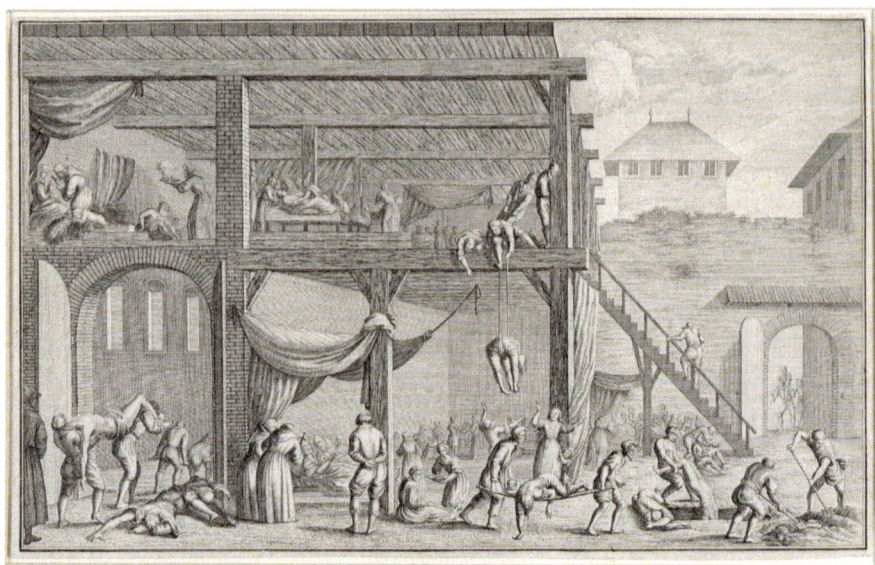

Innenhof eines Wiener Pestspitals von 1679 – © Museen der Stadt Wien

Statue für Hermann Franz Müller im Hof 9 des alten Allgemeinen Krankenhauses, Wien – © Karl Sablik

Asien. Die Wissenschaft hatte Fortschritte gemacht, besonders die Medizin und die Chemie, Labors wurden eingerichtet, das seit dem 17. Jahrhundert bekannte Mikroskop wurde weiter entwickelt, die Objektfärbung erfunden. Das Zeitalter der Bakteriologie war angebrochen, Milzbrand, Tetanus, Tuberkelbazillen wurden entdeckt, es genügt, zwei Namen zu nennen: Robert Koch (1843–1910) in Deutschland und Louis Pasteur (1822–1895) in Frankreich. Doch wenden wir uns einem weiteren Forscher zu: Alexandre Yersin (1863–1943), Schweizer von Geburt, der sich in Frankreich gut eingelebt hatte und den das Schicksal später in die weite Welt führen sollte. Yersin arbeitet im Bereich von Pasteur, besonders aber zusammen mit dem Franzosen Emile Roux (1853–1933), beiden gelang die Entdeckung des Diphtherietoxins. Da Roux ein neues Labor einrichten wollte, sandte er Yersin nach Berlin zu Robert Koch, um dort als „wissenschaftlicher Spion" dessen Laboreinrichtungen samt Plänen zu kopieren um danach eigene Labors einrichten zu können, auch lernte er von Koch, dass jede Krankheit mit einem Bakterium zusammenhängen müsse...

Von der Sehnsucht nach der Ferne getrieben und von der französischen Regierung beauftragt hat er 1893 gleichsam als „Erholungsort-Manager" in Vietnam die Gegend von Da Lat samt Gebirge bereist um wenig später in Nha Trang das dortige Pasteur-Institut zu übernehmen. Es war in der Zwischenzeit gelungen auf allen Kontinenten insgesamt etwa 30 solcher Einrichtungen zu installieren. Um diese Zeit war wieder einmal die Pest im Vormarsch, in Hongkong kam die Wirtschaft zum Erliegen, wissenschaftlich wusste man auch noch 1894 herzlich wenig über diese Krankheit. Die Frage war, woher man den vermuteten Pestbazillus nehmen sollte. Yersin entschied sich für die Pestbeulen in der Leistenregion bei „gekauften" Leichen, wenn man so sagen will... und konnte 1894 den Bazillus dingfest machen.

Fährt man die lange Uferstraße in Nha Trang entlang, gelangt man kurz vor ihrem Ende zum Pasteur-Institut mit einem Gedenkraum für Yersin. Dann steht man plötzlich vor dem Mikroskop, das er schon von Europa mitgeschleppt hatte und durch dessen Okular er das erste Mal in der Geschichte den Pestbazillus sehen konnte. Dieses Mikroskop imponiert auch heute noch durch seine Ästhetik – und den strahlenden Messingglanz. Das ist also das Instrument, mit dem das Jahrhunderte alte Rätsel um die Pest gelöst worden war!

Was waren die Folgen? Ein Jahr nach der Entdeckung des Bazillus konnte schon von Yersin ein Heilserum gemeinsam mit Albert Calmette

(1863–1933), einem französischen Bakteriologen, der auch in Saigon gearbeitet hatte, entwickelt werden. Die Pest war nun im Prinzip besiegt, bis heute gibt es nur einzelne endogene Fälle, etwa in Madagaskar. Wen erinnert das nicht an das bekannte Soldatenlied: „Wir lagen vor Madagaskar und hatten die Pest an Bord…", das 1934 in Deutschland auf kuriose Weise im Zusammenhang mit dem Russisch-Japanischen Krieg von 1904/05 und einem nach Madagaskar verschlagenen russischen Schiff entstanden ist?

Ein Nachspiel: Auch österreichische Forscher beschäftigten sich mit der Pest, 1897 wurde der Arzt Hermann Franz Müller (1866–1898) nach Bombay geschickt, um Pestmaterial für Untersuchungen mitzubringen. Dieses wurde in Wien in einem eigenen „Pestzimmer" verwahrt, wo sich dann ein als Quartalsäufer bekannter Laboratoriums-Diener damit infizierte. Dieser und der Arzt Müller sowie eine Krankenschwester starben, zusammen kratzten die beiden Letzteren noch die Wände der Räume ab um die Keime zum Verschwinden zu bringen. Durch die verbreiteten Gerüchte und die Presse drohte Panik in der Bevölkerung auszubrechen, Militär wurde zur Isolierung der Erkrankten eingesetzt, uralte Ängste vor der Pest zeigten sich wieder. Doch es gelang die „Laborpest" in den Griff zu bekommen. Man vergesse nicht, dass es medizinisches Heldentum gibt: Ein Denkmal für Hermann Franz Müller steht im Neunten Hof des alten Allgemeinen Krankenhauses in Wien! Dieses ziert eine Plakette mit dem Bezug auf den römischen Soldaten Marcus Curtius, der 362 v.Chr., als sich in Rom auf dem Forum ein durch ein Erdbeben verursachter Spalt geöffnet hatte, der die Stadt zu verschlingen drohte, opferte, indem er sich samt Pferd und Waffen im Sinne einer Opfergeste in die Tiefe warf. Daraufhin schloss sich der Erdspalt und seine Vaterstadt war gerettet…

Fort Myers
Edison und Ford

Florida war offenbar immer schon das Ziel von sonnensuchenden Amerikanern, man kennt dies heute noch von den Pensionisten, die in diesem
amerikanischen Bundesstaat einen Zweitwohnsitz haben oder im Winter
mit dem Wohnwagen hinfahren. So machten es schon im 19./20. Jahrhundert Thomas Alva Edison (1847–1931) und Henry Ford (1863–1947)
in Fort Myers – heute ein Ort mit circa 63.000 Einwohnern. Edison nahm
dort „Winterquartier" seit 1885 bis zu seinem Tode, Ford siedelte sich 1916
am Nebengrundstück an.

Es ist ein Genuss, durch den von beiden gestalteten botanischen Garten, den sie nach und nach angelegt haben, zu lustwandeln. Man bedau-
ert, kein Botaniker zu sein. Auf geschwungenen Wegen kommt man an
Tausenden von Pflanzenarten vorbei, tropische und subtropische Blumen,
Bäume und Sträucher aus aller Welt gedeihen hier. Es ist nicht zielführend, die Chronologie des Pflanzensetzens zu verfolgen, doch ein Datum
soll herausgestrichen werden: 1925 hat Harvey Firestone (1868–1938)
Edison einen „Banyon Tree" geschenkt um anzuregen, dass man diesen
„Gummibaum" zur Herstellung von Autoreifen auch in den USA pflanzen
kann. Diese Baumgruppe mit den dominanten Luftwurzeln ist am Eingang zum Gelände zu sehen und stellt heute fast eine Plantage dar – oder
ein Blätterdach, unter dem man spazieren kann. Firestone stellte seit 1896
Gummireifen für Fahrzeuge her – der Name ist jedem Autofahrer heute
noch ein Begriff. Die Bambuspflanzungen wiederum dienten Edison zur
Gewinnung von Fäden für die Glühbirne (Kohlefadenlampe). Von Rosen,
Orchideen, Trompetensträuchern braucht man gar nicht zu reden, doch aber
vom seltenen afrikanischen Wurstbaum (Sausage Tree). Nicht zu übersehen
ist der damals modernste Swimmingpool, der aus Zement hergestellt wurde
(auch ein Patent von Edison!) und der bis heute wasserdicht ist. Am Rande
des Geländes, Richtung Fluss – man wähnt sich eigentlich schon am Meer,
dem Golf von Mexiko – gelangt man an einen langen Landungssteg. Von
hier aus startete das erste elektrische Motorboot der Welt…

Wenn man eine Glühlampe wechselt, denkt man wohl nicht jedes Mal
daran, dass man einen Gewindesockel (E-Sockel) verwendet, den Edison

entwickelt hat – heute in vier Größen erhältlich. Edison gilt als einer der größten Erfinder der Weltgeschichte. Er hat es – um dies „amerikanisch" auszudrücken – vom Zeitungsjungen (nicht Tellerwäscher!) zum Millionär gebracht. Jedenfalls war er als Erfinder ein Genie und hat es mit seinen circa 2000 Patenten zu Weltruhm gebracht hat. Edison war in jungen Jahren Telegraphist, hatte leider schon Schwierigkeiten mit dem Hören, ließ sich aber von der Elektrizität faszinieren. Dies sollte seinen Erfindergeist anregen, sein Genie wecken. Man kann sich an die Höhepunkte seiner Erfindungen halten, ohne an seiner Universalität zu kratzen. Im Mittelpunkt steht zweifelsohne die Entwicklung der Glühbirne. Man kann das Jahrzehnt von 1875 bis 1885 in Summe als „Sternstunden" der Elektrizitätsentwicklung, der Tonaufzeichnung und der neuen Beleuchtungen bezeichnen. Am 21. November 1877 stellte Edison seinen Phonographen vor, eine „Sprechmaschine", auch Grammophon genannt, das die Welt der Akustik letzlich bis heute veränderte. Es sei an dieser Stelle erwähnt, dass neben dem Wohnhaus von Edison ein riesiges Museum, nüchtern und stadelartig, für seine Erfindungen eingerichtet wurde. Fast alles, was er erfunden hat, ist im Original dort zu sehen. Besonders beeindruckend ist ein Phonograph mit – wenn der Fremdenführer recht hat – den Bissabdrücken von Edison, da der Erfinder fast schon taub war und die Töne nur über die Vibration des Gerätes in seinem Kopf wahrnehmen konnte, vermittelt durch die Zähne.

Der Engländer Joseph Wilson Swan (1828–1914) hat 1879 in Vorarbeiten das Prinzip der Glühlampe erfunden, Edison danach 1879/80 dank seiner weiterreichenden Einfälle ein industriell verwertbares Produkt hergestellt, für das er ein Patent erhalten hat. In Menlo Park, Bundesstaat New Jersey, wo Edison 1876 ein Labor hatte, hat er am 31. Dezember 1879 erstmals Straßen beleuchtet und die Lampen durch unterirdische Leitungen verbunden. Dort ist der Ort, der seit 1954 den Namen „Edison" trägt. Da Glühlampen natürlich Energie brauchen, hat Edison im New Yorker Stadtteil Manhattan 1882 das erste elektrische Kraftwerk der Welt mit Generatoren eingerichtet. Seinem sozialen Denken entsprechend dachte er schon an eine allgemeine Verbreitung der Glühlampen und die dafür benötigte Energie für jedermann, denn nur mehr die Reichen sollten es sich leisten können „Kerzen zu verbrennen" – eine köstliche Gedankenverbindung eines Mannes, der bald Millionär sein sollte. 1888 gelang Edison die Entwicklung eines Gerätes, das „für das Auge das tut, was das Grammophon für das Ohr tut. Es wird Bewegungen aufzeichnen und wiedergeben können". Dies war die Geburt des Films, der bewegten Bilder…

Villa von Thomas A. Edison in Fort Myers – © Romrodphoto / Shutterstock.com

Tropischer botanischer Garten mit der Statue Edisons – © Romrodphoto / Shutterstock.com

Es sei mir als Medizinhistoriker ein „sidestep" – um bei der „amerikanischen" Sprache zu bleiben – erlaubt. Genau im Jahr 1879 wurde in Wien das erste Zystoskop der Welt entwickelt. Dem Instrumentenmacher Joseph Leiter (1830–1892) und dem Urologen Maximilian Nitze (1848–1906) gelang die Konstruktion eines Gerätes, das zum Urbild aller Endoskope werden sollte. Versuchte man vorher das Licht (meist von einer Kerze) in eine Körperhöhle zu leiten, fassten beide den genialen Gedanken, die Lichtquelle in die menschliche Blase einzubringen. Das erforderte eine Konstruktion eines Röhrchens, das durch die Harnröhre geführt werden musste, in dem zwei elektrische Pole für den Platinglühdraht als Lichtquelle Platz fanden, dazu, weil diese Lampe zu heiß wurde, ein Wasserkühlsystem und eine Optik – man wollte ja in der Blase Krankheiten diagnostizieren. Das Gerät funktionierte und ist im Original im Josephinum in Wien (9., Währiger Straße 25) zu sehen. Dann hörte man von Edisons Erfindungen und wenige Jahre danach wurde das „Mignonlämpchen", wie es genannt wurde, eingebaut – klein und fast unzerbrechlich – was zur positiven Explosion der Wissenschaft der Urologie führte. Man darf kurz in Wien bleiben: Der Chemiker Carl Auer von Welsbach (1858–1929) entwickelte 1885 den Glühstrumpf für das Gaslicht, das dann billiger und heller war als alles andere. 1903 erfand er den Zündstein für Feuerzeuge, 1906 gründete er die Firma „Osram", eine Wortkombination von OSmium und WolfRAM. Die ganze Welt beschäftigte sich also mit Elektrizität, in welcher Form auch immer.

Edisons Wohnhaus in Fort Myers ist zu besichtigen und führt uns in die Wohnwelt vor mehr als hundert Jahren. Das einstöckige Haus ist von einer vorgelagerten großzügig ausgelegten Veranda umgeben, deren Dach bis zu den Fenstern im ersten Stock reicht. Innen strahlt es Gemütlichkeit aus, das Wohnzimmer hat den unvermeidlichen offenen Kamin, im Speisezimmer glaubt man, sich gleich zu Tisch setzen zu können. Ähnlich im Stil gebaut und auch eingerichtet ist das Haus von Henry Ford, auch wenn es etwas nüchterner wirkt. Dies mag mit seiner „büromäßigen Arbeitsstelle" zusammen hängen, von wo aus er zeitweise seinen Betrieb leitete. Beide waren stolz auf ihre jeweilige Veranda, Ford meinte sogar, von dort den schönsten Blick auf die Gegend überhaupt zu haben.

Henry Ford hatte 1903 die Ford Motor Company gegründet und nach vielen Versuchsreihen das Top-Modell T (Tin Lizzy) produziert. Ein Auto dieses Typs mit Baujahr 1914, ein Geschenk Fords an Edison, ist mit anderen Autos in einer Art Freiluftgarage im Park zu sehen. Dieses von Ford produzierte Auto war damals das meistverkaufte der Welt, bis es 1972 vom VW Käfer abgelöst wurde. Auch wenn Ford das Fließband nicht erfunden hat, setzte er es in seiner Produktionsstätte zielführend ein. Das Fließband hat Ransom Eli Olds (1864–1950) erfunden, der seine Firma schon 1897 gegründet hatte. Der Name „Oldsmobile" hatte lange einen guten Klang, viele Exemplare dieser Marke laufen heute noch auf Kuba. Ford galt als Gegner der Gewerkschaften, trat allerdings zugunsten der Arbeiterschaft für den Achtstundentag und für Mindestlohn ein. Man sagt ihm nach, ein fast aggressiver Antisemit gewesen zu sein.

Für den Wirtschaftshistoriker ist die geistige Entwicklung des Begriffs Arbeit im Zusammenhang mit dem Fließband interessant. In Amerika wirkte zeitgleich mit Edison und Ford der Theoretiker Frederick Winslow Taylor (1856–1915), auf ihn geht der Begriff „Taylorismus" zurück. Taylor gilt als der Begründer der wissenschaftlichen Betriebsführung, speziell der Prozesssteuerung von Arbeitsabläufen, also letztlich der Steuerung der Produktivität menschlicher Arbeit. Es ging um Fertigungszeiten der Werkstücke, um die Stückzeitvergabe und um die Kostenermittlung. Dazu bedurfte es eines arbeitsvorbereitenden Managements, das Taylor „Scientific Management" nannte. So umstritten letztlich seine Überlegungen waren, sie prägten für lange Zeit die Arbeitswelt.

Edison und Ford verband eine lebenslange Freundschaft, dazu gesellte sich der Reifenhersteller Firestone. Oft saßen sie gemütlich auf der Veranda und kamen auf die Idee eine Art Millionärsklub zu gründen, was sie dann auch realisierten. Auf Edison geht der Ausspruch zurück: „Genie ist ein Prozent und neunundneunzig Prozent Schweiß". Ich hatte vor Jahren eine Chefin, die diesen Satz auf das Bücherschreiben übertragen und mir hunderte Male „gepredigt" hat. Ich wusste damals nicht, von wem er stammte, bis mir in Fort Meyers ein Licht aufgegangen ist…

Peking

Vom Kaiser zu Mao

Am gewaltigen Tian'anmen Platz in Peking steht man – wörtlich zu nehmen – an einem Wendepunkt der Geschichte Chinas. Man blickt vor sich auf die Verbotene Stadt, deren Haupteingang von einem Bild von Mao Tse Tung (1893–1976) „gekrönt" wird. Dreht man sich um, ist die Fassade seines Mausoleums zu sehen. Die vieltausendjährige Geschichte Chinas übertrifft, bezogen auf das Alter, die Europas bei weitem, auch bezüglich der Kulturdichte. Es ist historisch ungerecht, entspricht aber dem status quo, wenn man die Zeit der Kaiser im Sinne von Jahrtausenden zusammenfasst und sie den etwa hundert Jahren der Zeitgeschichte gegenüberstellt. Steht man vor der Verbotenen Stadt, so genannt, weil sie bis 1924 von sogenannten Normalsterblichen nicht betreten werden durfte, reicht für die Zwecke des Baues die Zeit ab der Ming-Dynastie, die von 1420 bis 1644 herrschte. Auf sie gehen die tollen Bauten der Verbotenen Stadt zurück, die im Grunde von 1406 bis 1420 errichtet wurde, von circa einer Million Künstlern und Arbeitern, wie berichtet wird. Dieser Komplex von Gebäuden gehört zu den wunderbarsten der Welt. Er soll insgesamt 9.999 Räume und einen halben umfassen, nicht 10.000, was nur den absoluten himmlischen Dimensionen entsprechen würde. Die Begriffe Himmel und Harmonie dominieren die Stadt, denn die Kaiser als Himmelssöhne (in Europa waren die Kaiser und Könige „von Gottes Gnaden") hatten für die Harmonie des Herrschens und des Verhältnisses des Himmels zu den Menschen und für das Verhältnis zwischen den Menschen zu sorgen. So etwa betete der Kaiser im Himmelstempel auf einem speziellen Opferaltar für die jährliche gute Ernte.

Die Verbotene Stadt, in rechteckiger Form den Himmelsrichtungen folgend, ist von einer gewaltigen Mauer mit einer Länge von circa 3,5 Kilometer umgeben, davor ist ein umfassender Wassergraben von 52 Metern Breite und 6 Metern Tiefe. Der Besucher wird von einem Tempel zum anderen geführt, einer prächtiger als der andere. Die Plätze dazwischen strahlen Würde und Großzügigkeit aus, die Einrichtungen der Hallen und Räume samt den Schätzen darin blenden das Auge – das historische Gefühl wird mehr als gesättigt. Die Kaiser-Farbe Gelb dominiert

(Gibt es vielleicht einen Vergleich zum Gelb/Weiß des Vatikans oder zum Schwarz/Gelb der Österreichischen Monarchie – ist es das Symbol des Goldes?). Die Bedeutung eines Gebäudes ist anhand der Dachform zu erkennen. Ein Vergleich zu Europa: Es herrschten hier die Kaiser des Heiligen Römischen Reiches Deutscher Nation, die französischen und englischen Könige. In der Zeit des Baues der Verbotenen Stadt wurde der Südturm des Stephansdoms in Wien mit 136 Metern Höhe errichtet, in Frankreich lebte Jeanne d'Arc (1412–1431), in Italien regten sich die ersten geistigen Ströme der Renaissance, Amerika war noch nicht entdeckt.

Für den Europäer, der der chinesischen Sprache nicht mächtig ist (Ich selbst habe die Sprache als Student zu lernen versucht...), erhebt sich die Frage der Aussprache und der Transkription! Ich habe mich schon früh intensiv mit den internationalen phonetischen Zeichen (Lautschriftsystem) beschäftigt, die insofern faszinierend sind, als sie jeden nur möglichen menschlichen Laut mit einem Zeichen versehen können. Dies geht weit über die 26 Buchstaben des lateinischen Alphabets hinaus (Wo bleiben z. B. im Deutschen die „ä", „ö" und „ü"?) und stellt eine Weltlautschrift dar. Es hat auch nichts mit der 1887 erfundenen Kunstsprache Esperanto zu tun, die aus je nationalistischen Gründen (?) – kein Volk spricht Esperanto – fast in Vergessenheit geraten ist. Weder das griechische noch das lateinische Alphabet sind direkt ausprachebezogen, denkt man etwa an das deutsche „Ch", wie im Wort „China" – phonetisch ein „K", in Deutschland oft als „Sch" gesprochen. Betrachtet man in Europa die lateinischen Sprachkreise, die germanischen, die slawischen, weltweit dazu die arabischen und die asiatischen, so sehnt man sich nach der Wissenschaft der Phonetik. Allerdings hat diese die Grenzen dort, wo man zwar phonetisch alles nachahmen kann, aber den Sinn nicht versteht. Bei der Transkription vom Chinesischen in eine andere Sprache wird es problematisch, obwohl 1956 „Pinyin" beschlossen wurde, die offizielle Romanisierung des Hochchinesisch, woran man sich halten kann. Nehme man aber Peking als Beispiel: Englisch „Beijing", Französisch „Pekin", Italienisch „Pechino" – Ähnlichkeiten sind noch sichtbar. Wie transkribiert man aber Mao Tse Tung oder Tschiang Kai Scheck richtig (jedenfalls steht der Nachname immer vorne), schwieriger noch die Kaiserin Tsu-shi, oder Tzu-hsi, neuerdings aber Cixi...?

Die eben genannte Kaiserin Cixi (1835–1908) wird von Historikern meist für den Verfall des Kaiserreiches verantwortlich gemacht, andere Autoren halten sie für eine Herrscherin, die für die Modernisierung und Öffnung ihres Landes stand. In der Verbotenen Stadt wird ihre letzte Wohnung hergezeigt, gemütlich eigentlich, klein und „eng", man glaubt eine Lade mit Nähzeug herausziehen, oder ihren Schminktisch benützen zu können. Auch hat sie das eigenartige „Marmorschiff" im Pekinger Sommerpalast im Jahrzehnt nach 1885 renovieren lassen. Es mutet für Europäer fremd an und „unnatürlich", aber nicht reizlos. Das Boot schwimmt also keineswegs – ist es also ein (letztes?) Symbol der gewünschten Stabilität, oder deutet der Renovierungsversuch an, den Anfang vom Ende des Kaiserreiches hinauszögern zu wollen?

China war von Aufständen erschüttert worden, der Vertrag von Nanking, 1842, tat seine negative Wirkung, die imperialistischen, „halbkolonialen" europäischen Kräfte aber auch Russland herrschten nach Belieben; nach Eröffnung des Suezkanals 1869 wurde wegen der leichten Erreichbarkeit Chinas der Druck noch größer. Auch die Japaner sollten sich bald danach in das innere Geschehen Chinas einmischen.

Cixi als Kaiserin-Witwe und Angehörige der seit 1644 regierenden Qing-Dynastie war dreimal eine Art Vormund von kaiserlichen Kleinkindern. Erstmals: 1861 leitete ein Regentschaftsrat die Geschäfte, die ihm angehörige kluge aber überaus ehrgeizige Cixi schaffte es, ihren fünfjährigen Sohn Tongzhi (1856–1875) zum Kaiser zu machen. Allerdings übernahm sie die Alleinherrschaft für ihn. Als ihr Sohn 1875 an Syphilis, die er sich bei Bordellbesuchen außerhalb der Verbotenen Stadt geholt hatte, starb, adoptierte sie ihren dreijährigen Neffen Guangxu (1871–1908) und machte ihn zum Kaiser. Als dieser 1889 großjährig wurde, behielt sie weiter den entscheidenden Einfluss, ja sie entmachtete ihn sogar etwa zehn Jahre später – offenbar war er zu selbstständig geworden – um ihn gar 1908 mit Arsen vergiften zu lassen. Übrigens: Arsen ist das beliebteste Gift in der Weltgeschichte, vom Italien der Renaissance bis China. Cixi starb allerdings einen Tag nach dem Tod des Kaisers, nicht ohne die Nachfolge für Puji (auch Puyi oder einfach Pui, 1906–1967) zu organisieren, der dann der letzte Kaiser Chinas war. Dies war 1912, nach der europäischen Chronologie war 1918 das Ende der Habsburgermonarchie und des deutschen Kaiserreiches – weltweit ein Umbruch in diesen Jahren, in Europa wegen des Ersten Weltkrieges.

Steht man vor dem Drachenthron in der Halle der Höchsten Harmonie, kann man sich die skurrile Krönung des Dreijährigen vor Augen führen. Der Filmemacher Bernardo Bertolucci (geb. 1940) hat dies in einem, wenn auch von der historischen Wahrheit abweichenden, Film („Der letzte Kaiser", 1987) getan. Die Krönung fand 1908 statt. Seit der Jahrhundertwende hat Cixi schon mit inneren Problemen zu kämpfen gehabt. Der im Westen

Das „Marmorboot" im Sommerpalast in Peking, restauriert von Kaiserin Cixi – © Shutter-stock.com

Halle der Höchsten Harmonie in der Verbotenen Stadt in Peking – © Victor Wong / Shutter-stock.com

so bezeichnete „Boxer"-Aufstand (In China hießen die Rebellen „Faust-kämpfer für Recht und Einigkeit".), bei dem sie Wendepolitik betrieb, wandte sich gegen Imperialisten und chinesische Christen. Dazu kamen aufmüpfige Geheimgesellschaften und falsche Entscheidungen der kaiser-lichen Ratgeber, die kaiserliche Herrschaft war nicht mehr zu halten, 1912 war ihr Ende. Puji konnte noch bis 1924 in der Verbotenen Stadt bleiben, von 1934 bis 1945 war er Kaiser im japanischen Marionettenstaat Mant-schukuo (Mandschurei). Nach dem Zweiten Weltkrieg 1945 sah die Welt in Ostasien natürlich anders aus, man denke an die Atombomben und das Schicksal Japans. Puji geriet in sowjetische Gefangenschaft, wurde 1950 an Mao ausgeliefert, der ihn kommunistisch umziehen wollte. 1959 hat er ihn allerdings begnadigt, und Puji konnte als Gärtner im Botanischen Garten arbeiten, später als Archivar. Ist man Anhänger des Satzes, dass die Zeit alle Wunden heilt, so haben wir ein Musterbeispiel: 1964 wurde Puji rehabilitiert und Mitglied des Nationalkomitees…

Ab 1. Jänner 1912 war China Republik, am 12. Februar dankte Puji ab. Maßgeblich beteiligt an der Republikgründung war der Arzt Sun Yat Sen (1866–1925), der jahrelang im Ausland gelebt hatte, anglikanisch erzogen worden war und Medizin studiert hatte. Er war mit westlichen Ideen wie der der parlamentarischen Demokratie in Berührung gekommen – und es fällt einem auch der Satz des deutschen Arztes Rudolf Virchow (1821–1902) ein: „Die Medizin ist eine soziale Wissenschaft, und Politik ist weiter nichts als Medizin im Großen!". Wichtig war auch die Grün-dung der Partei „Kuomintang", die dann allerdings mit den Kommunisten in blutigen Wettstreit geraten ist.

Die Geschichte Chinas nahm eine andere Wendung als Mao Tse Tung die politische Bühne betrat. Man kann versuchen, sein Wirken anhand der im Westen aus Berichten bekannten Schlagworte zu kenn-zeichnen. Mao, ein machtbesessener, zäher und zielstrebiger Mann, war schon 1921 Mitbegründer der Chinesischen Kommunistischen Partei. Seine spätere Politik spielte sich zwischen seinem nationalistischen Geg-ner Tschiang Kai Schek (1887–1975), dem Einfluss Stalins (1879–1953) und der Sowjetunion und der japanischen Kriegs-Aggression ab, die aber auch der Sowjetunion galt. 1931 wurde der kommunistische Staat China ausgerufen und Mao erstmals „Vorsitzender" genannt. Im Westen kennt man Maos Bilder beim Schwimmen, um Kraft und Ausdauer zu demonstrieren, und das kleine rote Büchlein „Worte des Vorsitzenden Mao Tsetung", in den 70er Jahren um zehn Schilling zu kaufen. Doch die Kämpfe in China sind nicht immer im Westen richtig eingeschätzt worden, man wirft Mao allerdings vor, mehr gegen die Nationalisten als gegen Japan zu kämpfen. 1934/35 musste Mao den sogenannten „Langen Marsch" antreten, eine Rückzugsstrategie, um einer Einkreisung seiner Truppen durch Tschiang zu entgehen. Dies wurde zum Heldenepos der Kommunistischen Partei hochstilisiert. Mehr als ein Jahr später, Dezember 1936, gelang ein Überfall auf Tschiang. Im Morgengrauen, nur mit einem Nachthemd bekleidet, wurde er festgenommen. Doch dies war nicht das Ende der Auseinandersetzungen, dieses kam erst nach Ende des Zweiten Weltkrieges, nach der Vertreibung der Japaner und nach dem Eingreifen der Sowjetunion. Mao ging als Sieger hervor, proklamierte am 1. Oktober 1949 die Volksrepublik China. Tschiang verließ im selben Jahr China Richtung Taiwan um dort die Republik China auszurufen. Die Problematik Festlandchina/Taiwan besteht noch heute und hat leider mögliche weltpolitische und militärische Konsequenzen für die Zukunft. 1971 wurde China in die UNO aufgenommen, Taiwan flog raus, behielt aber die USA als Verbündeten und Schutzherrn. Die Volksrepublik China beansprucht Taiwan…

Mao ging seinen Weg des Kommunismus weiter, wagte 1958 den „Großen Sprung nach vorne" um seine Ideologie voranzutreiben und den Rückstand zu Industrie und Fortschritt anderer Länder aufzuholen. Im Jahr 1966, auch davor und danach, fand die berüchtigte „Kulturrevolution" statt, eine gezielte Mobilisierung der Jugendlichen, Terror an Schulen zu veranstalten, die Lehrer abzusetzen und „die alte Kultur … in Stücke zu schlagen". Dies wurde wörtlich genommen und viele Kulturschätze wurden mutwillig zerstört. War das eine Katharsis für die Jugend oder verborgener Hass gegen die Vergangenheit? Begleitet wurde die Kulturrevolution von der berüchtigten „Viererbande", einer linken Gruppe innerhalb der Kommunistischen Partei Chinas, die später der geschehenen Untaten angeklagt wurde, um Mao reinzuwaschen.

Tschiang versuchte in Taiwan eine Verwaltung aufzubauen. Der Name der Insel stammt vom Namen der Ureinwohner, der Name Formosa von den portugiesischen Seefahrern: Schöne Insel. Es war ihm gelungen, Kunstschätze auf die Insel mitzubringen, die im riesigen Palastmuseum mit dazugehörigem atomsicheren Bunker untergebracht sind. Man versucht es zu verstehen, es sind „kleinere" Gegenstände ausgestellt – wegen des Transportes – darunter aber immerhin der „Jade-Chinakohl", ein bewundernswertes Stück aus dem 18. Jahrhundert. Tschiang wurde und wird in Taiwan verehrt, ein riesiges und prächtiges Mausoleum ist ihm gewidmet, von persönlichen Erinnerungsstücken und Möbeln bis zum gepanzerten Cadillac ist vieles zu sehen. Tschiang hat allerdings testamentarisch festgelegt, dass in diesem Mausoleum sein Sarg nur in einem Schrein aufbewahrt werden darf, damit er nach dem Ende des Kommunismus auf dem Festland-China begraben werden kann…

Die geistige Kombination „Kaisertum und Mao" mag heute noch rätselhaft erscheinen. Die chinesischen Kommunisten bemühen sich den „Mythos Mao" zu bewahren. Bleibt man der geschichtlichen Darstellung verhaftet, muss man erwähnen, dass all die Kriege in China letztlich an die 70 Millionen Tote gekostet haben. Weltpolitisch zweifelte Mao noch an der Supermacht China, trotz des Besitzes der Atombombe, der industriellen Massenproduktion von Verbrauchsgütern und des gigantischen Binnenmarktes. Mao spielte auch mit dem Begriff „Dritte Welt" – konnte er deren geistiger Führer sein, chinesisches Machtdispositiv auf die Welt übertragen? Greifen heutige chinesische Führer auf die Glorie vergangener Kaiser zurück – und werden dann auf Lebenszeit gewählt wie der jetzige Staatspräsident Xi Jinping (geb. 1953)? Will und wird China Weltpolitik betreiben? Darf man heute noch – man denke an die bis 2015 geltende Ein-Kind-Politik (mit Ausnahmen) – auf die Bevölkerung, auf die Biologie, auf die 1,3 Milliarden Menschen verweisen, wie es 1935 der österreichische Anatomieprofessor und Bevölkerungspolitiker Julius Tandler (1869–1936) getan hat, als er in China hinsichtlich der Menschenzahl vom „Odem der Ewigkeit" sprach, den Chinas Volk atmet?

Kaiser Franz Joseph
unterschreibt die Kriegserklärung

Als am 28. Juni 1914 die „Schüsse von Sarajewo" fielen, befand sich Kaiser Franz Joseph auf Urlaub in Bad Ischl. Das späterhin als „Kaiservilla" benannte Gebäude war 1853 von der Familie Habsburg angekauft worden. Baulich etwas erweitert, sollte es dann dem Kaiserpaar Franz Joseph und Elisabeth („Sissi") als Sommeraufenthalt dienen. Franz Joseph hatte schon seit seiner Jugend von dieser Gegend geschwärmt, von 1857 bis 1914 waren diese Aufenthalte jährlich der Fall, zumindest, was den Kaiser betraf. Kaiser Franz Joseph (1830–1916), im Juni 1914 schon fast 84-jährig, hatte in seiner langen Regierungszeit politisch wie auch familiär keine glückliche Zeit gehabt: 1866 die Niederlage gegen Preußen, die Katastrophe um seinen Sohn Rudolf in Mayerling 1889, die Ermordung seiner Frau Elisabeth in Genf 1898. Von seiner Persönlichkeit her eher konservativ, um nicht zu sagen starr, vom Glauben an das „Gottesgnadentum" seiner Herrschaft beseelt, sich nur mit wenigen Vertrauten im internen Gespräch umgebend, skeptisch gegen demokratische Strömungen, musste er nun in Bad Ischl die Nachricht von der Ermordung des Thronfolgers Franz Ferdinand (1863–1914) und dessen Frau hinnehmen. Wie weit ihn das im Innersten getroffen haben mag – oder nicht – bezeugen seine Worte bei der Überbringung der Nachricht: „Der Allmächtige hat wieder zurechtgerückt, was in Unordnung geraten war". Man sagte dem Kaiser wachsende Gefühlskälte nach…

Auf Franz Ferdinand ruhten die Hoffnungen der Monarchie, auch wenn er als Politiker nicht von vielen geliebt wurde, ja von einigen sogar gehasst. Jedenfalls wäre die Geschichte anders verlaufen. Und plötzlich fiel nun auf Kaiser Franz Joseph wieder alle Verantwortung zurück. Er fuhr am Tag nach dem Attentat mit dem Hof-Zug nach Wien zurück, die Begräbnisfeierlichkeiten ließ er über sich ergehen, es sollte wieder Alltag einkehren. Eine Entscheidung war ihm abgenommen worden: Franz Ferdinand und seine morganatische Frau wurden im niederösterreichischen Artstetten begraben und nicht – offenbar zur Erleichterung Kaiser Franz Josephs – in der Wiener Kaisergruft. Nach jeweils immer nur kurzen Audienzen für die politischen Entscheidungsträger scheint

Attentats-Auto im Heeresgeschichtlichen Museum in Wien – © Heeresgeschichtliches Museum Wien

Kaiservilla in Ischl mit dem Schreibtisch von Kaiser Franz Joseph –
© Gerhard Trumler / Imagno / picturedesk.com

der Kaiser irgendwann zwischen dem 3. und 6. Juli die Entscheidung getroffen zu haben, Serbien den Krieg zu erklären. Er scheint aber auch geahnt zu haben, dass es ein großer Krieg werden würde, stand doch hinter Serbien – welches der Hauptgegner des Krieges sein sollte – Russland als Bündnispartner. Natürlich hatte man Serbien wegen des Attentats verdächtigt – „Die Spur führt nach Belgrad" wie das Buch von Friedrich Würthle aus dem Jahre 1975 heißt. Doch kann man annehmen, dass den Kaiser auch Rachegedanken, wenn nicht Hass beherrschten. Sicherlich gab es „Kriegstreiber", wenn man das Wort gebrauchen will. So etwa hatte der Feldmarschall Conrad von Hötzendorf (1852–1925) schon früh einen Präventionskrieg gefordert. Die allgemeine Stimmung für den Krieg in der Bevölkerung war für heutige Zeit unvorstellbar, ja hysterisch, man schwärmte von einigen Wochen bis zum Sieg. Die Rüstungen in vielen Staaten wurden schon weit vor 1914 vorangetrieben, auch wenn man nicht direkt von einer Mobilmachung reden kann. Es war der 7. Juli, Kaiser Franz Joseph – so schreibt Manfried Rauchensteiner in seinem Buch „Der Erste Weltkrieg und das Ende der Habsburgermonarchie" – „...fuhr nach Ischl zurück, so als ob Sarajevo und die Folgen nur eine ärgerliche Unterbrechung seines traditionellen Sommeraufenthaltes gewesen wären". Dort erreichten den Kaiser die Vermittlungsangebote der Londoner Regierung und von König George V. (1865–1936), Wladimir Freiherr von Giesl (1860–1936), österreichischer Gesandter in Belgrad, berichtete über die Situation in Serbien, Erzherzog Karl, der neue Thronfolger und spätere letzte Kaiser der Monarchie durfte sich bei Franz Joseph melden, wohnte allerdings nicht in der Kaiservilla, sondern in einem Hotel... Für den Kaiser stand der Krieg fest, Ministerrats-Entscheidungen betrachtete er als Formsache, die seine Vertrauten erledigten, also war nur noch die Unterschrift ausständig, die noch vor der Abreise des Kaisers aus Ischl getätigt werden sollte. Das Ultimatum an Serbien war abgelaufen... Wir folgen wieder Rauchensteiner – es war der 27. Juli: „Der Kaiser unterfertigte ganz einfach das ihm vorgelegte Blatt Papier. Damit verkam die Kriegserklärung an Serbien zu einem einfachen Verwaltungsakt", wurden doch auf diesem Tisch unzählige unbedeutende Akten unterschrieben... Am 30. Juli kehrte der Kaiser nach Wien zurück um bald darauf seine „Seelenfreundin" Katharina Schratt (1855–1940) zu besuchen und um die Residenzstadt Wien nie wieder zu verlassen.

Die Kaiservilla ist heute noch Privatbesitz, kann aber besucht werden und ist ein touristischer Anziehungspunkt von Bad Ischl. In Sarajewo hatte man nach dem Krieg die nahegelegene Brücke nach dem Attentäter Gavrilo Princip (1894–1918) benannt, seine Fußabdrücke am möglichen Standort beim Attentat in Asphalt gegossen – später aber wieder entfernt. Wenn man das Automobil mit den Einschüssen und die blutige Uniform Franz Ferdinands im Wiener Heeresgeschichtlichen Museum kennt, führt ein direkter Weg zu dem kleinen Tischchen – man getraut sich kaum Schreibtisch zu sagen – der in der Kaiservilla zu sehen ist, wo die geschichtsträchtige Unterschrift gesetzt wurde. Ein gemütliches Zimmer, der Tisch neben der Türe ins Freie, der Blick auf die Berge, hinter dem Tisch eine Büste Kaiserin Elisabeths. Und doch brechen gewaltige Gefühle aus: Hier war es – und der Krieg brach dann aus! Nicht wenige Wochen hat er gedauert, sondern Jahre – und man sollte ihn später den Ersten Weltkrieg nennen. Es gab Millionen Tote, es war der Beginn des Endes der Monarchie. Der Kaiser hatte mit der Unterschrift letztlich ein Reich verspielt. Der österreichische Historiker Hannes Leidinger (geb. 1969) nennt ihn Habsburgs schmutzigen Krieg. Eine furchtbare Zeit nach dem Krieg folgte, die Landkarte Europas wurde neu gezeichnet, speziell Österreich wurde von einer Großmacht zum Kleinstaat. Hätte man die Geschichte anders lenken können? Nicht an diesem Tisch, nicht durch diesen Kaiser, nicht in der von Nationalismus verhetzten Welt – hier springt das „historische Gefühl" an. Was wurde alles vertan? Die Möglichkeit, den Krieg überhaupt zu verhindern, wäre nicht der Hass auf Serbien gewesen, hätte man die Doppelmonarchie „verdoppelt" (Österreich, Ungarn, Tschechien, Südslawen), hätte damit der Nationalismus zurückgedrängt werden können(?), wäre gar die Idee der Europäischen Union vorweggenommen worden nach dem Motto „Österreich ist eine kleine Welt, in der die große ihre Probe hält" – an einem kleinen Schreibtisch wurden alle Chancen vertan!

Compiegne
Kriegsende im Eisenbahnwaggon

Als Student der Geschichte in Wien im Jahre 1962 bekam ich die Aufgabe eine Seminararbeit über das deutsch-französische Verhältnis vom Mittelalter bis zum Zweiten Weltkrieg zu schreiben. Die Arbeit hat einen nachhaltigen negativen Eindruck auf mich gemacht, erkennen zu müssen, was es an Möglichkeiten von Feindschaft, Aggression und Nationalismus in der Geschichte gibt. Schon damals hatte ich den Verdacht, dass Preußen/Deutschland der Hauptaggressor war, zumindest was den Krieg von 1870/71 und dann die beiden Weltkriege betraf. Doch wie stand es um die Napoleonischen Kriege vorher, wie um Ludwig XIV. (1638–1715), der ein Bündnis mit den Türken gegen Österreich schmiedete, wie um die Versailler Verträge von 1919? Ich bemerkte plötzlich an mir schwankende Gefühle in der historischen Beurteilung. Kann man plötzlich selbst so etwas wie ein Nationalist werden? 22 Jahre danach, am 22. September 1984, reichten der französische Staatspräsident Francois Mitterand (1916–1996) und der deutsche Bundeskanzler Helmut Kohl (1930–2017) vor dem Beinhaus und dem Gräberfeld in Verdun einander die Hand – ein Symbol der Freundschaft zwischen beiden Ländern – ich stand später an genau der Stelle in Gedanken versunken! Dieses Treffen wurde aber nicht nur positiv gesehen, sondern von vielen „nur" als ein Symbol, da doch die ganze gemeinsame Geschichte von Symbolen überfrachtet war. Zu den Feierlichkeiten „40 Jahre Normandie-Landung" (auch im Jahr 1984!) wurde Helmut Kohl aber nicht eingeladen. Im Beinhaus von Verdun sind Knochen von circa 130.000 gefallenen unbekannten Soldaten vereinigt, Franzosen und Deutsche, daneben erstreckt sich ein riesiges Gräberfeld. Das Schlachtfeld in einer Ausdehnung von circa 22 mal 12 Kilometer ist „naturbelassen", zum Glück jetzt von der Natur überwuchert – und kann als eine Art „Freilichtmuseum" besucht werden.

Die Schlacht von Verdun im Jahr 1916 gilt als eine der furchtbarsten Schlachten des Ersten Weltkrieges, Verdun war die stärkste Festung der Franzosen. Ausdrücke wie „Blutmühle", „Blutpumpe" oder „Knochenmühle" für diese Schlacht sprechen Bände. Letztlich war es ein irrsinniger Stellungskrieg, wobei die beiden feindlichen militärischen Führer, Erich von Falkenhayn (1861–1922), der allerdings einen fatalen Alleingang unternahm, und Joseph Joffre (1852–1932) ähnliche Strategien mit dem Ziel eines jeweiligen Durchbruchs verfolgten. Die Schlacht hatte am 21. Februar mit einem deutschen Überraschungsangriff begonnen und lief auf eine Abnützungsschlacht hinaus. Letztlich scheiterten die deutschen Angriffe, was eine Auswirkung auf die weitere Kriegsführung hatte. Die deutschen Verlustziffern allein erreichten eine ungeahnte, nicht erwartete Höhe. Im Dezember 1916 waren die deutschen Truppen auf ihre Ausgangsstellung zurückgeworfen. Parallel zu der Schlacht um Verdun fand im Sommer 1916 die „Somme-Schlacht" statt, die Joffre gemeinsam mit britischen Truppen als Entlastungsoffensive ansahen – ein Erfolg der geschmiedeten Allianz. Die Schlacht um Verdun kostete circa 495.000 Soldaten das Leben, von weiteren Spätfolgen sei hier abgesehen, weil es keine genauen Statistiken gibt. Diese Schlacht blieb im kollektiven Gedächtnis der Franzosen hängen, sie wurde zum Symbol ihres Verteidigungswillens, des aufopfernden Einsatzes, fast möchte man sagen des Überlebenswillens. Deutsche Historiker verglichen später Verdun mit Stalingrad...

Ohne weiter auf die Geschichte des Ersten Weltkrieges einzugehen, kann man von Verdun etwas mehr als 200 Kilometer westlich auf den fast auf gleicher geografischer Höhe liegenden Ort Compiegne kommen. Dort gibt es ein Stück Bahn-Geleise zu sehen, auf dem der – salopp formuliert – berühmteste Speisewagen der Weltgeschichte stand. Man fährt von der Hauptstraße in eine Seitenstraße ein und gelangt nach wenigen Kilometern auf eine doch sehr breite ausladende Waldlichtung, die sich optisch weitet. Den Waggon aber gibt es nicht mehr (wohl eine Nachbildung im Museum), nur die Schienen, auf denen er stand – immerhin! In diesem Waggon, der dem französischen Marschall Ferdinand Foch (1851–1929) vom Oktober 1918 bis September 1919 als Salonwagen zur Verfügung stand, wurde am 11. November 1918 der Waffenstillstand zwischen Deutschland und Frankreich für 36 Tage abgeschlossen, was aber dann letztlich doch das Ende des Ersten Weltkrieges bedeutete. Die tatsächlichen Friedensverhandlungen wurden in Paris geführt, vereinfacht gesagt mit dem „Versailler Vertrag" im Juni 1919 beendet. Deutschland unterzeichnete unter Protest am 28. Juni, da Deutsche vorher bei den Verhandlungen nicht zugelassen worden waren. Die USA und Deutschland schlossen dann einen Sonderfriedensvertrag. Die Versailler Verhandlungen sind parallel mit der Gründung des Völkerbundes geführt worden, der Vorgängerorganisation der Vereinten Nationen.

Waffenstillstands-Verhandlungen im Waggon in Compiegne, 1918 – © Shutterstock.com

Verhandlungs-Waggon auf Schienen gesetzt, 1940 – © akg-images / picturedesk.com

Österreich wurde gesondert behandelt, auch die Delegation unter dem zweifachen österreichischen „Staatsgründer" (1918 und 1945) Karl Renner (1870–1950) war zu den Verhandlungen nicht zugelassen und musste am 10. September 1919 den Vertrag von St. Germain unterzeichnen. Wie im Vertrag mit Deutschland und später mit Ungarn (Vertrag von Trianon am 4. Juni 1920) waren die Grenzberichtigungen inkludiert, vor allem aber die Alleinschuld am Ersten Weltkrieg auf Deutschland und Österreich-Ungarn geschoben. Der französische Ministerpräsident (und Arzt) Georges Clemenceau (1841–1929) stellte anlässlich der neuen Grenzziehung brüsk fest: „Der Rest ist Österreich". Die damals festgelegten Grenzen decken sich ungefähr mit den heutigen. Für Österreich wurde das Verbot einer Vereinigung mit Deutschland ausgesprochen, weil man in Frankreich vor der möglichen Vereinigung der beiden Länder und der zu erwarteten Stärke Angst hatte. Als Historiker darf man darauf verweisen – und erst ab 1945 sind solche Ideen nach blutigen Erfahrungen der Nazi-Zeit wirklich Vergangenheit – dass damals diese Vereinigung im Interesse vieler lag. Dies zeigte sich 1938 als Teilaspekt neben den schon vorhandenen illegalen Nationalsozialisten bei der Besetzung Österreichs und dem dokumentierten Jubel der Bevölkerung, begleitet vom Verständnis für den „Anschluss" bei Karl Renner, aber auch in kirchlichen Kreisen.

So sehr der Hass Frankreichs auf Deutschland verständlich ist, wurden die deftigen Worte in Deutschland und Österreich von der zu „tilgenden Schmach" dieses Friedensvertrages und vom „Diktat der Siegermächte" in den Folgejahren wenig beachtet, einiges davon kam in die Argumentationsschiene und Propaganda eines Adolf Hitler (Österreicher von Geburt, später Deutscher!). Man kann an den Bahnschienen von Compiegne darüber nachdenken, was sich jeweils in das nationale Gedächtnis eines Volkes eingräbt. Man kann auch nachdenken, was Friede heißt! War die Pax Romana (von Kaiser Augustus 27 bis Kaiser Marc Aurel 180) ein Friede – wohl nur im Inneren des Römerreiches, an den Grenzen gab es Krieg. Wie stand es um den Westfälischen Frieden von 1648 und die Folgezeit, wie um den Wiener Kongress von 1815? Faktum ist jedenfalls, dass der Versailler Friedensschluss bloß 20 Jahre gehalten hat: 1939 begann der Zweite Weltkrieg.

In Compiegne wurde für Marschall Foch ein Denkmal errichtet. Der Eisenbahnwaggon wurde nach Umbauten im Ehrenhof des Armeemuseums in Paris aufgestellt, wo er zu verwittern begann. Vertreter der Stadt Compiegne erinnerten sich an das historische Stück, ließen es mit amerikanischer Hilfe restaurieren und in einer eigenen Halle aufstellen. Im

Sommer 1940 haben die deutschen Truppen Frankreich brutal erobert und die Vichy-Regierung eingesetzt, die es von 1940 bis 1944 gab. Der Name leitet sich vom Regierungssitz im Kurort Vichy ab, der im geografischen Zentrum Frankreichs liegt. Hitler hatte circa 60 Prozent des Landes in seiner Gewalt und ließ symbolträchtig den Salonwagen aus dem Gebäude holen und auf der Originalstelle, der Waldlichtung von 1918 aufstellen. Drinnen wurde am 22. Juni 1940 der Waffenstillstand, praktisch aber die Kapitulation Frankreichs vollzogen, federführend war der Chef des Oberkommandos der Wehrmacht Wilhelm Keitel (1882–1946). Das Denkmal von Foch wurde währenddessen mit der deutschen Kriegsfahne verhüllt… Der Waggon wurde dann per Straße nach Berlin gebracht und dort ausgestellt. Die weitere Geschichte ist für mich nicht ganz nachvollziehbar – ich habe allerdings auch nicht weiter nachgeforscht. Offenbar wurde in Crawinkel (Thüringen, ein kleiner Ort mit nicht ganz 2000 Einwohnern) zu Kriegsende der historische Salonwagen zerstört. Dort gibt es eine Gedenktafel und Schienen mit Prellbock, wo zuletzt der Waggon gestanden sein soll. Es soll aber der Unterbau erhalten geblieben sein, und in der damaligen DDR wurde dieser wiederverwendet und letztlich erst 1986 verschrottet…

Der Begriff „Symbol" wurde oftmals verwendet. Als solche Symbole, nunmehr zur Erinnerung, wurden in der Folge der beiden Weltkriege in Deutschland, Österreich und Frankreich unzählige Kriegerdenkmäler errichtet – selbst in den kleinsten Gemeinden, weil überall Opfer zu beklagen waren. Kriegerdenkmäler sind das Symbol der Weltgeschichte des 20. Jahrhunderts geworden. Präsidenten, Kanzler, Bürgermeister und Pfarrer halten ihre Friedens-Reden am 8. Mai (1945 „offizielles" Kriegsende) oder zu Allerheiligen und legen Kränze nieder. Internationale Organisationen kontrollieren den Zustand mancher Denkmäler, lokale Historiker ergänzen die Namen der Toten auf den Gedenktafeln, 60 Millionen weltweit – sagt die Statistik…

Egon Schiele
Der Maler und die „ewige" Kunst

Die kleine, aber gemütliche Stadt Tulln in Niederösterreich, an der Donau gelegen, die heute circa 16.000 Einwohner hat, ist die Geburtsstadt des Malers Egon Schiele (1890–1918). Die Stadt hat eine faszinierende Geschichte. Sie ist eine der ältesten Städte Österreichs. Offenbar keltischen Ursprungs war sie um 80 nach Christi Geburt römisches Reiterlager, allgemein unter Comagena bekannt, eingerichtet zum Schutz der Donaugrenze des Römerreiches. Aus dem vierten Jahrhundert existiert noch ein römischer „Salzstadel" (Römerturm). Im zehnten Jahrhundert wählten die Babenberger, von Melk kommend, Tulln als ihre Residenz. Sie zogen allerdings bald über Klosterneuburg nach Wien weiter. Laut Nibelungenlied trafen einander auf dem Weg nach Wien in der Stadt Tulln Siegfrieds Witwe Kriemhilde und König Etzel. Ein spätromanischer Karner ist weit über die Stadt hinaus bekannt.

1870 wurde die Franz Josephs-Bahn von Wien nach Prag gebaut und Tulln erhielt einen für die damalige Monarchie typischen Bahnhof (Es gibt nur mehr wenige davon in Österreich.). In diesem Bahnhofsgebäude wurde Egon Schiele am 12. Juni 1890 als Sohn des dort beschäftigten Eisenbahnbeamten Adolf Schiele (1851–1905), der an Syphilis starb, und seiner Frau Marie, geb. Soukup (1862–1935), aus Tschechisch Krumau (Cesky Krumlov) stammend, geboren. Die Eisenbahn, die Züge und die Umgebung prägten Schiele. Er zeichnete schon als Kleinkind, beim Fenster hinausschauend, die Schienen, die vorüberfahrenden Züge mit den Lokomotiven und blieb der Eisenbahn bei Reisen zeitlebens verbunden. Aus seinem Geburtszimmer, das zu besichtigen ist, kann man die Eindrücke nachempfinden. Der zeichnende Knabe erschien seiner Mutter schon als „Wunderkind" – wie man es von den Musikern kennt.

Schiele gehört zu den früh verstorbenen Genies, wie Mozart oder Schubert bei den Komponisten. Sein früher Tod hatte allerdings weder mit seinem Lebensstil noch mit seiner möglicherweise schwachen Konstitution zu tun. Schiele teilte 1918 das Schicksal von Millionen anderen Menschen, die an der sogenannten Spanischen Grippe starben. Es traf nicht nur ihn, sondern drei Tage vor seinem Tod seine schwangere

Frau Edith (geb. Harms, 1893–1918), etwa ein gutes halbes Jahr vorher den berühmten Maler Gustav Klimt (1862–1918). Schiele malte ihn am Totenbett. Diese in der Medizingeschichte fast legendär gewordene Grippeepidemie mit dem aggressiven Keim betraf mehr Frauen als Männer, von beiden Geschlechtern hauptsächlich die 20- bis 30-Jährigen. Weil die kriegführenden Mächte in den Frontberichten nichts über die Truppenverluste kundtun wollten, verschwiegen sie einfach generell die Epidemie, auch die im Hinterland. Spanien war von diesen Kriegs-Umständen weniger betroffen, so dass ein spanischer Journalist die Krankheit der Welt meldete – so einfach ist dann der Name entstanden.

Schiele hatte allgemein in der Schule nicht immer die besten Noten, wohl aber in Zeichnen. Seine Eltern und die Leute aus seiner Umgebung erkannten zum Glück sein Talent. Der Weg führte ihn letztlich 1906 an die Akademie der Bildenden Künste in Wien, wo er – als jüngster Schüler – sofort aufgenommen wurde. Wenig mehr als ein Jahr später traf dort auch Adolf Hitler ein. Er wurde allerdings zur „Probe nicht zugelassen". Man kann sich nun in die historische Fallgrube der berühmten Frage begeben: "Was wäre gewesen, wenn... Hitler nur einen Bruchteil von Schieles Talent gehabt hätte – was wäre dann der Welt erspart geblieben?" 1908 konnte Schiele erstmals Bilder ausstellen: Im Kaisersaal des Stiftes Klosterneuburg, das zwischen Tulln und Wien gelegen ist. 1904/05 wohnte Schiele in Klosterneuburg, in dem Haus des österreichischen Pioniers der Röntgenologie Guido Holzknecht (1872–1931). Dort hat Schiele erstmals die ihn faszinierenden Röntgenbilder (Entdeckung der Strahlen Ende 1895!), meist von Händen, gesehen, was ihn in die Richtung seiner später berühmten Darstellungen von Händen gewiesen haben mag.

Um diese Zeit machte Schiele auch die Bekanntschaft von Gustav Klimt und war vorerst vom dominierenden Jugendstil geprägt gewesen. Nach der üppigen Farbensinnlichkeit eines Hans Makart (1840–1884) war dies ein gewaltiger Umbruch im Malstil. 1898 war in Wien das Gebäude der Secession eröffnet worden, und eine Gruppe von modernen Künstlern unter Führung Klimts hat sich konstituiert, zu denen dann auch Schiele gehörte. Unter der mit goldenen Blättern verzierten Kuppel des Gebäudes sind die berühmten Worte angebracht: „Der Zeit ihre Kunst, der Kunst ihre Freiheit". Links neben dem Tor weist man auf den „Ver Sacrum" hin, auf den Frühling, auf die aufstrebende neue Kunst. 1909 brach Schiele sein Studium wegen der zu konservativen Lehrer ab, er rutschte zudem in ein finanzielles Tief. Er wurde Mitbegründer der „Neukunstgruppe". In dieser Situation lernte er den Kunstschriftsteller und späteren Gönner und

Raum in Egon Schieles Geburtshaus, Bahnhofsgebäude Tulln – © Karl Sablik

Statue Schieles vor dem Museum in Tulln – © Karl Sablik

Förderer Arthur Roessler (1877–1955) kennen. Um dieselbe Zeit machte er auch Bekanntschaft mit der Lebensgefährtin für die nächsten Jahre, Wally (Walpurga) Neuzil (1894–1917). Wally wurde ihm von Gustav Klimt als Modell „überlassen", wenn man es so despektierlich ausdrücken darf.

Damit kommt man zu einem Thema dieser Zeit, das damals Aufsehen erregt hat und zu Gerichtsprozessen geführt hat. Die Maler und ihre Modelle und deren „Anatomie" traten in den Vordergrund der Darstellung, dies grenzte an Pornographie, oft war sexuelle Belästigung oder auch Zwang damit verbunden. Von Klimt hieß es, dass er sich im Atelier mit Modellen, profan ausgedrückt nackten Frauen, umgeben hat. Die meisten Modelle, die zudem oft mehr als jung, ja Kinder, waren, stammten aus den „unteren" sozialen Schichten, was die moralische Situation noch verschärfte. Zwei Themen kristallisieren sich heraus: das Verhältnis der Künstler zur Sexualität und Frauen. Für uns „Nachgeborenen" noch wichtiger: Kann, darf oder muss man Werk und Persönlichkeit trennen? Mit anderen Worten, kann man sich ohne Ansehen der Person des Künstlers den Werken hingeben? Sind Genies von „normalen" Menschen zu trennen, gibt es für sie Privilegien, gibt es eine Doppelmoral in der Kunstszene? Müssen Künstler aus lauter Verehrung „heiliggesprochen" werden? Was ist, wenn man heute solch einem Genie begegnet – stört es (auch?) in unserer Welt? Die Problematik zieht sich bis in die zweite Hälfte des 20. Jahrhunderts: Es sei an den Aktionskünstler Otto Mühl (1925–2013) und an seine Kommunengründung und den Kindesmissbrauch erinnert. Man denkt hier vielleicht an die Worte des englischen Schriftstellers Oscar Wilde (1864–1900) und sein exzentrisches Leben: „Mäßigung ist eine verhängnisvolle Sache, nichts ist so erfolgreich wie der Exzess". Berüchtigt geworden ist auch der Gerichtsprozess gegen den berühmten Architekten Adolf Loos (1870–1933) im Jahre 1928. Es war ein Pädophilie-Prozess mit besonderer „Betonung" der weiblichen Geschlechtsteile, wenn man es etwas dümmlich ausdrücken darf. Der gute Ruf von Loos bewahrte ihn vor einem strengen Urteil und wohlwollende Freunde schützten ihn…

Schiele hatte ein ähnliches Problem. Er lebte zusammen mit Wally Neuzil als seine Freundin, Geliebte, Muse und Modell, er malte sie, aber auch andere minderjährige weibliche Personen in erotischen Posen. Wegen der Verführung eines Mädchens wurde er 1912 angeklagt, offiziell wegen „Verletzung der öffentlichen Sittlichkeit und Schamhaftigkeit", kam in Neulengbach (NÖ) und St. Pölten ins Gefängnis. Zwar nur 24 Tage, wurde dann vom Richter freigesprochen bzw. nur zu einer Geldstrafe verurteilt. Typisch für Schiele: Er zeichnete auch im Gefängnis! Aber symptomatisch für die Zeit: Der Richter verbrannte demonstrativ eine „pornographische" Zeichnung Schieles im Gerichtssaal. Die Gefängniszelle in Neulengbach ist zu besichtigen.

Schiele hatte schon 1911 mit Wally eine Art „Flucht" in den Geburtsort seiner Mutter Cesky Krumlov angetreten, einen wunderbaren Ort in Böhmen mit Burg, Schloss, einem barocken Theater und mittelalterlichem Ambiente. Dort goutierte die Bevölkerung den Lebensstil der beiden nicht, und sie verließen wieder den Ort. Es existieren aber schöne Bilder der Häuser der Stadt, die unterschiedlich bewertet werden. Dominierte bei Schiele in dieser Zeit Pessimismus, Leid und Schmerz, so werden von manchen die Stadtbilder von Krumau als „traurig" bewertet, oder man schätzt die Bilder als solche mit ihrer unnachahmlich milden Farbsinfonie?

Schiele entwickelte parallel zu seiner künstlerischen Entwicklung sein „maßloses Ego", malte zweitweise selbst seinen nackten Körper, ein eigenartiges Selbstbild als Kontrast zur Einschätzung durch andere. Auch versuchte er intensiver als andere die Grenzen der Kunst zu verschieben. Selbst als Historiker seiner Lebenszeit muss man in Verwirrung geraten ob der verschiedensten Kunstrichtungen, die in Europa, oft in Frankreich, entstanden sind. Die Begriffe schwirren durcheinander: Der Impressionismus ab etwa 1874, der Fauvismus um 1900, die Abstrakte Malerei zehn Jahre später, dazwischen 1907 der Kubismus mit Pablo Picasso und Georges Braque, kurz darauf der Expressionismus, zu dem man Schiele gerne zählt, der Dadaismus 1916, alles begleitet vom Symbolismus, speziell in Wien dominiert vom Jugendstil und Klimts Dekorativismus. Als Kontrapunkt dazu veröffentlichte der Architekt Adolf Loos 1908 sein Buch „Ornament und Verbrechen", in dem er das Ornament als vergeudete Arbeitskraft bezeichnet. Man denke dabei nur an das Haus am Wiener Michaeler-Platz (1910/11), über das sich Kaiser Franz Joseph geärgert haben soll. Schiele malte auf ähnlicher gedanklicher Ebene, er konzentrierte sich auf das Wesentliche, zur Sache kommend, verwendete bei vielen Bildern kaum einen Hintergrund. Man ahnt die Möglichkeit weiterer Abstraktion. Farbe als Ausdrucksmittel war aber sehr wohl seine Sache.

Darf man einen Vergleich mit Freuds Psychoanalyse wagen, die ja gleichzeitig entwickelt wurde? Freud legte das Innere des Menschen dar, seine tiefsten Beweggründe – und stieß auf die Sexualität als verborgene, aber wirksamste Kraft. Schiele hat in seinen Bildern vollkommen offen die menschliche erotische Dimension dargelegt, abgesehen von seinem eigenen, besonders den nackten weiblichen Körper mit seinen sexuellen – um nicht zu sagen anatomischen – Attributen. Der Mensch zwar von außen, aber durch die Kraft des Bildes wird sein Innerstes sichtbar. Wie Freud in die „Ewigkeit" menschlichen Strebens blickte, sah Schiele diese Ewigkeit in der Kunst.

1913 lernte Schiele Edith Harms kennen und verließ Wally, die als Krankenschwester nach Kroatien ging und bald unter schlimmen Umständen in der Nähe von Split starb. Freundin, Modell – das Problem eines Künstlerlebens. Gab es etwa auch uneheliche Kinder, gar Abtreibung? Der Militärdienst im Krieg war für Schiele harmlos, letztlich landete er im (heutigen) Heeresgeschichtlichen Museum. Offenbar schonte man im Militär wertvolles Künstlerleben. Im Juni 1915 heiratete Schiele Edith Harms. Das letzte Kriegsjahr 1918 sollte Schiele zum künstlerischen Höhepunkt seines Lebens führen. Er verdiente mit seinen Bildern plötzlich gut, konnte sich sogar eine Sekretärin leisten. Personell gesehen: Klimt war gestorben, der charakterlich etwas wilde Oskar Kokoschka (1886–1980) hatte die Wiener Kunstszene verlassen, Schiele war praktisch „Alleinherrscher" und eröffnete ein neues Atelier. Die Zukunft in einer fast bürgerlichen Existenz schien rosig, der Höhepunkt war die 49. Ausstellung in der Secession im März 1918, die praktisch ihm gewidmet war und wo er seine Bilder im Hauptsaal ausstellen konnte. Doch dann schlug die Grippe zu.

Warum empfindet man in Schieles Geburtszimmer das historische Gefühl besonders? Man kann auch Albrecht Dürers (1471–1528) Haus in Nürnberg besichtigen, vor Michelangelos Grab in der Kirche Santa Croce in Florenz trauern, Rembrandts (1606–1669) Wohnhaus in Amsterdam ansehen, Pablo Picassos (1881–1973) Geburtshaus in Malaga, Spanien, besuchen oder gar Klimts Haus am Attersee (OÖ). Schiele war einer der bedeutendsten Maler des 20. Jahrhunderts, besonders auch als Portraitmaler, ist doch das Altersbildnis seines Schwiegervaters Johann Harms von 1916 im Guggenheim Museum in New York eines der besten dieser Art überhaupt. In Schiele konzentrierten sich alle Probleme und Themen der Kunst: vom „armen Künstler" einfacher Herkunft bis zum Geldverdienen bei zunehmender Berühmtheit – ganz zu schweigen von den heutigen Millionen-Preisen, über die es sich nachzudenken lohnt. Ist Kunst eine „Abart" des Kapitalismus geworden? Man kann heutzutage auch mit Schüttbildern pseudoreligiöser Blutorgien reich, ja sogar angesehen werden. Die Psyche eines Künstlers zu betrachten lohnt psychologisch, dazu seine Persönlichkeit zu erahnen – und seine Werke zu betrachten und wieder zu betrachten…

Moritz Schlick

Mord auf der Philosophenstiege

Manche Menschen, auch Philosophen, sofern nicht ohnehin jeder Mensch ein Philosoph ist, meinen, dass es einen „Skandal der Philosophie" gibt. Seit Jahrtausenden, für den westlichen Menschen seit den alten Griechen, denken wir über Fragen nach, etwa was wir sind, was wir tun sollen und was wir wissen können, radikaler noch, warum ist überhaupt etwas und nicht vielmehr nichts, ohne zu einem Resultat zu gelangen. Wenn wir eine Blinddarmentzündung haben, wird dieses kleine Stück in uns operativ entfernt – Problem gelöst! Sind philosophische Probleme also komplizierter oder stellen wir Menschen einfach die falschen Fragen? Die Philosophie hat sich seit jeher mit Themen wie der Logik (inklusive Mathematik), der Ethik, des Glücksstrebens, des Todes, der Metaphysik beschäftigt. War immer der richtige Zugang gegeben, hat die jeweilige Religion mitgemischt und die Philosophie verfälscht, die Denker auf die falsche Spur gelockt?

Der sogenannte „Wiener Kreis" der Philosophie, 1924 von Moritz Schlick (1882–1936) und anderen begründet, hat sich dem Positivismus – alles Wissen stammt aus der Erfahrung – verschrieben. Demnach stellen sich viele der sogenannten philosophischen Fragen als Scheinprobleme heraus. Der Wiener Kreis positioniert sich als eine Anti-Metaphysik. Gott, die „Seele", das Jenseits, die Willensfreiheit werden zu Scheinfragen erklärt. Wer waren die Mitglieder dieses Denker-Kreises, denen auch Physiker, Naturwissenschaftler und Mathematiker angehörten, die der neuen Philosophie die Richtung vorgaben? Bei der Aufzählung ist zu beachten, dass sie nicht vollständig sein kann und nicht jeder der Genannten „gleichwertig" oder gleich tätig war. Man traf sich donnerstags in einem Hörsaal des Physikalisch-Mathematischen Universitätsinstituts zwischen Währinger Straße und Boltzmanngasse in Wien. Man bedenke, dass wenige hundert Meter davon entfernt mittwochs Sigmund Freud seine Treffen veranstaltete...

Man darf ein wenig ausholen. Philosophen (und Physiker) wie Ernst Mach (1838–1916) und Ludwig Boltzmann (1844–1906) hatten geistige Vorarbeit geleistet. Mach beschäftigte sich mit naturwissenschaftlichphilosophischen Grenzfragen, analysierte Grundbegriffe und versuchte gleichzeitig die metaphysische Denkweise zu eliminieren. Als Positivist wollte er das Gegebene beschreiben, besonders in der Physik, wo sein Name – mit der Schallgeschwindigkeit (Mach 1 usw.) in Verbindung gebracht – noch in der heutigen Luftfahrt ein Begriff ist. Ludwig Boltzmann, Begründer der „kinetischen Theorie von Gasen", wies darauf hin, dass nur die mathematisch formulierten Sätze Erkenntniswert besitzen.

Basierend auf solchen Ideen erträumte der Erkenntnistheoretiker Moritz Schlick eine Art Renaissance der Philosophie von der Logik her. Ethik verstand er mehr psychologisch und geriet damit in Gegensatz zur Pflichtethik Kant'scher Provenienz, die er durch eine Ethik der Güte ersetzt sehen wollte, in der die Liebe eine große Rolle spielen sollte. Wichtig war ihm des Menschen „Wille zum Glück". Der Aufruf „Sei glücksbereit" machte ihn zum „Philosophen des Glücks". Zum Kreis gesellte sich bald Victor Kraft (1880–1975), der sich mit Fragen der Erkenntnistheorie und Wertlehre beschäftigte und dies in Büchern veröffentlichte, die populär geworden sind.

Rudolf Carnap (1891–1970) gilt als einer der Hauptrepräsentanten des Wiener Kreises: In ihm vereinigten sich alle Ideen der neuen Strömung: Positivismus, Logik, Semantik, Erkenntnistheorie. Besonders am Herzen lagen ihm die Scheinprobleme der Philosophie und die logische Syntax der Sprache, um zwei seiner Buchtitel zu zitieren. Karl Sigmund (geb. 1945), Autor eines Buches über den Wiener Kreis, schildert köstlich die Auseinandersetzung Carnaps mit dem deutschen Philosophen Martin Heidegger (1889–1976) – auch „Ein Meister aus Deutschland" (Buchtitel, Rüdiger Safranski) genannt – über die von Heidegger geforderte begrifflich-philosophische „Nichtung des Nichts". Zitat: „Natürlich wusste Heidegger selbst, dass Frage und Antwort im Hinblick auf das Nichts gleichermaßen widersinnig sind. Er gab gern zu, dass Wissenschaft und Metaphysik unvereinbar sind. Umso schlimmer für die Wissenschaft, meinte Heidegger; fatal für die Metaphysik, befand Carnap."

Wertvolle Anregungen für den Wiener Kreis kamen von Ludwig Wittgenstein (1889–1951), der allerdings nicht immer voll integriert war. Sein wechselvolles Leben ist bekannt Es reicht vom Volksschullehrer in Kirchberg am Wechsel, NÖ, (wo heute noch die Internationalen Wittgenstein Symposien stattfinden) bis zur Professur in Cambridge. Er gilt als Vater der Analytischen Philosophie und als der Sprachphilosoph schlechthin. Bekannt geworden sind seine apodiktischen Forderungen: „Alles, was überhaupt gedacht werden kann, kann klar gedacht werden. Alles, was

*Bericht der „Kronen Zeitung"
über die Ermordung Moritz
Schlicks – © Kronen Zeitung
1936*

Die „Philosophenstiege" der Universität Wien – © Karl Sablik

sich aussprechen lässt, lässt sich klar aussprechen". Anders herum gesagt meint er im Schlusssatz seines „Tractatus logico-philosophicus" von 1922: „Wovon man nicht sprechen kann, darüber muss man schweigen". Man denke nach, was das für die heutige Philosophie und auch für die Politik oder auch nur für die Gespräche des Alltags bedeutet...

Das vielleicht genialste, aber eigenwilligste und am Rande eines normalen Lebens agierende Mitglied des Kreises war der Mathematiker Kurt Gödel (1906–1978). Von ihm behauptete Albert Einstein (1879–1955), dass er der größte Logiker seit Aristoteles wäre – und er, Einstein, sich am liebsten nur mehr mit ihm wissenschaftlich unterhalten möchte. Beim Einbürgerungsverfahren Gödels in die USA musste Einstein, als Zeuge anwesend, seinen intellektuell-analysierenden Freund davon abhalten, dem zuständigen Richter die Widersprüchlichkeiten der amerikanischen Verfassung zu erklären... Gödel, der als Student in der Währinger Straße 33–35 wohnte, erarbeitete den „Unvollständigkeitssatz", demzufolge es innerhalb eines Systems (etwa der Mathematik) Sätze gibt, deren Richtigkeit nicht bewiesen werden kann. Es ist also unmöglich an die Widerspruchslosigkeit eines Systems zu denken. Was das bedeutet, hat die weitere Entwicklung der Philosophie gewaltig beeinflusst.

Zuletzt sei ein Philosoph erwähnt, der es in England zu einem Adelstitel brachte: (Sir) Karl Popper (1902–1994). Er wurde bekannt für die Lösung des Wahrheits-Problems in der Philosophie durch Falsifizierung, was ihm, der nur „irgendwie" zum Wiener Kreis gehörte und den anderen Mitgliedern oft widersprach, seinerseits die Kritik des damals jungen amerikanischen Philosophen Thomas S. Kuhn (1922–1996) einbrachte. Kuhn meinte, dass der wissenschaftliche Fortschritt – und damit die Wahrheit – nicht von einer zu falsifizierenden Theorie abhängt, sondern davon, dass eine Generation abtritt und die nachfolgende neue Paradigmen, neue Denkmuster schafft. Dies nennt Kuhn den Paradigmenwechsel in der Geschichte der Wissenschaft und der Wahrheitsfindung.

Berühmte Professoren haben Schüler, so etwa hatte Schlick Leo Gabriel (1902–1987) als Schüler, der später an der Wiener Universität Professor für Philosophie wurde. Ich war noch Hörer bei Gabriel und erinnere mich an die Begrüßungsworte bei seiner Vorlesung, die quasi eine Einführung in die Begriffsbestimmung, in die Sprachbedeutung, waren: „Ich heiße Leo Gabriel, bin weder Löwe noch Erzengel". Gabriel vertrat eine ganz andere Philosophie, war tief katholisch geprägt und suchte nach einer „Integralen Logik" (so ein Buchtitel), in der er integratives ganzheitliches Denken forderte; Positivismus war ihm zu wenig. Gabriel näherte sich in den 30er Jahren dem Klerikofaschismus, nach 1945 trat er für den Dialog von Christen und Marxisten ein. Gabriel war ein Freund des Philosophiestudenten Johann Nelböck (1903–1954).

Dieser Student sollte das Lebensschicksal von Schlick bestimmen, er sollte sein Mörder werden. Nelböck galt als Psychopath, stammte aus dem oberösterreichischen Innviertel und wollte an der Universität in Wien Karriere machen – und geriet an Moritz Schlick. Seine Dissertation wurde von Schlick zwar mit „Genügend" approbiert, aber dies reichte doch für das Doktorat. Nelböck war in eine Studienkollegin verliebt, die ihm allerdings erklärte, dass ihr Professor Schlick Avancen gemacht hätte. Das vertrug Nelböck nicht, er schrie durch die Gänge der Universität, dass Schlick mit der Kollegin „unsittliche Spielchen" aufführe und fuchtelte mit einer Pistole herum, die ihm seine Kollegin aus ihres Vaters Bestand besorgt hatte. Nelböck begann Schlick des Nachts anzurufen und es entwickelte sich eine Verhaltensweise, die man heute als Mobbing bezeichnen würde. Schlick zeigte die Vorfälle an, Nelböck landete in der Psychiatrie, später in die Anstalt Am Steinhof, kam aber bald wegen guten Verhaltens wieder frei. Schlick hatte um polizeilichen Schutz angesucht, bekam ihn auch, doch bald nach der Freilassung Nelböcks kümmerte sich die Polizei weniger um den Professor, was diesen zu der Äußerung veranlasste: „Ich fürchte, dass die Polizei langsam glaubt, dass ich der Verrückte bin". Die Sache eskalierte, als sich der arbeitslose Nelböck um eine Stelle an der Volkshochschule Ottakring bewarb. Wegen seines Verhaltens, das der dortigen Direktion bekannt war, erhielt er sie nicht. Natürlich vermutete er, dass Moritz Schlick diese Bewerbung hintertrieben hätte, was mit der Realität nichts zu tun hatte.

Am 22. Juni 1936 ging Schlick über den Haupteingang der Universität durch die Aula in Richtung der Philosophenstiege, um im Hörsaal 41 (den es heute noch gibt) seine Vorlesung zu halten. Als Student bin ich diese Stiegen hunderte Male hochgegangen. Man kann sich die Szene leicht vorstellen, wie hinter dem Professor sein Mörder von der gegenüber liegenden Juristenstiege kommend, ihm mit der Pistole in der Hand nachgegangen ist. Am Zwischenabsatz dieses wunderschönen Stiegenhauses kam es zum Mord: Nelböck schoss dreimal, stieß vermutlich die Worte „Da, du verfluchter Hund" aus und wartete dann neben dem toten Professor auf seine Festnahme. Der Mord war in Wien eine Sensation. Doch nun wurde es kurios: Nelböck wurde zu zehn Jahren Haft verurteilt, kam allerdings – März 1938 hatte Hitler Österreich besetzt – nach 18 Monaten im November 1938 frei. Die Nationalsozialisten, die den Mörder später sogar geehrt hatten, waren der Meinung, Schlick sei Jude, doch dieser war schlicht und einfach „evangelisch" gewesen. Nelböck lebte als technischer Angestellter in Wien bis 1954. An der Stelle der Ermordung am Stiegenabsatz der Philosophenstiege ist heute am Boden zu lesen: „Moritz Schlick, Protagonist des Wiener Kreises, wurde am 22. Juni 1936 an dieser Stelle ermordet. Ein durch Rassismus und Intoleranz vergiftetes geistiges Klima hat zur Tat beigetragen".

Mit der Ermordung Schlicks zerfiel auch nach und nach der Wiener Kreis. Viele Mitglieder flüchteten vor den Nationalsozialisten nach England oder Amerika. Carnap war der wohl Erfolgreichste. Er wurde Professor in Chicago und galt als die offizielle Stimme des Logischen Empirismus. Der Wiener Kreis hatte sicherlich durch die Emigration der Mitglieder eine Wende in der modernen Philosophie herbeigeführt und hat eine Atmosphäre mathematischen, naturwissenschaftlichen und technischen Denkens aufbereitet, die, wenn man es so sagen will, zu einem Turboschub bis zu den Erfolgen der Mondlandung geführt hat. Die Philosophie der Sprache erhielt Auftrieb, eine gewisse Nüchternheit in der Philosophie hat allerdings platzgegriffen.

Zuletzt noch ein Beispiel, das wir alle heute noch kennen: ein Mitglied des Wiener Kreises, Otto Neurath (1882–1945), Leiter des heute noch bestehenden „Österreichischen Gesellschafts- und Wirtschaftsmuseums" in Wien, hat die Bildstatistik erfunden, die Kommunikationsgraphik, heute „internationale Bildsprache" genannt. Gemeint sind die aufgereihten „Männchen", die klar und einfach Zahlenverhältnisse graphisch darstellen und heutzutage in keinem Lehrbuch und in keiner Statistik fehlen…

Ellis Island
Die Einwanderungsinsel

Im Jahre 1886 wurde auf einer kleinen Insel vor dem New Yorker Hafen die Freiheitsstatue eingeweiht, ein Geschenk des französischen Volkes an die Vereinigten Staaten. Es war ein gemeinsames Werk der beiden Staaten, beide hatten ein Jahrhundert vorher die Unabhängigkeit der Vereinigten Staaten erkämpft. Die USA stellten den Bauplatz und den Sockel zur Verfügung, Frankreich die Statue. Sie wurde zum Empfangs-Symbol für alle Einwanderer, zum Symbol der Hoffnung auf ein besseres Leben in der Neuen Welt, geografisch und sozial gemeint, alle ankommenden Schiffe passierten diese Statue. Vereinfacht ausgedrückt, lebte der Kontinent Amerika, ein Teil seit der Unabhängigkeitserklärung 1776 USA genannt, seit den Pilgrim Fathers 1620 von der Einwanderung hauptsächlich der Europäer, für die Amerika ein Traumziel war. Dann kamen auch Chinesen (Die aber ab 1882 nicht mehr einwandern durften.) und Japaner. Im Laufe der fast vierhundert Jahre schwankte die Politik zwischen „Willkommen" und „Zurückschicken", propagandistisch wurde vom „Melting Pot of Nations" (frei übersetzt vom „Schmelztiegel der Nationen") gesprochen. Vieles von dem, was in dieser Zeit passiert ist, erinnert – oder gemahnt – an heute. Amerika galt lange als das Land der unbegrenzten Möglichkeiten, Arbeitskräfte wurden gebraucht, glückliche Schicksale und Erfahrungen wurden gepriesen, die Geografie schien „unendlich". Die Ureinwohner wurden, abgesehen von manchen militärischen Zweckbündnissen einfach vertrieben, letztlich auf Reservate beschränkt. Für die Zeit der Einwanderung ist zu bemerken, dass man zwischen „Einwanderern" und „Flüchtlingen" zu unterscheiden hat, wobei dem Begriff „Wirtschaftsflüchtlinge" eine besondere Bedeutung zukommt, wenn man an das sozialpolitische Versagen der europäischen Monarchien denkt. Historisch gesehen waren die meisten Auswanderer „Wirtschafts-flüchtlinge" (Hungersnot, Arbeitslosigkeit, religiöse und soziale Probleme, auch Klimawandel) und wollten einfach in der neuen Heimat arbeiten und ein besseres Leben führen. Die heutige Diskrepanz zwischen dieser Gruppe und den Kriegsflüchtlingen hat eine eigene Problematik aufgerissen…

Um den Staat USA aufzubauen war Zuwanderung notwendig. Doch schon im „Naturalization Act" von 1790 bevorzugte man weiße Einwanderer, wenn möglich mit gutem Charakter und der richtigen Religion. Von den gewaltsam importierten – schwarzen – Sklaven sprach man weniger, ein Problem, das den USA praktisch bis heute geblieben ist. Andererseits gibt es das Märchen von den Aufstiegsmöglichkeiten. So ist etwa die Familie Kennedy um 1840 aus Irland (katholisch!) wegen der dortigen Hungersnot ausgewandert. Nach etwa drei Generationen wurde John F. Kennedy (1917–1963) Präsident der Vereinigten Staaten und er war nicht der einzige Präsident, der aus Irland stammte. In den 80er Jahren des 19. Jahrhunderts war der Ansturm auf Amerika so gewaltig, dass die Verwaltung beschloss, den Zugang zu kontrollieren, besser zu kanalisieren. Es war nicht mehr erlaubt, irgendwo einzureisen und sich im Hafen abzusetzen, da die meisten eben per Schiff kamen, sondern man wählte die Felseninsel Ellis Island als Auffangstation, südwestlich von Manhattan gelegen. Diese Insel im vom Hudson River gebildeten Hafen wurde durch Aufschüttung erweitert und war von 1892 bis 1954 als Auffang- bzw. Einwanderungslager in Funktion. Über 12 Millionen Einwanderer wurden hier durchgeschleust, täglich oft bis zu fünftausend Menschen. Die Einwanderungswelle erreichte bis vor Beginn des Ersten Weltkrieges einen Höhepunkt.

Die Insel hat vielfach den Namen geändert. Von den Ureinwohnern wurde sie „Möweninsel" genannt, von den Holländern „Austerninsel", danach hieß sie „Galgeninsel", weil Piraten und Seeräuber dort gehängt wurden. Bei Namensgebungen erinnert man sich auch gerne daran, dass bis 1664 das heutige New York „New Amsterdam" geheißen hat. 1770 kaufte Samuel Ellis (1733–1794) die Insel – und der Name blieb bis heute, obwohl die Insel letztlich von der amerikanischen Bundesregierung gekauft wurde, die dort vorerst eine Festung samt Munitionsdepot eingerichtet hat. Im Jahr 1900 wurden die alten Bauten durch neue Steinbauten ersetzt. Nach Ende dieser Einwanderungskontrolle 1954 vergammelte die ganze Anlage, wirkte gespenstisch, bis die Insel ab 1965 wieder zu besuchen war. 1990 wurden die Gebäude renoviert und ein sehenswertes Museum wurde installiert. Je nach Gemütslage ist ein Rundgang empfehlenswert. Zu viele Gedanken schießen durch den Kopf. Wie viele heutige Amerikaner stammen von den Einwanderern dieser Zeit ab? Wie wurden sie in dieser Anlage behandelt – das Wort „begrüßt" sei einmal dahingestellt. In welcher Gefühlslage waren die Einwanderer? Wird man abgeschoben, werden die Familien getrennt, wie gut spricht man schon Englisch, ist man gar krank und wird zurückgeschickt? Die Insel sieht heute freundlich aus, doch die Hallen haben den Charme von Fabriksräumen oder eines

Luftaufnahme von Ellis Island – © Karl Sablik

Untersuchungs- und Kontrollraum auf Ellis Island – © Shutterstock.com

alten Bahnhofs. Die nachgebauten Untersuchungsräume wirken eng, beklemmend, offenbar waren auch Vorhänge zur Unterteilung aufgehängt. Viele Räume waren einfach klein, schleusenartig angelegt, man mag sich das Gedränge von damals vorstellen. Nach den Sprachkenntnissen wurde gefragt, medizinische Untersuchungen wurden durchgeführt, man wollte weder Infektionskranke ins Land lassen, noch sichtbar Behinderte, selbst verkrüppelte Kinder wollte man von ihren Familien trennen und zurückschicken, auch alte und gebrechliche Menschen waren betroffen. Besondere Furcht hatte man vor der schwer beherrschbaren Viruserkrankung der Bindehaut im Auge, genannt Trachom, dessen Vorhandensein mit einem adäquaten Metallhaken zur Hebung des Augenlides geprüft wurde. Beamte der Abfertigungsstelle und der US-Gesundheitsbehörde, also Ärzte, hatten pro Person nur Sekunden, maximal Minuten Zeit, man muss zugeben, dass auch sie einen harten Job hatten. Da der Einwanderungs-Philosohie zufolge niemand der Öffentlichkeit der USA zur Last fallen sollte, suchte man nach weiteren gesetzlichen Regelungen, etwa 1917 im „Immigration Act".

Nach dem Ersten Weltkrieg kamen mehr Menschen aus Osteuropa, den Balkanstaaten und Russland. Dies hatte 1921 eine Quotenregelung zur Folge – in Europa kennen wir dies heute aus den Jahren ab 2014! Von in Amerika vertretenen Nationalitäten durften jährlich weitere drei Prozent zuwandern, der „Immigration Act" von 1924 (gultig bis 1965!) setzte dies auf zwei Prozent herab. Dahinter steckte der Einfluss des Ku Klux Klan, der besondere Vorbehalte gegen Katholiken und Juden hatte. Auf der Einwanderungsinsel kann man ruhig (?) über die Motivation von Einwandern-Lassen nachdenken, von damals bis konkret ins heutige Europa. Wie tief darf man im Schmutz und Dreck der menschlichen Seele wühlen? Man denkt an Egoismus, Gier, Angst, Furcht, Nationalismus, Rassismus, Religion, Vorurteile, Missachtung der anderen, primitive Ideologien – bitte weiterdenken! Hier helfen offenbar weder die christlichen Wurzeln der westlichen Gesellschaft, die frommen Bibelsprüche, noch die (wenigen) guten Seiten anderer Religionen, noch das Getue um die Gastfreundschaft (Die Golfstaaten haben z. B. keine Syrienflüchtlinge aufgenommen.), noch der soziale Solidaritätsgedanke. Bleibt nur der Humanismus als Lösung – was zu diskutieren wäre! Man kennt die Vorurteile – etwa die Faulheit der Neger, man erinnert sich an die Distanzierung der etablierten Wiener Juden vor dem Ersten Weltkrieg gegen die einwandernden galizischen Juden, an die religiösen Ressentiments – kreuz und quer durch alle Religionen – man muss es nur sehen, erkennen und zugeben.

Was die Flüchtlinge betrifft gibt es nach dem Zweiten Weltkrieg als Folge der „modernen Völkerwanderung" gegen Ende des Krieges die Bemühungen um einen Flüchtlingsschutz. In einer UN-Sonderkonferenz 1951 in Genf wurde die „Genfer Flüchtlingskonvention" beschlossen und ab 1954 in Kraft gesetzt. Es ist das wichtigste Dokument für den Flüchtlingsschutz, das von (allerdings nur) 148 Staaten unterzeichnet wurde. Es betrifft hauptsächlich Kriegsflüchtlinge und nicht Menschen mit dem „normalen" Wunsch einzuwandern. In der Geschichte der Menschheit und im Zusammenhang mit Einzelmenschen gibt es verschiedene Erfahrungen und Umgangsformen, die den Begriff Flüchtling betreffen. Es gibt auch die Form des Exils, vom römischen Dichter Ovid (43–17), der von Kaiser Augustus (63–14) ans Schwarze Meer verbannt wurde, weil er sein Gedicht „Ars Amandi" zu erotisch gestaltet hat, bis zu den geflüchteten Nationalsozialisten, die in verschiedenen südamerikanischen Ländern Unterschlupf gefunden haben – vielleicht sogar aus ideologischen Gründen. Man kennt die Flucht von Kriminellen, etwa Steuerhinterziehern (Steuerflüchtlingen!), die aber oft vom neuen Gastland aus finanziellen Gründen willkommen geheißen werden. Akzeptanz einer neuen Staatsbürgerschaft findet man häufig – was auch ebenso häufig heftig diskutiert wird. Der Raketentechniker Wernher von Braun (1912–1977) sei hier genannt, wie auch Österreichs Staatsbürgerschaft für die fantastische Sängerin Anna Netrebko (geb. 1971) im Jahre 2006, was ihr in Russland üble Nachrede eingebracht hat...

Ein eigenartiger Gedanke mag angefügt werden. Welche Gefühle hat man persönlich und heute bei der Vorstellung, man stehe vor einer Kommission und will als normaler Mensch in den Vereinigten Staaten arbeiten? Man steht vor dem an ein Schloss gemahnenden in eigenartigem Rot gehaltenen Hauptgebäude auf Ellis Island, sieht ein paar hundert Meter weiter, gleichsam auf einer anderen Insel die Freiheitsstatue. Man hat weiße Hautfarbe (zum Glück nicht schwarz), ist von der Qualifikation her Akademiker (Historiker, leider nicht Techniker), von der Religion her katholisch (protestantisch wäre besser), kann sich in Amerika vielleicht selbst erhalten (wenn es Arbeit gibt), ist halbwegs gesund (wer ist das schon wirklich?), nicht kriminell (schnell Auto fahren zählt nicht) – und dann soll man vielleicht 30 Wörter auf Englisch vorlesen! Doch jeder Albtraum hat ein Ende...

Mahatma Gandhi
Idol der Gewaltlosigkeit?

Es gibt in Delhi, Indien, Stadtteile, die sehr an Europa oder Amerika erinnern. In einem solchen schönen Viertel wohnte der in Indien geborene Mahatma Gandhi (1869–1948), „Mahatma" heißt „Große Seele", doch er hat diesen Namen erst später angenommen. Schattenspendende Bäume säumen die Straßen, die zum Wohnhaus, besser zur Wohnung von Gandhi führen. Die Wohnung ist einfach und nett eingerichtet, gemütlich möchte man sagen, wie für eine Familie, nur wenig „Amtsatmosphäre" spielt mit. Wie wohnen Millionen anderer Inder, möchte man fragen? Gandhi gehörte der obersten Kaste – man vermeide den marxistischen Ausdruck „Klasse"! – den Brahmanen an, hat sich aber andererseits per Gelübde der Armut verschrieben. Beides spürt man in dieser Wohnung, wenn man europäisch denkt.

Indien war damals zur Zeit seiner Geburt britische Kronkolonie. Mehr als zehn Jahre zuvor, 1857, hatten die Briten, die schon länger in Indien im Sinne ihrer Ostindien Kompanie als Kolonialmacht tätig waren, eine indische Aufstandsbewegung niedergeschlagen, und haben dieses Land einschließlich Bangladesch, Burma und Pakistan bis 1947 unter ihrer Herrschaft gehalten. 1876 wurde die englische Königin Victoria (1819–1901) Kaiserin von Indien.

Gandhi studierte in London Rechtswissenschaften und kam natürlich mit der westlichen Kultur in Berührung. Er soll – selbst religiös ein Hindu – an der Bibel und besonders an der Bergpredigt Gefallen gefunden haben. Dann zog es ihn nach Südafrika, wo er als Rechtsanwalt tätig war. Er war eine Art „Fremdarbeiter", wie es heute noch viele Inder in diesem Teil der Welt gibt. Er hat sich dort gegen die Rassentrennung eingesetzt und für die Gleichheit der dortigen (reichen?) Inder mit den Südafrikanern. 1915 kehrte er nach Indien zurück und tauschte sein westlich geprägtes „Outfit", wie wir heute sagen würden, gegen die schlichte Kleidung ein, die ihn für die Zukunft charakterisiert hat. Winston Churchill (1874–1965) hat ihn allerdings boshaft einen „halbnackten, rebellischen Fakir" genannt. Gandhi hatte um diese Zeit sein politisches Weltbild fertig: Der Staat ist eine soziale und kulturelle Einheit von Dörfern. Dem stand allerdings die britische Besatzung entgegen, der natürliche Gegner Gandhis. Der Ausdruck „Gegner" ist eleganter als der Begriff „Feind". Damit hängt auch zusammen, dass er sich der Gewaltlosigkeit verschrieben hat, was zu seinem Markenzeichen und zum politischen Ärger der Briten werden sollte. Kombiniert mit Gewaltlosigkeit war der zivile Ungehorsam der Bevölkerung – ein Vergehen, wie es die Briten sahen, das schwer zu fassen war und ob der großen Verbreitung kaum zu gerichtlichen Verurteilungen führte. Gandhis politische Philosophie umfasste auch das „Festhalten an der Wahrheit". Man philosophiere weiter: Wer soll und kann sich denn an der Wahrheit vergreifen?

Gandhi war also zum lebenden Symbol dieser Bewegung geworden, die als Ziel die Unabhängigkeit von Großbritannien anstrebte. Gandhi setzte auch auf die wirtschaftliche Unabhängigkeit, Indien sollte sich selbst ernähren und erhalten können, die handwerkliche Tradition war zu fördern. Berühmt geworden ist in diesem Zusammenhang der im März/ April 1930 stattgefundene „Salzmarsch". Im Zuge eines tatsächlich unternommenen Protestmarsches kämpfte Gandhi gegen die als ungerecht empfundene britische Salzsteuer, die Inder konnten aus ihren eigenen Salzvorkommen keinen Profit ziehen. In einer berühmt gewordenen Rede legte er all seine Pläne für die zukünftige Unabhängigkeit auf den Tisch. Ein Zwischenerfolg war, dass nun das Salz für den persönlichen Bedarf der Inder von der Steuer ausgenommen wurde.

Gandhis Philosophie der Gewaltlosigkeit und des zivilen Ungehorsams hat Wurzeln in seiner Persönlichkeit und in seiner Religion des Hinduismus. Er hat zeit seines Lebens gegen Gewalt, Unterdrückung, Ausbeutung gekämpft, in westlichen Religionen und Weltanschauungen würde man sagen, gegen das „Böse". Er setzte dafür in Fastenaktionen seine Gesundheit und seine körperliche Integrität ein, seine Gegner wussten, dass er es bis zum Äußersten treiben würde, bis zu seinem eigenen Tod durch Verhungern. Gandhi agierte stets mit äußerster Zähigkeit, sein Leben stand auch unter dem Aspekt der Askese. Soll man Sigmund Freud (1856–1938) heranziehen (Haben sich die beiden persönlich gekannt?)? Folgt man Freuds These, dann kommt es im Sinne einer Askese zu einer Triebsublimierung. Das geschieht hauptsächlich auf dem Gebiet der Sexualität, aber auch beim Besitztrieb. Man kann auch auf Fleischnahrung verzichten, in Indien war damit die Beschützung der Kuh als Symbol des Lebens und der Mutter religiös konzipiert. Diese „frei" gewordene Triebenergie kann dann zur Erreichung anderer Ziele eingesetzt werden. Konkret bei Gandhi das Ziel der Befreiung Indiens. Dachte Gandhi weniger daran, dass Askese

Stätte der Mordstelle Mahatma Gandhis mit den imaginären Schritten des Mörders, Delhi –
© saiko3p / Shutterstock.com

Verbrennungs- und Gedenkstätte für Mahatma Gandhi, Delhi – © Arijeet Bannerjee / Shut-
terstock.com

ihn persönlich von dem Kreislauf der Wiedergeburt erlösen könnte? Oder
steckte, wie manche vermuten, auch in Gandhi ein Machthunger, es der
Welt zeigen zu können, dass die Briten aus Indien zu verschwinden haben
und er genau dies erreichen wollte? Ist Gewaltlosigkeit und Hungerstreik
eine subtile Art von Gewalt, andere moralisch zu zwingen, ihm zu Diensten zu sein, den Gegner unter Druck zu setzten? Wäre Gandhis möglicher
Hungertod eine Schande für die britische Besatzungsmacht geworden?

Wie auch immer, Gandhi war ein aktiver „Einzelkämpfer" gegen die
Kolonialherrschaft der Briten. Er erreichte 1947 sein Ziel. Doch das Schick-
sal ereilte ihn: Am 30. Jänner 1948 wurde er von einem nationalistischen
Hindu erschossen. Sein Mörder verbeugte sich vorerst in indischer Art vor
ihm, dann zückte er die Waffe und schoss. Er wurde zum Tode verurteilt.
Der Ort des Geschehens ist zu einem Art Denkmal umgestaltet worden,
der Platz des Attentats als kleiner „Tempel" gebildet, Gandhis letzte
Schritte und die des Mörders wurden am Boden plastisch dargestellt. Am
Tag nach seinem Tod wurde der Leichnam Gandhis verbrannt, die Asche
nach der Sitte des Landes in vielen Teilen Indiens ausgestreut. Es muss
dies eine gewaltige Feier mit Millionen Teilnehmern gewesen sein. Die
Szene hat der britische Filmregisseur Richard Attenborough (1923–2014)
in seinem Film über Gandhi (gespielt von Ben Kingsley, geb. 1943) von
1982 an den Anfang gesetzt. Die Stätte der Einäscherung, Raj Ghat, eine
weit ausgebreitete Fläche mit einer Art Altar an der Stelle der Verbrennung, ist zum Pilgerort geworden.

Was waren die Folgen für Indien, wenn man als Historiker kritisch
urteilt? Als klares Faktum bleibt die Unabhängigkeit von Großbritannien,
Gandhis Kampf dafür hat ihn zum Mythos werden lassen. Die berühmte
Frage, was blieb, soll gestellt werden, und: Ist sein Erbe heute gefährdet? Wählen wir drei Punkte aus: Indien als Staat, die Religionen, das
Kastenwesen. Um die Zeit nach der Selbstständigkeit Indiens kam es
zum Krieg mit Pakistan um die Provinz Kaschmir. Bedenkt man, dass
Indien seit 1974 offiziell als Atommacht zählt, in den 80er Jahren Pakistan
nachgezogen hat und beider Nachbar China auch Atomwaffen besitzt, so
befindet man sich heute in einem politisch gefährlichen „Schlafwinkel"
dieser Welt. Von Gewaltlosigkeit keine Rede!

Die Politik und der erwähnte Krieg hängen auch mit der Religion
zusammen, Pakistan ist eher dem Islam zugeneigt, Indien dem Hinduismus. Dass beide Religionen sich nicht wirklich vertragen, habe ich
selbst erfahren. Dazu kommt die Religion der Sikhs, entstanden etwa im
15. Jahrhundert, deren Anhänger zwar in Indien integriert sind, aber mit

den beiden anderen Religionen wenig verbindet. Bleibt der Blick auf das Kastenwesen. Gandhi wollte die unterste Kaste, die mehr oder weniger von allem wichtigen Geschehen ausgeschlossen war (die „Unberührbaren"), wenigstens in den Gesamt-Staat integriert wissen. Dafür engagierte er sich, ohne jedoch am Grundsystem des Kastenwesens wirklich zu rütteln. Dieses ist in den alten Veden, den heiligen (erst später aufgezeichneten) Schriften des Hinduismus, schon etwa seit dem ersten Jahrtausend vor Christi Geburt, verankert. Sozialer Aufstieg, Heirat etc. sind in Indien heute noch ein Problem. Fährt man durch Indien, sind die aus dem Boden gestampften „technischen Schulen" nicht zu übersehen. Sind sie die soziale Zukunft Indiens oder „kratzt" nur moderne westliche Technik an der Oberfläche des riesigen Landes?

Pearl Harbour

7. Dezember 1941

Hawaii gilt weltweit als touristisches Traumziel. Hawaii ist der Überbegriff für die aus acht größeren Inseln bestehende Inselgruppe und ist gleichzeitig der Name für die Hauptinsel. Auf der Insel O'ahu liegt die Hauptstadt Honolulu mit dem berühmten Strand Waikiki, wunderschön aber hoffnungslos überlaufen. Nicht weit entfernt ist der Hafen Pearl Harbour. Hawaii wurde 1527 von Spaniern entdeckt. Eine größere Rolle in der Entdeckungsgeschichte spielte allerdings der englische Seefahrer James Cook (1728–1779), der quasi Hawaii für Europa öffnete. Die Inselgruppe war Jahrhunderte zuvor von polynesischen Einwanderern besiedelt worden. Sogenannte „Adelige", die sich auf göttlichen Ursprung beriefen, übernahmen die Herrschaft. James Cook war eigentlich auf dem Weg die Nordwestpassage zwischen Alaska und Sibirien zu finden. Das Packeis war das Problem, die Passage wurde erst um die Mitte des 19. Jahrhunderts gefunden, heute versuchen selbst größere Passagierschiffe durchzufahren. Cook suchte dann wieder wärmere Gefilde auf, gelangte nach Hawaii und betätigte sich als Kartograph. Dies war 1778 und das Verhältnis zu den Eingeborenen war vorerst recht gut. Als Medizinhistoriker darf ich bemerken, dass damals solche langdauernden Reisen, besonders in die Südsee, nicht nur dank der Erfindung von Chronometern und Spiegelsextanten möglich waren, sondern auch dadurch, dass mit Sauerkraut und später Zitronensaft die Erkrankungen an Skorbut radikal zurückgegangen sind; viele Matrosen überlebten dadurch.

Die Ureinwohner von Hawaii nannten sich Kanaken, was in ihrer Sprache schlicht die Bezeichnung für „Mensch" war. Sie waren wegen ihrer seemännischen Fähigkeiten von den europäischen Matrosen sehr geschätzt. Es sollte der deutschen Sprache vorbehalten bleiben aus „Kanaken" irgendwann im frühen 20. Jahrhundert ein Schimpfwort zu machen. In ganz unspezifischer Art wird dieses Wort für alle Menschen verwendet, die süd- oder einfach nur fremdländisch aussehen, etwa Gastarbeiter oder Einwanderer (auch Europäer).

Schon im 18. Jahrhundert entstand der Begriff „Südseefieber" für eine Art seelischen Zustandes – man sagte noch nicht Krankheit – der durch die Atmosphäre der Südsee, das Klima, die Pracht ihrer Inseln, durch die neue Erlebniswelt von Pflanzen und Tieren, der anderen Nahrung, aber auch der dortigen Frauen bei den Matrosen hervorgerufen wurde. Diese Atmosphäre war auch bei der Landung Cooks in der Kealakekua Bay im Rahmen seiner dritten Reise an der westlichen Seite der Hauptinsel Hawaii zu spüren. Bald jedoch kippten die Verhältnisse. Die Eingeborenen erkannten schnell, dass die Weißen doch keine Götter waren, dass sie ihnen die Nahrung wegnahmen – und die Frauen, die allerdings nicht abgeneigt gewesen sein sollen, sich der fremden Männer anzunehmen. Es kam zum Kampf! James Cook wurde am 14. Februar 1779 von hinten erstochen, er fällt mit dem Oberkörper in die See, die Füße bleiben am Uferfelsen hängen, bewusstlos geworden ertrinkt er – es muss dramatisch gewesen sein. In der Nähe dieser Stelle erinnert heute ein Gedenkstein an den Tod des Weltumseglers.

Die Geschichte Hawaiis im 19. Jahrhundert beginnt – vereinfacht erzählt – mit der Einigung bzw. Machtübernahme durch König Kamehameha (1758–1819) im Jahre 1810 und endet 1898 mit der Annexion durch die USA, die an der strategischen Lage der Inseln interessiert waren. Dem König hat man in Honolulu eine prächtige, halb vergoldete Statue gewidmet. Es gab noch einige Könige bis 1894 die Republik Hawaii ausgerufen wurde, die allerdings nur vier Jahre halten sollte. Amerikaner und Asiaten begannen die Ureinwohner zu verdrängen, schon 1887 war Pearl Harbour als amerikanischer Marinestützpunkt beansprucht worden, nach dem Ersten Weltkrieg wurde es der wichtigste Flottenstützpunkt im Pazifik. Zu Jahresbeginn 1959 wurde Alaska zum 49. Staat der USA erklärt, im August desselben Jahres Hawaii zum fünfzigsten. Entsprechend mussten die Sterne auf der amerikanischen Flagge umgruppiert werden…

Im Zuge des Zweiten Weltkrieges wurde am 27. September 1940 der sogenannte „Dreimächtepakt" zwischen Deutschland, dem Königreich Italien und dem Kaiserreich Japan geschlossen. Er wird von Historikern unterschiedlich und als nicht sehr wirksam bewertet, weil die Länder in den auseinanderliegenden Weltteilen ihre eigenen Ziele verfolgten: Deutschland und Italien in Europa, Japan im pazifischen Raum. Im japanischen Interesse lag es Hawaii bzw. die dortige amerikanische Flotte anzugreifen. Ohne Kriegshistoriker zu sein, kann man hier interessante militärische Überlegungen anstellen. Pearl Harbour ist praktisch ein Binnenhafen mit einer Art Kanalverbindung zur offenen See. Also scheint ein Angriff mit Torpedos auf die Schiffe im Hafen fast sinnlos,

Japanischer Flugzeugangriff auf Pearl Harbour, 7. Dezember 1941 – © War / TopFoto / picturedesk.com

Gedenkstätte in Hafen von Pearl Harbour (Schiff „Arizona") – © Pung / Shutterstock.com

da Torpedos leicht abzufangen gewesen wären. Eine Landung durch die Japaner wie später die der Alliierten in der Normandie wäre zu früh entdeckt worden. Steht man im Hafen von Pearl Harbour und bedenkt die Geografie, fällt einem die damalige japanische Lösung leicht ein: Angriffe aus der Luft. So geschah es am 7. Dezember 1941, einem ruhigen Sonntagmorgen. Von sechs Flugzeugträgern aus sicherer Entfernung auf hoher See mit etwa 400 Flugzeugen startete der Überfall. Dazu kam, dass sogenannte „Kamikaze"-Flieger eingesetzt wurden, die in einer Art Märtyrer-Mentalität ihr Leben in den auf die Schiffe herabstürzenden bombenbeladenen Maschinen hingaben. Kamikaze lässt sich mit „göttlichem Wind" übersetzten, der von den Amerikanern aber wie ein Sturm empfunden wurde. Heute erinnert uns der Begriff „Kamikaze" an die Selbstmordattentäter der Islamisten, wobei schon die Frage nach der religiösen Provenienz allein, vor allem aber die Beantwortung dieser Frage die politischen Gemüter entzweit.

Zwölf amerikanische Schiffe wurden versenkt, viele andere beschädigt, 188 Flugzeuge vernichtet, vor allem aber waren 2400 tote Soldaten zu beklagen, Japan verlor 65 Piloten. Für Amerika galt dies als heimtückischer Angriff, psychologisch war der Fall klar, er einte das amerikanische Volk. Wenn auch die USA vorher wussten, auf welcher Seite sie politisch standen, hatten sie sich doch bis dahin aus Kriegshandlungen herausgehalten. Nun war welthistorisch entscheidend, dass die USA am Tag danach, am 8. Dezember 1941, den Krieg an Japan erklärten, was wiederum drei Tage später mit der Kriegserklärung von Deutschland und Italien an die USA beantwortet wurde. Nun war wirklich Welt-Krieg. Von den USA aus gesehen bedurfte es noch der Landung in der Normandie 1944 und des Atombombenabwurfes auf Hiroshima und Nagasaki 1945 um den Zweiten Weltkrieg beenden zu können. Es gibt Berichte, wonach der Schaden auf Pearl Harbour denn doch nicht so verheerend gewesen wäre, wie angenommen: Manche Schiffe konnten repariert werden, die Ölvorräte waren intakt, zwei Flugzeugträger waren sicher auf hoher See.

Wer jetzt Pearl Harbour besucht, wird in ein riesiges Museum an Land geführt. Sehr beeindruckend allerdings ist die Überfahrt zu dem gesunkenen Schiff „Arizona". Über dieses ist eine Gedenkbrücke, eine Art Mahnmal gebaut, eine architektonische Einheit mit zwei stilisierten Endtürmen und dazwischen einer Aussichtterrasse, von der aus man auf restliche Teile des Schiffes blicken kann, die aus dem Wasser ragen. Man ahnt einen Rauchfang oder den Turm des Schiffsaufbaues und man empfindet ein mulmiges Gefühl, wenn man hört, dass von den circa 900 Toten einige noch immer irgendwo im Schiffskörper sind und nicht gefunden wurden. Man spürt weiterhin das fast heilige Empfinden des Personals für diesen Ort, besonders der wachhabenden Soldaten. Die Geschichte hat damals Amerika böse getroffen, wie am 11. September 2001 in New York nochmals. Es gibt aber noch andere Gefühle: Unweit des gesunkenen Schiffes liegen offenbar demonstrativ kampfbereite Kriegsschiffe der amerikanischen Flotte. Soll man an den berühmten Satz denken: „Willst Du den Frieden, so rüste für den Krieg" (vielleicht doch vom Römer Cicero schon angedacht, 106–43) oder soll man lieber Tränen der Trauer in die Augen bekommen? Zuletzt und (fast) zu dumm: Wie geht man heute in Pearl Harbour mit der Flut von japanischen Touristen um, deren Vorfahren die Aggressoren waren, und deren Nachkommen jetzt sehen wollen, wie „genial" diese damals agiert haben...

Mauthausen und Amsterdam

Man kann fragen, wie Amsterdam und Mauthausen zusammenhängen. Der Antisemitismus und die Judenverfolgungen verbinden beide. Mauthausen in Oberösterreich ist ein Lager gewesen, wie etwa Dachau bei München oder Auschwitz im südlichen Polen (mit der zynischen Tor-Überschrift „Arbeit macht frei") und Amsterdam ist durch den berühmten Fall der jungen Anne Frank (1929–1945) und ihrem Tagebuch bekannt geworden. Es soll hier keine Geschichte des Antisemitismus geboten werden, sondern ich versuche, die Wurzeln freizulegen, die ich in der menschlichen Psyche zu finden glaube – ergänzt durch historische Fakten. Der Hauptgrund ist der Egoismus und die Egozentrik vieler Menschen, an die sich die Lust auf Aggression und Gewalt anschließen, um über das übersteigerte Selbstwertgefühl und Überlegenheitsgefühl zum Gefühl der Allmacht zu gelangen. Daran schließen sich Gefühle wie Neid, Gier, Hass, im negativen Fall psychische Ohnmacht an. Dies alles klingt vielleicht etwas überbordend, aber die psychologischen und historischen Fakten sprechen dafür. Schon die Juden der vorchristlichen Zeit fühlten sich als das auserwählte Volk, waren direkt mit Gott verbunden, man sollte aber das, was darüber im Alten Testament steht, nicht als historische Wahrheit nehmen. Sind aber schon damals die Gegner im näheren jüdischen Lebensbereich und später die Römer „eifersüchtig" auf die Gottesbeziehung gewesen? Den Römern reichten offenbar die eigenen Götter samt den göttlichen Kaisern! Sie ärgerten sich aber über die aufmüpfigen und rebellischen Juden, die im Jüdischen Krieg von 66 bis 74 wegen der römischen Übermacht unterliegen mussten. Im Jahre 70 wurde von Kaiser Titus (39–81) der Zweite Tempel in Jerusalem zerstört. Zum jüdischen Mythos wurde die Felsenfestung Masada, die über eine von den Römern aufgeschüttete Rampe, die heute noch zu sehen ist, erobert wurde: Die römischen Soldaten fanden dann nur die durch Selbstmord gestorbenen Verteidiger vor. Auch der 135 erfolgte „Bar Kochba-Aufstand" gegen die Römer war erfolglos. Um es vereinfacht auszudrücken: Das jüdische Volk wurde in alle Welt zerstreut, es hatte bis in die zweite Hälfte des 20. Jahrhunderts keine Heimat – im engeren Sinn, außer eben die ganze Welt…

Um die Zeit der jüdischen Kriege war das Christentum entstanden durch den Juden Jesus und den genialen Propagator, den Juden Paulus.

Dies hinderte im Laufe der Geschichte des Christentums die Gläubigen nicht die Juden anzuklagen: „Sie haben unseren Herrn getötet". Kann man in Mauthausen oder Auschwitz solche Gedanken nachvollziehen? Der Antisemitismus entwickelte sich, erreichte im Mittelalter und der frühen Neuzeit – auch Martin Luther (1483–1546) zählte zu den Antisemiten – einen negativen Höhepunkt, um im 20. Jahrhundert in der brutalen Totalität des Holocausts zu münden.

Die christliche Welt des Abendlandes brauchte aus den genannten psychologischen und religiösen Gründen für ihre negativen Erfahrungen, für die Erklärung der Plagen des Alltags einen Sündenbock, ein Opfertier, ein schwarzes Schaf, jemanden, dem man die Schuld an allem Übel zuschieben konnte – und man fand sie in den Juden, wegen ihrer Religion und weil sie die Minderzahl in der Bevölkerung waren. Vorwürfe wie Hostienschändung (Da die Hostien „natürlich" in den Händen der Juden zu bluten begannen.), Brunnenvergiftung, ja Ritualmorde tauchten auf. Man kann solche Orte auf sich wirken lassen. So etwa den Judenplatz im ersten Wiener Gemeindebezirk. 1421 fand dort auf Befehl des Habsburgers Albrecht V. (1397–1439), der den Juden Waffenlieferungen an die verhassten Hussiten vorwarf, dazu Hostienschändung, ein Pogrom fürchterlichster Art statt. Am Haus Judenplatz 2 (Jordan-Haus) findet sich noch heute eine Tafel mit dem antisemitischen Text, wonach hier „… die furchtbaren Verbrechen der Hebräerhunde…" gesühnt worden wären – darf man zynisch fragen, wer kann heute noch den lateinischen Text verstehen? Werfen wir einen Blick nach Tirol in den kleinen Ort Rinn, südlich von Hall in Tirol. Dort soll ein Ritualmord von vazierenden, ortsfremden Juden an dem kleinen Anderl (Andreas) Oxner (1459–1462) vorgenommen worden sein. Die Legende wurde erst um 1620 erfunden, die Gebeine in der kleinen Kirche wurden zum Zentrum von Pilgern. Erst 1994 (!) wurde der Spuk durch ein Dekret der Diözese Innsbruck beendet.

Vom 19. zum 20. Jahrhundert trat ein anderes Faktum in die Geschichte des Antisemitismus ein: die Rassenlehre. Wenn man salopp sprechen darf, sie löste die Religion als antijüdisches „Argument" ab – besser, gesellte sich dazu. Fairerweise muss man als Wissenschaftshistoriker sagen, dass bei zahlreichen honorigen Wissenschaftlern im deutschsprachigen Raum, die sich der Anatomie und Anthropologie gewidmet hatten, auch Themen wie Konstitution, Rasse, gar Rassenhygiene, zum Forschungsalltag gehörten. Schädelsammlungen wurden angelegt, „geniale" Köpfe gesucht. Die Rassenlehre verband sich allerdings bei manchen

Todesstiege im KZ Mauthausen –
© Shutterstock.com

Haus Anne Franks in Amsterdam –
© Fotos593 / Shutterstock.com

Menschen mit der Bewertung der Rassen. Die arische Rasse erklärte man zur „Herrenrasse", andere Rassen waren minderwertig, die Neger, die Gelben und auch die Juden. Mit dem Begriff Herrenrasse verbanden sich die Begriffe Stolz und Ehre. Später kamen der „Wille zur Macht" und die Aggression dazu. Ein Exponent dieser Anschauung wurde Adolf Hitler (1889–1945), der in seiner Wiener Zeit vom Deutschnationalen Georg von Schönerer (1842–1921) lernte (Ausdrücke wie „Führer" und „Heil") und vom Bürgermeister Karl Lueger (1844–1910) lernte er gleichsam das politische Handwerk. Zum Antisemitismus beider – auch wenn manche Quellen der weltanschaulichen Bildung Hitlers nicht klar sind – kam noch das völkische Ideengut, der Drang zum deutschen Brudervolk. Die Deutschnationalen in der österreichischen Monarchie fürchteten sich vor der Überfremdung durch andere Rassen und sehnten sich nach einem mächtigen Reich deutscher Zunge – in Österreich zumindest bis 1938, weniger nach 1945. Noch etwas kam dazu: Die antikapitalistische Propaganda gegen die „reichen" Juden, was bei der ärmeren Bevölkerung gut ankam. Hat das auch mit Karl Marx zu tun?

Man darf abkürzen: Im Jänner 1933 kamen in Deutschland die Nationalsozialisten an die Macht. Bald darauf, zuerst eher unauffällig aber immer geheim, dann mit brutaler Gewalt folgten die Judenverfolgungen, wie wir sie kennen. Man weiß um all die Gräuel und Grausamkeiten in den Konzentrationslagern (KZ), von Überlebenden wurden sie vielfach geschildert. Auch Österreich war nach dem „Anschluss" vom 12. März 1938 davon betroffen. Ein Teil des Volkes jubelte damals, andere fürchteten sich zu Recht. Der Schriftsteller und Jude Egon Friedell (1878–1938), Verfasser der interessanten „Kulturgeschichte der Neuzeit", beging am 16. März Selbstmord. Am Tag davor hatte Hitler die Rede über die Heimkehr Österreichs in das Deutsche Reich auf dem Heldenplatz in Wien gehalten. Von Nazi-Häschern verletzt, fand Friedell durch einen Sturz aus dem Fenster seinen Tod (Wien 18., Gentzgasse 7 mit Gedenktafel). Tausende Juden wurden verhaftet, enteignet, ins KZ gebracht, wohin aber auch Zigeuner, politische Gegner der Nationalsozialisten und aufmüpfige Priester kamen. Unter den Verhafteten war auch Leopold Figl (1902–1965), der schon am 12. März ins KZ Dachau eingeliefert, Prügelstrafe und Dunkelhaft erleiden musste und dann 1944 über Mauthausen in die Todeszelle nach Wien kam. Er war nach 1945 der erste Bundeskanzler der Zweiten Republik in Österreich. Es wird erzählt, dass das neue Österreich durch Gespräche der Inhaftierten aus verschiedenen politischen Lagern im KZ geboren wurde. In

Deutschland leitete Heinrich Himmler (1900–1945), Führer der SS, die Judenvernichtung. Die Zahl der Konzentrationslager ist heute natürlich bekannt, am bekanntesten ist vielleicht Auschwitz, beeindruckender aber ist Mauthausen.

Mauthausen als Stadt ist lieblich an der Donau gelegen, doch das Gesamtbild des abseits in einem Steinbruch gelegenen Lagers in Richtung der Berge lässt das Bild einer Festung ohne Ausweg erkennen. Die Lagerhallen sind bedrückend, die Verbrennungsöfen noch mehr. Doch am eindrucksvollsten – im negativen Sinn – ist die sogenannte „Todesstiege". Dies ist eine aus dem Granit geschlagene stufenartige Rampe, auf der sich qualvolle Szenen abgespielt haben, vom Schleppen der Granitsteine unter Schlägen der Aufseher bis hin zum Tod durch Erschießen. Daneben gibt es die sogenannte „Fallschirmspringerwand", steil und etwa 50 Meter hoch, über die die Häftlinge in den Tod gestürzt wurden. Die erst 1938 als SS-Unternehmen gegründeten „Deutschen Erd- und Steinwerke" wollten den Steinbruch von Mauthausen nützen, was letztlich zur Einrichtung dieses Lagers geführt hatte. Dieses lief unter dem Motto „Vernichtung durch Arbeit". Man spricht in Summe von 90.000 in diesem KZ Ermordeten, wenn man alle Nebenlager, wie etwa das im nahe gelegenen Gusen einbezieht, dann auch die Tötungen in diversen Gaskammern, in Krematorien und in den Genickschussanlagen. Die ersten Gefangenen kamen schon am 8. August 1938 ins Lager, später waren auch sowjetische Kriegsgefangene hier untergebracht. Man sprach auch davon, dass es erstmals ein Lagerbordell in Mauthausen gegeben hat. 1945 kam es mit dem Ende des Weltkrieges auch zur Entdeckung der vielen Lager und zur Befreiung der Juden. Dies geschah geografisch gesehen etwa bei Auschwitz durch die sowjetischen Truppen, bei Mauthausen am 5. Mai durch die Amerikaner.

Die schülerhafte Frage, warum sich die Juden damals nicht gewehrt hatten, kann leicht beantwortet werden. Sie waren in der Minderzahl und damit für die Antisemiten ein leichtes Ziel. Zum anderen standen die Juden einer geballten Gewalt gegenüber, was den Holocaust betrifft, überhaupt einer neuen historischen Dimension. Man muss sich auch an den Aufstand der Juden im April und Mai 1943 im Warschauer Ghetto erinnern, der von den Nazis brutal niedergeschlagen wurde. Man versteht daher die Schaffung des Staates Israel und die Wurzel des gewaltigen Verteidigungswillens dieses Landes, bis hin zu den (geheim gehaltenen) Atombomben. Dass dies Israel den Vorwurf des übertriebenen und aggressiven Nationalismus einbringt, verkraftet das Land.

Im Jahr 1988 wurde am Wiener Albertinaplatz (jetzt Helmut Zilk-Platz) im ersten Bezirk ein Denkmal vom österreichischen Bildhauer Alfred Hrdlicka (1928–2009) als „Mahnmal gegen Krieg und Faschismus" errichtet. Es ist eindrucksvoll gestaltet und über den Trümmern des früheren „Philipphofs" gebaut, der am 12. März 1945 bombardiert worden war. In den zugeschütteten Kellergeschossen sind noch hunderte nicht geborgene Leichen von Menschen, die Schutz vor den Bomben gesucht hatten. Die Denkmalgruppe besteht aus vier Teilen: Dem „Tor der Gewalt" mit Granitsteinen von der Todesstiege aus Mauthausen, dem „Straßenwaschenden Juden" aus Bronze, dem den Opfern des Nationalsozialismus gewidmeten Teil „Orpheus betritt den Hades" bis zum Granitblock, dem „Stein der Republik" mit der „in Stein gemeißelten" österreichischen Unabhängigkeitserklärung.

Auch Anne Frank hat ein Denkmal bekommen, in Amsterdam, auch aus Bronze wie der Jude in Wien. Sie trägt zwei schwere Taschen, sie trägt die Last dieser Tage. Wie diese Tage gestaltet waren, hat sie einem Tagebuch anvertraut. Das Notizbuch war ein Geschenk ihres Vaters, des Kaufmannes Otto Heinrich Frank (1889–1980). Sie schrieb ihre Geschichte, wichtiger aber ihre Gefühle darin auf. Holland war von den deutschen Truppen besetzt, auch in diesem Land wurden die Juden verfolgt. Die Familie Frank hatte (vorerst) Glück, wenn man das Wort in diesem Zusammenhang verwenden kann. Die Familie mit zwei Töchtern und weitere Personen konnten sich im hinteren Teil eines Hauses auf engstem Raum verstecken. Man geht über enge Stiegen (Dem Deutschsprechenden fällt das respektlose Wort „Hühnerleiter" ein.), sieht das als Tarnung eingebaute drehbare Bücherregal. Besonders berührend sind die mit Bleistift an die Wand gezeichneten Wachstumsangaben der Töchter der Familie. Das Haus ist heute zu besichtigen, man muss sich nur lange genug anstellen wollen. Das Gebäude (Prinsengracht 263) hat eine einfache Ziegelfassade, ist aber im Verbund mit den anderen Häuserkomplexen praktisch nicht einsehbar. In engen Räumen im hinteren Teil des Hauses hat die Familie Frank gelebt, meist im schützenden Halbdunkel: vom 6. Juli 1942 bis zum 1. August 1944. Dann erfolgten die Gefangennahme, Transport ins KZ Bergen-Belsen in Deutschland, wo Anne im März 1945 an Typhus starb. Einzig der Vater überlebte und veröffentlichte im Jahre 1947 Annes Tagebuch, das zufällig gerettet worden war. Schriftzüge aus dem Buch sind an der Fassade der Montessori-Schule, die sie besuchte, angebracht. Annes Leben wurde 1959 verfilmt.

Ich weiß nicht, ob es eine Statistik darüber gibt, wie viele Juden in Verstecken überlebt haben. Ich kenne Einzelfälle aus Österreich. Aber man soll nicht Schicksale hinter Statistiken verbergen. Man erinnert sich in Anne Franks Haus auch an die „Liste" des Industriellen Oskar Schindler (1908–1974), der mit einer raffinierte Taktik jüdische Arbeitskräfte angefordert hat, um sie vor der Tötung zu bewahren – den entsprechenden Film gab es 1993 als „Schindlers Liste". Bei aller Dramatik und Grausamkeit des historischen Geschehens solle man aber jetzt und heute auf der „Todesstiege" in Mauthausen darüber nachdenken, dass laut Umfragen (europaweit?) etwa 40 Prozent der Bevölkerung wieder Sehnsucht nach einem „Führer" haben – ohne ein Parlament! – Sehnsucht nach einer „einfachen" Lösung der politischen Probleme. Viele Menschen lassen offen ihr Aggressionspotential anklingen – träumen sich in einen neuen Faschismus hinein.

Normandie
D-Day – 6. Juni 1944

Es war das Jahr 1956, Österreich hatte seit einem Jahr den Staatsvertrag, unterzeichnet von den vier früheren Besatzungsmächten, mein Vater (1902–1983) hatte sein erstes Auto, natürlich einen VW Käfer. Er war von 1929 bis 1931 in Frankreich Gastarbeiter und seit dieser für ihn glücklichen Zeit sehr frankophil. Da er auch Kriegsteilnehmer war, wollte er unbedingt die Küste der Normandie, den Landungsplatz der alliierten Truppen sehen – und den Atlantikwall, die Bunker der Deutschen. Wir stapften durch den Sand an der Küste entlang, mein Vater dachte „militärisch", wie man hier landen konnte, nicht ohne mich zu warnen, auf einen der vielleicht noch vorhandenen Reste des Krieges zu treten, ich habe jedoch nichts vorgefunden. Mich beeindruckten auf ganz eigene Art die Bunkeranlagen, wenig entfernt vom Meer, aber noch nicht wirklich im Landesinneren. Wir schlichen in manchen Bunker hinein, sie waren unbewacht und ich möchte heute gar nicht wissen, ob man das damals durfte. Es war ein Art Höhlensystem, schmale Ausblicke nach außen, wie ich es von den Schießscharten der Burgen kannte, ich ahnte die Plätze, wo die Kanonen gestanden haben müssen. Jahrzehnte später als Erwachsener war ich von der Vielfalt der Erinnerungsstätten im Freien und in Museen überwältigt, gewidmet dem Gedenken an die beteiligten Nationen und an einzelne Personen. Offenbar hat sich in Kuba Fidel Castro (1926–2016) ein Beispiel genommen, da wegen der Invasion in der Schweinebucht 1961 am Strand alle paar Kilometer ein Denkmal steht…

Nach mehr als einem dreiviertel Jahrhundert ist die Vorgeschichte schnell erzählt. Adolf Hitler hatte den Zweiten Weltkrieg 1939 eröffnet, vorerst gegen Polen um dann gleichsam im Schutz des Hitler-Stalin-Paktes die Westfront gegen Frankreich zu eröffnen. Frankreich hatte seit 1870/71 mit Deutschland/Preußen schlechte Erfahrungen gemacht und schon damals an eine spezielle Verteidigungslinie gedacht. Der Erste Weltkrieg verstärkte diese Erfahrungen, so dass vom Kriegsminister Andre Maginot (1877–1932) die nach ihm benannte Verteidigungsanlage – hauptsächlich gegen Deutschland – in den Jahren 1930 bis 1940 gebaut wurde. 1940 begann Hitler Frankreich anzugreifen, versuchte an den Schwachstellen der Maginot-Linie durchzubrechen, vor allem aber umging er diesen Verteidigungswall durch die Missachtung der belgischen Staatshoheit und besetzte Frankreich. Als Historiker muss man wieder einmal das Prinzip des Faktenschaffens in der Geschichte hervorheben, mit der Folge der Wehrlosigkeit eines Gegners. Hitler forderte 1941 dann den Bau des Atlantikwalls, mit dem unter Beiziehung von Zwangsarbeitern ein Jahr später begonnen wurde. Er sollte von Frankreich bis Dänemark, ja Norwegen in einer Länge von 2685 Kilometern mit unzähligen „Kasematten" versehen gebaut werden. 1941 brach Hitler den Pakt mit Stalin und wollte im selben Jahr Moskau erobern, mehr oder weniger entwickelte sich ein Zweifrontenkrieg. Wie bei Napoleon 1812 gelang die Einnahme Moskaus nicht, im Gegenteil verloren deutsche Truppen später 1942/43 bei Stalingrad die bis dahin fürchterlichste Schlacht der Weltgeschichte, ein Wendepunkt im Kampfgeschehen. Die Masse der sowjetischen Soldaten war nicht mehr aufzuhalten, sie führten einen „vaterländischen Krieg". Als im Dezember 1941 der japanische Angriff auf Pearl Harbour erfolgte, traten die USA in den Krieg ein, vorerst gegen Japan, drei Tage später gegen Deutschland. Beides zusammen – Stalingrad und der Kriegseintritt der USA – besiegelte eigentlich das Schicksal Deutschlands und des Nationalsozialismus, nur wollte dies das überhebliche Deutschland nicht wahrhaben. Es erhebt sich die Frage, ob man Sigmund Freuds Idee des „Todestriebes" anwenden soll oder die psychologische Erfahrung des „point of no return", dass man nicht mehr anders handeln kann, nicht mehr zurück, nur mehr vorwärts stürmen – und sei es in den Tod. Es gab keine wirklichen Friedensverhandlungen, jubelnd wurde in Deutschland – zumindest vor Nazi-Kriegsfanatikern – 1943 von Joseph Goebbels (1897–1945) die Frage: „Wollt ihr den totalen Krieg?" gestellt.

Die USA hatten Zeit zur Rüstung, dazu riesige Industrieanlagen im Rücken, und konnten diplomatisch die alliierten Truppen zusammenstellen. Im Osten Deutschlands rückte die Rote Armee immer weiter vor. Hauptsächlich Amerikaner und Briten planten bald eine Landung an der französischen Küste. Zur Täuschung wurden Scheinangriffe auf Calais und Caen getätigt – zur Erinnerung: Von Caen aus hat Wilhelm der Eroberer (1027–1087) 1066 nach England übergesetzt. Beim Geheimplan der Landung ging es um den Termin des Einsatzes, dann um die Wetterlage. Letztlich wurde die Normandie ausgewählt (später die Strände nach Omaha und Utah benannt – es gibt noch viele andere), der D-Day, der gemeingehaltene Tag des Einsatzes, des „Day of Decision" (Tag der Entscheidung), wurde letztlich auf den 6. Juni festgelegt. Der Begriff D-Day

Truppenlandung der Alliierten in der Normandie am 6. Juni 1944 – © Shutterstock.com

Bunkeranlage des Atlantikwalls – © Shutterstock.com

ist im Ersten Weltkrieg schon zu einem geheim gehaltenen militärischen Codewort geworden. Ähnliches gibt es in der deutschen Sprache mit dem Tag X.

Am Tag vor der Landung hielt der beauftragte General George S. Patton Jr. (1885–1945), der teilweise gemeinsam mit dem späteren Präsidenten der Vereinigten Staaten Dwight D. Eisenhower (1890–1969) schon Erfahrungen mit Truppenlandungen in Nordafrika und Sizilien hatte, eine bemerkenswerte Rede, die in die Geschichte der militärischen Rhetorik eingegangen ist und über die man sich schon Gedanken machen kann. Patton war ein militärisches Raubein, bekam Probleme mit einem von ihm geohrfeigten Soldaten, wurde aber offenbar doch für diese Art von Landung gebraucht. Die Verwendung von obszönen Ausdrücken gehöre zum Militär, meinte er, Fäkalausdrücke ebenfalls. Er betonte rücksichtslos, dass „nur" zwei Prozent der Soldaten fallen würden, dass aber die Überlebenden ihren Enkeln, die dann vor dem Kamin auf ihrem Schoß sitzen werden, erklären könnten, sie hätten im Weltkrieg mit dem „verdammten Hundesohn" Patton gemeinsam gekämpft! Auch er kenne die Angst vor dem Kriegseinsatz und im Kampf, aber sobald die ersten Kugeln vorüberpfeifen, ist alles vergessen. Schon gar nicht braucht man Angst vor dem Tod zu haben, der kommt sowieso zu seiner Zeit (Aber wann, könnte man allerdings fragen?). Das Thema Heimat und seine Lieben zu verteidigen war klar, außerdem seien alle Soldaten echte Männer und solche kämpfen eben. Besonders wenn sie Amerikaner sind, die nur den Sieg kennen und sonst nichts: Amerikaner lieben Gewinner und mögen keine Verlierer – deswegen werden sie auch niemals einen Krieg verlieren. Patton konnte nicht wissen, was sich wenige Jahre später in Korea und Vietnam abspielen sollte. Ehrgefühl, Pflichtgefühl und angeborene Männlichkeit wären sowieso in einer Schlacht wichtig. Die Schlacht „ist der großartigste Wettkampf, auf den ein Mensch sich einlassen kann". Zuletzt, wenn er in die Situation käme, würde Patton selbst den „… tapetenklebenden Hurensohn Hitler abknallen". General Patton ist am 21. Dezember 1945 in Heidelberg an der Folge eines Autounfalles ums Leben gekommen.

Schlechtwetter hatte die Landung verzögert, aber am 6. Juni 1944 erfolgte die Landung, der „Längste Tag" der Geschichte begann, wie ein Filmtitel im Jahre 1962 hieß – der aufwändigste Kriegsfilm der Filmgeschichte. Dieser Tag begann um 4.15 Uhr, die konkrete Landung fand ab 6.30 Uhr statt. Die deutsche Generalität war trotz aller Vorahnungen überrascht, man wagte es nicht Adolf Hitler vor 10 Uhr zu wecken. Er hatte sich am Vorabend, wie schon seinerzeit in Wien, dem Genuss der Wagner-Musik hingegeben – und schlief. Die größte kombinierte Militäraktion aller Zeiten fand statt. Rund 7.000 Schiffe kamen zum Einsatz und 20.000 Fahrzeuge mit zusammen 150.000 Mann. Eine Woche später war der Truppenstand 320.000 Soldaten und etwa 54.000 Fahrzeuge. Wegen der Überlegenheit der alliierten Luftwaffe konnten 74 von 92 deutschen Radarstationen durch Bomben vernichtet werden. Trotzdem war der Weg ins Landesinnere von der deutschen Gegenwehr arg behindert, erst Ende Juli gelang der Durchbruch der deutschen Linien, gegen Ende August konnten deutsche Truppen eingekreist werden.

Der Rückzug der deutschen Truppen setzte sich fort. Am 7.März 1945 schafften die Alliierten den ersten Übergang über den Rhein bei Remagen. Auch dies ist prominent in die Geschichte eingegangen, auch filmisch 1969 als „Die Brücke von Remagen". Generell sei zu beiden Filmen gesagt, dass sie zwar die Erbarmungslosigkeit des Krieges zeigen, historisch nicht immer korrekt sind, aber doch gedreht wurden ohne in Heldenverehrung abzugleiten. Die Rheinbrücke bei Remagen wurde von 1916 bis 1918 – auch mit militärischen Hintergedanken – gebaut und trug den Namen des deutschen Generals und Politikers Erich Ludendorff (1865–1937). Die Deutschen versuchten die Brücke zu sprengen und mit der neuen V2 Rakete zu zerstören, Teile drohten einzustürzen, was dann wegen der Überlastung am 17. März geschah. 32 amerikanische Soldaten fanden den Tod. Auf der linksrheinischen Seite sind zwei turmartige Brückenpfeiler erhalten geblieben. Dort wurde 1980 ein „Friedensmuseum" eingerichtet, das zu besichtigen ist.

Die Folgen des D-Day sind klar: Letztlich das Ende des Zweiten Weltkrieges. Doch die Geschichte dieses Krieges lässt uns heute noch mit Fragen zurück – und zwar, was wäre gewesen, wenn…? – und mit Gedanken an die heutige Aufrüstung. Deutschland war dabei, die Atombombe zu entwickeln, den Düsenjäger, ebenso wie die Raketentechnik – von der V2 zu den amerikanischen Raketen des Wernher von Braun (1912–1977) war es ein eigenartiger, aber kurzer Weg. Sprechen heutige Politiker nicht wieder von Wunderwaffen – etwa unangreifbaren Raketen mit Atomsprengköpfen?

Von Jalta nach Potsdam

Ich möchte nicht Richter sein, wenn es um die Entscheidung geht, ob die Küste der Krim schöner ist als die italienische und die französische Riviera. Unter Katharina der Großen (1729–1796) wurde 1783 die Krim russisch – man darf wohl an heute und an Vladimir Putin (geb. 1952) denken! Jedenfalls wurde erst im Laufe der zweiten Hälfte des 19. Jahrhunderts und an der Schwelle zum 20. die Küste ausgebaut und mit Villen und Palästen versehen. Die Krim und Jalta wurden Sommerresidenz – soll man Refugium sagen? – der Zarenfamilie. Besondere Bedeutung kam dem Livadiya-Palast zu, der in den Jahren 1910/11 an Stelle einer früheren Anlage in der heutigen Form errichtet wurde. Er wird auch zu Recht „Weißer Palast" genannt und ist in einem Mischstil errichtet. Die Grundidee ist von der Renaissance abgeleitet, byzantinische, arabische und neugotische Elemente – ich möchte sagen mit einem Hauch Barock – sind integriert, jede Seite des Hauses zeigt also einen anderen Stil. Der Palast ist von einem Park umgeben und eröffnet den Blick auf das Schwarze Meer. Ein Aufgang vom Meer ist von gemeißelten weißen Löwen bewacht, von einem hat Winston Churchill (1874–1965) behauptet, er sehe ihm ähnlich! Von 1931 bis 1941, also in sowjetischer Zeit, war in dem Gebäude ein Sanatorium für Bauern untergebracht, die nach den Zaren das wunderbare linde Klima genießen durften. Im Zuge des Zweiten Weltkrieges und des Krimfeldzuges hat die deutsche Armee von 1941 bis 1944 die Halbinsel besetzt. Erich von Manstein (1887–1973) wurde dort zum Generalfeldmarschall ernannt und residierte in dem Palast. Nach der Rückeroberung durch die Sowjetarmee war allgemein der Plan eines Treffens zu einer Konferenz geboren worden. Stalin (1878–1953) schlug die Krim vor und es gelang ihm, die in Richtung Sieg begriffenen Mächte – Vereinigte Staaten, Sowjetunion und Großbritannien – personell also den amerikanischen Präsidenten Franklin D. Roosevelt (1882–1945) und Winston Churchill zu sich nach Jalta einzuladen. Der Palast, von den Deutschen beschädigt, wurde in Windeseile renoviert, vor den eingegrabenen Minen wurde gewarnt...

Der Zweite Weltkrieg neigte sich dem Ende zu. Jahrzehnte später lässt sich natürlich vereinfacht sagen, dass dies alle schon damals wussten – nur nicht die Deutschen und die Japaner. Die Verhandlungen in Jalta dauerten vom 4. bis zum 12. Februar 1945. Sie wurden in dem Hauptsaal des Palastes geführt. Heute kann man einen Blick in den Saal werfen, die Farbe Weiß dominiert, ein mächtiger offener Kamin ist im Hintergrund zu sehen, davor zentral ein runder Tisch mit beigefarbenen Sesseln, darüber eine streng gegliederte Kassettendecke. Dank der ausgestellten Fotos kann man die Sitzverteilung rekonstruieren. Man muss sich die Dolmetscher und die Berater dazu denken und sich den Gedanken hingeben, wer aller in diesem Raum überlegt hat und was besprochen wurde und was die Weltgeschichte danach beeinflusst hat. Stalin fühlte sich wohl als Herr der Lage. Roosevelt – von Churchill als „krank und schwach" beurteilt, er war zudem wegen einer Kinderlähmung an einen Rollstuhl gefesselt – durfte als einziger im Palast wohnen. Alle Sitzungen fanden dann auch dort statt. Roosevelt, politisch ein Demokrat, war seit 1933 Präsident der USA, der einzige, der – wegen der Probleme des Weltkrieges und dann des Wahlsieges – eine dritte Wahlperiode regieren konnte. Churchill mag der „intellektuellste", militärisch aber der schwächste von den „Dreien" gewesen sein.

Churchill wohnte im sogenannten „Schwalbennest". Dies ist ein aufregender, circa 40 Meter über dem Meer auf einem Felsvorsprung gebauter neogotischer Palast, eher eine kleine zierliche Ritterburg, die zum Symbol für die Krim geworden ist. Man spricht auch von einem „Liebesnest" eines reichen früheren Besitzers. Ich kann mich nur an ein Restaurant erinnern. Churchill fühlte sich in dem burgartigen Gebäude wohl, weil es ihn, wie auch die Bilder drinnen, an England erinnerte. Stalin wohnte in dem etwas zierlicheren Jussupow-Palast, in dem einst die dämonische Figur der russischen Geschichte, Grigori Rasputin (1869–1916), logiert hat. Für Roosevelt, Churchill und Stalin waren diese Tage vielleicht die bedeutungsvollsten in ihren Leben, zumindest, was den Gang der Weltgeschichte bedeutet. Es wird auch berichtet, dass Geheimdienste ihr Unwesen in den diversen Unterkünften getrieben haben.

Wenn Churchill Recht hat, dann war Polen der dringlichste Grund für die Abhaltung der Jalta-Konferenz. Für die Briten, weil sie nach der deutschen Offensive primär für die Polen in den Krieg eingetreten waren, für Stalin, weil Polen seit jeher der Raum für kriegerische Einfälle in Richtung Russland war: Napoleon 1812, der deutsche Kaiser im Ersten Weltkrieg, Adolf Hitler im Zweiten Weltkrieg. Man muss auch bedenken, dass Stalin neben einem ideologischen auch einen „Vaterländischen Krieg" mit Millionen Menschenopfern geführt hat. Die Frage war auch, ob Polen freie Wahlen haben würde und welchen Anteil von Deutschland Polen

Verhandlungssaal in Jalta – © Karl Sablik

Cecilienhof als Verhandlungsort in Potsdam – © Shutterstock.com

bekäme (Schlagwort Oder-Neiße-Linie). Zur Erinnerung: In unseren Schulen wurde gerne und oft von den dreifachen Teilungen Polens zwischen Russland, Preußen und Österreich gesprochen. Was Deutschland betraf (und Österreich), war Stalin für eine Einteilung in Besatzungszonen. Churchill wollte die Russen aber lieber nicht in Mitteleuropa sehen, doch richtete sich die Frage nach den jeweils von welchen Truppen schon besetzten Gebieten, nach den abgesprochenen Besatzungslinien oder den geplanten Rückzügen – oder eben dem weiteren noch möglichen Vormarsch. Und hier war die Sowjetunion offenbar brutaler als die USA und Großbritannien und beharrte auf ihren besetzten Gebieten, was Churchill später wiederum den Amerikanern vorwarf, dies zugelassen zu haben – und die Europa eher verlassen wollten als zu bleiben. Auch hielt er ihnen vor, sich der Sachlage der sowjetischen Expansion nicht einmal bewusst zu sein. Er resümierte, dass man Stalin zu viele Zugeständnisse gemacht hätte. Gespräche wurden auch über die Entnazifizierung und das Thema „Vereinte Nationen" geführt, über die Möglichkeit von etwa 50 Jahren Friede auf der Welt. Irgendwie denkt man heute an das Jahr 1989! Aber auch Ahnungen, besonders bei Stalin und Churchill sind aufgekommen, dass die jetzigen Verhandlungsführer, die Hitler erfolgreich bekämpft hatten, untereinander uneins werden könnten. Dabei hat dann tatsächlich die Frage der Ideologie des Kommunismus eine Rolle gespielt. Die kommunistische Gefahr rückte an die Stelle des deutschen Nationalsozialismus, war die Meinung von Beobachtern. Die Vertragsabschlüsse von Jalta blieben vorerst geheim, 1955 sind die Dokumente in den USA veröffentlicht worden. Am Sonntag, dem 11. Februar spendete Roosevelt seinen beiden Partnern einen Abschieds-Lunch, aber vieles war nach der Konferenz noch ungeklärt.

Zu den offenen Fragen gehörte die Einbindung der UdSSR in den Kampf gegen Japan, die Forderung nach freien Wahlen in allen besetzten Gebieten, die Bestrafung der Kriegsverbrecher und – allgemein verständlich – die ausständigen Operationen Richtung Kriegsende. Bald wurde die Forderung nach einer weiteren Konferenz erhoben, allerdings war zwischenzeitlich viel geschehen. Am 12. April 1945 starb Präsident Roosevelt, seine Nachfolge trat Harry S. Truman (1884–1972) an. Nicht ganz vier Wochen später war der Krieg in Europa zu Ende (8. Mai), in und um Japan gingen die Kämpfe weiter. Die Sowjetunion war laut Churchill dabei, die Jalta-Abkommen zu brechen. Churchill wollte ein weiteres Treffen so schnell wie möglich einberufen, er prägte in dieser Zeit das Schlagwort vom „Eisernen Vorhang". Die Teilung Europas in Ost und

West zeichnete sich ab. Sowjetische Truppen standen in Deutschland und Mitteleuropa, Osteuropa war sowieso in ihrer Hand. Truman forderte für die neue Konferenz einen Ort in Deutschland – in einer unbeschädigten Stadt mit anständigen Unterkünften: Man einigte sich auf Potsdam und den Cecilienhof.

Die Potsdam-Konferenz fand vom 17. Juni bis 2. August 1945 statt, Teilnehmer waren Josef Stalin, Harry S. Truman und Winston Churchill. Churchill befand sich allerdings in England im Wahlkampf, trat dann nach verlorener Wahl als Premierminister während der Konferenz am 21. Juli zurück – Enttäuschung blieb in seinem Herzen. Vor der Konferenz hatte er es sich allerdings nicht nehmen lassen, in Berlin den Raum, wo Hitler Selbstmord begangen hatte, zu besichtigen. Kann man sich Churchills „historische Gefühle" vorstellen?

Der Cecilienhof war von 1913 bis 1917 von Kaiser Wilhelm II. (1859– 1941), der nach 1918 in die Niederlande emigrierte, für den Kronprinzen und dessen Gemahlin Cecilie gebaut worden. Man kann ihn großzügig ein „Schloss" nennen, jedenfalls ist es nicht respektlos, wenn man feststellt, dass er nicht so elegant, ja feudal wirkt wie der Palast in Jalta. Der Stil der Gebäudegruppe erinnert an ein englisches Landhaus, einfach und nicht allzu sehr in die Höhe gebaut. Das Innere wirkt dank der Vertäfelungen dunkel, aber auch fast gemütlich. Der Verhandlungsraum ist nicht allzu groß, mit dicken Fauteuils ausgestattet, wo die Verhandlungsteilnehmer saßen. Ich konnte seinerzeit auf Stalins Sitz platznehmen, was heute sicher nicht mehr erlaubt ist. In diese Atmosphäre der harten Verhandlungen platzte die „welterschütternde Nachricht" (Churchill) von der ersten erfolgreichen Explosion einer Atombombe – am 16. Juli. Stalin soll nicht sonderlich beeindruckt gewesen sein, andere dachten schon an einen Einsatz in Japan.

Die Konferenz erreichte nicht die vorgefassten Ziele, von Friedensschluss war noch keine Rede. Die britischen und amerikanischen Truppen hatten sich weiter zurückgezogen, Europa war eben schon geteilt. Das „Berlin-Problem" zeichnete sich ab, wie auch die Aufteilung Wiens in Besatzungszonen. Offiziell gab es das „Potsdamer Abkommen" mit Deutschland, mit Japan die „Potsdamer Erklärung". Der Atombombenabwurf auf Hiroshima war erst am 6. August! Ein Beschluss in Potsdam wurde gefasst und umgesetzt: Der „Rat der Außenminister" wurde eingesetzt, der sich mit den Friedensverhandlungen beschäftigen sollte. Solche fanden dann vom Juli bis Oktober 1946 in Paris statt. Man wollte Frankreich und China beiziehen, sehr zum Ärger von Stalin. Um es kurz zu machen: Abgesehen von der Beendigung des Kriegszustandes war noch kein Friede in Sicht. Man kann im Park des Cecilienhofes zynisch darüber nachdenken, ob Deutschland eigentlich jetzt schon einen Friedensvertrag hat – nach Jahrzehnten? Was heißt überhaupt Friede? Österreich bekam 1955 seinen Staatsvertrag mit der Verpflichtung zur immerwährenden Neutralität. Doch: Wie lange gelten Verträge in der Geschichte, zwei, drei, zehn Generationen um von der Entwicklung überholt zu werden? Man kann die Zeit nach Potsdam auch negativ sehen: Ost-West-Teilung, „Kalter Krieg" fast über 50 Jahre, gegenseitige Drohungen mit Atomwaffen, Ersatzkriege wie in Korea oder Vietnam…

Hiroshima und Nagasaki

Spaziert man in Hiroshima und Nagasaki von Friedensgedanken beseelt durch die riesigen Parks mit ihren Springbrunnen, Museumsanlagen und Hotels, so fragt man sich: Hat das mit der Atombombe so sein müssen? Die faszinierend hergerichtete Umgebung der jeweiligen Atombombenabwürfe mit neuen Häusern lässt nicht mehr ahnen, wie das 1945 gewesen sein muss. Ängstliche Touristen fragen bangen Herzens, ob es noch Reste der Strahlung gibt, was von den Japanern lächelnd verneint wird. Besucht man das Hiroshima Peace Memorial Museum und das Nagasaki Atomic Bomb Museum sieht man die Auswirkungen der Bombe auf Stadt und Menschen. Manche Details berühren besonders: ein Kinderdreirad nur mehr als Rahmen, eine Art Steinstiege eines Gebäudeteils mit einem Schatten, wo einmal ein Mensch Schutz gesucht hat und verglüht ist, Bilder die Verbrennungen in den Gesichtern zeigen, dazu die Spätfolgen allgemein. Man steht auch erschüttert vor der Ruine dessen, was man europäisch eine „Industriekammer" nennen könnte: Wäre nicht der blanke Stahlbogen der früheren Kuppel, könnte man an europäische Burgruinen denken, oder an alte und verfallene irische Klostermauern. Was die riesigen Springbrunnenanlagen betrifft, die so faszinieren, wird man aufgeklärt: Sie sind ein Symbol dafür, dass strahlengeschädigte Menschen während der Therapie furchtbaren Durst gelitten haben und Wasser Durstbefriedigung, Schmerzlinderung, ja Trost bedeutet hat. Der Begriff „Wasser" bekommt hier eine neue Dimension.

In Europa war im Mai 1945 der Krieg zu Ende, in Ostasien, speziell um Japan tobte er noch weiter. Man sprach von einem „Abnützungskrieg", die amerikanischen Truppen versuchten japanische Inseln im Stile der Normandie-Landung mit Hilfe der Luftwaffe zu erobern, was vielen amerikanischen und japanischen Soldaten das Leben kostete. Der erste Atombombenabwurf erfolgte am 6. August 1945 um 8.15 Uhr über Hiroshima, am 9. August, knapp nach 11 Uhr erfolgte der Abwurf über Nagasaki. Der Befehl zum Einsatz der Atombombe war vom amerikanischen Präsidenten Harry S. Truman (1884–1972) gegeben worden. Warum Japan und warum Hiroshima? Der Einsatz in Europa war nach der Beendigung des Krieges sinnlos, außerdem hätte man die alliierten Staaten wie Frankreich, Großbritannien und alle anderen, die Opfer der Nationalsozialisten

geworden waren, gefährden können. Blieb also der Hauptgrund, dass in
Ostasien tatsächlich noch Krieg war, die japanischen Soldaten im Sinne der
Samurai-Tradition bis zum Tod verbissen kämpften und geografisch Japan
einfach weit weg von Amerika und Europa war. Grausame Argumente
wurden abgewogen: Die Weiterführung des herkömmlichen Krieges hätte
etwa 100.000 Opfer gekostet, man dachte natürlich primär an die eigenen
amerikanischen Soldaten. Waren auch Gefühle der Rache dabei, wie man
sie von der Bombardierung Dresdens vom 13. bis 15. Februar durch britische und amerikanische Bomber kannte? Oder wollten die Amerikaner
bloß ein kräftiges militärisches Zeichen setzen und auf die psychologische
Wirkung vertrauen? Selbst Winston Churchill (1874–1965) meinte, dass
wegen der herrschenden militärischen Übermacht der Alliierten Japans
Schicksal gar nicht durch die Atombombe besiegelt hätte werden müssen.

Hiroshima bestand zu dieser Zeit aus eher einfachen Häusern, war eine
mittelgroße harmlose Stadt ohne amerikanische Besatzung, wohl aber
waren japanische Soldaten dort untergebracht. Nagasaki hingegen besaß
einen Kriegshafen und war militärisch wichtiger als Hiroshima. Die
Bombe hier war eine Uranbombe, die frühere Versuchsbombe vom 16. Juli
und die auf Nagasaki abgeworfenen Bomben waren Plutoniumbomben. Da
ich nicht Physiker bin, überlasse ich die Beurteilung den Fachleuten, die
sich in der weiteren Zukunft noch mit der Wasserstoffbombe beschäftigen
sollten. Die in Hiroshima abgeworfene Bombe mit dem zynisch-lieblichen
Namen „Little Boy" wog circa vier Tonnen und war drei Meter lang. In
wenigen Sekunden starben circa 70.000 Menschen, an den Spätfolgen
noch einmal so viele. Der Pilot Paul Tibbets (1915–2007) hatte keine
moralischen Bedenken gehabt – man erinnert sich an sogenannte „Mili-
tärbefehle" – würde den Abwurf unter denselben Bedingungen wieder
machen und spielte Jahre danach den Abwurf als „Gag" nach. Probleme
und Schuldgefühle hatte Claude Eatherly (1918–1978), der allerdings nur
für den Wetterdienst zuständig war und später in der Psychiatrie landete.

Albert Einstein (1879–1955) ließ vermuten, dass die Deutschen in ihren
Labors an einer Atombombe arbeiteten. Mag sein, dass dies dazu beitrug,
dass der amerikanische Präsident Franklin D. Roosevelt (1882–1945), der
Vorgänger von Harry S. Truman, den Auftrag zum Bau einer solchen
Bombe gab. Dies lief unter dem Geheimtitel „Manhattan Project". Als
Zentrale für die Entwicklung wurde die Wüstengegend von New Mexico
ausgewählt, mit dem Ort Los Alamos, auf einer Seehöhe von circa 2200
Metern gelegen. Als Leiter wurde der gebürtige Amerikaner J. Robert
Oppenheimer (1904–1967) engagiert, der in den USA in Harvard und

Gebäudereste der zerstörten „Industriekammer" in Hiroshima – © Keith Michael Taylor /
Shutterstock.com

Springbrunnenanlagen in Nagasaki – © Shutterstock.com

im Cavendish Laboratory in Cambridge, Großbritannien, Physik und Quantenmechanik studiert hatte. Man denke an die Entwicklung der Gentechnik in diesem englischen Labor – rund zehn Jahre später. Die Wissenschaftler wurden im Sinne der Geheimhaltung in Los Alamos wie in einer Art „Edelgefängnis" gehalten, mit Überwachung durch den Sicherheitsdienst und Kontrolle der Privatpost. Am 16. Juli gelang die erste erfolgreiche Explosion der Bombe, die an einem 35 Meter hohen Stahlgerüst montiert worden war. Die Säule aus Feuer und Rauch bis hin in die Atmosphäre beeindruckte, aber auch die ungeheure Verwüstungskraft, die in einem Umkreis von circa zwei Kilometer wirkte. Oppenheimer hatte in späteren Jahren moralische Probleme, sprach viel von „Verantwortung" der Wissenschaftler – bis ihm die weitere Atom-Forschung von der Regierung verboten wurde…

Was waren die Folgen des Atombombenabwurfes? Der Krieg in Japan war tatsächlich praktisch sofort zu Ende. Der japanische Kaiser Hirohito (1901–1989), der 124ste auf dem Chrysanthemen-Thron, hielt erstmals in der Geschichte eine Ansprache an sein Volk, noch dazu über Rundfunk. Er begründete am 15. August darin die Kapitulation Japans. Er tat dies nach „Abwägung der allgemeinen Entwicklungen in der Welt" und wegen des Einsatzes „einer neuen und grausamen Bombe". Er erklärte die seinerzeitige Kriegserklärung Japans an die USA mit der Sicherung der „Selbsterhaltung Japans und der Stabilisierung Ostasiens". Er fürchtete die Auslöschung der japanischen Nation und ahnte schon die Möglichkeit der Vernichtung der menschlichen Zivilisation. Um den Weg zum großen Frieden für kommende Generationen zu ebnen, wollte er „das Unerträgliche ertragen und das Unausstehliche ausstehen". Ein Jahr später verzichtete er auf seinen göttlichen Status und gilt nur mehr als eher machtloses „Symbol der nationalen Einheit". Österreicher erinnert das an das Ende des Ersten Weltkrieges und damit das Ende des „Gottesgnadentums" des Kaisers. Darf man an Niccolo Machiavelli (1469–1527) und seinen Satz denken, dass man die Religion vor den Wagen der Politik spannen muss?

Sehen wir von der möglichen friedlichen Nutzung der Atomkraft ab, bleibt die Frage, wie die weitere Entwicklung verlief, da ja die Atombombe heute noch ein Problem darstellt. Präsident Truman verfügte schon im Dezember 1945 weitere Atombomben-Versuche. Man suchte eine vom Schiffsverkehr weit ab gelegene Insel, wo solche stattfinden konnten und kam auf das Bikini-Atoll. Ein dämliches sprachliches Wortspiel (das ich beim ersten Lesen nicht glauben konnte) hat uns das geteilte weibliche Kleidungsstück „Bikini" gebracht: „Atombombe" gleicht der „Anatomie" (des weiblichen Körpers) – daher der Name. Schon im Sommer 1946 (!) gab es in Paris den ersten Bikini. Gibt es vielleicht noch eine dümmere Assoziation zu „Atombusen"…?

Doch zum Ernst der Sache: Man kannte nunmehr seit Hiroshima und Nagasaki die Folgen einer solchen Explosion. Trotzdem spielte Präsident Truman mit dem Gedanken einer Bombardierung Chinas. Faktum bleibt jedoch, dass seit 1945 keine Atombombe kriegerisch eingesetzt wurde. Die Mediziner plagen sich mit den Folgen der Strahlung herum – und das nicht nur in der unmittelbaren Folge in den beiden betroffenen Städten, sondern auch bis heute in der Forschung, ob atomare Strahlung Schäden in den menschlichen Genen hervorrufen kann, und wenn ja, welche. Gefährlicher entwickelt hat sich die Verbreitung dieser Waffe: Ich besitze keine geheimdienstliche Erfahrung, aber es soll circa 16.000 atomare Sprengköpfe in den verschiedenen Arsenalen geben. Man bemühte sich um Begrenzungsverträge – bis heute – aber es soll Bomben in den USA, in Russland, Großbritannien, Frankreich, China, Indien, Pakistan und Israel geben. Von Nordkorea und dem Iran weiß man es nicht so genau. Zynisch darf man anmerken, dass diverse Präsidenten mit Atomkoffern spazieren gehen – den gefährlichsten Taschen der Welt, darin ist der berühmte Knopf zum Drücken! Zuletzt: Gibt es Atomkoffer nur als Filmrequisite oder gibt es die Kofferatombomben schon tatsächlich – so zum terroristischen Hausgebrauch?

Der Nürnberger Prozess

Am 30. April 1945 beging der Diktator und „Führer" des Deutschen Reiches Adolf Hitler (1889–1945) in seinem Bunker in Berlin Selbstmord. Am Tag zuvor hatte er seine stets verheimlichte Geliebte und Lebensgefährtin Eva Braun (1912–1945) geehelicht, die dann mit ihm in den Tod gegangen ist. Ebenfalls am 29. April setzte Hitler den Großadmiral Karl Dönitz (1891–1980) statt des bei ihm in Ungnade gefallenen Hermann Göring (1893–1946) als seinen Nachfolger ein. Heirat und testamentarische Bestimmungen erscheinen unter heutigen Gesichtspunkten sinnlos, da die Geschichte in wenigen Tagen darüber hinweggegangen ist. In Jalta und in Potsdam hatten die alliierten Siegermächte längst festgelegt, dass es nach diesen furchtbaren Ereignissen rund um den Nationalsozialismus, den Zweiten Weltkrieg und den Judenverfolgungen einen Prozess gegen die führenden Persönlichkeiten geben werde. Symbolisch wählte man dafür Nürnberg aus, weniger, weil es alte deutsche Reichsstadt war, sondern weil Adolf Hitler sie zur Stadt der Reichsparteitage auserkoren hatte. Außerdem verband man mit dem Namen der Stadt die „Nürnberger Rassengesetzte" von 1935, die dem Reich als Grundlage für die Verfolgung der Juden diente.

Man darf angesichts der „Parteitage" gar nicht an die kulturelle Vielfalt dieser Stadt Nürnberg denken und an das mittelalterliche Flair. Einige Beispiele: Das Wohnhaus des Malers Albrecht Dürer (1471–1528) ist zu besichtigen, fast zur selben Zeit hat Peter Henlein (1480–1542) die erste Taschenuhr („Nürnberger Ei") erfunden, dann gibt es dort das großartige „Germanische Nationalmuseum"! Doch zum Nationalsozialismus: Seit 1927 wurden in Nürnberg die Reichsparteitage der NSDAP veranstaltet, in gigantischer Form jeweils für acht Tage im September ab 1933, als Adolf Hitler die Macht übernommen hatte. Hitlers Lieblingsarchitekt Albert Speer (1905–1981) hatte auf einem riesigen früheren Erholungsareal im Südosten Nürnbergs, wo seit 1930 eine Ehrenhalle für die Gefallenen des Ersten Weltkriegs errichtet worden war, einen Komplex für die Reichsparteitage aufgebaut. Aufmarschflächen, Zeppelintribüne und Kongresshalle waren Teile davon. Nach Bombardements, die auch Gebäude der Innenstadt vernichteten, und Schleifungen von Teilen der Anlage kann man heute immer noch die Gigantomanie ahnen: Die Tribüne auf dem Zeppelinfeld und das Dokumentationszentrum sind sehenswert.

Doch welthistorisch wichtiger ist das Gerichtsgebäude in der Fürther Straße 110 – darin der Saal 600 – das seit 2010 als „Memorium Nürnberger Prozesse" öffentlich zugänglich ist. Nur selten werden dort heute noch Gerichtsprozesse abgehalten. Die Nürnberger (Haupt)-Prozesse fanden vom 20. November 1945 bis zum 1. Oktober 1946 statt, dauerten also fast ein Jahr. Das Gebäude war im Krieg kaum beschädigt worden, sieht recht nüchtern und unspektakulär aus, wurde aber doch renoviert. Drinnen wurde alles auf den damaligen neuesten technischen Stand gebracht, was eben den Bedürfnissen des Prozesses entsprach: Fotoeinrichtungen, Film, Tonband, Geräte für Schallplattenaufnahmen – und viel Papier. Dolmetscher für vier Sprachen und Stenographen standen zur Verfügung. Dieser Prozess war sicher einer der spektakulärsten in der Geschichte, in seiner Art auch einzigartig. Dies betonte der Vorsitzende des Prozesses, der britische Lordrichter Geoffrey Lawrence (1880–1971) anlässlich der Eröffnung und fügte, weil es ihm besonders wichtig erschien, die Ermahnung zur Unparteilichkeit an.

Hätte man sich zu Ende des Ersten Weltkrieges vorstellen können, dass der deutsche Kaiser oder der letzte Habsburger-Kaiser Karl (1887–1922) vor ein Gericht gekommen wären? Oder vielleicht der österreichische Feldmarschall Franz Conrad von Hötzendorf (1852–1925), dessen falsche militärische Taktik zu Beginn des Krieges zu verheerenden Verlusten geführt hatte? Ihm ist in Graz, Österreich, eine bedeutende Straße gewidmet. Wie gingen die Sieger in der Geschichte mit den Verlierern um? In Nürnbergs Prozesshalle kann man darüber nachdenken: Vom Auffressen des Gegners in der Urzeit des Menschen, um sich dessen Kräfte einzuverleiben, über die Dezimierungen (jeder zehnte wird getötet) bei den alten Römern bis zur schlichten Tötung der gefangenen Gegner, was es immer gab. Winston Churchill (1874–1965) befürchtete, dass Urteile wie in Nürnberg die Verantwortlichen künftiger Kriege anstacheln würden, „bis zum bitteren Ende auszuhalten", was noch mehr Leid für die Bevölkerung bringen würde. Jedenfalls wurden in Nürnberg die Verantwortlichen nicht ohne Prozess hingerichtet. Einige schieden ja schon aus: Adolf Hitler war tot, Heinrich Himmler (1900–1945), Reichsführer SS und Chef der Konzentrationslager, hatte seine Kinder ermordet und dann mit seiner Frau Selbstmord begangen. Der Propagandaminister Joseph Goebbels (1897–1945) hatte sich mit Zyankali vergiftet. Martin Bormann (1900–1945), der Vertraute Hitlers, wurde zwar in Abwesenheit zum Tod durch den Strang verurteilt, war aber um diese Zeit offenbar schon tot.

Die uralte Frage erhebt sich, was ist ein Verbrechen? Diese Frage wurde auch in Nürnberg gestellt. Auf Grundlage welchen Gesetzes soll eine Ver-

Das Gebäude des „Nürnberger Prozesses" – © Shutterstock.com

Verhandlung des „Nürnberger Prozesses" mit den Angeklagten – © Agentur Voller Ernst / dpa / picturedesk.com

urteilung passieren: „Keine Strafe ohne Gesetz" philosophieren die Juristen. Man kann noch primitiver denken: Ist Krieg prinzipiell strafbar? Wichtig war auch die Problematik, dass die Ankläger und Richter nur von Seiten der Siegermächte kamen. Sicherlich gab es Verteidiger für die Angeklagten, aber auch der Ruf nach „neutralen" Richtern wurde laut. Hätte dies unter den damaligen Verhältnissen ein neutraler Staat (etwa die Schweiz als Deutschlands Hehler?) überhaupt sein können, oder der Völkerbund – die UNO? Es ist aber auch verständlich, wenn die Prozesse aufgrund der politischen Entscheidungen gefällt wurden. Dies wurde noch damit unterstrichen, dass zu Ende der Prozesse quasi die Endgültigkeit der Urteile festgelegt wurde, keine höhere Instanz konnte mehr angerufen werden. Für Völkerrechtler war all dies wohl Anreiz zum Nachdenken und zur Weiterentwicklung des Völkerrechts.

Es gab vier Anklagepunkte: Verschwörung, gemeint war etwa die Machteroberung der Nationalsozialisten in Deutschland. Verbrechen gegen den Frieden – mit Bezug auf die diversen Vertragsbrüche der Deutschen. Kriegsverbrechen, besonders an der Bevölkerung in den besetzten Gebieten. Verbrechen gegen die Humanität, wozu auch der Holocaust gerechnet wurde. In dem beklemmend nüchternen Saal muss man sich die Angeklagten, auf einfachen Bänken in zwei Reihen sitzend (Eine Original-Bank ist im Museum zu sehen.), vorstellen: Die frühere Elite der Nationalsozialisten. Sie wurden von amerikanischen Soldaten bewacht, die weiße Helme und weiße Koppeln trugen: Ist dies das Weiß der Unschuld? Daneben die Verteidiger, vor ihnen waren die Richter. Man sieht die kleinen Türen in der Wand, durch die die Angeklagten hereingeführt wurden. Die Verhöre wurden peinlich genau aufgezeichnet, es gibt eine Veröffentlichung als Nachdruck, je 18 und 23 Bände, herausgegeben 1989 und 2001. Der „geschichtsrevisionistische" deutsche Historiker Werner Maser (1922–2007) etwa weiß in seiner Göring-Biographie zu berichten, dass Göring seinem Ankläger, dem US-Hauptanklagevertreter Robert H. Jackson (1892–1954), der als juridisch und rhetorisch firm geschildert wird, geistig überlegen gewesen wäre und ihn während der Vernehmung durch seine Argumentation sehr ärgern konnte…

Am 30. September und am 1. Oktober 1946 wurden die Urteile verlesen: Zwölf Todesurteile durch den Strang. Göring wollte erschossen werden, er hielt dies für „ehrenhafter" als den Strang. Es wurde ihm nicht zugesagt, er schaffte es aber durch von ihm eingeschmuggeltes Zyankali Selbstmord zu begehen. Bormann war unauffindbar. Also wurden am 16. Oktober zehn Verurteilte – nur Männer, alle zwischen circa 40 und 55 Jahren, darunter zwei Militärs und zwei Österreicher – durch den Strang hingerichtet.

Gerüchte besagen, dass es dabei technische Schwierigkeiten gegeben haben soll. Alle Leichen wurden dann in einem Münchner, den USA unterstellten Krematorium verbrannt, die Asche in einen Nebenfluss der Isar (Wenzbach) gestreut. Man wollte keine Gräber mit Erinnerungscharakter, schon gar nicht Orte der Verehrung haben. Karl Dönitz kam mit zehn Jahren, Albert Speer mit 20 Jahren davon, nach der jeweiligen Entlassung verbrachten sie einen gemütlichen Lebensabend…

Dies waren die Hingerichteten in alphabetischer Reihenfolge: Hans Frank (geb. 1900), höchster Jurist im Dritten Reich. Wilhelm Frick (geb. 1877), Reichsinnenminister. Alfred Jodl (geb. 1890), Wehrmachtsführer. Ernst Kaltenbrunner (geb. 1903), SS Funktionär. Wilhelm Keitel (geb. 1882), Chef des Oberkommandos der Wehrmacht. Joachim von Ribbentrop (geb. 1893), Reichsaußenminister. Alfred Rosenberg (geb. 1893), Chefideologe der NSDAP, Verfasser des „Mythos des 20. Jahrhunderts". Fritz Sauckel (geb. 1894), zuständig für Arbeitseinsatz und Zwangsarbeit. Arthur Seyß-Inquart (geb. 1892), 1938 kürzest dienender österreichischer Bundeskanzler, dann Reichskommissar für die Niederlande. Julius Streicher (geb. 1885), Gründer des Hetzblattes „Der Stürmer".

Trotz der Nürnberger Prozesse gab es noch zwei andere Probleme: Die geflüchteten Nationalsozialisten und der Umgang mit den zahlreichen Nazis, die im eigenen Land verblieben – waren sie nun „normal" (?)! Südamerika war ein beliebtes Fluchtziel. Zwei Beispiele: Adolf Eichmann (1906–1962), SS Obersturmbannführer und zuständig für die Vertreibung und Deportation von Juden, floh nach Argentinien. Er wurde von israelischen Agenten aufgespürt und in Israel hingerichtet. Klaus Barbie (1813–1991), der „Schlächter von Lyon" wurde von Bolivien an Frankreich ausgeliefert – erst 1983! – und zu lebenslangem Kerker verurteilt. Eine eigenartige Rolle spielte auch die Katholische Kirche, die sich von päpstlicher bis bischöflicher Seite ideologisch und finanziell durch die Zeit des Nationalsozialismus hindurchlavieren wollte, von Gerüchten der Mithilfe zur Flucht von Nazis sei hier abgesehen. Nach 1945 ging es darum, die aus der Kirche ausgetretenen Nazis wieder in den Schoß der Kirche zurückzuführen. Politisch in Richtung der herrschenden Parteien und kirchlich gesehen ist Österreich diesbezüglich ein Musterbeispiel, von Seiten etwa des Salzburger (Fürst)Erzbischofs Andreas Rohracher (1892–1976), wendig und anpassungsfähig, kann man von „Anlehnung" an den Nationalsozialismus bis zu „Versöhnungs"-Versuchen und Neuintegration in die Gesellschaft alles vorfinden. Nachzulesen in dem Buch von Eva Maria Kaiser (2017): „Hitlers Jünger und Gottes Hirten" – ein faszinierender Buchtitel!

Don't Cry for Me Argentina

Ein Lied geht um die Welt für eine Frau, deren Schicksal um die Welt ging. Der britische Komponist Andrew Lloyd Webber (geb. 1948) arbeitete seit 1974 an einem Musical, das der früheren First Lady Argentiniens, Maria Eva Duarte de Peron (1919–1952), gewidmet war. Sie wurde allgemein vom Volk liebevoll Evita genannt – so heißt auch das Musical, 1978 in London uraufgeführt. Das Lied „Don't Cry for Me Argentina" gehört darin zu Evitas Rückblick auf ihr Leben. Als dieses Musical 1996 auch verfilmt wurde, sang die Amerikanerin Madonna (geb. 1958) eine Version des Liedes, die heute noch unübertroffen ist.

Evita Peron wurde als uneheliche Tochter des Großgrundbesitzers Juan Duarte (1872–1926) geboren. Offenbar aus dieser unehelichen Herkunft leitete sie die Verbundenheit zum einfachen Volk ab, worauf sie stolz war und was sie zum Idol der argentinischen Arbeiterklasse werden ließ. Sie war eine schöne und vor allem charismatische Frau und wusste dies auch politisch einzusetzen. Es muss tatsächlich eine soziale Ader in ihr gewirkt haben, man darf ihr nicht nur politisches Kalkül unterstellen. 1945 heiratete sie Juan Peron (1895–1974) – es war die zweite Ehe des Witwers. Peron, der eine klassische Militärkarriere hinter sich hatte und der Arbeiterpartei angehörte, stand 1946 vor der Wahl zum Präsidenten Argentiniens. Unterstützt von seiner Frau als Sympathieträgerin gewann er diese auch. Zu dieser Zeit waren Argentiniens Frauen noch nicht zur Wahl zugelassen. Evita begleitete fortan ihren Mann, übernahm den sozialpolitischen Part in der Politik, hatte aber nie eine offizielle Position. Sie gründete eine soziale „Stiftung Eva Peron", die zur Zentrale des sozialen Geschehens werden sollte. Evita war mit strategischer Intelligenz begabt und setzte viele ihrer sozialpolitischen Pläne durch, 1947 auch das Frauenwahlrecht. Ihr soziales Engagement gepaart mit ihrem Charisma brachte ihr die Verehrung der Arbeiterklasse ein, sie galt als eine von ihnen. Sie ist zur Symbolfigur für die Arbeiter, vor allem aber für die Armen des Landes geworden. Verstärkt wurde dies durch die persönlich durchgeführten Geschenkgaben „alten Stils", der Wohltätigkeit möchte man als aufgeklärter Europäer sagen. Es kam aber noch eine andere Dimension dazu: Evita kümmerte sich um die Kranken, die sie ungescheut berührte – bald sollte sie fast wie eine Heilige angesehen werden. Dies erinnert an das aus dem europäischen Mittelalter bekannte „Königsheil", der Fähigkeit der Könige von Gottes Gnaden durch Handauflegen Heilungen vollziehen zu können.

Peron wurde 1951 ein zweites Mal zum Präsidenten gewählt, Evita verfolgte ihren „Marathon der Nächstenliebe" weiter, die Ehe blieb kinderlos. Peron führte ein hartes Regime, versuchte gegen den Terror in seinem Land anzukämpfen und hatte zudem wirtschaftliche Schwierigkeiten. Von seiner Weltanschauung her neigte er dem Faschismus zu, kannte aus Deutschland viele Nationalsozialisten persönlich und bezeichnete gar den Nürnberger Prozess als „Infamie". Es wundert daher nicht, dass man ihn auch als Fluchthelfer für die Nazis bezeichnen kann. Peron hatte sich politisch zu sehr vom Militär entfernt. Das Macho-Gehaben der Militärs war vor allem auch gegen Evita gerichtet. Dies alles führte 1955 zum Sturz von Peron, der ins Ausland floh. Da er auch gegen die katholische Kirche vorgegangen war, indem er Staat und Kirche getrennt und ihre Steuerfreiheit aufgehoben hatte, wurde er im selben Jahr von Papst Pius XII. (1876–1958) sogar für einige Zeit exkommuniziert. Doch der höchst dramatische Schicksalsschlag trat schon am 26. Juli 1952 ein: Evita Peron starb – 33 Jahre jung.

Sie litt an Gebärmutterhalskrebs, und weder die deutschen Spezialärzte und Krebsforscher noch die Gebete der Anhängerschar konnten helfen. Der Leichnam von Evita Peron wurde einbalsamiert und mumifiziert, auch entsprechend geschminkt, da keine Spuren ihrer Krankheit, keine der Therapie erhalten bleiben sollten. Ihre Schönheit aber blieb. Sie wurde in einem Glassarg aufgebahrt und etwa zwölf Millionen Menschen zogen daran vorbei, manche wollten vor dem Sarg Selbstmord begehen. Ohne pietätlos zu sein, kann man von einer Art Hysterie sprechen, ein Märtyrerkult war im Entstehen. Es ist offenbar eine uralte tiefe menschliche Empfindung, eine Mischung von Trauer, Trost und Mitleid, wenn ein junger Mensch stirbt, in diesem Fall noch dazu angesichts des „Todes einer schönen Frau". Halfen religiöse Trostworte wie „Wen Gott liebt, den holt er früh zu sich"? Kann man weiterdenken? Alexander der Große (356–323) starb mit 33 (!) Jahren, von Jesus ahnt man ein ähnliches Alter. Kann man sich überhaupt einen alternden Jesus vorstellen, der mit 80 Jahren als Altrevolutionär gegen die Römer noch immer von seiner Grundidee der Nächstenliebe vor sich hinbrabbelt? Nie und nimmer wäre das Christentum entstanden, dazu bedurfte es der Kreuzigung eines Mannes im besten Alter, des Leides, der Hingabe des Lebens!

Portrait von Evita Peron –
© akg-images / picturedesk.com

Grab von Evita Peron in Buenos Aires,
Argentinien – © Karl Sablik

Für Evita Peron war ein grandioses Mausoleum geplant, sie sollte beim Volk bleiben. Doch die Geschichte verlief anders. Juan Peron war in Spanien im Exil. Die regierenden Militärs hielten nunmehr die tote Evita und ihre psychologische und politische Wirkung für gefährlicher als vorher die der lebenden. Die Herrschenden wollten also Evita normal begraben wissen, zwar heimlich und an einem unbekannten Ort irgendwo in Buenos Aires. Den Leichnam zu vernichten wagte man nicht. Es fanden sich aber Anhänger Evitas zusammen, die den Leichnam wegschafften, lange war er in einer Holzkiste verborgen, Wachskopien zur Irreführung wurden angeschafft, umständliche Transporte wurden durchgeführt, immer neue Verstecke gesucht. Unter Vermittlung des Vatikans, der ja in Sachen Totenkult Erfahrung hat, wurde der Leichnam nach Mailand gebracht und unter einem falschen Namen begraben. Die Peronisten (später Neoperonisten), wurden ab 1955 vom Nachfolgepräsidenten Perons, Pedro Eugenio Aramburu (1903–1970), heftig verfolgt. Auch hat er versucht das Andenken an Evita auszulöschen. Er war nur zwei Jahre Präsident Argentiniens gewesen, wusste aber offenbar um den Aufenthaltsort des Leichnams. Die Neoperonisten ermordeten ihn 1970, weil sie von ihm den Ort des Grabes von Evita wissen wollten. Erst über Umwege gelang dies, und Evitas Leichnam wurde 1971 ausgegraben und nach Spanien gebracht, wo noch immer Juan Peron im Exil lebte. Man kann respektlos sagen, dass dieser keine Freude mit dem „Symbol Evita" hatte und er verbarg den Leichnam in der Mansarde seiner Villa.

Peron hatte in der Zwischenzeit seine dritte Frau, Maria Estela (Isabel) Martinez de Peron (geb. 1931), eine frühere Nachtklubtänzerin, 1961 geheiratet. Im Juni 1973 kehrte er nach Argentinien zurück, wurde im September noch einmal zum Präsidenten gewählt, starb aber etwa ein halbes Jahr danach. Seine Frau trat seine Nachfolge an und wurde damit die erste Präsidentin am südamerikanischen Kontinent! Ihr Sturz 1976 durch einen Putsch der Armee ließ nicht lange auf sich warten – mit vielen Schwierigkeiten schleppte sich Argentinien ins 21. Jahrhundert!

Nach dem Tod ihres Mannes verfügte Isabel Peron, dass der Leichnam Evitas per Flugzeug am 17. Oktober 1974 nach Buenos Aires gebracht wurde. Isabel wollte sich die Beliebtheit Evitas zunutze machen – es nützte ihr nichts mehr. Nach der Restaurierung (so makaber dies klingen mag) des Leichnams konnte Evita von ihren Schwestern am Prominentenfriedhof „La Recoleta" begraben werden. Ein skurriler Irrweg, ja eine Odyssee war zu Ende. Vielleicht denkt man daran, dass nach der Schlacht von Trafalgar, 1805, der Leichnam Horatio Nelsons (1758–1805), Nelson war auf seinem Schiff gefallen, in einem mit Brandy gefüllten Holzfass nach England zurücktransportiert wurde – wie praktisch! Oder an Friedrich II. von Preußen (1712–1786), der ein paarmal umgebettet wurde, bis er 1991 (!) in Potsdam seine letzte Ruhe fand. Man denkt auch an den von der Bibel abgeleiteten Spruch „Requiescat in pace"! Wann darf ein Mensch wirklich in Frieden ruhen?

Geht man durch den Friedhof La Recoleta – darf man „spazieren" sagen? – so spürt man die Ruhe, den Frieden. Trotz der Touristen hat man nicht den Eindruck einer Pilgerstätte, schon gar nicht für Evita Peron. Der Friedhof ist nach einem Stadtteil von Buenos Aires benannt, heißt der spanische Name vielleicht auf Deutsch „weltabgewandt"? Viele Gräber, meist Grufte, sind wunderbar und aufwendig gestaltet. Sie sehen aus wie riesige Denkmäler, verziert mit Statuen von Engeln und trauernden Figuren. Vielleicht wird gelegentlich die Pracht auch übertrieben, wie etwa beim Grab des Präsidenten Aramburu. Um zu Evitas Grab zu gelangen, geht man allerdings durch eine geschlossene Reihe von Gräbern, ein Architekt mag an geschlossene Bauweise denken. Man hat den Eindruck einer kleinen und schmalen Gasse, Gruft an Gruft, wie eine Ansammlung kleiner Kapellen und Tempeln. Plötzlich steht man vor dem Grab von Evita Peron: Kleine Metalltafeln erinnern an sie – mehr nicht. Das Grab gehört der Familie Duarte. Der Fremdenführer begeistert sich an der „Konstruktion". Der Leichnam, erklärt er, liegt in sechs Meter Tiefe, Stahlplatten decken ihn zu, darüber eine zwei Meter dicke Betondecke. Niemand mehr wird Evita Peron ausgraben, ihr „Wiederkommen" wird verhindert. Ich denke an das Grab der Mary Vetsera von 1889 am Friedhof in Heiligenkreuz, Österreich, der Geliebten des Kronprinzen Rudolf von Habsburg – dort wurde nach der Schändung der Gruft doch nur einfach Erde über den Sarg geschüttet…

Die Doppelhelix und das Pub

Sicherlich haben wir alle einmal ein Puzzle zusammengesetzt, viele von uns haben in der Schule die chemischen Strukturmodelle, die wie verästelte Bäume oder wie Bienenwaben aussehen, kennengelernt. Jede chemische Formel hat eine Struktur, verschiedene chemische Elemente bzw. Substanzen lassen sich nun zusammensetzen, je nachdem, was ein Forscher darstellen will. So banal es klingt, genau das taten die beiden Wissenschaftler Francis Crick (1916–2004) und James D. Watson (geb. 1928). Crick stammte aus Northampton in England, Watson aus Chicago, USA. Sie trafen einander im berühmten Cavendish Laboratory in Cambridge und wurden enge Freunde, „wissenschaftlich" wie auch persönlich, der Altersunterschied spielte keine Rolle. Das Cavendish Laboratory wurde von dem damaligen Chancellor der Universität von Cambridge, William Cavendish (1808–1891) 1873 initiiert und ein Jahr später in Betrieb genommen und war die wissenschaftliche Pflanzstätte für Chemie und Physik in England. 28 Nobelpreisträger sind daraus hervorgegangen, als Beispiel sei der „Vater der Atomphysik" Ernest Rutherford (1871–1937) genannt, der diesen berühmten Preis 1908 erhielt.

Das Forscherleben in diesem Laboratorium schildert James D. Watson in seinem Buch „Die Doppelhelix", veröffentlicht 1968. Der damals in den 50er Jahren erst um die 25 Jahre alte Watson, noch dazu aus Amerika kommend, gibt uns einen – teilweise auch köstlichen – Einblick in den Wissenschaftsbetrieb, in die wissenschaftlich-kollegiale Atmosphäre. Die beinhaltet auch alle Querelen, Träume, Schwierigkeiten und Neidkomplexe, gegenseitige Verdächtigungen, aber auch dicke Freundschaften, kumpelhaftes Verhalten eingeschlossen. Es klingt auch die Freiheit des Forschens durch, das Literaturstudium, der Briefverkehr mit anderen Forschern, das mühsame Denken, das lockere Plaudern über Probleme, der psychologische Einfall, das Glück des Erfolges. Auch bestätigt die Jugend der beiden Forscher die Idee, dass man mit der Wissenschaft nicht früh genug anfangen kann…

Das wissenschaftliche Problem, das sich den beiden stellte, bestand in der Überlegung, wie man die in Frage stehenden und in der Chemie schon bekannten Kettenmoleküle mit den Gliedern Zucker, Phosphate und Basen in eine räumliche Struktur bringen konnte – dies führt verständ-

Crick und Watson mit der Doppelhelix – ©
A. BARRINGTON BROWN / Science Photo Library / picturedesk.com

Das Pub „The Eagle" in Cambridge –
© *Karl Sablik*

licher Weise in die Welt der Moleküle und Atome. Watson scheut sich nicht in seinem Buch auch über die primitiven „Bastelversuche" an dem Modell zu berichten, etwa, dass er „...aus dicker Pappe genaue Modelle der Basen auszuschneiden hatte..." um das „Skelett", wie man das Modell nannte, jeweils den Denkfortschritten anzupassen. Dann kam – quasi über Nacht – der große Einfall: Watson stellte sich die Frage, „...ob nicht jedes DNS-Molekül aus zwei Ketten mit identischen Basenfolgen bestand..." – der erste Wortteil „Doppel-" war denkmäßig gesichert. Er meinte, dass die Nachricht wie eine Bombe einschlagen würde. Aber noch fehlte offenbar etwas, das Modell war noch immer nicht perfekt. Watson hatte: „...jedenfalls noch die Hoffnung, dass mir irgendein hübsches Arrangement für die Basen zufliegen würde." Der Einfall kam: die doppelspiralige Struktur der DNA, die Doppelhelix; das war der zweite Teil des Wortes, „Helix" ist vom Griechischen abgeleitet, bedeutet Windung, Drehung. Das Wort „Desoxyribonukleinsäure" ergab sich sprachlich aus der verkürzten Zusammenfassung der Bestandteile.

Das Pub mit Namen „The Eagle" in der Benet Street 8 in Cambridge, gleichsam „um die Ecke" zur Free School Lane, wo das Cavendish Laboratory war, existierte seit dem 16. Jahrhundert und war das Stammlokal von Crick und Watson. Es war der 28. Februar 1953 als Francis Crick nach der vollendeten Konstruktion der Doppelhelix vom Laboratorium ins Pub stürzte um im Gastraum an der Theke allen mitzuteilen „We have found the secret of life". Watson, vorsichtiger und mit Angst behaftet blinden Alarm zu schlagen, schildert die Situation folgendermaßen: „So war mir nicht recht wohl, als Francis zum Mittagessen in den Eagle hinüberflatterte und allen, die in Hörweite waren, verkündete, wir hätten das Geheimnis des Lebens entdeckt". So schreibt es Watson in einer Art Selbstbiographie im Jahr 1968. Man kann heute in diesem Raum und an dieser Theke die Freude des Forschers durchaus nachempfinden, da beide schon ahnten, was ihre Entdeckung bedeuten würde.

Man betritt den „Eagle" durch eine relativ schmale Türe – nachdem man draußen die runde Gedenktafel gelesen hat, die James Watson am 25. April 2003 enthüllt hatte und wo dokumentiert wird, Crick und Watson haben hier „...first announced their discovery of how DNA carries genetic information". Ein Gang – mit Abzweigungen zu den Wirtsstuben – führt zum Tresen der Bar in dem Raum, in dem man heute noch sein Steak (Vorsicht vor „well done") und sein Bier bestellen kann. Als am selben Tag das Pub um sechs Uhr abends wieder aufmachte, besprachen Crick und Watson dort, was in den nächsten Tagen zu tun wäre... Genau dort kann man nach mehr als 60 Jahren das „historische Gefühl" verspüren und nachdenken, was alles aus dieser Entdeckung geworden ist. Die Genforschung hat Dimensionen erreicht, wie es sie seit der Begründung der Vererbungsforschung durch Gregor Mendel (1822–1884) und den damit verbundenen Züchtungs- und Kreuzungsversuche mit Erbsen im Garten seines Brünner Klosters, nicht gegeben hat. Zukunftsgewandt kann man mit den Gedanken spielen, ob man Krankheiten auf neuen Wegen ausrotten, oder schon gleichsam ab der Zeugung verhindern kann. Man kann vom möglichen „ewigen Leben" träumen, um dann auf die konkreten Niederungen der Gerichtsmedizin zu kommen (Kein Kriminalfilm heutzutage ohne DNA-Test…). Crick und Watson jedenfalls erhielten 1962 den Nobelpreis für Medizin…

I Have a Dream

Das Jahr 1963 hat für die Geschichte der Vereinigten Staaten eine ungeheure Bedeutung. Am 28. August hielt Martin Luther King (1929–1968) im Zuge des „Marsches auf Washington" im Rahmen der Bürgerrechtsbewegung seine Rede „I Have a Dream" vor etwa 250.000 protestierenden Menschen, darunter 60.000 Weißen. Es war wohl die Sternstunde seines Lebens im Kampf gegen die Rassentrennung und für die Gleichberechtigung. Mit dem Blick auf die Massen, auf das „Washington Monument" in Form eines Obelisken gleichsam als Symbol für den ersten Präsidenten und für Amerika und auf die weite Fläche des National Malls, im Hintergrund das Kapitol, sprach er über die Idee der Gleichheit der Menschen – im Rücken quasi die Kraft der Geschichte in Form des Denkmales für den Präsidenten Abraham Lincoln (1809–1865). Im Boden, wo er stand, ist heute ein Kreuz aus Metall eingelassen, wie flüchtig hingezeichnet, mit einer kurzen Beschriftung versehen. Präsident John F. Kennedy (1917–1963) empfing danach die Organisatoren des Marsches im Weißen Haus und speziell King begrüßte er mit den Worten „I Have a Dream…". Kennedy sympathisierte mit ihnen, warnte aber vor zu viel Publizität, um nicht manche Abgeordnete zu irritieren – wegen der bevorstehenden Abstimmung über den Civil Rights Act (Ende der Diskriminierung, was Rasse, Religion, Hautfarbe und nationale Herkunft betrifft). Kennedy wurde am 22. November 1963 in Dallas, Texas, erschossen. Das Gesetz, die Rassentrennung in öffentlichen Einrichtungen aufzuheben, wurde erst 1964 unter Präsident Lyndon B. Johnson (1908–1973) beschlossen.

Die Vorgeschichte der Rassenproblematik, ebenso wie die der Frage der Gleichheit der Menschen ist einfach darzulegen. Es begann mit dem „Import" von Sklaven, meist aus Afrika, mit der Ausnützung ihrer Arbeitskraft und ihrer späteren Behandlung als Menschen zweiter Klasse. Sie lebten in Armut und strikter Rassentrennung. Selbst George Washington hielt Sklaven. Im Kontrast zu diesem Verhalten wurde in der Präambel der Unabhängigkeitserklärung der Vereinigten Staaten von 1776 festgelegt: „Wir halten diese Wahrheiten für ausgemacht, dass alle Menschen gleich geschaffen worden…" sind, dazu kam noch das berühmte epochemachende „Streben nach Glückseligkeit" – offenbar aber nicht für die Afroamerikaner. Die Rassentrennung zieht sich wie ein böser roter Faden durch die Geschichte der Vereinigten Staaten – man möchte sagen, bis heute. Was war nun der historische „Rückenwind" für Martin Luther King an diesem Tag und an dieser Stelle von der aus er von seinem Traum von der Gleichheit sprach?

Abraham Lincoln hatte 87 (!) Jahre nach 1776, was er selbst bemerkte, am 19. November 1863, fast genau 100 Jahre vor Kings Rede, in seiner „Gettysburg Address" die Thematik aufgegriffen. Von 1861 bis 1865 herrschte in Amerika Bürgerkrieg – der einzige auf dem Kontinent – der aus der Auseinandersetzung zwischen dem industrialisierten und fortschrittlicheren Norden und dem mehr landwirtschaftlich und Sklaven haltenden Süden entstanden war. Rund zehn Jahre vorher, 1852, hatte die amerikanische Schriftstellerin und Gegnerin der Sklaverei, Harriet Beecher-Stowe (1811–1896) den berühmten Roman „Uncle Tom's Cabin" (Onkel Toms Hütte) veröffentlicht, der riesige Auflagen erlebte und psychologische Wirkung zeigte. Die Autorin hatte im Süden die Negermärkte und die „Zuchtanstalten" besichtigt und ihren positiven Emotionen für die Sklaven freien Lauf gelassen. Lincolns zweiminütige Rede, die man im Original lesen sollte, wurde von ihm auf dem Schlachtfeld von Gettysburg, nordwestlich von Washington, anlässlich der Eröffnung des gewaltigen Soldatenfriedhofs gehalten. Gettysburg war Anfang Juli 1863 einer der Hauptkampfstätten des Bürgerkrieges gewesen. Die Rede begann mit den Worten: „Vor 87 Jahren gründeten unsere Väter auf diesem Kontinent eine neue Nation, in Freiheit gezeugt und dem Grundsatz geweiht, dass alle Menschen gleich geschaffen sind". Er war der Meinung, dass Ideen mehr bedeuten als Schlachten und man darf gar nicht darüber nachdenken, was wäre gewesen, wenn doch der Süden der USA siegreich geblieben wäre. Wieder ist die Frage nach Sinn und Schicksal in der Geschichte eigentlich sinnlos – die Fakten sprechen. Zu diesen gehört letztlich doch die Befreiung der Sklaven in Folge dieses Krieges. Das Schlachtfeld von Gettysburg ist heute zu besichtigen (National Military Park, mit Autotour). Neben dem Soldatenfriedhof ist das Bürgerkriegsdenkmal eindrucksvoll hervorzuheben. Abraham Lincoln wurde 1865 von einem Südstaatenfanatiker in einem Theater in Washington erschossen – das war das erste Attentat auf einen amerikanischen Präsidenten.

Das Lincoln-Memorial ist ein gewaltiger Bau, es erinnert an einen griechischen Tempel. Drinnen „empfängt" einen der Präsident freund-

Martin Luther King als Redner am 28. August 1963 – © AP1963 / AP / picturedesk.com

Blick vom Standpunkt des Redners Richtung Kapitol – © njene / Shutterstock.com

lich, man will nicht sagen, auf einem „Thron" sitzend, doch die knochigen Hände ruhen auf hohen Sitzlehnen, das markante Gesicht mit dem kräftigen Mund und den kleinen Augen (wie manche Zeitgenossen meinten) ist eindrucksvoll. Die Augen verfolgen den Besucher – hat dies auch Martin Luther King so empfunden? Eigentlich hießen Kings Vater und er Michael mit Vornamen. Doch aus Verehrung für den deutschen Reformator haben sich er und sein Sohn in Martin Luther umbenannt. Der Junior wurde Baptistenpastor, trat für Bürgerrechte ein und exponierte sich erstmals 1955. Damals hat die tapfere Bürgerrechtlerin Rosa Parks (1913–2005) in Montgomery, Alabama, in einem öffentlichen Bus den für Weiße vorbehaltenen Platz nicht freigegeben, was mit einer Geldstrafe für sie endete. King half mit den Boykott der Busse zu organisieren, auch schrieb er darüber das Buch „Schritte zur Freiheit". Der Protest lief friedlich, aber wirkungsvoll ab. Man bediente sich des Mittels des gewaltlosen Widerstandes wie einst Mahatma Gandhi (1868–1948).

Die Bürgerrechtsbewegung in Amerika wuchs und führte im August 1963 zum Höhepunkt, dem Marsch auf Washington. Die Demonstration war gewaltig, die aus New Orleans gebürtige Bluessängerin Mahalia Jackson (1911–1972) leitete die Veranstaltung mit einem Gospel ein. Martin Luther King zog alle Register der Rhetorik: Sprachmelodie, Sprachrhythmus, Appell quasi an jeden einzelnen, Beschwörung mit Sprachbildern, Wiederholungen – eben mit den Worten „I Have a Dream". Inhaltlich ging es im Prinzip natürlich um die Gleichheit und um Freiheit („Lasst uns nicht im Tal der Verzweiflung verharren..."), die er anhand von sehr menschlichen und persönlichen Vergleichen als zukünftiges Ziel schilderte („Ich habe einen Traum: dass meine vier kleinen Kinder eines Tages in einem Land leben werden, in dem sie nicht nach ihrer Hautfarbe, sondern nach ihrem Charakter beurteilt werden"). Liest man heute die Rede, bleibt vielleicht manchmal der erwähnte lokale Bezug Europäern verborgen, auch die versteckten Angriffe auf nicht genannte rassistische Gouverneure.

Die Wirkung der Rede war ungeheuer. Als Historiker, auf dem „Kreuz" von Martin Luther King auf den Stufen zu Washingtons Mall stehend, darf man fragen, ob diese Ideen, speziell die der Freiheit, direkt oder indirekt Auswirkungen auf die Studentenbewegung von 1968 in Europa hatten, auf die Demonstrationen gegen den Vietnam-Krieg, auf die Emanzipation der Frauen zumindest als „Schubverstärkung", auf die Umweltbewegung (in Europa entstanden „Die Grünen"), auf den Prager

Frühling mit der Idee des Sozialismus mit menschlichem Antlitz? Oder geht mir als Historiker die Fantasie durch?

Martin Luther King erhielt 1964 den Friedensnobelpreis. Allerdings hatte er auch Gegenspieler, denen die Rede zu „traumhaft" war und die mehr direkte Aktion forderten. Dazu gehörte Malcolm (Little) X (1925–1965), der der „Nation of Islam" (gegründet 1930) angehörte, auch „Black Muslims" genannt, die eine Art schwarze Vorherrschaft in Amerika anstrebten. Die weitere Geschichte, die Schicksale der handelnden Personen endeten jeweils tragisch: Präsident Kennedy wurde 1963 ermordet, Malcolm X 1965, Martin Luther King 1968. Für King war der Marsch auf Washington vielleicht das, was für Moses der Blick ins zukünftige gelobte Land bedeutete…

Brünn
Villa Tugendhat

Nähert man sich von der Straßenseite der Villa Tugendhat, so hat man den Eindruck, dass es ein flacher moderner Bau wäre. Doch gleich nach Betreten des Hauses eröffnet sich einem nicht nur die Größe dieser Villa, sondern auch die Hanglage, woraus sich ein Stockwerk ergibt. Der Blick auf die Altstadt, das Panorama von Brünn ist überwältigend. Die Kathedrale St. Peter und Paul ist zentral zu sehen, dahinter der berüchtigte Spielberg – Burg, Festung und dann Gefängnis. Doch man sollte in den schönen Räumen der Villa nicht an die Gefangenen denken. Man ist überrascht, dass schon 1929/30 zimmerhohe Türen eingebaut wurden, riesige versenkbare Fenster, damit man drinnen sitzend glauben kann im Freien zu logieren. Man kann auch den Garten, der sich hangabwärts erstreckt, genießen. Im Zuge der Hausbesichtigung kommt man auch in den Keller, bewundert die Technik der Belüftung und die Hebevorrichtungen für die Fenster. Die Räume der Villa sind geschmackvoll mit zeitgenössischen Möbeln eingerichtet. Die durchscheinende Wand aus Onyx, einem Halbedelstein, verbreitet gedämpftes gelb-bräunliches Licht im Wohnzimmer. Man sitzt bequem dahinter und denkt daran, dass allein diese Wand den Preis eines Einfamilienhauses gekostet haben könnte...

Wer waren nun die Bauherren, wer der Architekt? Der in Brünn geborene Fritz (1895–1958) und seine Frau Grete (1903–1970) Tugendhat waren Textilindustrielle und Tuchhändler. Ihr Reichtum hat es ihnen erlaubt, eine prächtige Villa zu errichten. Grete Tugendhat stellte das Grundstück bei und hatte in Berlin den in Aachen geborenen und schon bekannten Architekten Ludwig Mies van der Rohe (1886–1969) kennengelernt. Sie konnte ihn gewinnen, nach modernsten Gesichtspunkten diese Villa zu bauen. Geld spielte offenbar weniger Rolle, also konnte sich der Architekt ans Werk machen. Daraus wurde ein Meilenstein der modernen Architektur, heute auch Weltkulturerbe. Mies van der Rohe gehörte zur Avantgarde der Architekten, wie etwa in Wien der etwas ältere und in Brünn geborene Adolf Loos (1870–1933), Entwickler des nüchternen Baustils. Mies van der Rohe hat auch am berühmten „Bau-

haus Dessau", einem Hort der modernen Architektur, mitgearbeitet.
Diese Institution aus dem Jahre 1919, auch „Hochschule für Gestaltung"
genannt, wurde von einem anderen berühmten deutschen Architekten,
Walter Gropius (1883–1969) – zeitweise mit Alma Mahler-Werfel
(1879–1964) verheiratet – mitbegründet. Mies van der Rohe war von
1930 bis 1932 Direktor dieser Einrichtung, sie wurde, obwohl er sich an
die Nationalsozialisten „angelehnt" hatte, geschlossen, weil die neuen
Machthaber diese moderne Architektur für nicht passend fanden. Er
bekam 1936 ein Angebot aus Amerika, übersiedelte 1938 nach Chicago, wo er drei Jahre später ein Architekturbüro eröffnen konnte. 1944
nahm er die amerikanische Staatsbürgerschaft an. 1958 errichtete er das
„Seagram Building" (benannt nach der Welt größtem Spirituosenkon-
zern) in New York, das fortan als Musterbeispiel moderner Architektur
in New York City gelten sollte und den Stil künftiger Wolkenkratzer-
Bauten beeinflusste. In Kanada baute er den Hochhauskomplex „Toronto
Dominion Centre" mit dem berühmten bronzegetönten Glas-Pavillon.

Der Villa Tugendhat in Brünn widerfuhr eine wechselreiche
Geschichte. Nachdem die Nationalsozialisten die Hand auf Tschechien
gelegt hatten, mussten die Tugendhats, weil sie Juden waren, flüchten.
Der deutsche Flugzeugkonstrukteur Willy Messerschmitt (1898–1978)
verwendete die Villa als Wohnung und Büro. Nach 1945 beschlag-
nahmten die russischen Besatzer die Villa und nutzten sie einige Zeit
als Pferdestall, dann war ein Rehabilitationszentrum für Kinder dort
untergebracht. Jahre später erkannte die Stadt Brünn, in deren Besitz die
Villa nach langen Verhandlungen jetzt ist, den Wert dieses Baujuwels.

Wenn man, überwältigt von der nüchternen Schönheit des Baues,
überwältigt vom Luxus und von den technischen Möglichkeiten der
Zeit, hinunter in den Garten Richtung einer kleinen Terrasse mit einer
Linde, dem heiligen Baum der Slawen, geht, steht man auf historischem
Boden. 1989 hat die damalige Tschechoslowakei, die von den Menschen
dort gerne so genannte „sanfte Revolution" erlebt. Trotz einer gemeinsamen Vergangenheit hatten aber die „Teilländer" Böhmen, Mähren und
die Slowakei nicht immer Verständnis füreinander. Um es vorsichtig zu
hinterfragen: Hat der Nationalismus auch hier wieder zugeschlagen?
Mein Großvater war stolz auf seine Herkunft aus Mähren, er wollte
kein „Böhm" sein, was damals in Österreich, besonders in Wien, fast
ein Schimpfwort war, er war auch kein Slowake! Die Unterschiede der
Länder waren gegeben, Böhmen hatte eine blühende Industrie, Mähren
seine große Vergangenheit als Großmährisches Reich, die Slowakei

Die Villa Tugendhat vom Garten aus – © Karel Jelinek

1992: Die Ministerpräsidenten Mečiar und Klaus auf der Gartenterrasse – © Igor Zehl / CTK / picturedesk.com

war agrarisch dominiert. In der nationalsozialistischen Zeit war nach Abspaltung der sudetendeutschen Gebiete Böhmen und Mähren als deutsches Protektorat eingerichtet worden. Die Slowakei erhielt 1939 in einer Art Unterwürfigkeit unter Adolf Hitler die Unabhängigkeit.

Alles zusammen Grund genug, eventuell doch nicht gemeinsam zusammenleben zu wollen, wohl aber als Nachbarn. Diese Trennung wurde nun am 26. August 1992 genau auf dieser kleinen Terrasse im Garten der Villa Tugendhat besprochen. An diesem lauen Sommertag trafen sich dort – locker wurden die Sakkos abgelegt – der tschechische Ministerpräsident Vaclav Klaus (geb. 1941) und der slowakische Minis-terpräsident Vladimir Mečiar (geb. 1942) zu einem Vieraugengespräch. Ohne Parlamentsbeschlüsse im Hintergrund wurde die Trennung beschlossen. Kann man auf der Terrasse stehend denken: So leicht und so schnell kann es gehen? Keine Gewalt war im Spiel, keine Unruhen folgten. Keine Grenzberichtigungen waren notwendig, niemand musste nationale oder koloniale Interessen durchsetzen, wie bei den willkür-lichen Grenzziehungen in Afrika im 19. und 20. Jahrhundert, kein Sykes-Picot-Abkommen war notwendig, wie 1916 hinsichtlich Jorda-nien, Syrien und dem Irak. Auch keine Unruhe stiftenden und gelenkten Abstimmungen mussten gemacht werden wie im Dezember 1921 bei der Übergabe des Burgenlandes (Westungarn) von Ungarn an Österreich. Die „natürliche Hauptstadt" dieses neuen österreichischen Bundeslan-des, Ödenburg (Sopron), blieb bei Ungarn.

Was bleibt, ist die Frage, ob es im „Europa der Regionen", wovon man gerne in der Europäischen Union spricht, noch Probleme wie Selbst-ständigkeit, Nationalismus und Trennungswünsche gibt oder geben wird? Beispiele gibt es in Europa einige. Aufsehenerregende wie etwa Schottland vor und nach dem „Brexit", das sich von Großbritannien abspalten möchte, oder Katalonien, auch das Baskenland, was 2017 Unruhen nicht nur in Spanien verursachte, sondern die Problematik der Abspaltung auch in die Europäische Union getragen hat. Man kann weiter aufzählen: Flandern in Belgien, das Szeklerland in Rumänien, Oberschlesien in Polen, Korsika will weg von Frankreich, von Italien weg wollen vielleicht Venetien und die Lombardei. Südtirol hat sich nach den „Bumsern" – volkstümlich ausgedrückt – also Sprengstoffattentaten auf Stromleitungen in den 60er Jahren des vorigen Jahrhunderts, beruhigt. Heilt die Zeit Wunden, fragt man gerne als Historiker oder auch als nationaler Politiker?

Angesichts der Unterschiede von Regionen und Nationen zuletzt ein lieb gemeinter sprachlicher Exkurs. Die tschechische und die slowakische Sprache stehen einander sehr nahe, man versteht sich gegenseitig ohne weiteres. Die Slowaken haben keine Reibelaute, die Sprache klingt „sanfter", wenn man so sagen will. Die slowakische Sprache hat z. B. die Monatsnamen quasi „internationalisiert", so wie wir sie aus dem lateinischen und germanischen Sprachraum kennen, die Tschechen haben wunderbare eigenständige Monats-Eigennamen. Jänner etwa heißt „leden", ist vom Wort für Eis abgeleitet, also (sehr) frei übersetzt mit „Eismonat". Der Mai heißt „kveten", der „Blumen-Monat". August ist „srpen" (srp ist die Sichel), also der „Erntemonat" – und ganz reizend der November: „listopad", also der Monat, in dem die Blätter von den Bäumen fallen…

New York – 9/11

Im Jahre 1973 wurden die Zwillingstürme „World Trade Center" in New York errichtet. Beide gehörten zu den elegantesten Wolkenkratzer-Bauten dieser Riesenstadt. Man mag New York mögen oder nicht: Faktum ist, dass diese Stadt ein eigenes Flair hat, hektisch ist, informativ, manchmal überladen – gewaltig auf jeden Fall. Die beiden Bauten beherrschten die Silhouette, man konnte in einem der Türme mit dem Schnelllift auf circa 420 Meter gelangen und von einer mit Glas umfassten Galerie Stadt und Meer bewundern.

Weniger aufgefallen ist damals die Notrufnummer in den Vereinigten Staaten: 911. Zum Glück habe ich sie nie gebraucht. Sie war 1968 eingeführt worden, gilt als leicht merkbar und man kann sich am Telefon nur schwer vertippen, 9 und 1 liegen weit auseinander. Es war ein tragischer Anlass, dass man sie gewählt hat: Kitty Genovese (1935–1964), eine Amerikanerin war erstochen worden und „Zuschauer" konnten nicht schnell genug Hilfe holen, Zeugen wollten anrufen – aber wen? Besucht man aber heute die USA als Gast, ist man von dieser Nummer verwirrt und irritiert.

Die Zwillingstürme waren aber nicht nur ein architektonisches Highlight, sondern auch ein Symbol für Geschäftemachen, für Kapitalismus, für alles Böse im Westen. Deshalb wurde es Ziel von Angriffen von Terroristen. Es ist hier nicht der Ort, die Geschichte des Terrorismus darzulegen, ich darf mich auf das allgemeine Wissen in den Köpfen der Leser verlassen. Ich möchte aber ein Beispiel herausnehmen: Am 7. August 1998 wurden Anschläge auf die amerikanischen Botschaften in Nairobi, Kenia, und Daressalam, Tansania, verübt. Beide Anschläge kosteten 224 Menschen das Leben. Die Täter machte man an der Person Osama bin Ladens (1957–2011) und der Terrorgruppe Al Qaida fest. Dies geschah unter der Präsidentschaft Bill Clintons (geb. 1946) und hat weltweit heftige Reaktionen hervorgerufen. Bei einem Besuch Nairobis fuhr der Taxifahrer mit uns schnell an dem Ort des Anschlags vorbei, mit der Bemerkung, man werde die Trümmer als Erinnerung so belassen. Jetzt gibt es an der Stelle den „August 7th Memorial Park"…

Um diese Zeit und auch schon davor soll es bei den amerikanischen Militärs und Geheimdiensten Überlegungen gegeben haben, ob man ein Flugzeug als Waffe oder Bombe verwenden und auf ein dominantes Gebäude lenken kann. Es soll auch schon an die Zwillingstürme gedacht worden sein. Man hielt diese Angriffsmethode für zu kompliziert und zu radikal. Der US-amerikanische Journalist Tim Weiner (geb. 1956) aber zitiert in seiner Geschichte der CIA (veröffentlicht 2007) den damaligen Direktor George Tenet (geb. 1953) mit den Worten: „Es wird weitere Überraschungen geben". Außerdem hätte die CIA nur wenige Mitarbeiter, die Arabisch, Chinesisch oder gar Hindu oder andere fremde Sprachen verstünden, die CIA manipuliere aber gerne die Welt. Die Überraschung kam: Am 11. September 2001 krachten ab 9.03 Uhr Ortszeit zwei Flugzeuge in die Türme des World Trade Centers, das Pentagon wurde angegriffen, ein Flugzeug stürzte ab. Man sprach davon, dass eine neue Art des Krieges direkt nach Amerika hineingetragen wurde, es hat etwa 3000 Tote gegeben. Man sah weltweit die Bilder, viele kritische Journalisten meinten später: Eben „nur" Bilder, die vielleicht manipuliert vorgespielt hätten werden können. Ich selbst gestehe, dass ich damals zufällig an einem laufenden Fernsehapparat vorbeiging und an die Vorführung eines „Hollywoodfilm-Schinkens" mit wirren Zerstörungsfantasien dachte, bis ich eines anderen belehrt wurde. Es bleibt aber vorerst einmal die Tatsache: Die beiden Türme sind eingestürzt und existieren nicht mehr. Ich habe Jahre danach den „Ground Zero" gesehen – heute soll man ja das Wort vermeiden! – als schon wieder die Fundamente für einen neuen Bau gelegt wurden. Ich war daneben in der kleinen Kirche, der ältesten in Manhattan aus dem Jahre 1764 mit dem Friedhof. In der Kirche war eine Art Museum eingerichtet, es gab auch die mit „Narben" versehene Weltkugel des deutschen Bildhauers Fritz Koenig (1924–2017) zu sehen. Man konnte das Inferno, die Hitze, den Terror nur mehr ahnen, aber schwer nachempfinden.

In der Zwischenzeit haben aber Verschwörungstheoretiker eigene Szenarien entwickelt, man fragt sich, ob Menschen vom Verfolgungswahn ergriffen worden sein könnten oder ob doch etwas Reales dahintersteckt. Sind Journalisten und auch die Historiker pfiffige Geschichtsfälscher? Man fragt aber auch, was an den Gerüchten wahr sein kann, hat man die Hintergründe von 9/11 (wie man als Kurzfassung bis heute sagt) wirklich manipuliert, war Propaganda am Werk? „Was ist Wahrheit?", möchte man verzweifelt ausrufen. Warum sind all die Fragen im Zusammenhang gerade mit diesem Ereignis zu sehen, das bei den Bürgern der USA so einen großen Schock verursacht hat? Ich gehöre weder einem Geheimdienst an, noch verfüge ich über Spezialwissen in dieser Sache, ich versuche nur als

Historiker die Gerüchte und offenen Fragen zusammenzustellen um die Komplexität der Sache zu zeigen. „Relata refero", ich berichte Berichtetes. Ich frage auch, ob Nachdenken darüber heute noch vor Ort gelingen würde, anders gefragt, kann das historische Gefühl angesprochen werden im Trubel des Lebens, das sich heute dort (wieder) abspielt?

Was gab es an Problemen im Zusammenhang mit diesem Geschehen? Vorerst einmal, hat der Geheimdienst CIA nichts vorausgesehen um zu warnen, nicht aufgepasst, um es landläufig auszudrücken? Haben CIA und FBI danach nicht alles untersucht? Wie konnten die Terroristen als „Piloten" mit einer Minimalausbildung in einer Flugschule in Florida überhaupt solche Flugzeuge fliegen? Wurden die Flugzeugteile – besonders auch die im Pentagon – vom FBI richtig zugeordnet? Beim Pentagon hat man lange an ein Torpedo, weniger an ein Flugzeug gedacht. Ist das dritte Gebäude hinter den beiden Türmen gesprengt worden? Wie sind die Terroristen an Bord gelangt, gibt es korrekte Passagierlisten? Von 19 vermeintlichen Attentätern mit bekannten Namen „lebten" nach dem Attentat bekanntlich noch zehn! Lebt allerdings der vermeintliche Attentäter Mohammed Atta (1968–2001?) noch, ist er Opfer der US-Propaganda geworden? Welche Rolle spielte Saudi-Arabien, aus dem die Terroristen stammten? Sind wirklich Bürger aus diesem Land „rechtzeitig", also vor 9/11 aufgefordert worden, die USA zu verlassen? Wurde Quellenmaterial manipuliert oder ist es verschwunden? Der Journalist Elias Davidsson (geb. 1941) meint, dass auch zeitlich bei dem Attentat nicht alles zusammenpassen kann und beklagt, dass man ihm Einblick in Dokumente verweigert. Wie verhielt sich George W. Bush (geb. 1946), gerade erst seit Jänner 2001 Präsident: Man hat die Bilder seines Gesichts in der Schule, wo er gerade war, im Kopf – erstaunt, verwirrt, hilflos! War das gespielt, hat er gar, wie ein grauenhafter Verdacht geäußert wurde, dies alles selbst inszeniert?

Der Buchautor und Journalist Nafeez M. Ahmed (geb. 1978) geht noch einen Schritt weiter. Er meint, dass die USA ein „vertrautes Handlungsmuster" entwickelt hätten, demzufolge die jeweils Verantwortlichen einen Vorwand für Kriegserklärungen bzw. für mehr Geld für Rüstungen brauchen, um dies dem Wahlvolk „beizubringen" – eine Art „Eigenterror-Strategie". Dabei wird auf die Verluste in der eigenen Bevölkerung keine Rücksicht genommen, dies gehört zu den Lateralschäden. Als historische Beispiele führt er etwa die Sprengung des Schiffes „Maine" im Jahre 1898 im Hafen von Havanna an, um den Krieg gegen Spanien beginnen zu können. Dann die politische und militärische Dauerreizung der Japaner,

Das Flugzeugattentat auf das World Trade Center – © Ken Tannenbaum / Shutterstock.com

Die beschädigte „Weltkugel" als Symbol der Aggression – © Karl Sablik

die dann Pearl Harbour angegriffen haben, wonach die USA in den Zweiten Weltkrieg einsteigen konnten. Zuletzt eben 9/11 als Anlass, den Krieg gegen Afghanistan bzw. den Irak führen zu können. Man mag sich über diese Argumentation seine eigenen Gedanken machen. Dazu allerdings muss man aber auch ins Kalkül ziehen, dass es einen Gleichklang der Ideologien zwischen Ost und West gibt. Ohne die Bedeutung von Religionen falsch einzuschätzen, verwenden wir also statt Islam und Christentum Begriffe wie „Islamismus" und „Evangelikale" wie in Amerika, sind doch beide starr an Dogmen orientiert und neigen zu Aggressionen. Man denke an die „prophetische Methodologie" des Islamismus, Gewalt einfach so anzuwenden, wie es der Prophet Mohammed schon seinerzeit im 7. Jahrhundert gemacht hat. Die christliche Problematik der Kreuzzüge kennt man ohnehin zur Genüge…

Auf dem Platz der früheren Doppeltürme kann man auch über die Plagen der Historiker, über die Probleme dieser Zunft räsonieren. Abgesehen von der Archäologie, der historischen Realienkunde (die sich mit Gegenständen des Alltags, mit Waffen, medizinischen Geräten etc. beschäftigt),der oral history (sofern man die Resultate nicht wieder auf Papier aufschreibt) und der Geschichte der Kunstwissenschaften (Architektur und Malerei) hängt für die Historiker alles von einem beschriebenen oder bedruckten Blatt Papier (von wertvollen mittelalterlichen Dokumenten bis zu Zeitungsberichten) ab. Dies klingt primitiv, es ist aber so! Dies nennt man Quellenmaterial und das ist meist in Archiven verstaut. Trotz aller Sorgfalt im Umgang damit, trotz der sogenannten Quellenkritik und der historischen Hilfswissenschaften (mit begrenzten Möglichkeiten) kann es zu Problemen der Darstellung kommen. Man kann auch philosophieren: Die Sieger schreiben Geschichte oder zumindest die Stärkeren, man kann sagen „Macht lügt immer" oder vornehm Friedrich Schiller (1759–1805) zitieren: „Von der Parteien Gunst und Hass verwirrt, schwankt sein Charakterbild in der Geschichte". Man muss dies nur jeweils auf das aktuelle Thema beziehen. Leider kennt man auch die selektive Geschichtsschreibung!

Doch zur Problematik der Archive: Man kann vom ganz naiven Sammeln von historischem Material ausgehen, doch schon von manchen einfachen und aufbewahrten Protokollen habe ich behauptet, dass damit die Geschichtsfälschung beginnt. Es kann aber auch bewusst Quellenmaterial weggegeben werden, speziell kann es gerne verbrannt werden. Der damit zusammenhängende historische Vorgang ist dann eigentlich für immer weg. Es gibt in Österreich ein besonderes Wort in der Archivsprache:

Skartieren. Damit meint man das Aussortieren und Vernichten nicht mehr benötigter Schriftstücke. Da kann doch einmal etwas dazwischen rutschen! Archivmaterial kann gefälscht sein. Wir finden so etwas immer wieder in der Geschichte, man muss diese Möglichkeit beim Forschen nur „mitdenken". Quellen kann man auch verstecken, geheim halten, nicht herzeigen wollen. Ein süffisantes Gerücht gibt es: Im Archiv des Vatikans liegt ein Brief des reichen Juden Josef von Arimathäa. Er habe Jesu Leichnam entfernt, Jesus sei also gar nicht auferstanden. Was wäre aus dem Christentum geworden? Eine „legale" Art des Verbergens ist die Archivsperre: 30, 50 oder gar 100 Jahre darf man Archivmaterial nicht benützen. Was kann da zwischenzeitlich alles passieren? Ein Problem der modernen Zeit gibt es: Telefonate „verschwinden" ganz normal – außer man macht ein Telefonprotokoll, dann hat man wieder Papier vor sich! Wie bewahrt man Filme auf, ganz zu schweigen von den heutigen elektronischen Medien? Die einzige kleine Hoffnung der Historiker ist das Faktum, dass es in der Geschichte immer um handelnde Menschen geht – und Handlungen hinterlassen Spuren, die es zu finden gilt...

Was geschah nach 9/11? Man erklärte den Kampf gegen den Terror! Dies würde kein normaler Krieg mit üblichen Fronten sein, auch wenn man militärisch in die Länder der Terrorverdächtigen einzudringen versucht. Die Vereinigten Staaten schufen als Reaktion auf 9/11 schon im November 2002 ein „Homeland-Ministerium", offiziell „US Department of Homeland Security" genannt mit heute circa 208.000 Beamten. Damit soll der Schutz der Bevölkerung vor Terror gewährleistet werden. Der Einwanderungsstopp aus bestimmten islamischen Ländern ist eine weitere Maßnahme. 2011 gelang es Osama bin Laden dingfest zu machen, das Problem des Terrors auf der Welt war aber damit nicht gelöst.

Die lokale und architektonische Lösung des Platzes der ehemaligen Zwillingstürme ist gigantisch geraten, toll möchte man sagen. Wegen der Kosten von vier Milliarden Dollar ist es aber auch ein Symbol der „Maßlosigkeit" geworden. Ein Riesendenkmal, ein „Fliegender Vogel" wurde kreiert, offiziell „Oculus" genannt. Der Bau stellt eine Bahnhofshalle über U-Bahnkreuzungen dar, ein Sinnbild der Hoffnung, ein Phönix aus der Asche, eine Art Wiederauferstehung – ich sollte doch noch einmal nach New York fahren...

Mondlandung

Der deutsche Philosoph Immanuel Kant (1724–1804) schrieb in seiner „Kritik der praktischen Vernunft" von 1788 den berühmten Satz: „Zwei Dinge erfüllen das Gemüt… der bestirnte Himmel über mir und das moralische Gesetz in mir". Kant meinte: „…ich verknüpfe sie unmittelbar mit dem Bewusstsein meiner Existenz". Tiefer lässt sich nicht mehr denken, doch sehen wir trotzdem hier von der Ethik, von der Moral ab: Es geht um das Weltall! Über mein Geständnis werden alle Leser schmunzeln: Ich war noch nicht auf dem Mond. Aber ich kenne mich mit Sprachbildern aus: Wollen wir nicht so manchen Zeitgenossen auf den Mond schießen? Man sollte vorsichtig sein mit solchen Äußerungen – vielleicht wird das bald möglich sein. Leichter ist es zu sagen, dass jemand ob seiner Weltfremdheit „auf dem Mond lebt". Der Mond ist romantisch – eigentlich nicht er, sondern die erotische Stimmung der Menschen auf Erden, die vom Schein des Mondes unterstützt wird. Viele von uns erkennen den „Mann im Mond" – auch wenn dieses vermeintliche Bild eines Gesichtes offenbar nur die Folge eines Meteoriteneinschlages auf dem Mond und der Bildung von Magmagestein ist. Viele begeistern sich an dem Begriff des „Außerirdischen", von „Alf", dem netten und sympathischen Wesen (nicht für Katzenliebhaber!), der 1986 in der Garage eines amerikanischen Durchschnittsbürgers gelandet ist um von diesem vor der Gesellschaft geheim gehalten zu werden, bis zum „Krieg der Sterne" und der „Odyssee im Weltraum".

Doch nehmen wir die Sache ernster! Ist die Eroberung des Weltraums eine Aufgabe von uns Menschen, jagen wir gar einem Traum der Menschheit nach? Drei Probleme tun sich auf: In der Raketentechnik die Frage, ob es wirklich nichts Schnelleres als Licht gibt? Dann wären wir, was das Weltall und seine Erforschung betrifft, mit unseren Möglichkeiten durchaus eingeschränkt. Zweitens: Gibt es Leben ähnlich dem unseren irgendwo im Weltall? Hier argumentiert man mit der Statistik: Wenn es Milliarden von „Welten" gibt, warum nicht statistisch wenigstens eine weitere wie die unsere? Drittens: Müssen wir vielleicht eines Tages wegen Überbevölkerung von der Erde auf andere Gestirne auswandern? Der Weltraum und die Frage nach anderen Planeten beflügeln unseren Forscherwillen wie die Gentechnik, die Computertechnik, die Hirnforschung, die Suche nach „organischen Computern" auf anderen Gebieten. Schafft man vielleicht ein neues Bewusstsein – ein erweitertes?

Der altgriechische Philosoph Heraklit (520–460) hat den berühmten Satz geprägt, dass der Krieg der Vater aller Dinge ist. Er hat es im Sinne der Polarität, der geistigen Auseinandersetzung gemeint, man könnte auch von These und Antithese sprechen, die zur neuen Synthese führen. Kurioserweise ist aber die Entwicklung der Raketentechnik, die die Menschen letztlich auf den Mond gebracht hat, tatsächlich im Krieg entstanden. Die Nationalsozialisten Deutschlands richten in Peenemünde, im Land Mecklenburg-Vorpommern, schon ab 1936 eine Heeresversuchsanstalt ein. Im Zweiten Weltkrieg wurde dort das Raketenprogramm forciert. Zuständig für die Raketenwaffen war Walter Dornberger (1895–1980), technischer Direktor war Wernher von Braun (1912–1977). Man spricht von zeitweise 6000 Mitarbeitern. In Peenemünde gibt es heute das „Historisch-technische Museum Peenemünde" zu besichtigen. Adolf Hitler und seine Militärs setzten auf eine „Wunderwaffe", eine Rakete, bestückt mit Sprengköpfen (später vielleicht Atombomben?). Berühmt-berüchtigt wurde die sognannte V2 („V" wie Vergeltungswaffe), mit der tatsächlich England angegriffen wurde. Der Schock dort war groß, ließ jedoch nach, da die Wirkung geringer war als von deutscher Seite erhofft. Militärhistoriker hatten errechnet, dass vor allem der finanzielle Aufwand für die Raketen zu groß war, man hätte mit dem Geld lieber 24.000 Kampfflugzeuge bauen sollen…

Knapp vor und nach dem Kriegsende begann der Wettlauf zwischen den Amerikanern, der Sowjetunion und den Briten, die besseren Wissenschaftler samt den erarbeiteten Unterlagen der revolutionären Raketen-Technologie in die Hände zu bekommen. Vieles hing von dem militärischen Vormarsch und der Besetzung ab: Die Amerikaner konnten sich des Peenemünde-Archivs bemächtigen. Schon im September 1945 wurde Wernher von Braun in die USA geflogen, Walter Dornberger folgte 1947 nach. Die Sowjetunion konnte sich die Mitarbeit des Steuerungsfachmannes für Raketen Helmut Gröttrup (1916–1981) für ihr Programm sichern. Von Anklagen im Sinne des Nürnberger Prozesses wurde bei allen Genannten abgesehen. Weil die Sowjetunion in den Folgejahren auf dem Gebiet der Raketentechnik und Weltraumforschung führend war, machte ein Treppenwitz der Weltgeschichte die Runde: Die Sowjets hätten wohl die besseren Wissenschaftler erwischt. Fairerweise muss gesagt werden, dass die Sowjetunion schon vorher ein großes Potential an Forschern hinsichtlich der Raketentechnik ausgebildet hatte.

Diorama des „Mannes am Mond" – © Shutterstock.com

Der „Fußabdruck" als Zentrum des künftigen „Mondmuseums" – © Shutterstock.com

Alles zusammen wirkte sich nun dahingehend aus, dass die Sowjetunion begann, den Weltraum zu erobern. Im Oktober 1957 brachten sie den Sputnik in die Erdumlaufbahn – Sputnik heißt begrifflich „Begleiter" (der Erde) oder Satellit. Ein Exemplar davon habe ich in der ehemaligen Moskauer „Allunionsausstellung" sehen können, heute das „Kosmonauten-Museum" in der Ausstellung der „Errungenschaften der Volkswirtschaft". Nicht nur die silberne Kugel des Sputniks mit den angebrachten Antennen fasziniert, sondern auch die Raketen selbst und alle Ausrüstungsgegenstände. Überragt wird die Ausstellung von dem 107 Meter hohen Denkmal für die „Eroberer des Weltraums". Die Erfolge gingen weiter: Im November 1957 wurde erstmals ein Lebewesen in den Weltraum geschossen: Die Hündin Laika (Deutsch mit „Kläffer" zu übersetzen). Sie verstarb im Weltraum, hat aber die biologischen Grundlagen für die Raumfahrt von Menschen vorbereiten geholfen. Am 12. April 1961 war es so weit: Juri Gagarin (1934–1968) umkreiste als erster Mensch im Weltall mit Wostok 1 (Deutsch „Osten") die Erde.

Die Vereinigten Staaten waren schockiert, diese Raketentechnik hatte nämlich neben der wissenschaftlichen schließlich auch eine militärische Bedeutung. Noch im selben Jahr 1961 nahm der amerikanische Präsident John F. Kennedy (1917–1963) – um es sportlich zu formulieren, auch wenn es brutaler gedacht war – den Wettkampf mit dem Ziel auf, noch in den 60er Jahren den Mond durch Astronauten (die sowjetischen Raumfahrer hießen ja „Kosmonauten") zu betreten. Geldmittel wurden zur Verfügung gestellt – eine Aufbruchsstimmung „Richtung Mond" erfasste das Land. Das „Apollo-Programm" (Unter dem römischen Gott des Lichtes musste es laufen!) wurde gestartet. Als Startplatz für die Raketen wurde Cape Canaveral (später Cape Kennedy genannt), in der Mitte der Ostküste Floridas gelegen, gewählt. Man kann heute im „Kennedy Space Center" alle Raketen der amerikanischen Programme sehen, die Parallelen zum Moskauer Museum sind klar, nur: Hier geht es immerhin um die Mondlandung, was das historische Gefühl durchaus steigert! Voraussetzungen für eine Mondlandung waren aber Ankopplungsmanöver: Diese wurden 1966 erstmals erfolgreich beim Programm Gemini 8 (wegen der Verbindung von Flugkörpern als „Zwilling" zu übersetzen) durchgeführt. An Bord war schon Neil Armstrong (1930–2012), der im Korea-Krieg gekämpft hatte und danach Testpilot geworden war. Armstrong war der erste Mensch, der einen fremden Himmelskörper betreten hat. Er wurde im Juli 1969 zum Kommandanten von Apollo 11 ernannt.

Das Projekt war so angelegt, dass am 16. Juli 1969 eine Saturn V-Rakete (wieder nach einem römischen Gott benannt – aber auch ein Planet heißt so), 111 Meter hoch, mit drei Piloten Richtung Mond startete. Ein Astronaut in einer Kapsel umkreiste den Mond gleichsam in Warteposition, während zwei andere die Landung vornahmen. Der Begleiter von Armstrong war Edwin „Buzz" Aldrin (geb. 1930), in der umkreisenden Kapsel agierte Michael Collins (geb. 1930). Man bemerke, dass alle drei im Jahr 1930 geboren wurden, Aldrin – als zweiter am Mond – nahm seinen Spitznamen „Buzz" mit. Seine kleine Schwester hatte in der frühen Jugend Probleme mit der Aussprache „brother" (Bruder), phonetisch nachvollziehbar sagte sie „buzzer" – dies blieb bis zum Mond. Wie man weiß, gelang die Mondlandung am 20. Juli 1969, 20.17 Uhr. Da der Bordcomputer nicht funktionierte, musste Armstrong die Landung per Hand steuern, es ging um Sekunden und war eine Frage der Nerven. „The Eagle has landed" (Der Adler ist gelandet.) waren die berühmten Worte, man landete im „Meer der Ruhe", an einer Stelle, wo Milliarden Jahre Ruhe geherrscht hatte wurde nun Staub aufgewirbelt. Die Worte wurden noch übertroffen durch den bekannten Satz von Armstrong, als er mit dem linken Fuß den Mond betrat und sein Astronautenschuh den berühmten Fußabdruck hinterließ: „That's one small step for (a) man, one giant leap for mankind" („Dies ist ein kleiner Schritt für einen Menschen, ein riesiger Sprung für die Menschheit"). Ob Armstrong dieses „a" auch ausgesprochen hat werden Generationen von Historikern erforschen – wichtig, nicht? Interessant allerdings ist ein Vergleich mit den ältesten bekannten Fußspuren von Menschen in feuchter und dann gehärteter vulkanischer Asche in einer Fundstelle in Nordtansania – dies war vor circa 3,6 Millionen Jahren! Als zweiter Mensch betrat Aldrin den Mond, er lobte die grandiose Einsamkeit! Beide sprangen dann – neben der wissenschaftlichen Arbeit wie Sammeln von Gesteinsproben und dem technischen Routineablauf – auf der Mondfläche wie Kängurus herum, wog doch die Ausrüstung (Mensch und Ausrüstung im ungefähren Verhältnis von 1 : 1) auf Erden etwa 180 Kilogramm, auf dem Mond bloß 30. Der Start zurück funktionierte problemlos, auch die Ankoppelung an Michael Collins Kapsel und der Rückflug. Die Landung erfolgte im Pazifik, nach einer Zeit in Quarantäne (Gibt es unbekannte Keime am Mond?) der unbeschreibliche Jubel: Der Mensch hat den Mond erobert!

Es gab Zweifel an der Mondlandung. War alles echt oder elektronisch vorgespielt, gar eine Fälschung? Man weiß, dass es auf Erden Gegenden gibt, wo es offenbar so aussieht wie am Mond, etwa in Nevada oder im

Inneren von Island. Ich glaube aber, dass man sich auf die Sowjetunion verlassen konnte, die die USA im Falle eines Misserfolges oder einer Fälschung mit Spott und Hohn überschüttet hätte. Man kann auch im National Air & Space Museum in Washington einen Mondstein angreifen. Ich gebe zu, er fühlt sich an wie jeder Stein auf Erden – aber das historische Gefühl spricht an: Der Stein kommt vom Mond und zwar nicht als Meteorit. Im Museum findet man auch Teile von deutschen Raketen ausgestellt…

Wird sich die Menschheit mit der Mondlandung allein zufriedengeben? Eigenartigerweise sind seit nunmehr bald 50 Jahren keine weiteren Menschen mehr auf einem anderen Planeten gelandet. Vielleicht wagt China die nächste Landung am Mond? Kostet dies zu viel, weiß man wissenschaftlich schon alles von da oben? Man munkelt von Vorbereitungen für eine Reise zum Mars – diese soll in Summe circa ein Jahr dauern. Angesichts der riesigen Raketen, die man eben auch als Tourist bewundern kann und des damit verbundenen Aufwandes kann man an die Urgeschichte zurückdenken: Hätten wir Menschen nicht lieber Jäger und Sammler bleiben sollen, sich nicht niederlassen, keine Städte bauen sollen? Oder sind wir „faustisch" veranlagt, müssen streben und forschen, koste es, was es wolle. Kosten: Nicht nur an Geld ist zu denken, die Raumfahrt hat auch Todesopfer gefordert. Man denke an die Katastrophe des Challenger Space Shuttles (Challenger heißt „Herausforderer"!) von 1986 mit sieben Toten.

Beenden wir das Thema positiv: Die Spanne der Geschichte reicht von der Fossilienwelt ohne Menschen bis zum ersten Schritt eines Menschen auf den Mond. Wird es eines Tages dort ein Museum geben? Man könnte es „Mondlandemuseum" nennen, im Zentrum der Fußabdruck. Wie das technisch geht, weiß ich nicht, in der Fantasie kann ich es mir ausmalen – ein Anziehungspunkt und Ziel für künftige Mondreisende! Man kann schon buchen, habe ich gehört. Vorsichtige sollten warten bis die ersten Touristen wieder zurückkommen. Reizen würde mich so eine Reise schon…

Kann man aus der Geschichte lernen?

In der Nacht zum 24. Juni 1812 überschritt der selbsternannte französische Kaiser Napoleon (1769–1821) mit 475.000 Soldaten den litauischen Fluss Njemen (deutsch Memel) und eröffnete damit den Angriff auf Russland. Nach dem Sieg bei Austerlitz in Mähren im Dezember 1805 über Österreich und Russland brachte das Jahr 1809 Niederlagen für Österreich und den nicht sehr erfreulichen Frieden von Schönbrunn. Napoleon plante danach den Kriegszug gegen den letzten verbliebenen starken Feind: Russland. Die der Invasion folgenden tagelangen Gewitterregen verwandelten die russische Landschaft in ein Sumpf- und Morast-Gebiet. Im Hochwasser der Flüsse ertranken viele Soldaten. Die Versorgungsfahrzeuge blieben im Schlamm stecken, die Notration an Zwieback ging zu Ende, ebenso der Branntwein, die Umgebung war für die Versorgung zu wenig dicht besiedelt. Die Soldaten mussten hungern, unsauberes Wasser führte zu Ruhr-Erkrankungen. Auch 20.000 Pferde fanden den Tod. Napoleons Truppen hatten nur geringe militärische Erfolge zu verzeichnen, die Kanonen versanken im Schlamm, die Russen zogen sich jeweils geschickt zurück. Es gab keinen „Blitzkrieg" wie man im Zweiten Weltkrieg sagen würde. Am 6. November fiel Schnee, man verzeichnete Minus 20 Grad, warme Bekleidung fehlte – man war ja im Sommer losgezogen – die Pferde waren falsch beschlagen, glitten auf Eis aus. „General Winter" schlug zu. Im November 1812 kehrte Napoleon um und überquerte mit 23.000 Soldaten den Fluss Beresina (heute Weißrussland) in Richtung Polen. In Russland starben in diesem Krieg circa 1 Million Menschen. Napoleon meinte zynisch, die meisten Toten gingen auf Kosten der oftmals militärisch rekrutierten Hilfsvölker, die 23.000 Rückkehrer wären Franzosen gewesen...

Ziemlich genau 129 Jahre später, am 22. Juni 1941 (Napoleon 24. Juni), setzte Adolf Hitler (1889–1945) das lange heimlich vorbereitete „Unternehmen Barbarossa", den Angriff auf Russland, speziell auch auf Moskau, in die Tat um. Er brach damit den deutsch-sowjetischen Nichtangriffspakt vom 24. August 1939, den er mit Josef Stalin (1879–1953) geschlossen hatte. Im Oktober 1941 meinte er, dass speziell die Schlacht um Moskau den Feind „vernichtend treffen" werde. Doch dann kam wieder pausenloser Regen, die Angriffe der Deutschen blieben im Schlamm stecken, der Nachschub an Nahrung ebenfalls. Man hatte im Glauben an den Blitzkrieg den Soldaten keine Winterkleidung mitgegeben, nicht einmal entsprechende Handschuhe. Der Begriff „Blitzkrieg" war im Rahmen des deutschen Militärs schon 1935 entwickelt worden und wurde nach dem Polenfeldzug 1939 jeweils propagandistisch ausgenützt. Am 6. Dezember 1941 startete Stalin die Gegenoffensive. Bei zeitweise Minus 50 Grad konnten die Motoren der Fahrzeuge nicht gestartet werden, die wenigen Pferde starben, Treibstoff war knapp oder nicht vorhanden – man denke an das fehlende Pferdefutter 1812. Die deutschen Soldaten waren durch die langen Märsche übermüdet, die neue russische Waffe, die Katjuscha-Raketen, mit denen schneller und intensiver geschossen werden konnte, war gefürchtet, die Deutschen nannten sie „Stalinorgel". Mitte Jänner 1942 erkannte Hitler, dass er Moskau nicht einnehmen konnte. Es gab keinen totalen Rückzug wie 1812, allerdings eine deutliche Wende Richtung Niederlage der deutschen Truppen, die Verlagerung der Schlacht nach Stalingrad 1942/43 mit dem dann folgenden Untergang der deutschen Armee und dem Ende des gesamten Krieges.

Die Geschichte wiederholt sich nicht. Auch wenn etwa der amerikanische Philosoph George Santayana (1863–1952) den klugen Satz sagt: „Wer die Lektionen der Geschichte nicht gelernt hat, muss die Geschichte wiederholen" – sie kann sich nicht wiederholen. Wenn man Geschichte als den Ablauf menschlichen Lebens im Zeit-Raum-Kontinuum auf Basis dessen, was wir Bewusstsein nennen, bezeichnet, gibt es keine Wiederholung. Ich darf zur Auflockerung Rabbi Löw (1520–1609) zitieren: „… es ist immer alles anders". Der einzige Zugang zur Geschichte ist unser Gedächtnis. Was wir dann haben, ist die Erinnerung und deren Inhalte kann man aufschreiben. Aber: Es gibt eine Wiederholung des Musters eines historischen Ablaufes, die Systematik eines historischen Vorgangs kann sich wiederholen, die Strukturen können sehr ähnlich sein. Aus der Frage, ob sich die Geschichte wiederholt, kann und muss man dann die Frage ableiten: „Kann man aus der Geschichte lernen, und wenn ja, was?"

Der englische Philosoph John Stuart Mill (1806–1873) hat erstmals zwischen Geisteswissenschaften und Naturwissenschaften unterschieden. Erstere sollten sich mit den Produkten menschlicher Leistung beschäftigen bzw. diese aufzeichnen, letztere mit der Natur einschließlich des Menschen selbst, einfach ausgedrückt mit dessen Körper und Seele. Demzufolge müsste die Geschichte zu den Geisteswissenschaften zählen, aber schon Mill selbst hatte Bedenken und wollte sie zu den Naturwissenschaften „erheben". Nach üblichen Kriterien fällt dabei allerdings das

Experiment, der Versuch, wie bei den Naturwissenschaften, weg. Außer man nimmt an, es gäbe einen bösartigen, sadistischen Gott, der die ganze Menschheit als sein Experiment betrachtet – aber davon wollen wir hier einmal absehen. Warum also die Geschichte zu den Naturwissenschaften zählen? Hier hilft ein Satz des deutschen Philosophen Wilhelm Dilthey (1833–1911) weiter: „Was der Mensch sei, sagt ihm die Geschichte". Also sind der Mensch und seine Geschichte praktisch identisch, ganz sicher sind Mensch und Geschichte nicht zu trennen. Die Naturwissenschaft ist für den Menschen allerdings oft praxisnäher, besonders die davon abgeleitete Technik, jedenfalls konkreter als die Geisteswissenschaften, die etwa in der Geschichtsschreibung zu abstrakt werden können, um als Wirkfaktor aufzutreten. Sollte also aus der Geschichte tatsächlich eine Naturwissenschaft werden? Vorsichtig kann man weiterfragen: Kann man die Geschichte wirklich wie eine Naturwissenschaft behandeln, damit man für sein eigenes Handeln etwas ableiten kann? Ich führe den Gedanken noch weiter: Kann historische Erfahrung als Ausgangspunkt für weiteres Handeln genommen werden – so wie manche Resultate der Naturwissenschaft? Ich würde dies bejahen! Auch Thomas Piketty (geb. 1971) hat in seinem Buch „Das Kapital im 21. Jahrhundert" gemeint, dass man die Geschichte als Erkenntnisquelle für das Handeln nehmen könne. Ich möchte diesen Gedanken fast überstrapazieren und die Geschichte als mögliche Nutzanwendung für den Menschen betrachten; Lernen aus der Geschichte wirkt in die Zukunft. Zwei Gedanken sollten diese Thematik abrunden: der Satz, der den philosophischen Wahrheitsbegriff betrifft: Wahr ist, was historisch wahr ist, weil es eben so und so passiert ist und dies nimmt quasi den naturwissenschaftlichen Versuch „vorweg" oder sagen wir es mit Ludwig Wittgenstein (1889–1951) … alles, was der Fall ist – und die Geschichte „ist der Fall" für uns Menschen… Geschichte ist ein Faktum, man kann sie nicht ungeschehen machen.

In diesem Zusammenhang erhebt sich die Frage nach der Qualität der Geschichtsschreibung. Ich glaube, dass hier ein schon erwähnter Satz als Antwort genügt: Der deutsche Historiker Leopold von Ranke (1795–1886), der als Protestant (!) immerhin Bücher über die katholischen Päpste geschrieben hat, sagt, dass man Geschichte schreiben muss, „wie es wirklich gewesen ist". Strahlt die Wirkung dieses Satzes über die Wissenschaft hinaus bis in unsere Schulen, bis in den Geschichtsunterricht? Oder gilt der zynische Satz, den man dem russischen Revolutionär Leo Trotzki (1879–1940) zuschreibt: „Das Beste, was man aus der Geschichte lernen kann, ist, wie man sie fälscht!" Was aber ist nun der Stellenwert der

Geschichte in unserem Schulsystem? Was können wir historisch wissen, damit es als Handlungsmotiv wirksam sein kann – zumindest dann, wenn man es tatsächlich will? Was ist uns überhaupt zugänglich? Ich darf ein Extrembeispiel wählen, das uns gleichzeitig auf das Gebiet der Aggression und Gewalt führt! Konnte ein IS-Kämpfer 2014 in Mossul im Irak, wo circa 2.000 dieser islamischen Krieger (samt Miliz) etwa 30.000 irakische Soldaten vertreiben konnten, wissen, oder eine Parallele ziehen, dass Francisco Pizarro (1476? – 1541) um 1531 in Peru im Kampf gegen die Inkas mit etwa 100 Mann ein Reich mit Millionen Menschen erobern konnte? Die von den Europäern eingeschleppten Krankheiten haben beim Siegen „mitgeholfen", die im Zuge der Kampfhandlungen gewonnenen Verbündeten ebenfalls. In beiden Fällen spielen auch jeweils akute Bürgerkriege eine Rolle: Die Inkas untereinander, beim IS die Sunniten gegen Schiiten bzw. den Diktator Baschar al-Assad (geb. 1965). Die Religion und deren immanente Aggression kommen vor, dazu die moderne Technik der religiösen Fake News und Narrative, bzw. „Tweets", die furchterzeugend und siegessicher zur Irritation der irakischen Soldaten in den sozialen Medien ausgesendet wurden. Im Falle Pizarros war es der Glaube der Inkas an einen „weißen" Gott, beim IS noch dazu die Meinung, man könne durchaus 80 Millionen im Irak, in Syrien und Iran lebende Sunniten töten, die von den Schiiten für „Nicht-Muslime", quasi für religiöse Ketzer, gehalten werden. Sunniten seien „Untermenschen" – wir kennen Ähnliches von Adolf Hitler und dem Holocaust.

Nun die Frage, wie man mit historischem Wissen umgeht? Kann etwa die islamische Welt vom europäischen Dreißigjährigen Krieg lernen? Dieser war ein Religionskrieg zwischen Protestanten und Katholiken, ebenso wie der jetzige Krieg zwischen Sunniten und Schiiten. Er war zwar furchtbar, aber er brachte ein – wenn auch kein ungetrübtes – Zusammenleben der, wenn ich so sagen darf, „christlichen Teilreligionen" – inklusive der Vorkommnisse der Gegenreformation mit der Drohung, „wir werden euch noch katholisch machen". Gibt es vielleicht schon ein positives Beispiel des Lernens aus der Geschichte? Seit dem Atombombenabwurf auf Hiroshima und Nagasaki 1945 gab es keinen Einsatz der Atombombe mehr. 1950/51 schwirrten Gerüchte über einen Einsatz gegen Nordkorea und China herum. Zwischen dem General Douglas Mac Arthur (1880–1964) und dem amerikanische Präsidenten Harry S. Truman (1884–1972) gab es wegen eben dieser Gerüchte heftige Auseinandersetzungen (Oliver Stone/ Kuznick, S.167 f.). Ich erinnere weiters an die sogenannte Kuba-Krise vom Oktober 1962 – die Atombombe blieb jedenfalls in den Bunkern der jeweiligen Kriegsmächte. Soll nicht hingegen der jetzige Präsident der USA, Donald Trump (geb. 1946), gesagt haben: „ …wozu haben wir die Atombombe, wenn wir sie nicht einsetzen…?" Bleiben wir in Europa: Können wir aus dem Vielvölkerstaat Österreich zur Zeit der Monarchie und dem berühmten Satz des in Wien lebenden deutschen Dichters Friedrich Hebbel (1813–1863) „Österreich ist eine kleine Welt, in der die große ihre Probe hält." für die Europäische Union etwas lernen? Die Struktur, die Parallelen, die Muster sind als „Vorbild" überwältigend! Als Stichwort mag „Nationalismus" reichen.

Bevor ich auf Musterbeispiele eingehe, was (!) man aus der Geschichte lernen kann bzw. welche Psychologie dahinter steckt, darf ich noch einen anderen Historiker zitieren, dessen Überlegungen zur Geschichte für das Lernen maßgeblich sind: Arnold Toynbee (1889–1975) und sein Konzept des „Challenge and Response". Ich darf als Medizinhistoriker bei meinem Fach bleiben. Die Pest verfolgte die Menschen durch Jahrhunderte (beginnend etwa im 14. Jh.), die Antwort darauf in Österreich war die Pestgrenze, der Schutz gegen die aus dem Osten eindringende Seuche: 1714 gab es dann die letzte Pestepidemie in Wien. Das 18. Jahrhundert war geprägt von den Pocken; 1796 erfand der Engländer Edward Jenner (1749–1823) die Schutzimpfung. Der Cholera in Europa um 1830 folgten die Kanal- und Wasserleitungsbauten, etwa auch in Wien. Denkt man hier als Historiker dann nicht auch daran, dass es solche Bauten doch schon vor 2000 Jahren bei den Römern gab?

Was also könnte man aus der Geschichte lernen? Zwei Themen sind dominant: die Frage der Aggression und die Revolutionen. Halten wir als Erfahrung fest, dass Europa durch Aggression groß geworden ist – ist das nicht schon seit Mohammed und seiner Religion Vorbild für islamistische Völker gewesen? Wir haben das Beispiel Pizarros erwähnt, der Weg führte dann über den Kolonialismus samt Ausbeutung und Kanonenboot-Politik zu Europas Vormachtstellung etwa vom späten Mittelalter bis ins 20. Jahrhundert. Ein Beispiel ist die Geschichte des Commonwealth of Nations, dessen folkloristische Reste noch heute von der Yellow Press bewundert werden. Viele von uns kennen die persönliche Aggression, die von Mensch zu Mensch, kennen die psychologische Wirkung und diese Erfahrung lässt sich auf die Geschichte der Völker durchaus übertragen. Auch hier spielen Rache und Vergeltung eine Rolle, man erkennt, wie die Handlung einer Seite die Reaktion der anderen hervorruft, oft in einem Teufelskreis, der durchbrochen werden müsste. Ein Beispiel: Man kann sich fragen, warum nach der Niederlage Frankreichs gegen Deutschland

1870 im Jänner 1871 das Deutsche Reich (Kaiserproklamation) gerade in Versailles ausgerufen werden musste? Die Rache folgte nach dem Ersten Weltkrieg in Form der Versailler Verträge vom Juni 1919, die wieder Hitlers Hass erregten und zum Zweiten Weltkrieg führten. Erst Konrad Adenauer (1876–1967) und Willy Brandt (1913–1992) konnten von deutscher Seite einen Ausgleich herbeiführen – über mögliche restliche Animositäten von heute will ich hier nicht sprechen...

Doch zurück zu Europas Aggression. Man kann historisch erkennen, dass die Herrschenden – Kaiser, Könige, Fürsten, Päpste – damit beschäftigt waren, Kriege zu führen, Macht und Landbesitz zu gewinnen (Reste davon findet man noch im Titel des österreichischen Kaisers Franz Joseph als „Mehrer" des Reiches), Kriegsruhm zu ernten, bisweilen religiöse „Weihen" einzuheimsen. Dazu kam die Gier nach Schätzen, oft auch nach Sklaven. Oft spielten religiöse Motive mit, Gottes Hilfe für den Sieg wurde ja doch von allen Herrschern angefleht. Diese Herrschenden, also Adelige und die Geistlichkeit, entschieden für einen Krieg, die Bevölkerung, meist Bauern bzw. Leibeigene, hatten als Soldaten zur Verfügung zu stehen. Durch diese dauernde Kriegsführung waren die Kämpfer fast stets „im Training", Söldner waren leicht zu kaufen – nicht immer aber leicht zu bezahlen. Die Kapitalwirtschaft und der Krieg waren ein eigenes Problem – besonders im Sinne der Kreditwürdigkeit und der damit zusammenhängenden Steuereintreibungen. Jedenfalls reichte die Kriegsbereitschaft aus, jederzeit innereuropäische Kriege führen zu können, aber auch Krieg in die „Außenpolitik" zu tragen, Länder und Völker zu erobern, Kolonien zu errichten. Selbst dort sollten europäische Mächte gegeneinander kämpfen. Galileo Galilei (1564–1642) sagt man den Satz nach, dass Krieg ein „königlicher Sport" wäre. Parallel zur Kriegsführung ging natürlich die Entwicklung der Waffen, der Verteidigungsanlagen und des Schiffsbaus einher, bei den Waffen hauptsächlich auf Basis des Schießpulvers. Waffen gehörten zum Alltag der Menschen, fast jeder besaß irgendeine Art von Hieb- und Stichwaffe, später natürlich auch Schusswaffen. Atomwaffen und die Raketentechnik haben dann ab 1945 in eine neue Ära geführt. Der Beginn der ersten Industriellen Revolution im 18. Jahrhundert ist bekannt, hatte aber in der Waffentechnologie und in der militärischen Aufrüstung gerade in Europa ihren Vorläufer. Diese Denk- und Handlungsweise führte dazu, dass Europa zu Beginn des 20. Jahrhunderts fast drei Viertel der Welt beherrschte. Manche Schätzungen gehen bis 84% (mit Europa, ohne Arktis und Antarktis). Doch all das wirkte sich dann im Laufe des 20. Jahrhunderts fatal aus: Das System der innereuropäischen Auseinandersetzung gab dem alten Europa den Todesstoß, man könnte auch den Freud`schen Begriff des „Todestriebes" ansprechen oder auch von einer Art Selbstmord reden. Der Erste und der Zweite Weltkrieg waren trotz des Namens letztlich doch europäische – oder in Europa entstandene – Kriege, die dem Kontinent Macht und Ansehen kosten sollten. Kann man angesichts der Waffenliebhaberei in den USA und dem Machteinfluss dieses Landes in der heutigen Welt, basierend auf dem technisch-militärischen Vorsprung, vom „Lernen aus der Geschichte" sprechen oder sind die heutigen Vereinigten Staaten einfach die Fortsetzung des europäischen „Vorbildes"?

Aus der Geschichte kann man auch lernen, wie Revolutionen entstehen bzw. entstehen können. Als Beispiel darf ich die Französische Revolution heranziehen und eine stark verkürzte Form wählen, quasi eine Reduktion auf handelnde Personen. Marie Antoinette (1755–1793), Tochter Maria Theresias, Königin von Frankreich an der Seite des etwas lethargischen Ludwig XVI. (1774–1793), war von adeligem Selbstbewusstsein geplagt, überheblich, verschwenderisch, lebte ihr eigenes Leben fern des französischen Volkes in einer Traumwelt im Schlösschen Trianon im Park von Versailles. Das verarmte, von der königlichen Verschwendung gereizte Volk wurde durch neue, revolutionäre Führerpersönlichkeiten in neue politische Dimensionen gewiesen. Marie Antoinette wurde von den Revolutionären hingerichtet. Anders die historischen Aktionen ihres Bruders Joseph II., Sohn Maria Theresias, und natürlich von der Kaiserin (wie sie freundlicher Weise benannt wurde) selbst. Wir kennen die Schlagworte: Schulpflicht eingeführt, Folter bei Gericht abgeschafft, Erste Wiener Medizinische Schule gegründet, Vermittlung einer Ahnung von Freiheit etc. Von Joseph erzählt man, dass er in Mähren selbst Hand an eines Bauern Pflug gelegt haben soll… Also keine Revolution in Österreich – man sagt sogar, dass Kaiser Joseph II. angesichts des Verhaltens Marie Antoinettes die Französische Revolution prophezeit habe!

Die Frage, ob man aus der Geschichte lernen kann, hat natürlich auch eine psychologische Seite, eröffnet die Perspektive auf menschliche Persönlichkeitsformen und deren Erforschung. Von der Pädagogik der Kinder kennen wir den Nachahmungstrieb und die Vorbildwirkung bestimmter Personen – von den Eltern bis Popstars, politisch von Kaisern und Königen. Möchten nun manche politische Persönlichkeiten geschichtliches Geschehen nachahmen? Welcher österreichische Bundeskanzler möchte es nicht Bruno Kreisky (1911–1990) gleichtun? Kann das dann mit oder ohne den historischen Fehlern geschehen? Es gibt bei vielen Menschen aber den Wunsch, eigene Erfahrungen zu machen. Außerdem ist das selbst Erlebte eindrucksvoller als das aus der Geschichte Gelernte, eindrucksvoller auch als das, was lange zurück liegen mag. Das Hier und Jetzt der Gegenwart sind wirksamer als die blasse Vergangenheit. Aber auch Lernen heißt Erfahrungen sammeln – und geschickte Pädagogen könnten die historischen Erfahrungen im Geschichtsunterricht durchaus als Lernziel nicht nur propagieren, sondern auch „an den Mann/die Frau" bringen – es könnte ja ein späterer Politiker darunter sein. Es gibt aber auch einen anderen Denk- und Handlungsweg: Viele wollen es bewusst anders machen als ihre Vorgänger, wollen sich „differenzieren", wollen vor der Geschichte als Neuerer dastehen, wollen es „gescheiter" machen.

Dies führt uns zur Frage der Konstanz der Motive in der Geschichte, zur Frage, ob sich die Menschen ändern können oder in ihrer Grundstruktur gleich bleiben – dies klingt nach Drohung, oder? Es erinnert auch an Albert Einsteins (1879–1955) Bonmot, wonach die menschliche Dummheit und das Universum unendlich seien – beim Universum sei er sich aber nicht ganz sicher. Die Konstanz der Motive ist aber für uns Menschen von der Dominanz der Motive entscheidend abhängig. Wir haben schon von der Aggression gesprochen, dokumentiert in Krieg und Gewalt, verursacht durch Hunger, durch soziales Leid bis hin zum religiösen Fundamentalismus als Motiv. Was macht man mit Menschen mit krankhaft gesteigertem Selbstbewusstsein, mit Überheblichkeit und Anmaßung, mit Allmachtsfantasien und Größenwahn (Wir kennen aus der Geschichte und der Psychiatrie den Begriff des „Cäsarenwahns".), wie man es auch von den IS-Kämpfern kennt oder von den Renaissance-Päpsten, von einem Adolf Hitler. Was konnte man gegen die Eitelkeit eines Hermann Göring (1893–1946) unternehmen? Spricht dies alles gegen das Lernen aus der Geschichte oder aber lernt man daraus, dass solche Menschen die geschichtlichen Ereignisse zu ihren Gunsten „verdrehen" oder zumindest interpretieren? So etwa sehen die IS-Kämpfer die wunderschönen römischen Ruinen in Palmyra in Syrien eben als nichtmuslimisch an, quasi als heidnisch, um sie „folgerichtig" zerstören zu können.

Es bleibt allerdings schon die Frage, was in der jeweils jetzigen Gegenwart wirklich anders als früher ist, was an einer Situation neu ist? Es sei daran erinnert, dass historisch nicht alles gleich sein kann, wegen des ewigen Wandels eben nicht gleich ist! Bleibt also die Möglichkeit, dass es einem gelingen kann, die Muster herauszuarbeiten, die Systematik des Geschehens zu erkennen, was war damals und was passiert eben jetzt und was soll oder kann abgeleitet davon mein Handeln prägen. Man darf davon ausgehen, dass man die Schemata, quasi die vereinfachte Darstellung eines historischen Handlungsablaufes erkennen und mit dem Heute vergleichen kann.

Ich darf eine Schlussfolgerung ziehen: Ja, man kann aus der Geschichte lernen! Es kann dabei die Magie historischer Orte, wo man historische Gefühle empfindet, nach einem Besuch diese Erkenntnis verstärken! Drei Voraussetzungen müssen gegeben sein: Die richtige historische Darstellung der historischen Vorkommnisse und das Wissen, wie es wirklich gewesen ist, manchmal bis ins Detail. Damit und in der Folge ist auch die Frage zu klären, welche Parallelen es zum Heute gibt. Die zweite Voraussetzung ist die positive Motivation, dass man wirklich lernen will. Zuletzt – und dies ist vielleicht das Wichtigste – muss man die Qualität der Ziele der eigenen Handlung angeben können. Diese müssen positiv im Sinne des friedlichen Zusammenlebens der Menschen sein, auch im Sinne der Verminderung menschlichen Leides. Man darf nicht vergessen, auch die Mafia kann aus der Geschichte lernen, auch die politischen Verführer können dies – selbst in einer Demokratie. Oder wenn man selbst gar die Sehnsucht nach einfachen Lösungen und nach dem allmächtigen Führer in sich spürt. Dann ist Vorsicht geboten! Wenn man also in die „richtige Richtung" aus der Geschichte lernen will, dann kann man von der Weisheit unserer Vorfahren profitieren!

Personen- und Ortsregister

A

Aachen, Deutschland 74, 90, 91, 92, 93, 106, 351
Aberdeen, Schottland 255
Abraham 20, 55
Adams, John 178
Adenauer, Konrad 373
Adler, Alfred 185, 255
Adler, Victor 250, 255
Adolf von Nassau 109
Agora, Griechenland 15, 76
Ahmed, Nafeez M. 358
Aigai 67, 68, 69, 70, 71
Ajaccio, Korsika, Frankreich 185, 187
Akropolis, Griechenland 76
Al- Assad, Baschar 371
Alaska, USA 304, 305
Albers, Hans 243
Albertinaplatz, Wien, Österreich 314
Albrecht I, Habsburg 109
Albrecht II, Habsburg 109
Albrecht V, Habsburg 310
Albrecht, Habsburg 109
Aldrin, Edwin „Buzz" 366
Alexander der Große 66, 67, 68, 70, 102, 338
Alexander I, Zar 188, 195
Alexander II 230
Alexander III 230
Alexander VII, Papst 85, 86
Ambras, Tirol, Österreich 122
Ambrosi, Gustinus 157
Amesbury, England 47
Amphipolis 66
Amsterdam, Niederlande 221, 287, 309, 310, 311, 312, 313, 314, 315
Anastasia 89
Andersen, Lale 205
Andrassy, Julius Graf 245

Andronikos, Manolis 70
Androsch, Hannes 37
Angelus Silesius 13
Anna von Ungarn 180
Anna, Kaiserin 87
Anouilh, Jean 120
Ansbach, Deutschland 225, 226
Antipatros 68
Antl-Weiser, Walpurga 34
Apollo 65, 68, 205, 365
Apollonia 76
Appel, Sabine 121
Aramburu, Pedro Eugenio 340, 341
Archimedes 51
Areopag, Griechenland 72, 73, 74, 75, 76, 77
Aristoteles 13, 68, 291
Arlington National Cemetary, USA 89
Armstrong, Neil 365, 366
Artemision, Griechenland 59
Artstetten, Österreich 273
Asklepios 64
Aspern, Österreich 189
Athen, Griechenland 15, 56, 57, 59, 66, 67, 71, 75, 76, 77
Äthiopien, Afrika 26, 28, 211
Athos 79
Atlantikwall, Frankreich 316, 317, 318
Atta, Mohammed 358
Attenborough, Richard 302
Attersee, Österreich 287
Atzenbrugg, Österreich 198
Aubrey, John 50
Auer von Welsbach, Carl 264
Auerbachs Keller, Leipzig, Deutschland 159
Augsburg, Deutschland 117, 121, 122, 123, 124, 125, 138
Augustin, Lieber 257

Augustus 109, 280, 298
Auschwitz, Polen 18, 309, 310, 312, 313
Austerlitz, CZ 19, 95, 188, 368
Autry, Gene 206
Aznavour, Charles 200

B
Babylon, Irak 70
Bachofen, Johann Jakob 35, 78
Bachtrögl, Robert 127
Bacon, Francis 130
Bad Ischl, Österreich 273, 275
Baden, Österreich 169, 170, 185
Bar Kochba 309
Barbara, Heilige 76
Barbie, Klaus 336
Basilius Kathedrale 15
Bastille, Frankreich 173, 184
Baudler, Georg 74
Bauhaus Dessau, Deutschland 351
Beauharnais, Josephine 189
Beauvoir, Simone de 84
Becket, Thomas 120, 128
Beecher- Stowe, Harriet 347
Beethoven, Ludwig van 22, 153, 154, 156, 158, 161, 168, 169, 170, 171, 172, 196, 200, 201, 249
Beginenhof, Belgien 122
Bela IV 105
Belgrad, Serbien 205, 275
Benedek, Ludwig von 236, 237
Benedikt XVI 86
Benet Street, Cambrigde, England 344
Bengtson, Hermann 59
Beresina, Weißrussland 368
Bergen- Belsen, Deutschland 314
Berggasse, Wien, Österreich 250, 251, 252, 253, 254, 255
Berlin, Deutschland 101, 104, 203, 206, 239, 259, 281, 325, 332, 351
Berlin, Irving 206
Berndorf, Österreich 127
Bertolucci, Bernardo 268
Betlehem, Israel 73, 205
Bhutan 176

Bikini- Atoll 330
Billroth, Theodor 247, 250
Bin Laden, Osama 21, 356, 361
Birmingham, England 46
Bismarck, Otto von 235, 238, 239, 249
Blücher, Gebhard Leberecht von 192, 194, 195
Boadicea 50
Boccaccio, Giovanni 128, 256
Bodh- Gaya, Indien 52
Böhmen, CZ 37, 105, 106, 108, 109, 138, 140, 234, 235, 236, 238, 286, 352
Boleyn, Anne 120
Bolivar, Simon 151
Boltzmann, Ludwig 46, 288, 289
Boltzmanngasse, Wien, Österreich 288
Bonn, Deutschland 22, 28, 29, 168, 170, 196
Bormann, Martin 333, 335
Boston, USA 19, 173
Bozen, Italien 41, 42, 44
Brandt, Willy 228, 373
Braque, Georges 286
Bratfisch, Josef 248
Braun, Eva 332
Braun, Wernher von 298, 320, 363
Braunschlag, Österreich 82
Brehm, Alfred 247
Bremm, Klaus Jürgen 192
Brentano, Clemens 79
Bretagne, Frankreich 47
Breuer, Josef 251
Bronstein, Lew (Trotzki) 230, 233
Bruckner, Anton 171, 200
Brünn, CZ 19, 35, 183, 188, 217, 219, 220, 222, 345, 351, 352, 353, 354, 355
Buddha, Gautama 19, 51, 52, 53, 54, 55, 72
Buenos Aires, Argentinien 21, 339, 340, 341
Buonaparte, Pauline (Borghese) 190
Burj Khalifa, Dubai 210
Bush, George W. 358

C

Cadiz, Spanien 111, 188
Caen, Frankreich 317
Caesar, Gaius Julius 20, 40, 84
Cafe Central, Wien, Österreich 232, 233
Cajetan, Thomas 117
Calais, Frankreich 317
Calmette, Albert 259
Cambridge, England 289, 330, 342, 344
Canisius, Petrus 123
Canova, Antonio 190
Canterbury, England 120, 128
Cape Canaveral, USA 365
Cape Cod, USA 133
Carnac, Frankreich 47
Carnap, Rudolf 289, 293
Carnuntum, Österreich 19
Carter, Howard 71
Caspar, Mizzi 247
Castro, Fidel 316
Cavendish Laboratory, England 330, 342, 344
Cavendish, William 342
Cecilienhof, Deutschland 323, 325, 326
Chaironeia, Griechenland 59, 67
Chalkidike, Griechenland 66, 67
Champs Elysees, Frankreich 84
Charlotte von Belgien 240
Chaucer, Geoffrey 120, 128
Cheops Pyramiden, Ägypten 42
Chicago, USA 293, 342, 352
Chlum, CZ 235, 237
Chongqing, China 207
Christian IV, Dänemark 143
Christina von Schweden 147
Chruschtschow, Nikita 84, 89, 229, 233
Churchill, Winston 50, 299, 321, 322, 324, 325, 328, 333
Cicero 308
Cimetiere Montparnasse, Frankreich 84
Cixi 267, 268, 269
Clam- Martinic, Heinrich Graf 233

Clemenceau, Georges 280
Clemens XII 149
Clinton, Bill 356
Clinton, Hillary 177
Collins, Michael 366
Compiegne, Frankreich 277, 278, 279, 280, 281
Conciergerie, Frankreich 180, 181, 182, 183, 184
Cook, James 304, 305
Correns, Karl 221
Coudenhove- Kalergi, Richard 152, 169
Cranach der Ältere, Lucas 98
Crawinkel, Deutschland 281
Crick, Francis 222, 342, 343, 344, 345
Crosby, Bing 206
Custozza, Italien 238

D

Da Lat, Vietnam 259
Dallas, USA 84, 89, 346
Damaskus, Syrien 74, 76
Däniken, Erich von 46
Danton, Georges 184
Dareius I 56
Daressalam, Tansania 356
Darwin, Charles 24, 27, 87, 161, 212, 213214, 215, 216, 218
Darwin, Erasmus 212
Daumer, Georg Friedrich 224, 226
David 73, 91
Davidsson, Elias 358
Dayton, USA 215
Delhi, Indien 18, 70, 102, 299, 301
Delphi 207
Delphi, Griechenland 57, 58, 67
Deutsch Wagram, Österreich 189
Deutsch, Otto Erich 154
Dickens, Charles 86
Diego, Joan 81
Dilthey, Wilhelm 370
Dior, Modehaus 183
Disney-Land 14
Divisch, Prokop 174
Diwald, Helmut 140

Dollfuß, Engelbert 27
Domgasse, Wien, Österreich 21, 163, 165
Donau 26, 32, 33, 34, 37, 40, 67, 144, 243, 282, 313
Dönitz, Karl 332, 336
Doppelhelix 222, 342, 343, 344, 345
Dornberger, Walter 363
Downing Street, London, England 250
Drake, Francis 130
Drei- Schluchten- Damm, China 207, 209, 210
Dreimäderlhaus, Wien, Österreich 201
Dreyse, Nikolaus von 236
Druiden 46, 47, 48, 49, 50
Dschugaschwili siehe Stalin
Duarte, Juan 337
Dubai 210
Dumas, Alexandre 183
Dunant, Henri 238
Dürer, Albrecht 287, 332
Dürnkrut, Österreich 105, 106, 107, 108, 109, 110, 234
Dürrnberg, Österreich 37
Düsseldorf, Deutschland 28

E
Eatherly, Claude 328
Eberlein, Gustav 161
Ebert, Friedrich 156
Edirne, Türkei 67
Edison, Thomas Alva 261, 262, 263, 264, 265
Edward, Tudor 121
Eger, CZ 143
Eibesbrunn, Österreich 238, 239
Eichmann, Adolf 336
Einstein, Albert 291, 328, 375
Eisenach, Deutschland 96, 97, 98
Eisenhower, Dwight D. 319
Eisenstadt, Österreich 153, 154, 155, 156, 157
Eisleben, Deutschland 116
Elba, Italien 190, 191, 192, 194
Elias 51

Eliot, T.S. 120
Elisabeth (Sissi) 239, 245, 273, 276
Elisabeth die Heilige 96, 97, 98, 99, 100
Elisabeth I, England 87, 121, 128, 133, 180
Elisabeth II, England 50, 121
Ellis Island, USA 294, 295, 296, 297, 298
Ellis, Samuel 295
Elßler, Fanny 32
Emmerick, Anna Katharina 79
Empedokles 61
Engels, Friedrich 104, 228, 229
Ephesos, Türkei 79
Epidauros 64
Epikur 77
Epirus 66
Eroika – Haus, Wien, Österreich 168
Escorial, Spanien 21, 87
Esterhazy, Nikolaus Joseph 153, 154
Esterhazy, Paul II Anton 153, 154
Etzel 282

F
Fabricius, Philipp 140, 141
Falkenhayn, Erich von 278
Faraday, Michael 86, 212
Fatima, Portugal 81, 82
Fawkes, Guy 136
Feldhofer Grotte, Deutschland 28, 29
Feliciano, Jose 206
Ferdinand II 141
Ferdinand III 147
Ferdinand von Aragon 111
Ferdinand, Kaiser von Österreich 181, 239
Ferme du Caillou, Belgien 193, 194
Feuerbach, Ludwig 224
Feuerbach, Paul Johann Anselm von 224
Figl, Leopold 312
Firestone, Harvey 261, 265
Fischer- Dieskau, Dietrich 197, 198
Fischhof, Adolf 233

Flatzelsteiner, Helmut 249
Flavius, Josephus 72
Fleischl von Marxow, Ernst 254
Flick, Friedrich Karl 249
Fliegender Vogel, New York, USA 361
Florenz, Italien 114, 256, 287
Foch, Ferdinand 278, 280, 281
Ford, Henry 261, 262, 263, 264, 265
Formosa 271
Fort Myers, USA 261, 262, 263, 264, 265
Forum Romanum, Italien 15, 26
Fossilienwelt, Österreich 23, 24, 25, 26, 27, 367
Fournier, August 185
Franco 84, 230
Frank, Anne 309, 311, 314, 315
Frank, Hans 336
Frank, Otto Heinrich 314
Frankfurt am Main, Deutschland 41, 94, 100, 141, 159
Franklin, Benjamin 173, 174
Franz Ferdinand 273, 276
Franz I (II) 94, 95, 156, 184, 186, 188, 195
Franz Joseph 109, 157, 11, 235, 236, 238, 239, 240, 242, 243, 247, 249, 273, 274, 275, 276, 262, 286, 373
Franz Stephan von Lothringen 87, 88, 92, 94, 149
Freiberg (Pribor), CZ 251
Freimaurer 50, 148, 149, 150, 151, 152, 154, 164, 167, 174, 178, 245, 249
Freud, Sigmund 18, 64, 82, 171, 250, 251, 252, 253, 254, 255, 286, 287, 288, 300, 317, 374
Frick, Wilhelm 336
Fried, Alfred Hermann 152
Friedell, Egon 312
Friedensmuseum, Deutschland 320
Friedenssaal, Münster, Deutschland 20, 145, 146
Friedrich der Weise 98
Friedrich II Erzherzog 122
Friedrich II, Babenberger 105

Friedrich II, Preußen 87, 149, 341
Friedrich II, Staufer 105
Friedrich V von der Pfalz 141
Friedrich Wilhelm I, Preußen 238
Friedrich Wilhelm IV, Preußen 117
Frozen Fritz 41
Fugger, Jakob 122, 123
Fuggerei, Augsburg, Deutschland 122, 123, 124, 125, 126, 127
Fündling, Jörg 66
Fürst, Paul 167
Fürther Straße, Deutschland 333

G
Gabriel, Leo 291, 291
Gaddafi, Muammar al 60
Gagarin, Juri 365
Galapagos- Inseln, Ecuador 212, 213, 214
Galilei, Galileo 373
Gall, Franz Joseph 157, 171
Galton, Francis 220, 221
Gandhi, Mahatma 18, 54, 299, 300, 301, 302, 303, 349
Gänserndorf, Österreich 106, 239
Genappe, Belgien 194
Genf, Schweiz 273, 298
Genovese, Kitty 356
Gentzgasse, Wien, Österreich 312
Genua, Italien 111, 185
George V, England 275
Gettysburg, USA 174, 347
Giesl, Wladimir Freiherr von 275
Globe Theatre, England 130
Gödel, Kurt 291
Goebbels, Joseph 104, 317, 333
Goethe, Wolfgang von 94, 151, 158, 159, 160, 161, 162, 176, 198, 205
Goose and Gridiron, England 148
Gorbatschow, Michail 84, 229, 233
Göring, Hermann 60, 332, 335, 375
Grabeskirche, Israel 73, 75, 91
Gran Canaria 111, 113
Gran, Daniel 151
Granada, Spanien 112
Grand Canyon, USA 23
Graz, Österreich 161, 333

Gregor X 106
Grein, Österreich 34
Griechenbeisl, Wien, Österreich 257
Grillparzer, Franz 109, 171
Gropius, Walter 158, 352
Großglockner, Österreich 45
Gröttrup, Helmut 363
Grouchy, Emanuel 194
Gruber, Franz Xaver 202, 203, 204
Guadalupe, Mexiko 80, 81
Guangxu 268
Gum, Moskau, Russland 15
Gustav Adolf, Schweden 143, 144, 147

H
Habichtburg, Schweiz 105
Habsburg Lothringen, Otto 88, 181
Hadyn- Saal, Eisenstadt, Österreich 153, 155, 156
Hainisch, Anton 126
Halberstadt, Deutschland 143
Hall in Tirol, Österreich 36, 310
Hall of Independence, USA 175, 178
Halle der Höchsten Harmonie, Peking, China 268, 269
Hallein, Österreich 36, 37, 40, 202, 203, 204
Hallstatt, Österreich 36, 37, 38, 39, 40, 202
Hamann, Brigitte 244
Händel, Georg Friedrich 86
Hanoi, Vietnam 232
Hansen, Theophil von 127
Harms, Johann 287
Harrach Palais, Wien, Österreich 21
Harzhauser, Mathias 23
Hathaway, Anne 128, 129, 130, 131
Hauser, Kaspar 223, 224, 225, 226, 227
Hauslabjoch 41, 43, 44
Havanna, Kuba 115, 358
Hawaii, USA 304, 305
Haydn, Joseph 151, 153, 154, 155, 156, 157, 158, 196, 197, 203, 249
Haydn, Michael 153, 203
Hebbel, Friedrich 372

Hebron, Israel 20, 55
Heeresgeschichtliches Museum, Wien, Österreich 274, 276, 287
Heidegger, Martin 24, 289
Heidelberg, Deutschland 319
Heiligenkreuz, Österreich 246, 249, 341
Heiligenstadt, Wien, Österreich 168, 169
Heiliges Grab, Jerusalem, Israel 112
Heiliges Römisches Reich Deutscher Nation 90, 91, 92, 93, 94, 95
Heine, Heinrich 229
Heinrich der Seefahrer 111
Heinrich II, England 120, 128
Heinrich VII, England 136
Heinrich VII, Luxemburger 109
Heinrich VIII 9, 18, 87, 116, 118, 120, 128, 133, 167
Heinrich von Ofterdingen 96
Heinzendorf, CZ 217
Heldenplatz, Wien, Österreich 15, 312
Helena 72, 73, 79
Helgoland, Deutschland 156
Henlein, Peter 332
Heraklit 51, 363
Herberstorff, Adam Graf 146
Herder, Johann Gottfried 158, 161
Hermann I von Thüringen 96
Heydrich, Reinhard 138
Highgate- Cemetary, London, England 229
Himmler, Heinrich 57, 313, 333
Hinterbrühl, Österreich 200
Hippokrates 61, 62, 63, 64, 65
Hirohito 330
Hiroshima Peace Memorial Museum, Japan 327
Hiroshima, Japan 307, 325, 327, 328, 329, 330, 331, 371
Hitler, Adolf „15, 57, 60, 70, 92, 101, 102, 138, 158, 186, 189, 195, 230, 243, 280, 281, 283, 292, 312, 316 317, 319, 322, 324, 325, 332, 333, 336, 354,363, 368, 369, 371, 373, 375,"

Ho Tschi Minh 83, 232
Hoboken, Anthony van 154
Hofer, Andreas 189
Hoffmann von Fallersleben, August
  Heinrich 156
Höldrichsmühle, Österreich 199,
  200
Holzknecht, Guido 283
Homer 51
Hongkong, China 208, 259
Honolulu, USA 304, 305
Hoover- Staudamm, USA 210
Hopkins, Stephen 136
Horvath, Ödon von 84
Hötzendorf, Conrad von 275, 333
Howard, Catherine 120
Hoyos, Josef Graf 248
Hrdlicka, Alfred 314
Hudson River, USA 295
Humboldt, Alexander von 36
Hurle, Henry 50
Hus, Jan 138
Huxley, Thomas Henry 215

I
Iglau, CZ 251
Illig, Herbert 90
Indepedence National Historical Park,
  USA 173
Innsbruck, Österreich 41, 122, 123,
  189, 310
Invalidendom, Paris, Frankreich 101,
  185, 186, 187
Isabella von Kastilien 111
Isar (Wenzbach), Deutschland 336
Isfahan, Iran 104
Issos, Türkei 68
Istanbul, Türkei 70, 102

J
Jackson, Mahalia 349
Jackson, Robert H. 335
Jahn, Friedrich Ludwig 100
Jakob I England 133, 136
Jalta, Krim 19, 321, 322, 323, 324,
  325, 326, 332
Jaspers, Karl 51, 207

Jeanne d` Arc 267
Jedenspeigen, Österreich 106
Jefferson, Thomas 173, 174, 176, 178
Jekaterinenburg, Russland 88
Jelzin, Boris 84
Jena, Deutschland 100
Jenner, Edward 372
Jericho, Israel 39
Jerusalem, Israel 73, 75, 79, 91, 148,
  309
Jesaias 51
Jesus Christus 52, 72, 73, 74, 78, 81,
  91, 141, 159, 202, 309, 338, 361
Jinhai Tempel, China 210
Jodl, Alfred 336
Joffre, Joseph 278
Johann II, Portugal 111, 114
Johann Parricida 109
Johanna, Päpstin 86
Johannes 79
Johannes der Täufer 148
Johannes Paul I 84
Johannes Paul II 15, 22, 86
Johnson, Lyndon B. 346
Jonson, Ben 130, 132
Josef von Arimathäa 361
Joseph II 87, 94, 126, 166, 180, 181,
  183, 374
Juarez, Carlo Benito 240, 242, 243
Judas 73
Judtmann, Fritz 244
Jung, Carl Gustav 255
Jürgens, Udo 200
Jussupow- Palast, Krim 322

K
Kaiser, Eva Maria 336
Kaiserstuhl, Aachen, Deutschland
  91, 93
Kaltenbrunner, Ernst 336
Kamehameha 305
Kandy, Sri Lanka 19, 53, 55
Kant, Immanuel 14, 289, 362
Kaprun, Österreich 210
Kapuzinergruft, Österreich 21, 85,
  87, 88
Karajan, Herbert von 169

Karl der Große 90
Karl IV 94, 109, 138
Karl V 70, 87, 98
Karl VI 257
Karl VII, Wittelsbacher 94
Karl, Erzherzog 189
Karl, Kaiser von Österreich 88, 181, 275, 333
Kaschmir, Indien 302
Katharina die Große 88, 321
Katharina von Aragon 118
Kealakekua Bay, USA 305
Keitel, Wilhelm 281, 336
Kelten 40, 49
Kennedy Space Center, USA 365
Kennedy, Edward 89
Kennedy, Jacqueline 89
Kennedy, John F. 84, 89, 295, 346, 350, 365
Kennedy, Robert 89
Kepler, Johannes 143
Kim Jong-un 22
King, Martin Luther 346, 347, 348, 349, 350
Kingsley, Ben 302
Kipling, Rudyard 224
Kirchberg am Wechsel, Österreich 289
Kirche am Hof, Wien, Österreich 93, 95
Klaus, Vaclav 353, 354
Kleopatra 67, 68, 71
Klesl, Melchior 140
Klimt, Gustav 172, 283, 285, 286, 287
Klingsor 96
Klosterneuburg, Österreich 87, 282, 283
Koch, Robert 259
Köchel, Ludwig von 154
Koenig, Fritz 357
Kohl, Helmut 277
Kokoschka, Oskar 287
Koller, Karl 254
Köln, Deutschland 21, 79, 105, 210, 228, 229

Kolumbus, Christoph 111, 112, 113, 114, 115
Kolumbus, Diego 115
Konfuzius 51, 207
Königrätz, CZ 208, 233, 234, 235, 236, 237, 238, 239, 242
Konrad II 92
Konrad von Marburg 97
Konstantin der Große 72, 77
Konstanz, Deutschland 138, 375
Korinth, Griechenland 67
Korneuburg, Österreich 23, 37, 144
Korsika, Frankreich 185, 187, 354
Kos, Griechenland 61, 62, 63, 64, 65
Kotzebue, August von 100
Kraft, Victor 289
Kreisky, Bruno 374
Krems, Österreich 32, 34, 154
Kretschmer, Ernst 212
Kreuzenstein, Österreich 144
Kriemhilde 282
Krupp, Arthur 127
Kuhn, Thomas S. 291
Kupelwieser, Leopold 198
Kußmaul, Adolf 183

L
La Belle Alliance, Belgien 195
La Recoleta, Buenos Aires, Argentinien 340, 341
La Tene, Schweiz 37
Lafayette, Marie Joseph 173, 174
Lamarck, Jean-Baptiste 218
Landsteiner, Karl 220
Laotse 51
Laufen, Deutschland 202
Lausitz, Deutschland 37
Lawrence, Geoffrey 333
Laxenburg, Österreich 244
Leidinger, Hannes 276
Leipzig, Deutschland 100, 159, 189, 190, 192
Leiter, Joseph 264
Leitha, Österreich 105
Lena, Russland 230

Lenin, Wladimir Iljitsch 17,15, 17,
  55, 83, 84, 88, 104, 228, 229, 230,
  231, 232, 233
Leo X 118
Leonidas 56, 57, 58, 59, 60
Leupold- Löwenthal, Harald 254
Lhotsky, Alfons 13
Li- Fluss, China 32
Lichtenthal, Wien 197
Lichtenwörth, Österreich 124
Lie-Tse 51
Liegnitz, Polen 70
Ligny, Belgien 192, 194
Lima, Peru 101
Lincoln, Abraham 346, 347
Linné, Karl von 215, 217
Lissa, Kroatien 238, 242
Livadiya- Palast, Jalta, Krim 321
Lobkowitz, Diepold von 140, 141
Lohner, Ludwig 250
London Brigde, England 118
London, England 50, 86, 118, 119,
  128, 130, 140, 148, 149, 150, 151,
  152, 176, 214, 229, 253, 275, 299,
  337
Loos, Adolf 285, 286, 351
Los Alamos, USA 328, 330
Loschek, Johann 247, 248
Lothringen, Frankreich 92
Louis Philippe 185
Lourdes, Frankreich 80, 81
Lucy 26, 28, 32
Ludendorff, Erich 320
Ludwig II 180
Ludwig IV von Thüringen 97
Ludwig XIII 144
Ludwig XIV 144, 147, 186, 277
Ludwig XVI 181, 183, 184, 374
Ludwig XVIII 95,195
Lukas 74, 77, 79
Luther, Martin 18, 96, 97, 98, 99,
  100, 116, 117, 118, 119, 121, 123,
  138, 310
Lützen, Deutschland 143

M
Mac Arthur, Douglas 371
Mach, Ernst 288
Machiavelli, Niccolo 330
Madagaskar 85, 260
Madeira, Portugal 88
Madonna 337
Madrid, Spanien 87,140
Magdeburg, Deutschland 98
Magellan- Straße 212
Maginot, Andre 316, 317
Magnus, Mönch 79
Mahler- Werfel, Alma 352
Mahler, Gustav 200
Mähren, CZ 35, 95, 106, 138, 144,
  183, 238, 251, 352, 368, 374
Mährisches Museum, Brünn, CZ
  183
Maidan Platz, Ukraine 15
Mailand, Italien 72, 340
Mainz, Deutschland 105, 228
Makart, Hans 283
Malaga, Spanien 287
Malcolm (Little) X 350
Mall, Washington, USA 346, 349
Malthus, Thomas Robert 213
Manet, Edouard 241, 243
Manhattan, USA 262, 295, 328, 357
Mann, Golo 223
Mann, Thomas 86
Mannheim, Deutschland 162
Manstein, Erich von 321
Mao, Tse Tung 15, 55, 83, 232,266,
  267, 268, 269, 270, 271, 272
Marathon, Griechenland 56
Marbach am Neckar, Deutschland
  162
Marburg, Deutschland 97
Marc Aurel 280
March 106, 108
Marcus Curtius 260
Margareta, Babenbergerin 105
Maria Stuart 128, 134, 136
Maria, Heilige 35, 77, 78, 79, 81, 82,
  91, 141

Maria, Theresia 85, 87, 94, 124, 126, 127, 149, 154, 163, 180, 181, 183, 235, 374

Mariapfarr, Österreich 202

Mariazell, Österreich 79

Marie Antoinette 84, 163, 180, 181, 182, 183, 184, 189, 374

Marie Luise 184, 186, 189, 190

Marlowe, Christopher 130

Marmorboot, Peking, China 269

Mars 367

Marti, Jose 151

Martinitz, Jaroslav von 140, 141

Marx, Karl 104, 127, 166, 167, 228, 229, 230, 231, 232, 233, 292, 312

Masada, Israel 309

Maser, Werner 335

Massachusetts, USA 19, 133

Matthias, Kaiser 87, 140, 141

Mauracher, Karl 203

Mauthausen, Österreich 309, 310, 311, 312, 313, 314, 315

Maxentius 77

Maximilan von Mexico 239, 240, 241, 242, 243

Maximilian I 122, 180

Maximilian II 94

Mayer am Pfarrplatz, Wien, Österreich 169

Mayerhofer, Johann 198

Mayerling, Österreich 110, 244, 245, 246, 247, 248, 249, 273

Mayflower, USA 133, 134, 135, 136

Mazarin, Jules 144

Mečiar, Vladimir 353, 354

Medjugorje, Bosnien-Herzegowina 81, 82

Mejia, Thomas 243

Melanchthon, Philipp 117

Melk, Österreich 282

Mendel, Gregor 215, 217, 218, 219, 220, 221, 222, 345

Menger, Carl 244

Menlo Park, USA 262

Messerschmitt, Willy 352

Methone 67

Metternich, Clemens Wenzel Fürst von 100, 192, 233, 235

Mexiko City, Mexiko 242

Michael, George 206

Michelangelo 287

Mies van der Rohe, Ludwig 351, 352

Mill, John Stuart 369

Milvische Brücke, Italien 77

Miramare, Italien 240, 241, 242, 243

Miramon, Miguel 243

Mitterand, Francois 277

Mo- Ti 51

Mohammed 51, 72, 360, 372

Mohr, Joseph 202, 203

Mölker Bastei, Wien, Österreich 169

Moltke, Helmuth von 236

Mond 293, 362, 363, 364, 365, 366, 367

Monroe, James 178

Montgomery, USA 349

Monza, Italien 84

Morus, Thomas 116, 118, 120, 128

Mosel 228

Moses 20, 224, 250, 350

Moskau, Russland 15, 84, 101, 189, 205, 231, 232, 317, 365, 368, 369

Mossul, Irak 371

Mount Vernon, USA 174, 176

Mozart, Franz 124

Mozart, Leopold 163

Mozart, Wolfgang Amadeus 21, 22, 84, 124, 151, 153, 154, 156, 158, 161, 163, 164, 165, 166, 167, 168, 181, 196, 197, 205, 282

Mozarteum, Salzburg, Österreich 167

Mühl, Otto 285

Müller, Hermann Franz 258, 260

Müller, Wilhelm 198

Munggenast, Joseph 151

Münster, Deutschland 20, 143, 144, 145, 146, 147

Mussolini, Benito 230

N

Nadelburg, Österreich 122, 123, 124, 125, 126, 127

Nagasaki Atomic Bomb Museum, Japan 327
Nagasaki, Japan 307, 327, 328, 329, 330, 331, 371
Nairobi, Kenia 356
Nanking, China 207, 208, 209, 210, 211, 268
Napolen II, König von Rom, Herzog von Reichstatt 186
Napoleon III 240, 242
Napoleon, Buonaparte 19, 70, 72, 94, 95, 100, 101, 109, 157, 161, 169, 178, 184, 185, 186, 187, 188, 189, 190, 191, 192, 193, 194, 195, 202, 205, 277, 317, 322, 368
Naschmarkt, Wien, Österreich 164
Nash, John 131
Nasser- Staudamm, Ägypten 210
Naturhistorisches Museum, London 214
Naturhistorisches Museum, Wien 34, 35, 39
Nazareth, Israel 73, 205
Nazca, Peru 47
Neandertal, Deutschland 26, 27, 28, 29, 30, 31, 32
Necker, Jacques 183
Nelböck, Johann 292, 293
Nelson, Horatio 188, 340
Netrebko, Anna 298
Neubauer, Wolfgang 46
Neuenburger See, Schweiz 37
Neulengbach, Österreich 285, 286
Neumayr, Anton 166
Neurath, Otto 293
Neuzil, Wally (Walpurga) 285
New York, USA 137, 178, 262, 287, 294, 295, 308, 352, 356, 357, 358, 359, 360, 361
Newa, Russland 88
Newton, Isaac 65, 86, 212
Nha Trang, Vietnam 259
Nikolaus II 88
Nikolsburg (Mikulov), CZ 238, 239
Nil 224
Nitze, Maximilian 264
Njemen (Memel), Litauen 368

Normandie, Frankreich 18, 234, 277, 305, 307, 316, 317, 318, 319, 320, 327
Northampton, England 342
Notre Dame, Paris, Frankreich 186
Nowodewitschi Friedhof, Moskau, Russland 84
Nürnberg, Deutschland 17, 92, 123, 223, 224, 287, 332, 333, 334, 335, 336, 338, 363
Nürnberger Prozess 17, 332, 333, 334, 335, 336, 338, 368
Nußdorfer Straße, Wien 196

O
O'ahu, USA 304
Obama, Barack 177
Oberndorf, Österreich 202, 203, 204
Oberstdorf, Deutschland 14
Oculus, New York, USA 361
Ödenburg (Sopron), Ungarn 354
Odessa, Ukraine 230
Ödipus 253
Ölberg, Jerusalem, Israel 73
Olds, Ransom Eli 265
Olympias 66, 67, 68, 70
Oppenheimer, J. Robert 328, 330
Osnabrück, Deutschland 143, 144, 145, 146, 147
Ottakring, Wien, Österreich 292
Otto I 91
Ottokar von Böhmen 105, 106, 107, 108, 109, 110, 189, 234
Ötzi 41, 42, 43, 44, 45, 49
Ötztal, Österreich 41, 43
Ovid 298
Oxford, England 154, 215
Oxner, Anderl (Andreas) 310

P
Pacassi, Nikolaus 127
Palach, Jan 15
Palais Niederösterreich, Wien, Österreich 233
Palmyra, Syrien 375
Palos, Spanien 111

Paris, Frankreich 84, 89, 101, 140, 157, 177, 182, 183, 186, 187, 189, 191, 192, 195, 205, 229, 240, 250, 278, 280, 325, 331
Parks, Rosa 349
Parmenides 51
Pasqualati, Johann Baptist von 169
Pasteur, Louis 259
Patton Jr, George S. 319
Paulskirche, Frankfurt, Deutschland 100
Paulus 72, 73, 74, 75, 76, 77, 86, 118, 309
Pausanias 68
Pearl Harbour, USA 304, 305, 306, 307, 308, 317, 360
Peenemünde, Deutschland 363
Peking, China 15, 232, 266, 267, 268, 269, 270, 271, 272
Pennsylvania State House, USA 176
Pentagon, Washington, USA 357, 358
Perikles 56
Peron, Evita (geb. Maria Eva Duarte) 21, 337, 338, 339, 340, 341
Peron, Isabel (Maria Estela Martinez de Peron) 340
Peron, Juan 337, 340
Pestspital , Wien, Österreich 257, 258
Peter der Große 88, 117
Peter-Pauls -Festung, Russland 88
Peter, Johann 157
Peterskirche, Vatikan 86, 116, 121
Petrus 86
Philadelphia, USA 173, 174, 175, 176, 177, 178, 179
Philipp II von Makedonien 10, 59, 66, 67, 68, 69, 70, 71, 101
Philipp II von Spanien 87
Philippinen 24
Philsophenstiege, Universität Wien, Österreich 288, 290, 292, 293
Picasso, Pablo 286, 287
Piefke, Johann Gottfried 239
Piesting, Österreich 124
Piketty, Thomas 370

Pilgrim Fathers 19, 133, 134, 135, 136, 137, 294
Pinsker, Hans Ernst 128
Pius VII 186
Pius XII 81, 338
Pizarro, Francesco 101, 371, 372
Plato 51, 77, 120
Pleyel, Ignaz Joseph 154, 205
Plimoth Plantation, USA 134
Plinius, der Ältere 49
Plymouth, USA 19, 133
Polo, Marco 111, 207
Pontius Pilatus 73
Popper, Karl Sir 291
Porsche, Ferdinand 250
Porta Nigra, Trier, Deutschland 228
Portoferraio, Italien 190
Porzellangasse, Wien, Österreich 250
Potomac River, USA 178
Potsdam, Deutschland 87, 321, 322, 323, 324, 325, 326, 332, 341
Prag, CZ 15, 18, 21, 138, 139, 140, 141, 142, 146, 238, 239, 282, 349
Prager Fenstersturz 18, 138, 139, 140, 141, 142
Pressburg, Slowakei 188
Priamos 71
Princip, Gavrilo 276
Probusgasse, Wien, Österreich 168, 169
Provincetown, USA 133
Putin, Wladimir 230, 321
Pythia 57

Q
Queretaro, Mexiko 239, 240, 241, 242, 243

R
Rabbi Löw 369
Rain am Lech, Deutschland 143
Ramsauer, Johann Georg 36
Rangun, Myanmar 55
Ranke, Leopold von 19, 370
Raschala, Österreich 21
Rasputin, Gregori 322

Ratz, Konrad 242
Rauchensteiner, Manfried 275
Rauhensteingasse, Wien, Österreich
21, 166
Reheis, Fritz 228
Reichenhall, Deutschland 36, 37
Remagen, Deutschland 320
Rembrandt van Rijn 287
Remus 224
Renner, Karl 280
Rhein 32, 105, 205, 320
Ribbentrop, Joachim von 336
Richard III 21
Richelieu, Armand-Jean 144
Rindt, Jochen 84
Rinn, Tirol, Österreich 310
Robespierre, Maximilien 84, 184
Roessler, Arthur 285
Rohan, Louis de 183
Rohracher, Andreas 336
Rohracher, Hubert 16
Rohrau, Österreich 153, 196
Rollett-Museum, Österreich 185
Rom, Italien 15, 63, 74, 77, 90, 116,
121, 123, 151, 183, 186, 190, 224,
242, 260
Romulus 224
Röntgen, Wilhelm Konrad 157
Roosevelt, Franklin D. 321, 322,
324, 328
Rosenau, Österreich 148, 149, 150,
151, 152
Rosenberg, Alfred 336
Roter Platz, Moskau, Russland 15,
232
Rouget de Lisle, Joseph 205
Rousseau, Jean Jacques 224
Roux, Emile 259
Rudolf der Stifter (IV) 90, 94
Rudolf II 140
Rudolf von Habsburg 37, 105, 189,
234, 244, 341
Rudolf, Kronprinz 110, 244, 245,
246, 247, 248, 249, 341
Rudolfinerhaus, Österreich 247
Rudolfstiftung, Österreich 247
Rudolfsturm, Österreich 37

Ruppersthal, Österreich 205
Rutherford, Ernest 342

S
Safranski, Rüdiger 159, 289
Saigon, Vietnam 260
Salamis, Griechenland 59
Salieri, Antonio 197
Salomon 91, 148
Salzach 202
Salzburg, Österreich 21, 22, 37, 163,
165, 167, 196, 202, 203, 336
Samarkand, Usbekistan 70, 101, 102,
103
Sand, Karl Ludwig 100
Sanssouci, Deutschland 87
Santayana, George 369
Santo Domingo, Dominikanische
Republik 115
Sarajewo, Bosnien-Herzegowina 18,
273, 275
Sartre, Jean Paul 84, 131
Sauckel, Fritz 336
Saulus 74
Schallenberg, Christoph von 151
Schelle, Friedrich 225, 226
Schiele, Adolf 282
Schiele, Edith (geb. Harms) 283,
287
Schiele, Egon 86, 163, 282, 283,
284, 285, 286, 287
Schikaneder, Emanuel 164
Schilder, Paul 251
Schiller, Friedrich 31, 59, 104, 128,
142, 158, 159, 160, 161, 162, 169,
198, 360
Schindler, Oskar 315
Schlegel, August Wilhelm 132
Schlick, Moritz 288, 289, 290, 291,
292, 293
Schliemann, Heinrich 71
Schloss Esterhazy 153, 155
Schneider, Friedrich Anton 220
Schober, Franz von 198
Schönborn, Christoph 216

Schönerer, Georg Ritter von   151,
    245, 312
Schönerer, Mathias   151
Schopenhauer, Arthur   55, 171
Schratt, Katharina   275
Schubert, Ferdinand   200
Schubert, Franz   22, 153, 154, 158,
    163, 168, 196, 197, 198, 199, 200,
    201, 282
Schubert, Franz Theodor   196
Schumann, Hans Wolfgang   52
Schumann, Robert   200
Schwalbennest, Krim   322
Schwarzenegger, Arnold   27, 161
Schwarzes Meer   298, 321
Schwarzspanierstraße, Wien ,Öster-
    reich   171
Schwaz, Österreich   122
Schweinebucht, Kuba   316
Schwind, Moritz von   97
Seagram Building, New York, USA
    352
Secession, Wien, Österreich   172, 283
Seidenstraße   40, 102
Semmelweis, Ignaz Philipp   196, 250
Sevilla, Spanien   113, 115
Seymor, Jane   121
Seyß- Inquart, Arthur   336
Sezession, Wien, Österreich   172
Shakespeare, William   128, 129, 130,
    131, 132
Sibirien, Russland   230, 304
Siegfried   282
Sigmund von Tirol   122
Sigmund, Karl   289
Similaunhütte, Italien   44
Simon, Erika und Helmut   41
Siwa, Ägypten   68
Slavata, Wilhelm von   140, 141
Sloterdijk, Peter   72
Solferino, Italien   238, 248
Solingen, Deutschland   84
Solon   56
Sömmerda, Deutschland   236
Soubirous, Bernadette   81
Soukup, Marie   282
Sparta, Griechenland   56, 57, 59, 67

Spaun, Joseph von   198
Speer, Albert   332, 336
Speyer, Deutschland   87, 98, 107, 110
Spielberg, Brünn, CZ   351
Spittelau, Wien, Österreich   257
Spitz, Österreich   32
St. Helena   185, 194
St. Petersburg, Russland   21, 88, 89
St. Pölten, Österreich   285
Stalin, Josef   17, 84, 101, 102, 229,
    230, 232, 233, 270, 316, 317, 321,
    322, 324, 325, 368, 369
Stalingrad, Russland   278, 317, 369
Stanhope, Philipp Henry 4th Earl
    of 226
Steinhof, Wien, Österreich   292
Stephanie   248
Stephanus   74
Sternberg, Adam von   140, 141
Stetten, Österreich   23, 25
Steyr, Österreich   198
Stille Nacht- Gedächtniskapelle,
    Österreich   203, 204
Stillfried, Österreich   106
Stone, Irving   253
Stonehenge, England   42, 46, 47, 48,
    49, 50
Stratford on Avon, England   128,
    129, 130, 131, 132
Streicher, Julius   336
Suezkanal, Ägypten   268
Sun Yat Sen   270
Swan, Joseph Wilson   262
Szombathy, Josef   34

T
Taaffe, Heinrich Graf   249
Tahrir, Ägypten   15
Taiwan   211, 271
Talleyrand, Charles Maurice de   195
Tamerlan   70, 101
Tandler, Julius   157, 251, 272
Tarsus, Türkei   74
Taschkent, Usbekistan   104
Taylor, Frederick Winslow   265
Tegetthoff, Wilhelm von   238, 242,
    243

Temple, Paris, Frankreich 184
Tenet, George 357
The Eagle, Cambrigde, England 343, 344
Themistokles 57, 59
Theodosius I 57
Thermopylen 56, 57, 58, 59, 60
Thukydides 51, 256
Tian'anmen Platz, China 15, 266
Tibbets, Paul 328
Tiber, Italien 77, 224
Tilly, Johann Graf von 143
Timur Lenk 70, 101, 102, 103, 104
Tirol, Österreich 45, 55, 122, 189, 203, 310
Tito, Josip Broz 84
Titus, Kaiser 309
Todesstiege, Mauthausen, Österreich 311, 313, 314, 315
Tongzhi 268
Toronto Dominion Centre, Kanada 352
Toronto, Kanada 352
Tower Hill, London, England 118, 128
Tower, London, England 18, 118, 119, 120, 128
Toynbee, Arnold 372
Trafalgar, Spanien 188, 340
Treben, Maria 49
Trianon, Frankreich 181, 182, 280, 374
Trier, Deutschland 105, 228, 231
Triest, Italien 240
Troger, Paul 151
Trotzki, Leo 229 , 230, 232, 233, 370
Truman, Harry S. 324, 325, 327, 328, 330, 331, 371
Trump, Donald 177, 179, 372
Tschaikowsky, Peter Iljitsch 205
Tschechisch Krumau (Cesky Krumlov), CZ 282
Tschechow, Anton 18
Tschenstochau, Polen 79
Tschermak- Seysenegg, Erich 221
Tschiang Kai Scheck 267, 270

Tschingis Khan 101
Tschuang-Tse 51
Tugendhat, Fritz 351, 352
Tugendhat, Grete 351, 352
Tuilerien, Frankreich 184
Tulln, Österreich 198, 282, 284
Tutanchamun 71

U
Ulan Bator, Mongolei 101
Uljanow, Alexander 230
Ulm, Deutschland 210

V
Valladolid, Spanien 115
Vatikan 21, 82, 85, 86, 249, 266, 340, 361
Vecera, Mary 246, 247, 248, 249, 341
Veitsdom, Prag, CZ 140
Venedig, Italien 123, 256
Venus Victrix 190
Venus vom Galgenberg 32
Venus von Willendorf 32, 33, 34, 35
Venusberg, Deutschland 96, 97
Veran, Johann 34
Verdun, Frankreich 19, 277, 278
Vergina 67, 69, 70, 71
Versailles, Frankreich 181, 182, 183, 238, 373, 374
Vespucci, Amerigo 114
Vettel, Sebastian 153
Via Dolorosa, Israel 73
Vichy, Frankreich 281
Victoria, Königin von England 299
Victory HMS, England 188
Villa Bellevue, Wien, Österreich 253
Villa Borghese, Italien 190
Villa Molini, Italien 190
Villa San Martino, Italien 190
Villa Tugendhat 351 , 352, 353, 354, 355
Vintschgau, Italien 41, 44
Virchow, Rudolf 37, 270
Vogl, Johann Michael 200
Vries, Hugo de 221

W

Wachau, Österreich 32, 34
Waggerl, Karl Heinrich 202
Wagner, Richard 96
Währinger Friedhof, Wien, Öster-
reich 171, 200
Währinger Straße, Wien, Österreich
250, 288, 291
Waikiki, USA 304
Waldseemüller, Martin 114
Walewska, Maria Gräfin 191
Wallack, Franz 45
Wallenstein, Albrecht von 140, 142,
143, 158
Walther von der Vogelweide 96
Warschau, Polen 313
Wartburg, Deutschland 18, 96, 97,
98, 99, 100, 117, 118
Washington DC, USA 89, 151, 173,
174, 178, 346, 347, 349, 350, 367
Washington, George 149, 173, 174,
177, 178, 346
Wassermann, Jakob 223
Waterloo, Belgien 9, 19, 95, 191, 192,
193, 194, 195
Watling Island 112
Watson, James D. 222, 342, 343,
344, 345
Webber, Andrew Lloyd 337
Weber, Max 123
Wehle, Peter 156
Weidenbach, Österreich 108
Weikersdorf, Österreich 185
Weimar, Deutschland 158, 159, 160,
161, 162
Weiner, Tim 357
Weininger, Otto 171
Weinviertel, Österreich 23
Weismann, August 220
Weißenkirchen, Österreich 32
Weißer Berg, CZ 141
Weißes Haus, Washington, USA
178
Wellington, Arthur Wellesley,
Herzog von 192, 194, 195
Wells, Herbert George 13
Welser, Bartholomäus 122

Welser, Philippine 122
Wenzel, Heiliger 15
Wenzel, König 138
Wenzels - Platz, CZ 15
Wertz, Armin 179
Wesminster Abbey, England 86, 87,
212
Westminster, England 21, 86, 87,
120, 212
Westphalen, Jenny von 229
Wieland, Christoph 158, 161
Wien, Österreich 15, 16, 18, 21, 22,
34, 35, 37, 39, 40, 46, 85, 87, 88, 90,
91, 92, 93, 95, 100, 106, 108, 109,
124, 126, 127, 128, 140, 144, 147,
149, 153, 154, 156, 157, 158, 163,
165, 166, 167, 168, 169, 170, 171,
172, 180, 183, 184, 185, 186, 189,
192, 195, 196, 197, 199, 200, 201,
202, 216, 220, 223, 232, 233, 235,
236, 239, 242, 243, 244, 247, 248,
249, 250, 251, 252, 253, 255, 257,
258, 260, 264, 267, 273, 274, 275,
276, 277, 280, 282, 283, 286, 287,
288, 289, 290, 291, 292, 293, 297,
310, 312, 314, 320, 325, 351, 352,
372, 374
Wiener Neustadt, Österreich 124,
127
Wiener Schatzkammer, Österreich
91, 92, 186
Wiener Universität, Österreich 90,
291
Wiener Zentralfriedhof, Österreich
21, 167, 171, 200
Wilberforce, Samuel 215
Wilczek, Hans Graf 144
Wilde, Oscar 285
Wilhelm der Eroberer 317
Wilhelm II 325
Windsor, England 87
Wittenberg, Deutschland 98, 116,
117, 118, 119
Wittgenstein, Ludwig 289, 370
Wolfram von Eschenbach 96
Wolkersdorf, Österreich 238
Wordsworth, William 50

World Trade Center, New York, USA 356, 357, 359
Worms, Deutschland 98, 117, 118
Würthle, Friedrich 275
Wyklicky, Helmut 171
X
Xanten, Deutschland 19
Xerxes I 56
Xi Jinping 272
Xian, China 17

Y
Yangtse, Gelber Fluß, China 207, 208, 209, 210

Yersin, Alexandre 256, 257, 258, 259, 260
Yradier, Sebastien de 243

Z
Zahntempel, Sri Lanka 53, 55
Zarathustra 51
Zillertal, Österreich 203
Zita, Kaiserin 88, 181
Zug, Johann Christian 124
Zürich, Schweiz 230
Zweig, Stefan 180, 205

Weitere Bücher vom Autor

Julius Tandler – Mediziner und Sozialreformer

Frankfurt am Main, Peter Lang, 2010 (2).
389 Seiten.

Das von Julius Tandler (1869–1936) im Wien der Zwischenkriegszeit gegründete „geschlossene System der Fürsorge" steht als Meilenstein zwischen der Armenpflege des 19. Jahrhunderts und der modernen Sozialarbeit und ihrem Versicherungswesen von heute. Große Teile der Grundstruktur unseres Fürsorgewesens gründen auf Tandler, die faszinierende Wirkung seiner Bekämpfung von Armut, Krankheiten und sozialen Problemen hat auf die ganze Welt ausgestrahlt. Die drei Grundpfeiler des Systems waren die „Pflicht der Gesellschaft zur Fürsorge", das „Recht des Einzelnen auf Fürsorge" und das „soziale Verantwortungsgefühl".

Hedosynthese. Tage der Weisheit

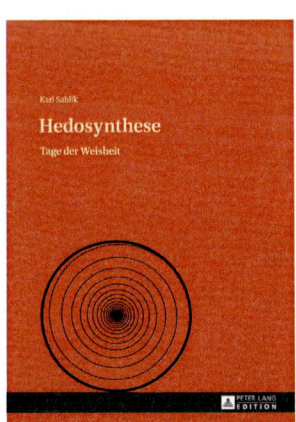

Frankfurt am Main, Peter Lang, 2013.
692 Seiten.

Der neu entwickelte Begriff der „Hedosynthese" bezeichnet die Methode der vom individuellen Menschen ausgehenden „Neuordnung" der vorhandenen und erlebten psychischen Kräfte (Triebe, Gefühle, Willenskundgebungen) unter dem Aspekt der Kumulierung der positiven Kräfte in Richtung des möglichen friedlichen Zusammenlebens der Menschen. Es soll der konkrete vom Individuum ausgehende Handlungswille und Handlungsdruck dominieren. Dies kann durch Erziehung, Selbstbeobachtung und Selbsteinsicht so gesteuert werden, dass eben ein aggressionsfreies Leben weltweit möglich ist, individuell kann in Form eines „Hedogramms" ein neuer Lebensplan entstehen.